JN189893

隠されたヨーロッパ精神史
薔薇十字の覚醒
THE ROSICRUCIAN ENLIGHTENMENT
FRANCES A. YATES
フランセス・イエイツ──著
山下知夫──訳
工作舎
Ungrund
ad Cap IV
Ungrund
ORIENS
COLLEGIVM FRATERNITATIS
OCCIDENS.

薔薇十字の覚醒　目次

☆印のついた本文脇のアラビア数字は原注に、
＊印は訳注に対応しています。

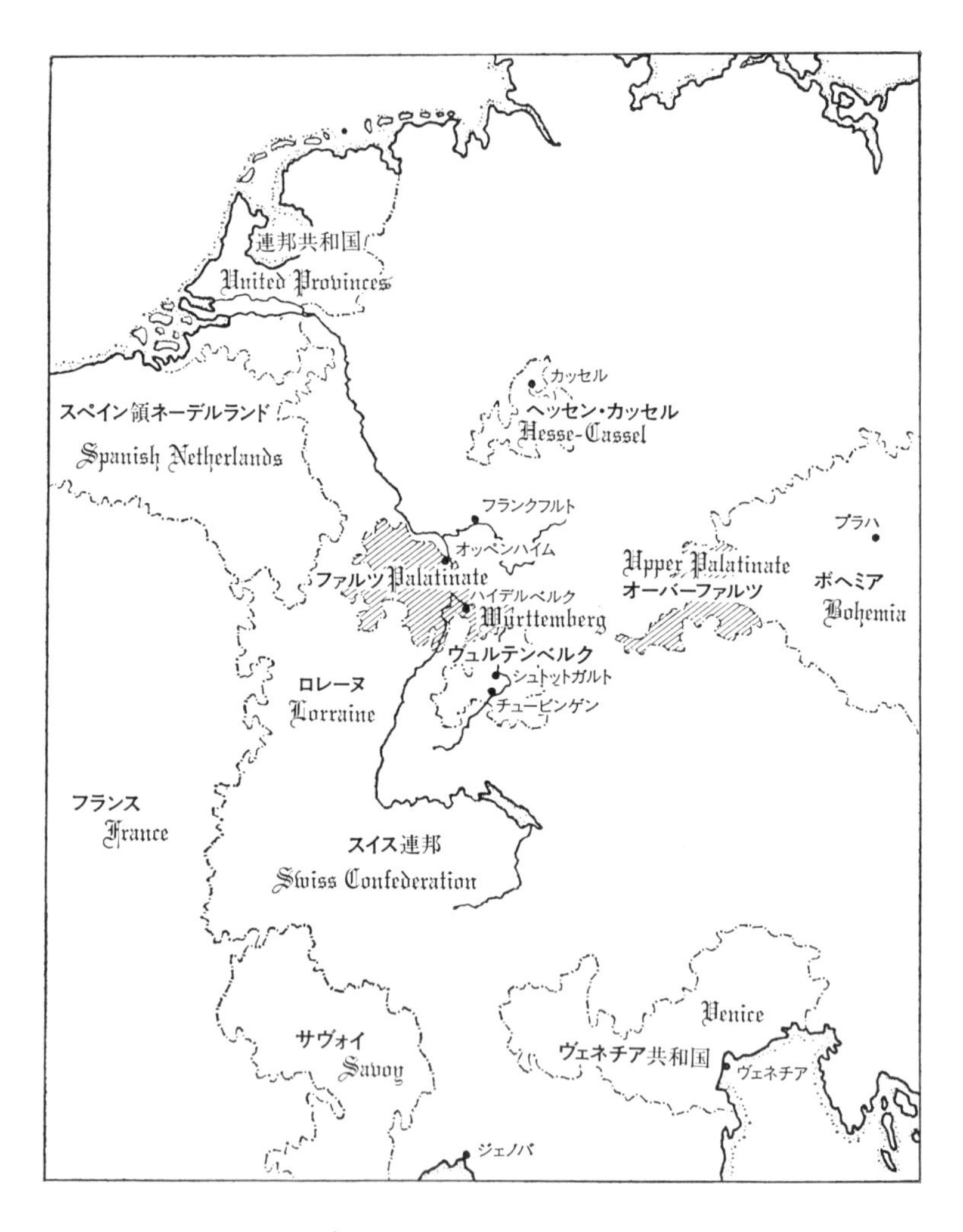

✣17世紀初頭のヨーロッパ✣

The Rosicrucian Enlightenment

序

この本の題名[*1]はちょっとした誤解を招くかもしれない。「薔薇十字」という言葉は、本書が、近代のさまざまなオカルティズムの研究団体を扱うかのように思わせるだろう。また「啓蒙運動」という言葉は「啓蒙主義（アウフクレルング）」として知られる時代、つまり一八世紀、ヴォルテールやディドロらとともに世界が迷信の闇から理性の光へ脱却した時代を扱うかのようにも思わせる。このふたつの言葉は、一見とても結びつけられそうにもない。一方は奇妙な迷信、またもう一方は迷信に対する批判的で理性的な反論と、それぞれ対立する傾向を表わしているからである。いかに薔薇十字団員が啓蒙されうるのだろう。実をいえば、わたしは「薔薇十字」という言葉は厳密に限定された歴史的な意味に使っているが、逆に「啓蒙運動」の方は一般に使われるような厳密に限定された歴史的な意味に用いていないのである。

この本が扱う時代は、前後に多少のずれはあるが、ほぼ一七世紀の初頭に限られている。ここで論じられるのは、「薔薇十字宣言」として一般に知られている一七世紀の初めにドイツで出版された文書と、それらの文書の歴史的な背景である。それ以後現在もふくめて「薔薇十字」を自称してきた運動については、論及の対象からまったくはずした。これらの文書あるいは「宣言」が、人間の知識の新たな進歩が間近いことを主張している以上、わたしの使っている標題は歴史的に正しいのである。たしかに一七世紀の初めに「薔薇十字啓蒙運動」と呼んでしかるべき運動が存在した。本書はまさにそのことを扱おうとしているのだ。

この純粋に歴史的な意味の「薔薇十字」は、ヨーロッパの文化史のなかで、ルネサンスと、いわゆる一七世紀の科学革命とをつなぐひとつの段階を表わしている。ルネサンスのヘルメス＝カバラ的伝統は、この段階で錬金術というもうひとつのヘルメス的伝統の影響をうけることになる。「薔薇十字宣言」とは、その段階のひとつの表われであり、「魔術（マギア）とカバラと錬金術（アルキミア）」の組み合せを、実際そこで謳われているように、新しい啓蒙運動に向かう原動力として描くのである。

わたしは『ジョルダーノ・ブルーノとヘルメス的伝統』(一九六四年)という本のなかで、ルネサンスのヘルメス的伝統の足跡を、そもそもその伝統がイタリアでマルシリオ・フィチーノやピコ・デラ・ミランドーラによって定式化された当初からたどってみようとこころがけた。その伝統は(その本を執筆中にわたしが信じていたように)一七世紀初めに衰えたのでも、重要な文化的運動に対する影響力を失ったわけでもなかった。むしろ今では、一七世紀初めにその復興がなされた、つまりそれが新しい形による新鮮な発現形態をまとったと考えるようになってきた。その新形態は錬金術的影響を吸収し、また自然の数学的研究の発展との関連でとりわけ重要になってくるのだ。

薔薇十字の重要人物にジョン・ディーがいるが、彼は、一九六八年のわたしの論文で述べたように、「後の薔薇十字型のルネサンス魔術師(マグス)として歴史的にはっきり位置づけられるであろう」。わたしは『世界劇場』(一九六九年)のなかで、エリザベス朝ルネサンスに大きな影響力を振った人物としてディーの重要性を強調しておいた。またピーター・フレンチはその名著『ジョン・ディー』(一九七二年)で、イギリスにおけるディーの仕事やその影響を系統的に検討し、ルネサンス研究の大きな欠落部分を埋めた。

ディーは、当時新たな展開によって成長したルネサンスのヘルメス的伝統に断固として与(くみ)していたが、彼はそれをさらに独自の、そして重要な方向に発展させていったのである。ディーは本物のすぐれた数学者であり、その数の研究をカバラの三つの世界に関係づけていた。

低次の元素界については科学技術や応用科学としての数を研究しており、ユークリッド『原論』に付した彼の「序文」は、数学的技術全般をみごとに概括してみせている。

天界の分野では、その数の研究は占星術と錬金術に結びつけられており、『聖刻文字の単子(モナス・ヒエログリフイカ)』で彼は、カバラと錬金術と数学で組み合された学問の公式を発見したと信じていた。しかも、その公式を自分のものにした人は、存在の階層の最低位から最高位まで自由に昇り降りできるのである。

そして超天界については、カバラの伝統にしたがって数計算することで、天使を呼び出す秘密を見つけたと信じていた。

このように「薔薇十字」としてのディーは、「魔術（マギア）とカバラと錬金術（アルキミア）」を組み合せて進歩的科学と天使論が奇妙にないまぜにされたような世界観を打ち立てる、典型的な後期ルネサンス魔術師（マグス）だったといえるのである。

エリザベス朝のイギリスで、ディーは大きな影響力をもった顕著な経歴を残しているが、それも彼がイギリスを去って大陸にむかう一五八三年に終わる。そして大陸で、彼は中央ヨーロッパの新しい運動にきわめて大きな影響力を及ぼすことになった。ディーのこの後半生、第二の大陸での半生については、これまで系統的な研究がなく、いまだに風評の域を出ていない。ディーはどうやらボヘミアで錬金術運動だけでなく、まだ完全にその性質がわかっていないある宗教改革運動のリーダーにもなっていたらしい。ディーの布教活動は皇帝ルドルフをとりまく文化的世界に影響を与えたにちがいないが、それについてわれわれのもっている知識はまことに乏しく、ロバート・エヴァンズのルドルフ朝文化に関する貴重な研究の出版が待たれるゆえんである。

本書は――わたしはこのことをとくに強く主張しておきたいが――まずなによりも歴史研究なのである。本書は思想や文化や宗教の「薔薇十字」的段階を扱っているけれども、その主要な目標は、この段階が広められるにいたった歴史的な筋道を示すことなのである。これらの筋道は、あるきわめて重要な一時代が歴史から消えたことによってふさがれ、見えなくなってしまったのだ。

なるほどわれわれも以下のことは歴史書などから教わっている。すなわち、ジェームズ一世の王女エリザベスがラインのファルツ選帝侯フリードリヒ五世に嫁いだこと、そのフリードリヒが数年後にボヘミア王位を手に入れようとして、むこうみずな企てを試みたこと、その試みが恥ずべき失敗に終わったことである。「ボヘミアの冬の国王と王妃」と蔑称された彼らは、一六二〇年の敗北後プラハを逃げだし、ファルツとボヘミアのいずれの領土も失って、余生をみじめな亡命生活のうちに過ごすはめになった。

歴史から脱落しているものがなにかといえば、それはつぎのような事実である。つまり、このエピソードには「薔薇十字」的な段階の文化が関連していたこと、「薔薇十字宣言」がそれに結びついていたこと。また以前にジヨン・ディーによってボヘミアで引き起こされた運動がそれらの宣言の背後にあったこと。そしてフリードリヒとエリザベスの短いファルツ統治時代が、ヘルメス主義の黄金時代であり、それはミハエル・マイヤーの指導する錬金術運動や、ディーの『聖刻文字の単子（モナス・ヒエログリフィカ）』やそれがふくんでいるすべての要素に育くまれていたこと、などである。この運動はジェームズ一世の拒絶にあって崩れ去った。しかし一七世紀末における「薔薇十字」の名残りをたどるためには、それを再構成することが欠かせない準備作業となるのだ。ヨーロッパの思想と歴史のこの段階を批判的な歴史方法によって再構成することは、主題全体を無批判的であやふやな「オカルト」研究から遠ざけ、それを正当な、そしてもっとも重要な研究分野にすることだろう。

　先駆的な仕事の常として、この本にも過ちはあるにちがいないが、将来の学者がそれを正してくれるだろう。主題にとりくむのに利用した材料は、初歩的な域を出ておらず、正確な書誌学的作業がないためにいたるところで足止めを喰うはめになった。「薔薇十字主義」に関する大半の文献は、判断力をそなえた歴史家には、原資料に当たる手段として以外には、利用しにくいものばかりである。A・E・ウェイトの著作は、それらとは一味ちがっていて、わたしも大いに利用させてもらうことにした。もっともG・ショーレムも言うように、ウェイトの貴重な仕事も判断力に欠けているのが玉にきずである。ポール・アルノルドの本は膨大な資料を集めているので便利だが、資料の整理の仕方がひじょうにまぎらわしい。またウィル・エリッヒ・ポイケルトの研究は、ドイツの背景を知るのに欠かせない。これらの本や注であげた他の本もすべて役には立ったが、薔薇十字主義を当時の状況に結びつける本書の試みは、まったく新しい方針にもとづいていることをお断りしておきたい。

　すでに述べたように、わたしは後のいわゆる「薔薇十字主義」や、薔薇十字という言葉がそこで利用されることになるさまざまな気まぐれな言動は、まったく省略することにした。わたし自身手がけるつもりはないが、後の歴史を明らかにすることも今では可能だろう。たとえば初期の象徴主義の名残りが、一七八五年にアルトナで出版された『薔薇十字の神秘的な図像』のような本にうかがえるが、それはそれでひとつの、しかも別の問題となる。それらの図像が後の文脈でなにを意味したかに答えるためには、新たな調査研究が必要なのだ。本書の内容を一定範囲に収めておくためには、多くの題材を切りつめたり省略する必要があったし、ひとつひとつの石ころを掘りかえして調べたり、また基本的な主題から派生するあらゆる枝道にわけいる誘惑にうち勝たなければならなかった。

本書の主題が基本的であるのは、それが幻視（ヴィジョン）という意味の霊知（イルミネーション）にかかわると同時に、知的、科学的知識の進歩という意味の啓蒙への努力にもかかわっているからである。わたしは薔薇十字団員が正確にどんなものか、そもそもそんなものが存在したかどうかも知らない。しかし、目に見えない薔薇十字友愛団の探究者を悩ます疑惑や不鮮明さは、それ自体目に見えないものの探究にかならずつきまとうものであるのだ。


この本のはじめの数章のテーマは、「ジェームズ一世とファルツ、思想史の忘れられた一章」という題で一九七〇年一〇月に、オックスフォード大学のイギリス史教室のジェームズ・フォード特別講義で行なった講義の土台となった。そのおりにH・トレヴァー＝ローパーより寛大にも示された激励は、この本に取り組むのに大きな励みとなった。

例によってワールブルク研究所がわたしの支柱とも拠り所ともなってくれた。わたしは同研究所の所長および同僚に深い感謝の念を表わしておきたい。D・P・ウォーカーには懇切丁寧に草稿に目を通してもらい、また彼との間に本書の主題について幾多の議論が戦わされることになった。

ジェニファー・モンタギューや写真蒐集部の職員には、挿絵に使う写真を集めるのに手を貸してもらった。また本文中の図版に使う大まかな地図を描いてくれたモーリス・エヴァンズにも感謝の念を伝えておきたい。

ピーター・フレンチは、出版社の同意の下に、ディーに関する彼の本の校正刷を、出版前に目を通す許可を親切にわたしに与えてくれた。

ロンドン図書館の館員たちにも深い感謝の気持ちを伝えたい。またドクター・ウィリアムズ図書館の館員からも懇切丁寧な援助の手をさしのべてもらった。国立肖像画館、アシュモール博物館、そして大英博物館の館長各位に対しても、肖像画や版画を転写する許可を与えられたことに感謝したい。シュトットガルトのヴュルテンベルク地方図書館の館長からは、写本をマイクロフィルムに写す許可をいただいた。E・A・ベラーの『ボヘミアの冬の国王の戯画』(一九二八年)からの引用は、オックスフォードのクラレンドン社の許可のもとになされたものであることをお断りしておこう。

この本は、『ジョルダーノ・ブルーノとヘルメス的伝統』にはじまる一連の系統の本に属している。これらの本を書いているあいだ、姉はさまざまにわたしを励ましてくれた。この著作もひとえに姉のたゆみない援助と、つきることのない激励と聡明な理解力、それに鋭い批判精神のたまものであることをつけ加えておきたい。

ロンドン大学ワールブルク研究所

第 1 章

A Royal Wedding

王家の婚礼

王女エリザベスとファルツ選帝侯の結婚

†婚礼に秘められた意味‡

かつてのヨーロッパでは王家の婚礼はなによりも大切な外交行事であり、婚礼の祝宴はひとつの政策の表明でもあった。一六一三年二月に行なわれたジェームズ一世の王女エリザベスと、ラインのファルツ選帝侯フリードリヒ五世との結婚には、イギリス・ルネサンスのありとあらゆる精華がそそぎこまれた。そしてこの新しい若いエリザベスと、ドイツプロテスタントのリーダーで沈黙侯ウィレムの孫との縁組は、かつてのエリザベス朝時代を彷彿とさせ、そのためにロンドン中が喜びにわきかえっていたのである。

いかにもこの幸福な行事には以前の様式、つまりいにしえの女王の時代の様式がとりこまれていた。かつてのエリザベス女王は、カトリック反動勢力と結託したハプスブルク家の攻勢に対抗するヨーロッパの支柱となっていた。彼女はネーデルランドの反乱派とそのリーダー、そしてドイツやフランスのプロテスタントと同盟を結んでいた。観念的に言うなら彼女は、宗教上の改革され純化された帝国主義を表わしていたのである。そしてそれは詩人たちが彼女に授けた、黄金時代の正義の処女神アストライア[*1]の名に象徴されている。[☆1]

ただいかにも皮肉なことに、若いエリザベスは、かつての処女王エリザベスとちがって、その聖なる政策を結婚によって固めようとしていた。宮廷は、この結婚に費やされる衣装、宝石類、催物そして祝宴の莫大な費用に破産しかねないほどだった。そしてこの幸せなカップルのために工夫された催物には、利用できるかぎりの創意工夫と詩とがくりだされた。シェークスピアはまだ存命中で当時はロンドンに住んでいた。グローブ座もまだ焼け落ちてはいなかった。イニゴー・ジョーンズ[*2]は宮廷仮面劇を完成させつつあった。フランシス・ベーコンは『学問の進歩』をすでに出版していた。こうしてイギリス・ルネサンスは栄光のきわみに達していて、知性の夜明けを約束する一七世紀へと発展しつつあったのである。

それにしてもその約束は、平和裡に果たされることが許されていただろうか、それとも悲惨な出来事が水を差すことになるのだろうか。

　見通しは決して明るいものではなかった。スペインとネーデルランド間の戦争には休戦協定[*3]が結ばれていたが、それは一六二一年に期限が切れることになっていた。カトリックの反動勢力は異端撲滅の新たな攻勢を準備していたが、それはまたハプスブルク家の勢力拡張と結びついた目標でもあった。それに対抗する側では、いたるところに警戒態勢を敷いていた。事情通の信ずるところ戦争は不可避で、その幕はいずれドイツで切って落とされるはずであった。

　このように、この結婚の輝きには、暗い翳がさしており、実際この魅力的で清廉な若者であるフリードリヒとエリザベス（図版1）は、わずか数年後には、嵐の真っただ中にとびこむはめになるのである。

　この若いドイツの君主は一六一二年一〇月一六日にグレイブセンドに上陸する。[☆2] 彼は端正な容姿と温厚な性格に恵まれ、宮廷の人々や民衆、それに許婚者に好ましい印象を与えた。実際フリードリヒとエリザベスは、本当に相思相愛の仲で、その恋愛感情は来たるべき運命の変転にも変わることがなかった。

　しかしこの求婚時代の幸せも、花嫁の兄であるイギリス皇太子（プリンス・オブ・ウェールズ）ヘンリーの病いと薨去によって一点の曇りを残すことになってしまった。ヘンリー皇太子はその若さに似ず、すでにリーダーとしての名望を確立し、反ハプスブルク勢力の代表者として、フランスのアンリ四世（一六一〇年に暗殺されていた）にとって代わることが嘱望されていた。ヘンリーは妹といっしょにドイツに渡り、そこで自分の伴侶を選び、そして「宗教上の衝突」[☆3]に終止符を打つ遠大な計画を抱いていたといわれている。彼の突然の夭逝は、父王に対して彼がもっていた影響力（それは妹とその夫のために行使されたにちがいない）を奪ってしまった。とはいえこの運命的な事件も結婚式を延期させはしたが、宮廷の催しをいつまでも延ばしておくことはできなかった。

　エリザベスは演劇愛好家で、自らレディ・エリザベス座という劇団をもっていたが、その一座が王女と許婚者の前で劇を上演した。[☆4] またクリスマスのころには、国王一座のシェークスピア劇団が二〇にのぼる劇を宮廷で演じている。後にシェークスピアの戯曲の第一二折本（ファースト・フォリオ）をヘンリー・コンデルと共同編集するジョン・ヘミングズが、『空騒ぎ』『オセロ』『ジュリアス・シーザー』『あらし』[☆5]をふくむ一連の劇の上演に対する報酬を受け取っている。『あらし』はたぶん、婚約式つまり一六一二年一二月二七日の夜に、この王家のカップルの前で上演されたが、劇中の仮面劇は、この上演に合わせて後から台本につけたされたのではないかという説が出されている。[☆6]この興味深い説を裏づけるような論拠は、島の王女の恋物語を主題に据え、婚礼の仮面劇をふくむこの劇が、フリードリヒとエリザベスの前で上演されたことがわかっているシェークスピア劇のひとつである、という事実のほかにあるわけではない。ただフリードリヒとエリザベスは、まさに彼らの物語のこの喜劇的(コミック)な時期――いま彼らの生涯が、ハッピーエンドに終わる喜劇(コメディ)のように見えるという意味で喜劇的な時期――には、いかにもシェークスピア劇の主人公と女主人公の雰囲気にふさわしい何かをそなえていたのである。

大英国王の娘の配偶者という将来の身分に欠かせない属性として、ファルツ選帝侯（英語の記録ではファルツ伯(ポールスグレイヴ)と呼ばれている）はガーター勲章[*4]を授与された。選帝侯とその伯父ナッサウ伯マウリッツは一二月七日にガーター勲爵士団に選ばれ、あくる年の二月七日、つまり結婚式の一週間前にファルツ伯はウィンザー城で厳かに勲章を授与されている。[☆7]宝石をちりばめたジョージ像――これは勲章の大頸章から垂れ下がる聖ジョージと竜のペンダントのことである――は国王手ずから未来の婿に授与された。そして彼の許婚者も彼にひとつのジョージ像を贈ったが、[☆8]これはおそらく小ジョージ(レッサー・ジョージ)像あるいは勲章の全記章をまとわないときにしばしば略綬(リボン)につけられる小型のペンダントであろう。

ガーター勲章に特別な意義を認めるのもエリザベス朝の伝統であった。ガーター勲章やそれにともなう儀式や行進、そしてその精神的基盤などの大復興運動が、エリザベス女王の在位中におこっていた。そして女王はそれを、貴族たちを一致団結させ王朝を補佐させる手段に利用していた。[☆9]ファルツ伯は、彼がガーター騎士となったとき、それが表わしている大義、つまり悪の竜と闘い、王権を守護する大義を守るために、聖ジョージの赤十字の旗の下に加わったことになるのだ。

聖ジョージと竜の物語や、悪に挑み虐げられた人々を守るそのロマンチックな冒険譚は、結婚式のほんの数日前の二月一一日の夜に、国王砲兵隊による花火ショーではなばなしく誇示された。この花火ショーの模様は、ある出版物にくわしく描かれており[☆10]、また大英博物館所蔵の写本に挿絵が残されている[☆11]。魔法使いに幽閉された女王が、世界を守護する偉大な闘士聖ジョージによって解放される。ある花火は、女王の館と魔法使いの塔のあいだにさしわたされた橋の上を疾駆する闘士の姿を映しだす。この橋の上で彼は竜を退治するのである。ついで彼は塔に押し入り魔法使いを捕える。このショーは、魔法使いの塔が、「轟きわたる爆音と燃えさかる光のなかで」焼け落ちるところで幕となる。

このショーは砲兵隊によって熱狂的に映し出されたにもかかわらず、どうやら花火の打ち上げがうまくいかず、何人かがけがをしたらしい[☆12]。叙勲式と結婚式のあいだに催されたこの花火ショーは、あきらかに、世界を邪悪な魔法から解放するガーター勲章の守護聖人、聖ジョージを、ファルツ選帝侯の寓意とする意図がこめられていたのである。ショーの見物人の中にスペンサーの『妖精の女王』[*5]の読者がいたなら、きっとあの赤十字の騎士のことを思い出したにちがいない。この騎士は、いにしえの処女王エリザベスを讃えたあの騎士道物語においてユーナのために闘ったのである。そして今、若き花嫁のエリザベスが、彼女のガーター騎士との結婚祝いとして、聖ジョージの寓意を表わす花火を打ち上げてもらったのである。

†テムズ川とライン川の合流†

そしていよいよ二月一四日に華燭の典が、ホワイトホールのロイヤルチャペルで行なわれた。新婦は、「純金製の王冠」を被っていたが、「王冠は、そこにちりばめられた真珠やダイヤモンドのおかげでいっそうの威厳が添えられており、その宝石類は豪華に飾り立てられていて、結い合わされて肩から腰まで垂れた花嫁の琥珀色の髪の上に、まるで光り輝く尖塔のようにそびえたっていた[☆13]」。式はカンタベリー大司教ジョージ・アボットによって執り行なわれた。新郎はカルヴァン派であったが、式は英国国教のやり方で進められ、「ファルツ侯は、結婚の誓言を大司教のあとから英語で唱えた[☆14]」。

このことは重要な意味をもっている。なぜならこの日こそ、この結婚によってその影響力を外国にまで広げようとしていた英国教会の勝利を意味していたからである[☆15]。アボットはこの結婚をまるで、ピューリタン的で、また浄化作用をもつ宗教的ミッションのようにみなしていた[☆15]。式につづいて音楽が流れ、讃美歌が歌われた。ついでガーター紋章官[*6]が新郎新婦の称号を公表した。新郎がチャペルから出ると、六人の彼の臣下が銀の喇叭を手にして主人の御前に伺候し、すばらしい演奏を披露して宮廷中の人々を喜ばせた。聴衆はそれを聞いて、「彼らに幸あれ」、と口々に叫んだ[☆16]。こうして王家の婚礼はドイツの喇叭の響きとともに幕を閉じることになったのである。

その夜ホワイトホールの宴会殿では、新婚カップルと宮廷中の人々のために仮面劇が上演されている。その台詞はトマス・キャンピオンが書き、演出はイニゴー・ジョーンズがうけもっていた[☆17]。

第一場は、憂鬱や狂気を追い払うオルフェウスの音楽の力をテーマにしている。つづいてオルフェウスや「熱狂者たち」や詩的狂気をめぐるエピソードが合唱される。つぎに雲や大きな星々の浮かぶ舞台上部が露わになる。天界の調和が、王家の婚礼の調和と融け合うのだ[☆18]。

汝ら楽の音を愛せる灯りたちよ
いざ汝らの合唱の旋律を進ません。
婚礼の誓いの果たされる今宵なれば
今宵を至高の夜となし
汝らが光の王冠できらびやかに飾り立てん。
テムズとラインの名の
それぞれいみじく知れわたるかぎり
今宵の名声尽きぬよう。

こうしてライン川がテムズ川に合流し、ドイツが大英国と合体し、星々が天をめぐりながら心地よい調べをこの結婚の上に降りそそぐ。[19]

この歌の気分のままに、星々はまことにふしぎで楽しげな動きで天を巡った。おもうに、イニゴー・ジョーンズ師がこれらの星の運行に示した、みごとな工夫を越えるようなものを見たものは、めったにいないだろう。師はまったく独自に発明した他のすべての技巧にも、おどろくばかりの労力と天分を示している。

それから奥行の深い遠近法場面が現われる。中央には銀のオベリスクが建ち、そばには新郎新婦の黄金像が置かれていた。そこに年老いた巫女が進み出る。巫女は、ドイツと大英国の権力を結び、ひとつの宗教と唯一の愛の中に両国民を融合させるこの結婚から生まれるはずの、国王や皇帝らの偉大な血筋をラテン語で預言するのである。[20]

あくる二月一五日の夜には、インナーテンプルとグレイズ・イン[*7]の会員たちがフランシス・ボーモントの仮面劇を上演した。[21]この仮面劇もライン川とテムズ川の合流をテーマに展開される。そしてその脚本は、フランシス・ベーコン卿に献じられている。彼はその献辞で「貴兄はこの仮面劇の装飾や配置や調度を整えるのに、時間も労力も惜しまれることがなかった[22]」と書かれている。ただこの催しはジェームズ国王の忌諱に触れるところがあったらしく、国王は上演の延期を命じている。

丘の上の騎士や僧侶らの壮大な光景が、この劇の重要な場面をなしている。彼らは丘を降りて荘重な舞曲を踊るが、この踊りは宗教的騎士道のこころざしを高らかに歌いあげたものなのである。[23]このようなカップルの婚礼では、と僧侶たちは歌う。

各舞踏は祈禱とみなされ

各歌曲は供犠とみなされる

もしもフランシス・ベーコンがこの余興の一部始終を創案したというのが本当なら、彼はフリードリヒとエリザベスの結婚を厳粛にうけとめ、それが表わす同盟に深く共鳴していたはずである。これより八年前の一六〇五年に上梓された、『学問の進歩』の作者が、他の研究を中断してまでこの婚礼のために働いたという事実は、詩人、芸術家、科学者の綺羅星のごとき行列に画竜点睛を施すものとなる。彼らは一致協力して王女エリザベスのイギリスにおける最後の日々を、輝かしい栄光で包みこんだのだ。

新郎はさらに大学を訪れなければならなかった。彼はそこで、ジョージ・ハーバートその他の該博なラテン詩で迎えられた。[☆24] あたりの空気はいまだに、つぎつぎに印刷される祝婚詩の雰囲気に満ちあふれていた。そこにはジョン・ダンの数篇もふくまれており、[☆25] その多くは、エリザベスの婚礼を寿ぐ気持と、その兄の薨去を悼む気持をこもごもに伝えていた。

「善良な人々は皆、この縁組が宗教のたしかないしずえとなり、英国国教化となることに、大きな歓びと満足を感じていた」[☆26]と、当時のある書簡の作者は述べている。ということは、この婚礼とその祝宴がひとつの宗教政策の表明であり、大英国がファルツ選帝侯を、休戦協定の満期にそなえて着々と集結しつつあったカトリック反動勢力に対抗するリーダーとして、後押しするであろうことを裏づけるたしかな証拠とみなされていたことを示している。

ネーデルランド諸州の大使は、この婚礼と催しに列席した。フランスとヴェネチアの大使も参列し、後者にいたってはイニゴー・ジョーンズの創案による舞台効果の一部に、熱烈な賛辞すら送っているほどだ。人目をひいたのは、ハプスブルク圏の大使の欠席である。「スペイン（大使）は病気中か、仮病をつかっていた。大公の大使も二日目に招待されていたが、そっけなく欠席の意志を伝えてきた」[☆27]。このように敵も味方も次のように考えていたのである。すなわちこの婚礼は――ヨーロッパの習慣通りに――ひとつの政策表明であり、イギリスは、ヨーロッパのプロテスタント勢力の支持者という以前のエリザベス朝時代の役割を継承しつつあり、そしてファルツ選帝侯は義父の強い庇護の下でこうした政策を推進するリーダーの地位を築きつつあったのだと。

この縁組に関するこうした見解が、ジェームズ自身の抱いていたものでないことは、この時点ではまだ充分に理解されていなかった。ジェームズとしては、母親の処刑者[*8]の政策を継ぐつもりはさらさらなかったのである。彼の意図は、後に実際に展開されるように、娘をドイツプロテスタントの君主に娶合せるかわりに、息子のチャールズをスペインカトリックの王女と結婚させて釣り合いを保ち、それによって最大の懸念であるハプスブルク家との戦争を、是が非でも避けようとするところにあった。ジェームズのこの側面は、たいへんな誤解を抱いたまま危険な反ハプスブルク政策を突き進んでいた、ファルツ選帝侯とその顧問たちには理解されるべくもなかった。

†祝宴の終わりとファルツ統治のはじまり‡

エリザベスは夫やその一行とともに、一六一三年四月二五日にイギリスを離れ、マーゲイトからハーグに向けて出航した[☆28]。ハーグでは、ファルツ伯の母方の伯父で、沈黙侯ウィレムの息子に当たるナッサウ伯マウリッツに暖くむかえられる。

イギリスの王女——それもまさにエリザベスと呼ばれた王女——のネーデルランド上陸は、前世紀に深く根をおろした歴史的、政治的、宗教的パターンの記憶を呼びさましたにちがいない。

前世紀に沈黙侯ウィレムは、スペインの侵略に対抗するのにイギリスと密接な同盟関係を結ぼうとし、またそれを結婚によって堅固なものにしようと望んでいた。彼はフランスの王子アンジュー公フランソワをフランドルとブラバントの統治者に任命したが、それはエリザベス女王がこの王子と結婚することを望んでのことであった。もしそうなれば英仏同盟をわが手に掌握できると考えたのである。しかしこの計画は失敗に終わる。というのもアンジュー公の統治は[*9]、不名誉なうちに瓦解し、スペイン軍がアントワープに戻ってきたからである。これが一五八四年のことである[☆29]。ついで一五八六年には、レスター伯ロバートがイギリスの援助を約束するように見えた。そして彼は解放者と呼ばれてネーデルランド諸地方を凱旋行進してまわる。その凱旋行進の特徴のひとつは、彼がユトレヒトで催した大ガーター祭であり[☆30]、これはガーター勲章の象徴体系を、解放のシンボルとして親しませることになった。

そして今、まさにガーター騎士に嫁いだ王女がイギリスからやってきたのである。しかもその騎士は、オラニエ＝ナッサウ家の縁者であり、ファルツの世襲君主であり、神聖ローマ帝国の首席俗選帝侯であり[＊10]、ドイツプロテスタント君主同盟の盟主であった。ネーデルランドが、休戦協定の終結を不安なおももちで待ちうけていただけに、この結婚は彼らにとって理想的な縁組と映っていた。ネーデルランドの各都市は、王女エリザベスとファルツ選帝侯の歓迎にどんな出費も惜しまなかった[☆31]。彼らのために豪華な祝宴が饗応され、高価な贈物が用意され、芝居の上演でもてなされた。そして選帝侯は、新妻をハーグに残して、自国で彼女を迎える準備のために一足さきに帰国した。

王女の方は豪華な遊覧船でライン川をさかのぼりながら、しかるべきコースをたどっていった。こうしていよいよ、婚礼の仮面劇で予告されたテムズ川とライン川の結婚がはじまったのである。

そして、その仮面劇でおどろくべき遠近法場面を考案したイニゴー・ジョーンズ自身が王女の一行にまじってライン川をさかのぼった可能性もある。芸術愛好家で蒐集家、そしてイニゴー・ジョーンズの後援者でもあったアルンデル伯が、王女の新たな故国への旅に随行したことがわかっている。またイニゴー・ジョーンズはアルンデル伯の一行とともに彼にとって二度目のイタリア訪問を行なったことが知られている。とすればおのずから次のような結論が導かれるはずである（といってもそれを裏付ける資料はなにもないが）。すなわち、イニゴーは後援者とともに王女の一行にまじって、ロンドンからハイデルベルクまで赴き、そこからイタリアへアルンデル伯に随行したにちがいない、と。[☆32]ハイデルベルクになかばイギリス風の宮廷ができたため、ロンドンとファルツのあいだの往来が盛んになり、イギリス人が大陸へ向かう新たな道が開かれることになった。

エリザベスが最初に足を踏み入れたファルツ領の町は、国境近くのオッペンハイムで、そこでは忠実な市民が彼女のために装飾記念碑を建てていた。それらは、当時印刷された彼女のロンドン＝ハイデルベルクの旅行の記録に挿絵で示されている。[☆33]オッペンハイムの凱旋門のひとつ（図版2）には薔薇がびっしりと描かれているが、説明によればこれは、エリザベスがヨーク家とランカスター家[*11]の出身であることを暗示しているのだという。大英国王の紋章は、ガーター勲章にとりまかれ、ファルツの紋章を脇にしたがえている。オッペンハイムの街道沿いには意匠を凝らした服装の衛兵が立ち並び、市民はイギリスからむかえた侯妃を熱烈に歓迎した。

オッペンハイムの薔薇の門の図版は、旅行記の他の図版とともに、「ド・ブリー」と署名されている。これは、有名な製版業者ヨハン・テオドール・ド・ブリーのことで、彼はこれより少し前に、自分の製版、出版事業をフランクフルトからオッペンハイムに移転したところだった。フリードリヒとエリザベスのファルツ統治時代に(それは一六一三年から一六一九年までである)、ヨハン・テオドール・ド・ブリーは、内容は晦渋をきわめているが、その銅版挿絵のすばらしさゆえに名高い、大量の作品をオッペンハイムから上梓している。そして図版については、彼の義理の息子、マチュー・メリアンが協力していた。

ド・ブリーがオッペンハイムで出版した作品の中で重要なものといえば、おびただしい挿絵に飾られたロバート・フラッドの大著『両宇宙誌』がある。イギリス人によるこの膨大な哲学書が、オッペンハイムで上梓された経緯には、ファルツ領内のこの町がイギリスとよしみを通じていたことが少なからず与っていたことは疑いえないところである。わたしはまた後で、フリードリヒとエリザベスの在位期間中にフラッドの著作がオッペンハイムで出版されたことの意味を、もう一度論じるつもりである。[☆34]

一六一三年六月七日に、いよいよエリザベスは首都ハイデルベルクに到着する。このようすは彼女の旅行記の挿絵でみることができる(図版3b)。画面では観閲式が行なわれている。エリザベスは、たけの高い深紅の帽子にレースの襞襟、それに黄金地の輪骨スカートといういでたちで馬車から降りたところである。夫の方は、彼女を出迎えにはせ参じようとしている。ハイデルベルク城に登るための深紅ビロード地の馬車が待機しているのも見える。

ヨーロッパにおけるプロテスタントの学問の一中心地であるハイデルベルク大学の諸学部が、彼女のための記念門を建立していた。神学部の記念門(図版4a)は、初期教父やルター、メランヒトン、そしてベーズ[*12](どういうわけかカルヴァンのものではない)の肖像で飾られている。

一行を乗せた馬車は市街を抜けるとハイデルベルク城をめざして一路坂道を登っていった。その城は、ライン川支流のネッカー川と町並を見下ろせる急勾配の丘の上に建てられた広壮でロマンチックな建物だった。城の中庭には高さ六五フィートの凱旋門（図版4b）が建ち、そこに歴代のファルツ君主とそのイギリス人の配偶者の像が飾られていた。城門では、この縁組を、息子のために気をもみながら心待ちにしていた選帝侯の母、つまり沈黙侯ウィレムの娘であるナッサウのルイーザ・ユリアーナが立っていた。

この到着後の数日間ハイデルベルク城は、馬上槍試合やその他の祝宴でにぎわうことになった。そこでは神話の神々を乗せた山車（だし）がくりだされる。そのうちの一台には、ファルツ選帝侯がイアソンの装いに身を固めて乗りこみ、アルゴー船団とともに金羊毛を求めて航海していた（図版3a）。この神話的な祝宴のフランス＝ブルゴーニュ様式[*13]は、ジェームズ一世の宮廷でイニゴー・ジョーンズの作品を見てきたばかりの者には、いくらか古風なものに見えたかもしれない。あるいはイニゴー・ジョーンズ自身が現場にいて彼我の様式のちがいを比較対照していたかもしれない。それにもかかわらずイアソンの山車（だし）の主題は、ロンドンの作品のそれに合致していたのである。

選帝侯をイアソンに見立てるのは、金羊毛勲爵士団への譬喩であり、その勲章[*14]のペンダントは、船上の木の枝に吊りさげられている。神聖ローマ帝国の選帝侯であるフリードリヒは、もちろんこの帝国の勲爵士団の一員だった。また船のマストの上にはガーター勲章があって、大英国王の婿として彼の所属していた有名なイギリスの勲爵士団をほのめかしている。ロンドンの花火ショーでは、彼はガーター勲章の聖ジョージに見立てられていた。そして今度は金羊毛勲章のイアソンになったのである。何らかの神秘的な冒険にでかける騎士という役割は、いかにも彼にふさわしい、あるいはふさわしいと考えられていた役割だった。

やがて祝宴もすべて終わる。イギリスの弁務官らは務めを果たして帰路につく。アルンデル伯爵夫妻も出発し、ハリントン卿夫妻はイギリスに帰国する。こうしてエリザベスと故国をつないでいた公務上の最後の絆が断たれることになった。彼女は以後、一六一九年の運命の年まで、ラインのファルツ選帝侯妃としてハイデルベルクで豪奢な生活を営むのである。

神聖ローマ帝国内のだれもが、首席俗選帝侯が大英国王の娘と結婚したことを、知らずにすますことはできなかった。ニュースは深い森の中を通って町々に伝わり、それは一部で、ドイツプロテスタントの立場を有利にする重大な縁組ができたという満足感を呼びさました。別の場所、とくにオーストリア＝ハプスブルク家が堂々たる宮廷を維持していたグラーツでは、むしろそれは不満のもとになった。

†一七世紀文化の光輝†

ハイデルベルク城はエリザベスの到着後の数年間、不思議な、そして刺激的な影響力の発生源になっていく。彼女の兄ヘンリー皇太子は、ルネサンス風の庭園設計や音楽の調べを奏でる機械仕掛けの噴水、また喋る彫像その他、同種の工夫になみなみならぬ関心をいだいていた。これらのものに対する嗜好は、この種の驚異を記したアレキサンドリアのヘロンとその学派の古文献の再発見によっておこったものである。測量技師としてヘンリーの下で働いていたのは、すぐれた造園家で水力学の技師でもあった、サロモン・ド・コオというプロテスタントのフランス人である。[35] 彼は、やはりヘンリー皇太子のために働いていたイニゴー・ジョーンズと親しかった。

ルネサンスのウィトルウィウス復興運動につちかわれたこのふたりは、ウィトルウィウスが真の建築家に必要なものとしてすすめている教養、すなわち数と比例にもとづく芸術や学問――それは音楽や遠近法や絵画や機械学などである――に通暁していた。[36] ウィトルウィウスは建築こそ数学的学問の女王であると述べ、他の学問や芸術を建築の中に分類していた。イニゴー・ジョーンズはもっぱら建築と舞台設計に取り組んでいた。舞台設計は、建築やその副産物である遠近法や機械学と密接に結びつけられていたのである。[37] サロモン・ド・コオはもっぱら庭園設計にはげんでいた。こちらもまたルネサンスにおいては建築と密接に関連づけられ、数学の女王である建築と同様、比例や遠近法や幾何学に依存していた。しかもそれは、装飾用の歌う噴水や他の飾りのために、機械学の最新技術を利用していた。

ヘンリー皇太子の薨去後サロモン・ド・コオは、ファルツ選帝侯に仕える身となり、建築家兼技師としてハイデルベルクに腰を落ちつけ、その城や庭園にあっといわせるような仕掛けを施した。それについては、一六二〇年にフランクフルトでヨハン・テオドール・ド・ブリーによって出版された、ド・コオの『ファルツの庭園（ホルトゥス・パラティヌス）』（図版６ａ）の図版から、一端をうかがい知ることができる。

ド・コオはごつごつした山肌を切り拓いて平らに地面をならし、そこにまことに複雑な幾何学模様の庭園を造成した（図版５）。市街とネッカー川流域を見下ろす場所に造られたこの驚異の庭園は、世界の八番目の不思議として人口に膾炙した。[☆38] 古い城も増築されて近代化され、多くの窓をとりいれて明るくされた。これはイギリス風の邸宅か宮殿をまねて設計されたといわれている。図版に見られる宏大な建物は、たしかにチュートン建築の絶品といわれるだけの雰囲気をそなえている。

ド・コオは庭園内に多くの洞窟（グロッタ）を築いている（図版25ａ）。その内部は、機械仕掛けの噴水から流れる楽の音に賑わい、ミューズの戯れるパルナッソスや洞窟のミダスなど、神話上の人物から成り立っていた。とりわけ人目をひくのはメムノーン像[*15]（図版６ｂ）、すなわち棍棒を手にしたヘラクレス＝メムノーン像である。この像は、古典に物語られているとおり、太陽光線が照りつけると音を響かせるような工夫が施されていた。この効果を出すための科学的な魔術は図版に示されている。それはアレキサンドリアのヘロンの空気力学を応用したものであった。

サロモン・ド・コオは、数にもとづく学問のうち音楽がもっとも重要であると信じており、また実際にオルガンの権威でもあった。[☆39] 彼はハイデルベルクで水オルガンを制作したといわれている（ちなみに古代の水オルガンはウィトルウィウスによって描かれている）。この水オルガンは、彼の制作した彫像や噴水や洞窟から発する音響とともに、ハイデルベルクをプロスペローの島に匹敵するほど「音に満ちあふれた」町にしたことだろう。

もしほんとうにイニゴー・ジョーンズがアルンデル伯の一行にまじってハイデルベルクまで王女エリザベスに随行したのなら、そこで彼はきっとかつての同僚サロモン・ド・コオの活動に興味をそそられたにちがいない。そして実際いきいきとした歌う噴水や洞窟にしても、リズミカルな水の音楽をともなう庭園内の彫像群にしても、ウィトルウィウスの技術や科学の応用という点では、イニゴー・ジョーンズによって仮面劇の演出に利用されたそれとほとんど隔たりがないといっていいのである。ハイデルベルクの「アポロとミューズ」や、「ミダス」の洞窟を、イニゴー・ジョーンズが仮面劇のために設計した場面と比較してみれば、それらが同じような演劇的雰囲気に包まれていたことははっきりする。ファルツ選帝侯は新妻を、彼女がロンドンでなじんでいた夢の国と同じ雰囲気で取り囲んでやったのである。

仮面劇や音楽的な洞窟、それに歌う噴水や空気力学的に調整された喋る彫像などの制作は、われわれの眼からみればそれほどたいそうな科学技術の応用とは思えないかもしれない。けれどもいまだに魔術的雰囲気に浸っていたルネサンス科学は、実はこのようなやり方ではじめて科学技術を大幅に活用するようになったのである。[☆40]ド・コオは、こうした伝統における科学の発展の重要な見本なのである。彼は一九世紀に先駆けて、蒸気による力の利用法を発明していたともいわれている。また彼の『動力の原因について』は、一六一五年にファルツ侯妃に献じられ、ハイデルベルクでなされた作業の挿絵を収めているが、ド・コオはその本の中で、ウィトルウィウスの機械論をさかんに引用しているのだ。そしてウィトルウィウスによって記述された建築師の機械を図解し、機械学に数学の原理を応用するのである。フリードリヒがハイデルベルク城の改良のために傭った建築家兼技師に見られるこうした進歩的科学の核心部分が示しているのは、ファルツの新しい文化が時代の流れに沿うものであり、ルネサンスから一七世紀へ自然な形で発展しつつあったという事実なのである。

仮面劇に登場した詩人たちのイメージを借用するなら、テムズ川とライン川の結婚によってできあがりつつある、ジェームズ朝のハイデルベルクなるものを思い描いてよいのかもしれない。たしかに思想運動や文化運動が王女エリザベスに従ってイギリスからハイデルベルクに伝わっていた。イニゴー・ジョーンズもおそらくはハイデルベルクを訪問した。サロモン・ド・コオはその庭園にヘンリー皇太子の趣味を採り入れた。シェークスピア風のカップル、フリードリヒとエリザベスは、彼らのロンドン時代のドラマを、新しい舞台設定のなかで演じつづけていたわけである……

さらにイギリスからドイツのこの地方にすでに伝えられていたものに、イギリスの巡業劇団の影響がある。演劇愛好家でイギリスの舞台にもなじんでいたカップルの存在は、巡業中のイギリスの俳優にとって心強いはげみとなったことだろう。実際一六一三年にはハイデルベルクにイギリスの俳優たちが滞在しており、[☆41]彼らはそこから、いつも巡業劇団のたまり場となっていたフランクフルトの大市に[*16]むかったのである。イギリスの舞台やその近況についての知識は、王女エリザベスの存在を通じて普及していたにちがいない。彼女はロンドンで自分自身の劇団をもっていたし、あらゆる種類の演劇に熱中していたからである。

役人や使者たちがハイデルベルクとロンドンの間を往復していたことからもわかるように、ファルツとイギリスの間の往き来は、盛んに行なわれていた。こうしてニュースや新しい出版物がイギリスからドイツのこの領土へ浸透することができたのである。

フランシス・ベーコンは、ある婚礼用の創作に熱烈な関心を示して、王女とその配偶者にきわめて好意的であることを身をもって示した。彼らはふたりとも『学問の進歩』を読んでいたかもしれない。エリザベスが晩年にベーコンの著作に興味をもち、それらを愛読していたことが知られている。[☆42]彼女は、たぶんそれほど深いものではなかったかもしれないが、よく機転のきく聡明さをそなえた女性であった。選帝侯の方は、知的であると同時に神秘的な人物であり、音楽と建築になみなみならぬ関心をよせていた。彼は何人かの子供に自分の哲学的な嗜好を伝えている。長女であるもうひとりの王女エリザベスは、デカルトの『哲学原理（プリンキピア）』の被献呈者となる名誉に浴した。[☆43]

マチュー・メリアンのハイデルベルク庭園の魅力的な図版を眺めていると、ドイツ中央部の丘陵上に位置したこの地が、ジェームズ朝のイギリスの前哨基地であり、一七世紀の進歩的文化の砦であったことに思い到るだろう。けれども、テムズ川とライン川の結婚によって育まれたこの前途洋々たる新芽には、どんな将来もなかったのである。この図版が出版された一六二〇年という年は、フリードリヒとエリザベスが、ボヘミアの国王と王妃として短期間プラハで君臨した年であり、三〇年戦争の勃発につながる事件で幕を閉じた年でもあるのだ。そしてこの戦争はやがてファルツを荒廃させ、ジェームズ朝ハイデルベルクの光輝を破壊することになるのだ。ファルツは戦闘の最前線に位置しており、反動派の破壊的衝撃力はハイデルベルクの運命の中にはっきり見てとれるのである。

ファルツ侯フリードリヒの敗北後に彼のまわりでくりひろげられた激しい中傷合戦では、ありとあらゆる嘲笑やあてこすりの武器が彼に向けられた。おびただしい数の諷刺文書がばらまかれた。それらは、一枚の絵入りパンフレットからなり、絵の意味はそれに付された戯詩(ざれうた)の中で説明されるのである。喇叭を吹きながら田園地帯を馬で疾駆している郵便配達人は、しっぽを巻いて逃げ出したボヘミア国王を探しながら彼を嘲っているのだ（図版7a）。しかしこれなどはむしろ悪意のない方で、戯画文書の大半は、これよりはるかに辛辣で、底意地の悪いあてこすりに満ちている。そのひとつは、フリードリヒが妻子といっしょに、丹念に設計された庭園にいるところを描いている（図版7b）。彼らの浮かべる表情は下品に描かれ、また庭園は地獄とその業火の方へつながっている。申し分のないルネサンス文化の好見本であったはずのものが、敵のプロパガンダにかかると、妖術に一変してしまう。この辛辣きわまるパロディーに、幸福な時代にはシェークスピアの『あらし』の魔術を眺めていたあのフリードリヒとエリザベスの面影を認めるのは、いかにもむずかしい。

第2章
The Bohemian Tragedy

ボヘミアの悲劇

ファルツ選帝侯フリードリヒ五世の凋落

†悲劇への伏線†

一五七七年、若きフィリップ・シドニー[*1]は新皇帝ルドルフ二世の宮廷に派遣されている。そのとき彼は皇帝に、父君の前皇帝、マキシミリアン二世の崩御に対するエリザベス女王の弔意を伝える使命を帯びていた。シドニーはこの旅の途中でドイツのプロテスタント君主、なかでもファルツを治めていたカルヴァン派の支配層を訪れ、ヨーロッパにおけるプロテスタント同盟結成の可能性を打診していた。シドニーはすでに叔父のレスター伯の築いた政治的、宗教的立場をおしすすめていた。彼はプロテスタントの反スペイン「積極活動派」[*2]的政策、つまり慎重なエリザベス女王が承認しようとしたものより、はるかに大胆な政策を信奉していた。そしてハイデルベルクで、当時のファルツ選帝侯の弟ヨハン・カジミールという人物の中に同じような考え方を見いだした。彼はウォルシンガムに宛てて、ドイツのプロテスタントの君主たちは、ほとんどがプロテスタント同盟の結成に煮え切らない態度をみせており、熱心なのはファルツのカジミールとヘッセン方伯ヴィルヘルムくらいのものである、と書き送っている。[☆1]

フィリップ・シドニーは若くして死んだのち、プロテスタント騎士道の理想像(ボー・イデアル)として、伝説的人物になった。復活した騎士道のロマンチックな装飾もまた彼と結びつけられていた。つまり即位記念日の槍試合[*3]で騎士たちのくり広げる幻想的なエリザベス女王崇拝のことである。

ファルツのカジミールが彼の親しい知己であったという事実は、ハイデルベルク宮廷とイギリスのシドニー伝承とをつなぐ橋わたしの役目を果たした。そしてこうした橋わたしは、若きファルツ選帝侯をイギリス＝ドイツ的なプロテスタント騎士道の騎士に仕立てるのに役立ったのである。[☆2]

ファルツの「積極活動派」的な伝統はドイツへの侵攻計画をあたためていたアンリ四世に、ファルツが積極的な援助の手をさしのべたときにも踏襲されている。しかしその計画は一六一〇年、アンリ四世暗殺によって頓座してしまう。このときのファルツのフランス国王支持は、カジミール時代のフランス＝ファルツ間の相互理解の継承であった。というのもカジミールも当時、まだアンリ・ド・ナヴァールとしてユグノー派のリーダーになって闘っていたアンリを支援していたからである。

ファルツの政策の指導者としてきわめて重要な人物に、ハイデルベルク宮廷の最高顧問、アンハルト侯クリスチャンがいる。[☆3] 彼は、ヨーロッパのハプスブルク勢力を根絶する遠大な目論見もふくまれていたといわれるアンリ四世の計画を、熱心に後押ししていた。アンリの計画がその死で中断してしまうと、まだ大きくアンハルト侯の意見に動かされていたファルツの政策は、その遠大な目標を達成するために他の手段に訴えなければならなくなった。ハプスブルク勢力に抵抗するプロテスタント側の空白の指導者として、若きファルツ選帝侯フリードリヒ五世に白羽の矢が立てられたのは、まさにこの時期のことであった。

彼を抜てきすべき理由はいくらもあった。まず彼は帝国の首席俗選帝侯の地位をうけついでいた。そして彼はプロテスタントの積極活動派の伝統を継承しており、それは当然、彼がカトリック君主連合に対抗してつくられた、ドイツプロテスタント君主同盟[*4]のリーダーであり盟主であることを意味していた。またユグノー派のリーダー、ブイヨン公は彼の伯父であり、フランスプロテスタントとも強力な縁故を保っていた。ヨーロッパのプロテスタント指導者にとって防塁ともいうべきネーデルランドとは、血縁のつながりによって緊密な関係を保っていた。そして最後に——じつはこれこそフリードリヒの立場を完全無欠なものにしたのであるが——彼はイギリス国王の娘と結婚していた。したがってジェームズ一世が娘と婿を支援することは、保証されたようなものと彼の支持者は信じていたのである。以上は、若きファルツ選帝侯を背後から支える理想的な同盟の系列と映っていた。そしてそれは、やがてくる危機的な時代のヨーロッパの命運を決するのにもっとも重大な役割を演ずべき人物として、彼に白羽の矢を立てたのである。

そのやがてくる時代には、ドイツ皇帝に誰が登るか、またハプスブルク家が帝国の支配権を握れるかどうかで、事情が大きく左右されることになるだろう。

この戦争と戦争（一六世紀の宗教戦争と三〇年戦争）の合間の緊迫したヨーロッパの雰囲気のなかで、一六一二年に皇帝ルドルフ二世が崩じたことは、決定的な瞬間を記すことになった。ルドルフはハプスブルク家の一員でありながら、甥に当るスペインのフェリペ三世とは一線を画し、不可解にも晦渋な研究に没頭していた。☆4 彼は宮廷をウィーンからプラハに移したが、やがてその地は、ありとあらゆる種類の錬金術、占星術、魔術＝科学研究の中心地となった。ルドルフは、図書館や魔術＝機械的な不可思議にみちた「驚異室」をもつプラハの大宮殿にひきこもって、怖るべき甥の狂信的な不寛容政策のもたらす問題から、目をそらしていた。

プラハは秘教的、科学的研究に興味をもつヨーロッパ中の人々のメッカになった。この地にはジョン・ディーとエドワード・ケリーや、ジョルダーノ・ブルーノ、そしてヨハネス・ケプラーらが来訪した。ルドルフ二世時代のプラハは、どんな奇妙な評判が立っていたとしても、比較的寛容な都市だったといえるだろう。ユダヤ人は、なんら妨害される心配なしにカバラ研究を行なうことができたにちがいない（ルドルフのお気に入りの宗教顧問に、カバリストのピストリウスがいた）。また土着のボヘミア教会は、公式の「国王書簡」*5 によって公認されていた。ヤン・フスの手で創られたボヘミア教会は、ヨーロッパの最初の改革教会であった。ルドルフの寛容政策はボヘミア教会や、その教えに帰依する神秘主義的な友愛団体、ボヘミア同胞団 *6 にまで及んでいた。

ルドルフ朝のプラハは、東ヨーロッパで発展したルネサンスの影響力に満ちたルネサンス的都市であり、新しい発展への可能性を秘めたふしぎに刺激的な思想の坩堝であった。しかし反動的な勢力の圧迫から比較的まぬがれているこの状態も、ルドルフの死後どれだけ続くのだろうか。この問題は、高齢の上に取るに足りない人物であったルドルフの弟、マティアスが皇帝位およびボヘミア王位に選ばれたことで、しばらく不問に付されたままになった。しかしやがてマティアスも崩じてしまい、問題をこれ以上放置したままにしておくことはできなくなった。反動勢力の軍勢はぞくぞく集結していた。宗教戦争の休戦協定の期限はあと数年しか残っていない。こうしたなかで帝国とボヘミアの王冠を手に入れる可能性のもっとも高い次期候補者は、カトリック＝ハプスブルク家出身の狂信的なシュタイヤーマルク大公、フェルディナントであった。大公はイエズス会の薫陶を受け、異端撲滅の意志を固めていた。

一六一七年、シュタイヤーマルク大公フェルディナントはボヘミア国王に登る。[☆5] フェルディナントは、自分の受けた教育と性格とに忠実に従って、ただちに国王書簡を破棄してルドルフの宗教的寛容政策に終止符をうち、ボヘミア教会の弾圧にのりだした。一部の人の意見によれば、三〇年戦争の真のはじまりは、ボヘミアで不寛容政策がはじまったときだとされている。

こうした破滅的な動きを抑制しようとする立派な試みがボヘミアの自由主義的カトリック教徒によって企てられた。しかしフェルディナントとそのイエズス会の顧問たちの動きを押しとどめることはできず、ボヘミア教会とその聖職者への攻撃はつづいた。激烈な闘争がはじまり、ある激しい会合のおりに、ふたりのカトリック指導者が窓から投げおとされた。これが世にプラハの窓外放擲[*7]として知られる出来事で、これは三〇年戦争につらなる一連の事件の中で新たな段階を記す事件となった。いまやボヘミアはハプスブルク家の元首に対する公然たる反乱状態に入った。反乱側の言い分によれば、ボヘミア王位は選挙制で、誰であれ彼ら自身の選んだ人物に与えられるべきものであり、フェルディナントやその支持者が主張するように、ハプスブルク家の世襲ではないのであった。

†ボヘミア王位継承†

一六一九年八月二六日、ボヘミア国民は自国の王冠をファルツ選帝侯フリードリヒに授けることに決定した。フリードリヒがボヘミア国王に登るかもしれないという噂は、しばらくの間、人々の口の端に上っていた。彼の婚礼の時にすでにそれが話題になったともいわれている。[☆6] アンハルト侯が熱心にそれを遊説してまわり、フリードリヒのボヘミアにおける立場を後押ししていた。それというのもこの運動が、フリードリヒのまわりにアンハルト侯がめぐらしていた反ハプスブルク運動の、もっとも重要な一環を形成するものだったからである。

帝国の政治体制の独特の細かい規則によれば、ボヘミア国王は皇帝選挙において、一票を投じることができた。フリードリヒはすでに選帝侯であったため、かりに彼がボヘミア国王の位に就けば、彼は皇帝選挙に二票投じることができ、ハプスブルク家の支持者に対して多数派を築き、ハプスブルク支配を打破する道を開くことができるかもしれなかった。アンハルト侯やその友人たちは、こうした思考経路をたどって考えを進めていたのである。そればかりか彼らは最終的に、帝国の支配をもフリードリヒその人の手に握らせる計画を抱いていた可能性すらある。このような宗教的政策の展望は、理想主義的な見方からすれば、ダンテ以来つねにヨーロッパの夢想であった、帝国を通じての教会改革の希望につながるものであった。

フリードリヒは、提供されたボヘミアの王冠をうけいれるかどうかを決めなければならなかったが、これは実際的でもあれば宗教的でもあるようなジレンマとなった。実際的である由縁は、それをうけいれるのが危険だったからにほかならない。つまり受諾はハプスブルク勢力への宣戦布告にひとしかった。しかしたとえそうでも、彼には強力このうえない同盟関係があったのではないだろうか。そもそもそれらの同盟――つまりドイツやフランスのプロテスタント、オランダ、そして彼がその娘を娶った大英国王との同盟――があったからこそ、ボヘミア国民は彼を選択したのである。また宗教的である由縁は、神が彼に示しているこの道を歩むことを拒否するならば、それは神の意志を遂行するのを拒むことにほかならなかったからである。フリードリヒがなにより重視したのが後者の判断であることは、そう信じてしかるべき充分な理由があるのだ。

当時ハイデルベルクでフリードリヒに接した何人かの人々は、彼の態度に感銘を受けていた。あるイギリス大使は、一六一九年六月にハイデルベルクからジェームズに宛てた書簡[☆7]のなかで、フリードリヒが、「お若いのに似ず敬虔で思慮深く、活発で勇敢なお人柄」であること、またその伴侶は「いまでも当時と少しも変わらない信仰心の篤い善良な、また優しいお妃様で、……お会いになられるすべての人に親切なもてなしをされ、また夫君のファルツ侯とは相思相愛の仲睦まじさゆえ、おふたりにお目にかかる人々は皆、晴れ晴れとした心地を感じるほどです」、と書き送っている。

ここにしばしのあいだ、シェークスピア風のカップルの姿が見られたのである。大使つきの牧師としてハイデルベルクで彼らの前で説教をしたことのある詩人のジョン・ダンは、ちょっとした任務を彼らの代わりに果たすことになって、独特の歓喜を表わしながら、こう述べている。「この仕事（ボヘミアの王位に関する仕事）は、一般の人々の間にもあまねく広まっていて、わたしのごとき一介の貧しい人間にも、なんらかの役割を演じたり、果たすべき任務をもてるほどです。その任務とは、わたしが精魂をこめて全能の神に捧げているのに劣らない熱心な祈りをこめて、その仕事を推し進めていくことなのです」、と。[☆8]

ボヘミアの申し出を受けいれるべきかどうか助言した者のうち、カンタベリー大司教ジョージ・アボットはしきりに受諾を勧めていた。何年ものちになってから、エリザベスはハーグを訪れた人々に、ボヘミア王位受諾を宗教的な義務として勧めている、カンタベリー大司教の書簡をよく見せることがあった。[☆9]

他の人々はもっと慎重な助言を与えた。プロテスタント君主同盟は、受諾は危険が多すぎるとして大半が反対にまわった。また選帝侯の母も、申し出を蹴るよう懇願していた。沈黙公ウィレムの娘は、自分の息子の挑もうとしている勢力がどんなものであるか知りつくしていた。

一六一九年九月二八日、フリードリヒはボヘミアの反乱派に対して、王冠を受諾する旨書き送っている。C・V・ウェッジウッドの述べたように、「世間の疑惑がどうであれ、フリードリヒが伯父のブイヨン公に、『それはわたしが従わずにいることの許されない神のおぼしめしなのです……わたしのただひとつの役目は、神とその教会とにお仕えすることです[☆10]』、と書き送ったとき、彼が自分の気持を要約していたことは、ほぼまちがいないところである」。

しかしボヘミアの冒険からもち上がるもっと大きな問題点が、混乱の中に投げ込まれていた。フェルディナントは、八月のフランクフルトの会議で神聖ローマ皇帝に選ばれていた。帝国はすでにハプスブルクのフェルディナントのものであるのに、ボヘミアの王冠はその帝国に帰属しないことになりそうだった。そしてフリードリヒは、反乱派を支援することで皇帝に対する義務を怠るという――つまり宗教的と見なす務めのために封建的な務めをなおざりにするという――厄介な立場に立たされた。彼は宗教的な動機にもとづいて行動するのを選んだが、当時の多くの人々は、その振る舞いが道にはずれたものと判断したことだろう。

†ファルツ選帝侯の誤算†

九月二七日、フリードリヒとエリザベス、それに長男のハインリヒ（英語ではヘンリー）皇太子は、ハイデルベルクからプラハにむけて旅立った。ある熱狂的な観察者は、彼らがどんなに謙虚で敬虔な気持でこの旅に就いたかを伝えている。幼い皇太子の振る舞いには、死んだヘンリー皇太子が彼の中に蘇ったような希望を抱かせた。そしてエリザベスは人々から敬虔な気持をこめて「もうひとりのエリザベス女王」と呼ばれた――「なるほど女王陛下は現在そう呼ばれてしかるべき人になられました。さらに今後陛下やご子孫がどうなられるかは、ひとえに神の御手に握られているのです。神はそれを、御自身の栄光と教会の繁栄のためになるよう配慮されることでしょう」[☆11]。イギリスでの熱狂は限りを知らなかった。「イギリス中が、どんなに大きな、そして全幅の愛情を」[☆12]、と当時のひとりは書いている――「フリードリヒとエリザベスにそそいでいたか、わたしには書き尽せないほどだ」。それはまるで、「唯一の世界のフェニックス」であるいにしえのエリザベス女王が帰ってきたかのようであり、またなにかしら大きく新しい定めが間近いことを思わせた。

彼らはオーバーファルツを通ってボヘミア国境まで赴き、そこでボヘミア貴族の代表にむかえられる。それから自分たちの新しい王国内を通って、そのすばらしい首都へ向かった。プラハ大聖堂での戴冠式は、フス派の聖職者によって執り行なわれた。そしてそれがボヘミア教会の執行する最後の大きな公式儀式となり、やがて教会は完全に弾圧されることになるのである。

戴冠式の日には、ひとつの記念出版物が出されている（図版8）。そこにはフリードリヒとエリザベスが、王冠を戴いたボヘミア国王と王妃の姿で表わされている。その背景では、改革派と和平が、反宗教改革派と戦争とにうち勝っている図が描かれている。四匹の獅子は、ボヘミアの新国王と王妃が頼ることのできる同盟を表わしている。獅子はフリードリヒ自身の紋章動物であり、左側の獅子は選帝侯の王冠をもっているのでファルツの獅子を表わしている。ついで二重の尾をもつボヘミアの獅子、剣を手にしたイギリスの獅子、そしてネーデルランドの獅子とつづく。この版画の下につけられたドイツ語の詩が、これらの譬喩を説明している。それらは讃美歌に合わせて歌われるようになっていて、（翻訳すると）次のようにはじまっている。[☆13]

いざ陽気に楽しまん
茜に染まりし暁　今まさに明けゆかんとし
太陽が今その姿を現わす。
神はわれらにその顔（かんばせ）を向けられ
われらにひとりの国王を賜る
かくして敵はもはや持ち堪ふまじ。

実際フリードリヒとエリザベスの頭上には、ヘブライ語の神の名から太陽の光らしきものが降りそそいでいる。そしてこれが新しい茜色に染まった夜明けなのである。詩の言葉は、この夜明けがどれほど新王妃にかかっているかをとくに強調している。

フスが自分の教義の源泉としたウィクリフはイギリスからやってきた、と詩は説明し、フス派の改革にウィクリフの影響があったことをほのめかしている。そして今またひとりの王妃がイギリスからわれわれのもとにやってきた。[☆14]

われらのお妃様の親愛なる父君ジャコブス（ジェームズのラテン語形）殿は
お妃様を介され
われらの頼もしきかぎりの保護者ならびに擁護者になりたまふ。

殿　われらを見捨てたまはじ
　しからずんばわれら大いなる苦しみを味わうべし。

　ここにわれわれは、この誤解に由来する大きな悲劇の核心に触れることになるのだ。なぜならジェームズは娘と婿を支援しようとはしていなかったからである。彼は、狂ったようなスペイン友好熱にかられて、反対陣営のために尽力していた。この版画が出た時点でさえ、彼は婿のボヘミアの企てについて一切の責任を負っていないことを、ヨーロッパ中の宮廷に広言していた。[15]この企てを支援するために、イギリスで陸海軍の準備がなされたということはまったくなかった。そればかりか、ジェームズの外交は、それに反対し、それを否認、妨害して、全力を尽してハプスブルク勢力に取り入ろうとしていたのである、ジェームズの態度は、当然フリードリヒの立場を著しく弱め、彼の友人たちに疑念をもたせるもとになった。しかしそれでもなお、娘が苦境に陥れば、娘を助けないわけにはいかないだろうと思われていた。彼女は、父親の厚情を得るための人質だったのである。しかしその時がやってくると、ジェームズがハプスブルク家の怒りを誘うくらいなら、喜んで娘を見捨てるつもりであることがはっきりした。

　この問題はひじょうに混み入っており、是非を論じるのも簡単にはいかない。ジェームズは、なにがなんでも平和をめざす立場に立っていた。彼はこれを、烈しく争い合う両陣営に子供たちを娶合わせることによって貫こうと望んでいた。フリードリヒとその支援者は、この結婚が彼らの側への全幅の支持を表わすものと誤解した。ジェームズの臣民の大半もそう解釈し、エリザベス朝の伝統の継承としてそれを熱狂的に歓迎していた。しかしたとえエリザベス女王でも、フリードリヒに徹頭徹尾同調することはしなかったにちがいない。彼女はフリードリヒがあえてしたこと、すなわち他の勢力が主張している一国の主権をわがものにすることを、用心深く避けてきた。彼女は、ネーデルランドの立場は支援しながら、その国の主権をわがものにすることは固く辞退している。

　しかし本書の研究には、これらの点を論議し、一連の事件の複雑な要因をこと細かに検討する必要はないだろう。わたしたちには、ただ実際の事件の概略さえあればいいのであり、ジェームズがハプスブルク勢力を沈静化させる政策を進めていたのに対して、フリードリヒとその支持者は、ジェームズが積極的に彼らの側につくだろうと、甲斐のない希望をもっていた、という大まかな説明があれば充分だろう。フリードリヒの最大の罪は、彼が失敗したところにある、というのがおそらくは真相に近いだろう。もし彼がボヘミアでの地位確保に成功したなら、義父もふくめてようすを見ていた人々も全員彼の側についたにちがいない。

　これらの事件に通じた調停者であるべき人物、ヨーロッパの自由主義者がその指導を仰いでいた人物――つまり大英国王ジェームズ一世――は、決定を下すこともできず、まじめな仕事を避け、無節操なとりまき連の意のままになり、スペインの使者にさげすまれ欺かれて、急に老いさらばえ耄碌してしまったように見えた。[☆16] こうしてヨーロッパは指導者を欠き、混迷の度を深めながら三〇年戦争に突入していったのである。

三〇年戦争の端緒を開く

　一六一九―一六二〇年の冬にかけて、後に「ボヘミアの冬の国王と王妃」として知られるようになるふたりは、プラハの、ルドルフ二世の思い出にあふれる宮廷に君臨していた。この幻想的なカップルの統治時代にプラハで何がおこったかは、あまりよくわかっていない。そして歴史にはよく見られるように、この欠落は、歴史家の間でくりかえし伝えられるわずかな古くさい逸話で埋められているにすぎないのである。

　われわれの知りたいことは、フリードリヒがルドルフの集めた芸術上、科学上のコレクションにどんな反応を示したのか、またプラハのカバリストや錬金術師は彼をどう見ていたか、あるいはその冬プラハに滞在していたといわれるロバート・ブラウンに率いられたイギリスの劇団がどんな劇を上演したのか、[☆17] そして彼が奨励したとして、敵の諷刺の攻撃対象にされた改革案とはどんなものだったのか、[☆18] といったことである。

　狂信的なカルヴァン派の宮廷牧師アブラハム・スクルテトスは、民衆に愛されていた聖像を状況も考えずに破壊してしまい、やっかいな事態を招いたらしい。またフリードリヒとエリザベスの生活様式はプラハではなじみの薄いものだったため、すっかり受けいれられていたわけでもなかったようだ。ジェームズ一世の宮廷では最新流行の服装も、プラハではみだらなものに見られていた。

その年も暮れになるにしたがって、状況は危険きわまりないものになっていった。フリードリヒの敵の軍勢は、彼を追放しようと集結していた。彼のもっとも大切な同盟者であるドイツのプロテスタント君主たちは、彼に援助の手を差し延べようとしなかった。アンハルト侯がフリードリヒ軍の指揮をとり、バイエルン公がカトリック軍を指揮した。

フリードリヒの軍勢は一六二〇年一一月八日、プラハ郊外の白山の戦いで決定的な敗北を喫した。この勝利はハプスブルク家によるヨーロッパ支配を次代にまでたしかなものにし、三〇年戦争の端緒を開くものとなった。しかし、結局のところその三〇年戦争がハプスブルク勢力の衰退を導くはめにもなったのである。

白山の戦いはこのように、ヨーロッパ史上の決定的な事件となった。それは完膚なきまでの敗北だった。プラハはまったくの混乱状態に陥り、わが身に及ぶ報復を怖れて、罪の元となるフリードリヒの存在を追い払おうと狂奔した。

エリザベスはプラハでもうひとり子供を産んでいたが（後にラインのルーパート王子としてイギリス市民戦争で勇名を馳せることになる）、フリードリヒは妻と子供たちを連れて、財産の大半を残していくほどのあわてぶりでプラハを脱出する。敵の手に渡った貴重な遺留品の中には、ガーター勲章もまじっていた。[☆19] 後に敵方によってまきちらされた反フリードリヒ宣伝パンフレットは、好んで彼を、片方の靴下を落したみじめな逃亡者の姿（つまり彼のガーター勲章紛失へのあてこすりである）で描いている[☆20]（図版9）。こうした諷刺は、ガーター騎士が、義父の援助を手に入れられなかったことや、彼の計画全体が悲惨この上もない失敗に終わり、かくも怖ろしく不名誉な逃避行と全財産の喪失に帰したことを、執拗に皮肉っているのである。

そのあいだにもファルツ領はスピノーラに率いられたスペイン軍に侵略されていた。九月五日にスピノーラはライン川を越えている。一四日にはオッペンハイムを占領する。他の町々もすでに陥落していた。フリードリヒの母とハイデルベルクに残されていた彼の上ふたりの子供たちは、ベルリンの親戚の下に逃げこんだ。彼の一族は最終的にハーグでふたたび全員一緒になり、そこで彼らはほそぼそとした亡命宮廷を長年にわたって営んでいく。

ボヘミアでは大量の処刑や「粛清」が、ありとあらゆる抵抗を根絶やしにしていた。ボヘミア教会は徹底的な弾圧にさらされ、国全体が悲惨な状態に追いこまれた。ファルツは略奪にさらされ、怖るべき三〇年戦争では、ドイツのどんな地方よりも大きな被害を耐え忍ばなければならなかった。

ファルツ選帝侯フリードリヒはひとつの蜃気楼に終わったのである。かりに彼が白山の戦いで勝利を収めていたらどうなったか、それはもちろん誰にもわからない。しかし彼の生涯は、挫折したボヘミアの解放者として、またヨーロッパの反ハプスブルク勢力の挫折した新指導者候補として、この戦いに敗れたときに終わったのである。いずれの側につくか決めかねていた者も彼から離反した。ドイツのプロテスタント君主は、彼を救おうと指一本動かそうとせず、ただ魅入られたような恐怖の表情を浮かべて、ファルツの略奪を傍観するだけだった。そしてかの大英国王は、娘や婿やイギリスにいる彼らの熱狂的な友人たちの訴えにまったく耳を貸そうとしなかった。

歴史家は、この途方もないボヘミアの大冒険とその失敗とが、イギリス内政史に及ぼした影響を指摘してきた。ジェームズ一世が外交政策を「神権」によって進めてしまい、ボヘミア国王支援の方向で一致していた議会になんの相談もしなかったこと、そしてそのためジェームズはスチュアート朝の瓦解を導く一連の事件の端緒を開いたことを歴史家たちは見てとった。つまり、怒りを招いたのは、議会の相談なしに内政を進めたことだけではなかった。議会の意に反した、あるいは議会の相談なしに外交を推し進めたことも大きな怒りを招いたのである。しかもその怒りは議員だけのものではなく、あらゆる階層の一般民衆にまでゆきわたっていた。

ペンブルック伯ウィリアム・ハーバートのような大貴族は、彼が義務と考えてきた行為を国王が果たさなかった点を、フリードリヒの代理人に恐縮して実際に謝罪した。[☆21] 愛するエリザベスのためならいつでも祝いの鐘を鳴らし篝火を焚こうとしていた民衆には、そうすることすら許されていなかった。そのころから露わになってきた君主政体と議会や国民との間の亀裂は、ジェームズの不評を買った外交によって、ますます深められることになったのである。

†ルネサンスと啓蒙主義の間の空白†

ボヘミアの悲劇に関するこうした側面は、歴史書の愛読者にはすでにおなじみのものであろう。ところが、イギリス国王とファルツ選帝侯の間に想定された同盟によって高まった希望が、ヨーロッパにどんな効果を及ぼしたかという研究になると、たとえ存在するにしてもその数は決して多いとはいえないように思われる。

この宗教戦争間の容易ならざる和平時代に、ファルツ選帝侯は彼の家系の宗派である伝統的カルヴァン派以上のなにかを代弁する存在だったのである。彼は結婚を通じて、ジェームズ朝ルネサンスの光輝をドイツにもたらした。そしてこの大きなルネサンス的運動は、ファルツ周辺で進行していた別の強力な運動と遭遇してまじりあい、ここに豊かな新しい文化が形成されるのである。その文化はごく短命に終わってしまったが、わたしの信じるところでは、それはルネサンスから啓蒙主義にいたる運動において、ひじょうに重要な一要素をなすものだったのである。

この時点でルネサンスの力は、怖ろしい正面からの衝撃力で反動にぶつかった。こうしてルネサンスの力は三〇年戦争の恐怖のうちに失われ、視界から消えてゆく。しかし結局その戦争が終わってみれば、啓蒙主義が到来することになるのだ。フリードリヒとエリザベスの統治時代におけるファルツの思想運動を解明する——われわれが今まさに取り組もうとしている——試みは、思想史や文化史上のもっとも重要な問題のひとつ、すなわちルネサンスから啓蒙主義にいたる発展の諸段階を見きわめる問題に、手掛りを与えうるものなのだ。

ファルツはカルヴァン派の国であったが、われわれの扱うファルツの思想運動は、カルヴァン神学とはほとんど、あるいは事実上まったく関係がない。これらの運動は、H・トレヴァー＝ローパーが注意をうながしている次のような傾向のみごとな一例を表わしているのだ。つまり、積極派的なカルヴァン主義が種々雑多な自由主義者をひきつけていたという傾向である。[☆22]——そしてなぜひきつけていたかといえば、それは積極派的なカルヴァン主義が、過激な反動勢力に対する抵抗を代弁しており、その影響圏内にいるかぎり、異端審問所の令状も効果が及ばないことを保証していたからである。この章を終わるにあたって、ファルツの位置を近隣諸国との関連で示した地図（巻頭掲載）にしばらく足を止めてみるのも、後の章の準備として無駄ではないだろう。

ヴェネチアでは、これより少し前に、パオロ・サルピが法王庁の介入に抵抗していた。そしてヴェネチアの自由主義的運動は、イギリスで注目の的となっていた。ヴェネチアの熱烈なイギリス大使ヘンリー・ウォットンなどは、ヴェネチア市民を一種の英国国教徒に改宗させようとまで考えていた。[23] 聖務禁止をめぐる騒動は一六一三年ごろには収まっていたが、フリードリヒの事件はヴェネチアで関心の的になっていた。アンハルト侯がサルピと連絡をとりあっていた。[24] ウォットンは、本国とヴェネチアとの往復にはハイデルベルクに立ち寄ることにしていた。もしフリードリヒが、オランダからドイツを経由してヴェネチアまで通じる自由主義の経路を開放状態に保つことに成功していれば、あるいはガリレオが忍ばねばならなかったイタリアでの思想弾圧の進行も、喰い止められたかもしれない。

選帝侯とオランダとのつながりは、当然ひじょうに緊密なものがあった。ハイデルベルクには多数のオランダの学者がいたが、なんといっても注目すべきは、人文学者で詩人であり、またきわめてはば広い国際的文通の中心人物でもある有名なヤヌス・グルーテルである。[25] グルーテルはハイデルベルク大学で教鞭をとり、また名高いビブリオテカ・パラティナの館長をつとめていた。この図書館は、選帝侯の先祖が蒐集した膨大な量の書籍写本類を収めた図書館で、ハイデルベルクの聖霊教会の中にあった。

フリードリヒの近隣諸国のなかにあって、彼ともっとも密接な関係を保っていたのは、ファルツの南国境に接しているヴュルテンベルク公国である。この国の宗旨はルター派であったが、ルター派とカルヴァン派の統合の企てにも大きな関心が寄せられていた。一六一〇年に死亡したヴュルテンベルク公フリードリヒは、大の親英家で、エリザベス朝のイギリスを訪れたこともあり、一六〇四年には、以前にエリザベス女王が約束していたガーター勲章を、ジェームズ一世から特使を介して授与されている。[26]

ルター派で親英国のヴュルテンベルクは、ルター派の牧師であり神秘家でもあったヨハン・ヴァレンティン・アンドレーエをめぐる興味深い思想運動の中心地でもあった。また時のヴュルテンベルク公はファルツ選帝侯とたえず連絡をとり合う仲であった。ドイツのプロテスタント君主のなかで、もうひとり選帝侯と親しい間柄にあったのは、イギリス巡回劇団をさかんに鼓舞していた教養人、ヘッセン方伯モーリッツである。

しかしなんといっても、ドイツのこの地方に強い影響を及ぼしたのはプラハである。ルドルフ二世の奨励する錬金術や秘教への関心は、反動派が強要しようとしたものより、はるかに自由なルネサンスの雰囲気を伝えていた。そしてこうした研究はドイツの宮廷、とりわけヘッセンやヴュルテンベルクでも盛んに行なわれていたのである。またファルツ政界の重鎮アンハルト侯クリスチャンも、まちがいなくルドルフ朝のプラハの伝統に精通していた。アンハルト侯はロジェムベルク伯爵と親しくしていたが、伯爵は、隠秘学(オカルト)や錬金術への関心で名高いボヘミアの一族の一員である。[☆27] アンハルト侯もこうした学問への関心をわかちもっていたことは、ヘルメス主義者でカバリストであり、パラケルスス流の錬金術師でもあったオスワルド・クロルが彼の侍医であったことからもよくわかる。

奇妙な興奮の渦巻くこうした世界に、王女エリザベスが、ジェームズ朝のロンドンに栄えていた後期ルネサンスの影響を携え、反動勢力に対抗する強力な支柱への希望をかきたてつつやってきたのである。魔術＝科学的驚異に満ちたハイデルベルク城や、プロテスタントの学問の中心地であったハイデルベルク大学は、戦争と戦争の間の短い期間、抵抗運動の象徴となっていた。その短い時期に、ここで人々は夜の帳りが明け、啓蒙運動が現われ、新しい時代の幕が開くのを心待ちにしていたのである。

ところがその代わりにやってきたのは、フリードリヒのボヘミアでの完膚なき敗北と敵のファルツ占領、略奪をともなう徹底的な惨状であった。侵略者による選帝侯の蔵書の押収やグルーテル文書の破壊のようすは、目撃者の手で記録されている。[☆28] 生涯にわたる書籍や写本の蒐集が、街路上や三〇頭も馬のつながれていた中庭に投げだされ、修復できないほど汚され破壊された。これは他の個人の蔵書に対してなされた仕打ちであるが、大ビブリオテカ・パラティナそのものは、大半のグルーテル自身の蔵書とともにローマに移管された。[☆29]

水オルガンや歌う噴水その他の城の驚異については、その運命を語っている文章をわたしはひとつも見つけることができなかった。ハイデルベルクに取り残され、一六二〇年にそこからボヘミア国王に音楽の問題に関する手紙を書き送ったサロモン・ド・コオは、結局フランス宮廷で新しい職にありついた。グルーテルは不遇をかこちながらハイデルベルク近隣を放浪し、数年後に不帰の客となった。こうしてひとつの世界全体が消滅していったのである。その記念碑類は破壊、破損にさらされ、その書籍、記録文書は消滅し、その民衆は——逃げ出せた者は——難民となりはて、さもなければ、やがてくる怖ろしい時代に、暴行や黒死病や飢饉のために死ぬ運命にあった。

われわれがこれから調べようとしているのは、まさにこの挫折したルネサンス、この早すぎた啓蒙主義、あるいはこの誤解された薔薇十字の夜明けなのである。知と洞察の新時代の夜明けを告げるふしぎな告知をふくむ、いわゆる「薔薇十字宣言」を生んだ運動は、どんな刺激によって動かされていたのだろうか。この質問への答えを求めるとすれば、それはファルツ侯フリードリヒや、彼のボヘミア王位獲得への努力をめぐってくりひろげられた運動の影響圏内に求められるべきだろう。

第 3 章

John Dee and The Rise of 'Christian Rosencreutz'

薔薇十字運動の潮流

ジョン・ディーからボヘミアの悲劇へ

†アンドレーエと『化学の結婚』†

「薔薇十字（ロジクルシャン）」という言葉は、「クリスチャン・ローゼンクロイツ」あるいは「薔薇・十字（ローズ・クロス）」の名前に由来している。いわゆる「薔薇十字宣言」とは、一六一四年と一六一五年にカッセルで初版が出されたふたつの短いパンフレット、または小冊子のことをさしている。その長い標題はそれぞれ『名声（ファーマ）』と『告　白（コンフェッシオ）』☆1と略記できるだろう。これら宣言の主人公は「師父C・R・C」または「クリスチャン・ローゼンクロイツ」なる人物で、彼は、今再興され、両宣言が人々に加入を呼びかけているある結社、または友愛団体の創始者であるとされている。これらの宣言は激しい興奮をまきおこしたが、さらに一六一六年の第三の出版物が謎をいっそう大きくすることになった。それは奇妙な錬金術物語で、そのドイツ語の標題を翻訳すると、『クリスチャン・ローゼンクロイツの化学の結婚』となる。『化学の結婚』の主人公も、やはり、赤い十字と赤い薔薇を象徴に用いるある結社と関係があるらしい。

『化学の結婚』の作者がヨハン・ヴァレンティン・アンドレーエであるのはまちがいない。両宣言が『化学の結婚』と関連があるのは疑いのないところだが、両宣言の方はおそらくアンドレーエではなく、未知の誰か、あるいは複数の誰かの手で書かれたものだろう。

これらの出版物ではじめて登場したこの「クリスチャン・ローゼンクロイツ」とは何者だろうか。この人物やその結社にまつわる謎や伝説は枚挙にいとまがないほどである。われわれは、まったく新しい道を切り拓いて、この人物に迫っていくつもりである。しかしとりあえずは、「ヨハン・ヴァレンティン・アンドレーエとは何者だろう」という、より簡単な疑問にとりくむことからこの章をはじめることにしよう。

ヨハン・ヴァレンティン・アンドレーエは、ファルツのすぐ隣りのルター派の国、ヴュルテンベルクに、一五八六年に生まれた。祖父はすぐれたルター派神学者で、しばしば「ヴュルテンベルクのルター」と呼ばれていた。同時代の宗教的状況に対する根強い関心は、その孫ヨハン・ヴァレンティンの主要な原動力でもあり、彼もやはりルター派の牧師となった。ただ彼の場合は、カルヴァン派に対しても自由主義的な関心を寄せていた。連綿とつづく災難にもめげず、ヨハン・ヴァレンティンは、宗教的状況の広範な解決の希望を、生涯より所としていた。彼の活動は、社会主義的な関心を抱いていた敬虔なルター派の牧師としてであれ、「薔薇十字」的な幻想の宣伝家としてであれ、すべてこうした希望の実現のためになされていた。アンドレーエは、将来を嘱望された作家であったが、彼の想像力は、イギリスの巡回劇団に影響されたものだったのである。彼の青年時代のことや、彼のこうむった影響については、彼自身が自伝[☆2]を書いているので、信頼できる情報を得ることができる。

　われわれはその自伝から、彼が一五歳になった一六〇一年に、未亡人の母親が彼をチュービンゲンに連れて行き、そのおかげで彼がヴュルテンベルクの有名な大学で学問にうちこむことができるようになったことを知る。彼によれば、チュービンゲンの学生であった一六〇二年か三年のころ、はじめて未熟ながら作家活動をはじめたという。そうした活動には、「イギリスの劇団をまねて」書いた、「エステル」と「ヒュアキントス」を主題にしたふたつの喜劇や、あまり価値のない「笑劇（ルディブリウム）」、つまり虚構または滑稽譚と彼自身が酷評している『化学の結婚』という題の作品がふくまれていた。[☆3]

　現存するアンドレーエの『化学の結婚』、つまり一六一六年に出版されたクリスチャン・ローゼンクロイツを主人公にした作品から判断すると、それ以前に書かれた『化学の結婚』は、結婚のテーマを錬金術過程の象徴に用いる、錬金術の象徴体系に関する著作だったものと思われる。それは、一六一六年に出版された『化学の結婚』と同一のものではありえない。一六一六年版には、一六一四年と一六一五年の両薔薇十字宣言のことにふれられているし、ファルツ選帝侯やハイデルベルクの彼の宮廷のようすや、彼とジェームズ一世の娘との結婚のことが暗示されているからである。現存していない最初の『化学の結婚』が、一六一六年の出版に際して、時代に合うよう改作されたにちがいない。ただし失われた初めの版が、後の作品の核をなしていたことはありうるだろう。

†アンドレーエが生きた時代†

アンドレーエが、学生時代を過ごしたチュービンゲンでどんな影響を受け、どんな出来事に遭遇して、これらの初期作品の着想を得たかは、われわれにも想像に難くない。

当時ヴュルテンベルクを治めていたのは、錬金術や隠秘学(オカルト)の研究家であり、また熱烈な親英家であったフリードリヒ一世である。彼が生涯を通じて燃やしていた情熱は、エリザベス女王と同盟を結び、ガーター勲章を授かることであった。彼はこの目的で何度かイギリスに渡り、そこで人々の耳目をそばだたせる存在となったらしい[☆4]。女王は彼を「マンペルガート卿(カズン・マンペルガート)」とその姓で呼んでいた。これまで、シェークスピアの『ウィンザーの陽気な女房たち』に登場する「ガーモンブルズ卿(カズン・ガーモンブルズ)」と、ドイツのある公爵の従者がガーター館で借りる馬への謎めいた言及は、なにかヴュルテンベルク公フリードリヒに関係しているのではないか、という問題が盛んに論議されてきた[☆5][*1]。女王は彼のガーター叙勲の許可を一五九七年に与えているが、実際の叙勲式は一六〇三年一一月まで行なわれなかった。そしてこの時にガーター勲章が、ジェームズ一世の特使によってフリードリヒの国の首都シュトットガルトで彼に授与されたのである。

ジェームズはこのように、その治世のごくはじめのころは、ドイツプロテスタント勢力とのエリザベス朝時代の同盟を継承する振る舞いを見せていたのである。その実、後年にはこの同盟から生じた希望を拒むようになる。しかし一六〇三年のヴュルテンベルクでは、イギリスの新統治者の治世が、ドイツの抱いていた希望にとって、まことに幸先のよいものに思われたのである。そして、ヴュルテンベルク公にガーター勲章を授けに来た大使や、大使に随行したイギリスの劇団は、そこで熱狂的に迎えられたのである。

シュトットガルトのガーター叙勲式やそれにともなう式典の模様は、一六〇五年にシュトットガルトで出版されたラテン語の報告書の中でE・ツェリウスによって描かれており、その一部はエリアス・アシュモールのガーター勲章の歴史に関する書物に英訳引用されている。[6]

勲章を帯したイギリスのガーター役員たちが、ドイツの高官らとともに厳かに参列した行進は、めざましい印象を与えるものだった。公爵は壮麗そのもののいでたちで、「さまざまの彩りのまじりあった輝き」を放つほどに大量の宝石をちりばめていた。[7] イギリスのガーター役員のひとりはロバート・スペンサーといい、ツェリウスによれば、同名の詩人の親類だったという。[8] この指摘の興味深いところは、シュトットガルトのドイツ人が、詩人のスペンサーのことや、彼の『妖精の女王』のことに聞き及んでいたらしい点である。

こうして、壮麗な装いに包まれた公爵は教会に入場し、荘厳な楽の音の響くなかで勲章を授かる。そして説教が行なわれたのち、「白い衣と天使のような翼をつけて向かい合ったふたりの若者の歌声」からなる新たな音楽がはじまる。[9]

一行は広間にもどってガーター式典に加わった。その祝宴は翌朝早くまでつづいた。ツェリウスは、アシュモールには引用されていない祝宴の細部を伝えているが、その中には「イギリスの音楽家、喜劇俳優、悲劇俳優、そしてまことに巧みな演技者たち」による余興の記述がふくまれている。イギリスの音楽家がヴュルテンベルクの音楽家と共同でコンサートを行ない、イギリスの俳優陣は劇の上演でお祭り気分を盛り上げた。その劇のひとつは『スザンナの物語』で、彼らは「みごとな演技とたくみな技量でそれを」演じたので、盛んな拍手を浴び、多額の報酬でむくいられたという。[10]

後日、イギリス人一行は公国のおもな名所に案内された。そのなかにはチュービンゲン大学もふくまれており、「彼らはそこで喜劇や音楽やその他の余興でもてなされた」。

ガーター大使や随行の劇団の訪問は、チュービンゲンの多感な若き学生ヨハン・ヴァレンティン・アンドレーエにとって、まことに刺激的で興奮する出来事だったのではなかろうか。一六一六年の彼の『化学の結婚』には、ある結社、あるいは複数の結社の豪華な儀式や祝宴のみごとな描写がふんだんにふくまれ、さらに劇の上演風景を描いた魅力的な挿入部がはさまれている。この作品はつぎのように見るとき、ひとつの芸術作品としてより理解しやすいものとなる。すなわちこの作品は、演劇と儀式の両面でかつてアンドレーエに作用したイギリスの影響の成果であり、ふたつの影響が混じり合って新しい独創的な芸術作品の着想を植えつけたのである。

†「福音軍事同盟」にはじまる†

このガーター叙勲式の翌年の一六〇四年に、まことに奇妙な著作がヴュルテンベルク公に献げられている。それはシモン・シュトゥディオンの『ナオメトリア』という作品で、その未刊の写本はシュトットガルトの地方図書館に所蔵されている。☆11

この作品は大部の黙示録的預言書で、ソロモンの神殿の寸法に関する聖書の記述にもとづいたこみいった数占いや、聖書上の日づけやヨーロッパの歴史上の日づけに関するこみいった論議を用いて、未来の出来事の預言を導いている。作者はとくにアンリ・ド・ナヴァールの生涯の日づけに興味を示している。

そして作品全体には、現フランス国王アンリと、大英国王ジェームズ一世と、ヴュルテンベルク公フリードリヒとの秘められた同盟を反映しているふしが見られるのである。この仮想的な同盟（わたしはその存在を示す証拠をこれ以外に見つけることができなかった）は、こと細かに描写されていて、写本には百合（フランス国王）と獅子（大英国王のジェームズ）と水精（ニンフ）（ヴュルテンベルク公）の永遠の友情のしるしに歌われるべき音楽を扱った部分さえ数ページふくまれているほどだ。

したがってシモン・シュトゥディオンのこの証言によれば、一六〇四年にはジェームズとヴュルテンベルク公とフランス国王とのあいだに秘密同盟が結ばれていたことになる。それはたぶん、前年のガーター叙勲式を通じて、ジェームズとのあいだに樹立された友好関係の延長線上にできあがったものであろう。われわれは、いまはまだジェームズが、前時代に結ばれた同盟を踏襲し、現フランス国王ナヴァールと共同歩調をとっていた、彼の統治の初期の時代にいるのだ。

『ナオメトリア』は、この時代に特有の固定観念であった年代学にもとづく預言癖の奇妙な見本である。しかしそこには、一五八六年におきたといわれているどうやら実在のある出来事の興味深い記述がふくまれてもいるのだ。『ナオメトリア』の作者によれば、一五八六年七月一七日にリューネブルクにおいて、「何人かの福音主義的な君主や選帝侯」と、ナヴァール王やデンマーク王、それにイギリス女王の代表者たちが集まって会合が開かれたという。この会合の目的は、(当時フランスで、アンリ・ド・ナヴァールのフランス国王就任を懸命に阻止しようとしていた)カトリック同盟[*2]に対する防衛として、「福音主義」同盟をつくることにあった。この同盟は「福音軍事同盟」と呼ばれた。[☆12]

ところで薔薇十字の謎に関するこれまでの何人かの研究者によれば、シモン・シュトゥディオンの『ナオメトリア』と、それが記述している「福音軍事同盟」こそ薔薇十字運動のそもそもの源だという。[A13] 写本を検討したA・E・ウェイトは、『ナオメトリア』に登場する粗書きの薔薇の素描とその中央にある十字架こそ、薔薇十字運動の薔薇と十字架の象徴体系の最初の例だと考えている。[☆14] わたしはこのいわゆる薔薇の重要性を完全に納得したとはいえないが、薔薇十字運動が、カトリック同盟に対抗してつくられたある種の親プロテスタント的同盟に根ざしているとする説は、この本で提起する解釈にそうものだ。この「福音軍事同盟」のつくられた一五八六年という日づけは、われわれをエリザベス女王の統治時代、つまりネーデルランドにレスター伯が介入した年、そしてフィリップ・シドニーが死んだ年、さらにはシドニーとファルツのヨハン・カジミールがあれほど熱心に説いてまわったプロテスタント同盟形成の計画にまで立ち返らせることになるだろう。

シモン・シュトゥディオンと『ナオメトリア』の提起する問題は、ここで細かに論じるには複雑すぎるが、わたしとしても、このシュトットガルトの写本が薔薇十字の謎を研究する者にとって、まちがいなく重要な文献であるとする意見には同意したいと思う。この見解を裏づける事実がある。[☆15] それは、ヨハン・ヴァレンティン・アンドレーエが、一六一九年に出版した『バベルの塔』の中で『ナオメトリア』のことにふれており、したがって彼がこの著作を知っていたことはまちがいないという事実だ。

アンドレーエはそこで、『ナオメトリア』にあげられている過去の日づけではなく、未来の出来事の日づけとその預言とに関心を示している。シモン・シュトゥディオンは、一六二〇年という年が（彼が一六〇四年に書いていることを思い出してほしい）、教皇とマホメットの失墜によってアンチクリストの時代が終わりを告げるひじょうに重要な年であることを、何度もくりかえし強調している。この崩壊の時期はその後数年つづき、一六二三年ごろに千年王国がはじまると述べられている。

アンドレーエが『ナオメトリア』の預言について語っているところはひじょうにわかりにくく、それをヨアキム師、聖ビルギッタ、リヒテンベルガー、パラケルスス、ポステルその他の幻視家の預言と関連づけている。[*3] それにもかかわらず、この種の預言が実際に歴史的事件に影響を与えた可能性、つまりそれがファルツ選帝侯やその熱狂的な支持者に、千年王国が間近いという信念を抱かせたまま、ボヘミア王位受諾の無鉄砲な決定に駆り立てた可能性もなきにしもあらずなのである。

✝歴史の鍵を握るアンハルト侯✝

ヴュルテンベルク公やガーター勲章や『ナオメトリア』の謎の研究によってかいま見えてくるこれらのおぼろげな運動は、時期的にいうなら、ドイツでプロテスタント同盟がつくられ、その支持者としてフランスとイギリスの国王に期待が寄せられていた一七世紀のごく初期の年代に属している。この時期にはジェームズ一世もこれらの運動に好意的であるように映っていた。フランス国王が一六一〇年、ドイツに大がかりな軍事介入を企てていた矢先に暗殺されてしまったことは、しばしのあいだ積極活動派の希望をくじき、ヨーロッパの勢力バランスを変えることになった。しかしジェームズは、あいかわらず古くからの政策を継続しているように見えた。一六一二年に彼は、若いファルツ選帝侯をリーダーに担ぐプロテスタント君主連合に加わっている。同年には娘のエリザベスをフリードリヒと婚約させている。そして一六一三年には、あの名高い婚礼が挙行され、それは、ドイツプロテスタント連合のリーダーであるファルツ選帝侯に、大英国の支持を約束するものと思われていたのである。
ジェームズ一世がそうした運動から身を引く前の、同盟が頂点にさしかかっていた時期に、精力的なアンハルト侯クリスチャンは、ファルツ選帝侯をヨーロッパの反ハプスブルク勢力の理想的なリーダーに仕立てるべく活動しはじめたのである。それまで期待されていたリーダーたちは、つぎつぎに斃れていった。フランスのアンリは暗殺された。イギリス皇太子ヘンリーも薨（こう）じてしまった。そこで運命は若きファルツ選帝侯の身にふりかかってきたのである。

アンハルト侯は一般に、フリードリヒの不運なボヘミアの冒険の責任者とみなされてきたし、その惨めな挫折後にばらまかれたプロパガンダも、たいていアンハルト侯に向けられていた。[☆16] 彼はボヘミアに多くの知己をもっていたし、そもそもボヘミアの反抗派が自国の王冠をフリードリヒに提供しようと考えるようになったのも、彼の説得の賜物であるように思われる。アンハルト侯は、ボヘミアの冒険が頂点に向かって動いていた時期に、重大な、そして指導的な影響力を及ぼしていたのである。したがって、この人物の抱いていた興味の性格や、彼のボヘミアでの交友関係の性格を究めることが肝要となってくる。

神学上は、アンハルト侯クリスチャンは熱心なカルヴァン派であるが、当時の他の多くのドイツのプロテスタント君主と同様、彼も神秘主義的、パラケルスス的運動に深くかかわっていた。彼は、カバリストでもありパラケルスス主義者でもあり錬金術師でもあったオスワルド・クロルの保護者であった。彼のボヘミアでの交友関係も同じような性格をもっている。彼はローゼンベルクまたはロジェムベルク伯ペテル・ヴォック[☆17]の親しい友人であった。ペテル・ヴォッフは南部ボヘミア地方トジェボン周辺に広大な領地を所有している富裕なボヘミアの貴族で、旧ルドルフ派の自由主義者であり錬金術や隠秘学（オカルト）研究の保護者でもあった。

アンハルト侯のボヘミアでの交友関係は、彼を、イギリスの影響を受けたきわめて注目すべき文化的潮流の中に導きいれたにちがいない。その潮流は、ジョン・ディー（図版31）が助手のエドワード・ケリーとともにボヘミアを訪問したことからおこったものである。

周知のように、ディーとケリーは一五八三年にプラハに滞在し、そこでディーは皇帝ルドルフ二世に、自分の遠大な帝国主義的神秘主義や広範囲な研究に興味を抱かせようと尽力していた。ディーの活動の性格は、ピーター・フレンチの近著によって以前より理解できるようになってきた。イギリスであれほど大きな影響力をふるい、フィリップ・シドニーやその友人たちの師であったディーは、ボヘミアでも自分の門下をつくる機会を得たのだ。ただ残念ながらいまのところ、われわれにはこれを研究するてだてがあまりないが。

ボヘミアでディーの活躍の主舞台となったのは、彼とケリーが最初のプラハ訪問後に彼らの本拠地としたトジェボンだったと思われる。[18] 彼はトジェボンに、ヴィレム・ロジェムベルクの客として、一五八九年のイギリス帰国まで逗留している。ヴィレム・ロジェムベルクは、ペテルの兄に当るが、このペテルはアンハルト侯の友人であり兄の死後はその領地を相続することになる。[19] アンハルト侯の精神傾向や彼の興味の性格を考え合わせれば、ディーの影響が彼にまで及んでいたことは確実である。そのうえさらに、エリザベス朝のイギリス人哲学者であるディーにもともと由来する思想や見解が、アンハルト侯によって、イギリス伝来のすばらしい影響を携えた人物としてファルツ選帝侯をボヘミアに売り込むのに利用された可能性も考えられるのだ。

†ジョン・ディーの影響†

また、それよりはるか前に、ディーの影響はボヘミアからドイツに伝えられていた。

エリアス・アシュモールの『英国の化学の劇場』(一六五二年)のディーに関する注によれば、ディーが一五八九年にボヘミアからイギリスへの帰国途上に行なったドイツ旅行は、かなりの話題を提供したらしい。彼はこのとき、二五年後に薔薇十字運動の発生の舞台となる地方を通っている。

ヘッセン方伯はディーに挨拶をおくった。そしてディーは返礼に、「彼がプラハで旅行用に買い求めた一二頭のハンガリー馬を贈った」。[20] ディーはまた、帰国旅行のこのあたりで、弟子のエドワード・ダイヤー(フィリップ・シドニーのもっとも親しい友人でもあった）と接触をもっている。ダイヤーはデンマーク大使に赴任するところだったが、「その前年にはトジェボンに立ち寄り、（ディー）博士からエリザベス女王宛ての書簡をもち帰った」[21]。比類のない博識家としても、大事業の中心人物としても、ディーはこれらの地方で大きな印象を与えたにちがいない。

アシュモールは、ディーが一五八九年六月二七日、ブレーメン滞在中に、『有名なヘルメス哲学者、ハンブルクのヘンリクス・クンラート博士の訪問をうけた[22]」と述べている。実際、一六〇九年にハノーヴァーで出版されたクンラートの驚くべき作品『永遠の叡知の円型劇場』（図版10b）には、ディーの影響が明らかに見てとれる[23]。ディーの「単子（モナス）」のシンボル、つまり（一五六四年に皇帝マキシミリアン二世への献辞をつけて上梓された）『聖刻文字の単子（モナス・ヒエログリフィカ）』（図版10a）のなかで彼が独特の錬金術哲学の形式を表現したものとして詳述している複雑な記号が、『円型劇場』の挿絵のひとつに見られるし、クンラートの文中には、ディーの『単子（モナス）』も『アフォリズム』も挙げられているのだ[24]。クンラートの『円型劇場』は、ディーの影響を受けた哲学と薔薇十字宣言の哲学とをつなぐ橋わたしの役を果たしている。クンラートの作品の中で、われわれは宣言に特有の言い回しにお目にかかることができる。すなわちマクロコスモスとミクロコスモスへの執拗な力説や、魔術（マギア）とカバラと錬金術（アルキミア）への強調などである。その三つがあるやり方でまじり合って、人類の新しい夜明けを約束する宗教哲学を形成するのである。

『永遠の叡知の円型劇場』に収められている象徴的な図版は、薔薇十字宣言の中で出会うイメージや哲学を図解した序章として、ここで考察しておくにあたいするだろう。この作品では標題のほかにどこにも「円型劇場」という言葉はでてこない。ただクンラートがこの標題の中に、それを通じて自分の思想を目に見える形で伝える、ある隠秘学的（オカルト）な記憶術[*4]を思い描いていたのではないかと推測できるだけである。

ある図版（図版11）は、壁に銘文の書かれた大きな洞窟を表わしている。ある精神的な体験を経た錬金術師（アデプト）たちが、その洞窟の中を光のさす方へ向かっている。この図版は、薔薇十字の『名声（ファーマ）』の図像を暗示しているといってもさしつかえない。

また敬虔な錬金術師を示す図版（図版12）は、ジョン・ディーと薔薇十字宣言のいずれの思想をも想起させる。

左側には、信心深い姿勢をとったひとりの男が、カバラ的、幾何学的な象徴の掲示されている祭壇の前にひざまづいている。右側には大きな竈と、錬金術師が作業につかうすべての設備が見えている。中央ではテーブルの上に楽器が積み上げられている。全体の構図は、近代的な遠近法の専門知識を駆使して描かれた広間の中に置かれ、ルネサンスにおいて建築に付随するものであった数学的技術の知識をうかがわせている。この図版は、ジョン・ディーが『聖刻文字の単子(モナス・ヒエログリフィカ)』のなかで要約している思想の図解となっている。その思想とは、カバラと錬金術と数学の結合のことで、錬金術師(アデプト)は、その結合を通じて、自然への深い洞察と、自然を超えた神聖な世界の幻視に到達できると信じていたのである。そしてこの図版は、魔術(マギア)とカバラと錬金術(アルキミア)という薔薇十字宣言の主要テーマを図解するものとしても役立ったであろう。その三テーマは、数に関するあらゆる学問への宗教的アプローチをふくむ、きわめて宗教的な思想の中に統一されているのだ。

それでは薔薇十字宣言に、ディーの影響を求めるべきだろうか。まさにそうであり、しかも彼の影響は、宣言の中に一点の疑問の余地なく見つかるのである。ここでは、わたしの発見した証拠にごく簡単な説明を加えるだけにして、後の章でそれをより詳細に論じることにしよう。

第二の薔薇十字宣言である一六一五年の『告白(コンフェッシオ)』は、『より秘密の哲学についての短い考察』というラテン語の小冊子とともに出版されている。[☆25] この『短い考察』は、ジョン・ディーの『聖刻文字の単子(モナス・ヒエログリフィカ)』を下敷きにしたもので、その大部分は『単子(モナス)』の逐語的な引用である。そしてこの論文は、後置されている薔薇十字宣言『告白(コンフェッシオ)』とは切っても切れない関係にある。またその『告白(コンフェッシオ)』は、一六一四年の第一宣言『名声(ファーマ)』の主題をくりかえしており、『名声(ファーマ)』とも切っても切れない関係にあるのだ。こうして両宣言の背後に隠された「より秘密の哲学」とは、『聖刻文字の単子(モナス・ヒエログリフィカ)』に要約されているジョン・ディーの哲学にほかならないことが判明する。[☆26]

さらに、宣言の主題にロマンチックな寓意的表現を与えているヨハン・ヴァレンティン・アンドレーエの一六一六年の『化学の結婚』は、タイトルページにディーの『単子(モナス)』のシンボルを載せているのだ。また同じシンボルはもう一度本文の中で、寓意物語の冒頭の詩の脇に登場している。[☆27](図版19ａ)

こうして、薔薇十字の三つの出版物の背後にあった運動が、最終的にはディーに由来する運動であったことは、疑う余地がない。このディーの影響は、ファルツ選帝侯のイギリスとの縁故によって、イギリスからドイツに伝えられたであろうし、またディーがかつて活発な布教活動を行なっていたボヘミアからも拡められたであろう。

なぜこのような影響が、薔薇十字の出版物による宣伝というこうした奇妙な形で公けにされることになったのだろう。この疑問への仮の解答として(それについては後の章でより多くの証拠を提出することにする)、薔薇十字の出版物は、ファルツ選帝侯をめぐる運動、つまりボヘミアの冒険にむけて彼を担ぎ上げようとする運動の一環であったということが示唆できるだろう。この運動の首謀者はアンハルト侯であるが、彼のボヘミアにおける知己は、まさにディーの影響を蒙り、それに育くまれていた一派に属する人たちであった。

ここに奇妙なほど刺激的な理論がなりたつ。それは、ドイツの薔薇十字運動が、それより二〇年も前にボヘミアでディーの行なった布教活動の遅ればせの成果であり、その影響がファルツ選帝侯と結びつけられたという説だ。

フリードリヒはガーター騎士として、薔薇十字運動と関係があったイギリスの騎士道崇拝を受け継いでいた。また彼はプロテスタント同盟の盟主として、アンハルト侯がドイツで築こうとしていた同盟を代表していた。政治＝宗教的観点からいえばファルツ選帝侯は、前から準備されていた状況に足を踏み入れたのである。そして彼は時代の課題を解決すべく定められた政治＝宗教的リーダーとして浮かび上ってきたのである。一六一四年から一六一九年までの期間——つまりちょうど宣言によって生じた薔薇十字騒動の時代——に、ファルツ選帝侯とその妻はハイデルベルクで国を治め、アンハルト侯クリスチャンはボヘミアの冒険めざして活動しつつあったのだ。

そしてこの冒険は、単に政治的な意味での反ハプスブルク的活動ではなかった。それは長い年月にわたって力を貯え、ヨーロッパでひそかに胎動していた影響力に育くまれた宗教運動の一表現でもあった。それは、宗教的な問題を、ヘルメス主義やカバラなどに示唆される神秘主義的な方向で解決していこうとする運動だったのである。

フリードリヒとその妻が、熱烈な支持者によって与えられていた奇妙な神秘的雰囲気は、一六一三年に出されたドイツ語の版画（図版13）に見てとることができる。フリードリヒとエリザベスは、頭上に輝く神の名から降りそそぐ光線に満たされている。この版画は、フリードリヒとエリザベスについてドイツで出回った版画類の最初のものであるかもしれない。やがてこうしたものは次から次へと出されるようになる。版画におけるフリードリヒの歴史は、次章で明らかにされるように、当時の運動と彼とのつながりを示す、すぐれた証拠を提供してくれるのである。

第4章

The Rosicrucian Manifestos

ふたつの薔薇十字宣言
『名声(ファーマ)』と『告白(コンフェッシオ)』

† 薔薇十字友愛団の結成 †

『名声（ファーマ）』と『告白（コンフェッシオ）』（この略題で、われわれはこれから以後もふたつの薔薇十字宣言を表わしていくことにする）は、この本の後半に訳出されている。読者は[☆1]そこで、啓蒙運動の夜明けを告げる刺激的な告知について、また「クリスチャン・ローゼンクロイツ」と告知を包む彼の友愛団体の奇妙な物語について、自分で研究することができるだろう。両宣言にまつわる数多くの問題をすべて本章で扱うことはできないので、それらは本全体のあちらこちらに分散されて論じられる。たとえば、なぜイタリア語の著作の長い抜粋が、ドイツ語に訳されて『名声（ファーマ）』とともに印刷されることになったのか。この問題は、ドイツの薔薇十字運動に内在したイタリア自由主義者への傾倒を論じる後の章まで、その論議が延ばされることになるだろう。[☆2]

両宣言に関する簡単な書誌は補遺に整理されている。そしてそこには、他のどんな文献が『名声（ファーマ）』や『告白（コンフェッシオ）』とともに出版されているかが分析されている。[☆3]これは重要な作業である。なぜならこれらの文書を初期の版で読んだ読者は、その趣旨説明に役立つ他の資料と合わせて読んでいたことになるからだ。

最初の薔薇十字宣言『名声（ファーマ）』のこれまで知られているもっとも早い印刷版でも、一六一四年をさかのぼるものはないが、文書がそれ以前から写本の形で出回っていたのはたしかである。なぜなら一六一二年にアダム・ハーゼルマイヤーなる人物によって、その呼びかけへの返答が印刷されているからである。[☆4]

ハーゼルマイヤーはその写本を一六一〇年にチロル地方で見たと述べている。また一六一三年には、その一写本がプラハで見かけられたともいわれている。ハーゼルマイヤーの「返答」は、『名声（ファーマ）』の初版を収めた本のなかに再録されている。ハーゼルマイヤーは「福音教会のキリスト教徒」の陣営にみずから加わり、『名声（ファーマ）』の啓蒙化された叡知に熱狂的な歓呼で応え、若干の激しい反イエズス会的な指摘を行なっている。彼は、一六一二年の皇帝ルドルフ二世没後、徹底的な変革が行なわれるという大きな期待があったことをほのめかしている。

『名声』の初版を収めた本の末尾に置かれた、このハーゼルマイヤーの「返答」は、その本の冒頭に置かれた序文とつながっている。そこでは、ハーゼルマイヤーが『名声』の呼びかけに好意的な返答をしたためにイエズス会に捕えられ、ガレー船で足かせ刑に処されたことが書かれている。この序文は、薔薇十字宣言が、イエズス会の代替物、すなわちイエズス会以上にたしかにイエスの教えにもとづいた友愛団体を宣言したものであることを暗示している。ハーゼルマイヤーの返答にしても、彼についての序文にしても、曖昧模糊としていて、多くの薇薔十字文献とおなじように、それらを文字通りに受けとってよいかどうか判然としない。にもかかわらず、それらの大意、つまりこの最初の薔薇十字宣言を反イエズス会的プロパガンダと結びつけようとする意図は、一目瞭然なのである。

この点は、『名声』の収められている本の完全な標題からも明らかである。その全題は以下のように訳される。☆5

広大な全世界の普遍的かつ全般的改革。合せて、ヨーロッパの全学者及び支配者のためにしたためられた、薔薇十字の称えるべき「友愛団の名声」。さらに、それがためにイエズス会に捕われ、ガレー船につながれたハーゼルマイヤー氏より送られた返答。今ここに印刷に付され、あらゆる誠実な人々に向けて江湖に問う。
ヴィルヘルム・ヴェッセルにより一六一四年、カッセルにて印刷。

この標題は本のすべての収録作品を網羅している。そこには、全体的改革についてのイタリア人の著作からの抜粋（これは後の章で論じるつもりである）と『名声』、そしてハーゼルマイヤーの返答がふくまれる。このように、『名声』の初版の読者は、宣言の反イエズス会的な傾向のはっきり読みとれる文脈でそれを読んでいたのであり、これは『名声』だけをいくら研究してもはっきりわからないことなのだ。

『名声』は戦慄すべき召集、つまりドイツ中にこだまし、そこからさらにヨーロッパ中に反響することになるあの召集喇叭ではじまっている――。

神は近来、神の子イエス・キリストについても、自然についても、より完全な知識をわれわれに啓示された。また神は、あらゆる技術を更新させ、それらすべてを完璧ならしめるような偉大な叡知を授かった人間を育てられた。「人間が結局は己れの貴さや価値を理解し、彼がなぜミクロコスモスと呼ばれるのか、また彼の知識がどれだけ自然の中に及んでいるか理解できるように」☆6。もしかりに学者が結束するなら、彼らも自然の書からあらゆる技術の完璧な方法を引き出すことができるはずである。ところがこの新しい光と真実の普及は、アリストテレスとガレノスの限られた権威に縛られて、旧弊から脱けようとしない人々によって妨げられている。

この巻頭言につづいて、こうした全体的な改革のために長年月働いてきた「われらの友愛団」の創設者である、謎めいたローゼンクロイツが読者に紹介される——

「霊知の人」である同志ローゼンクロイツは大旅行家で、とくに東方に旅をした。そこでは賢者たちが、しきりに知識を伝授しようとしていた。同様のことが、学者、「魔術師、カバリスト、医者、哲学者」に決して欠乏していない現在のドイツでもなされるべきであり、彼らは互いに協力し合うべきなのだ。この旅行家は、東方の「魔術(マギア)とカバラ」を学び、どのようにそれらを使ってみずからの信仰を高め、「どんな時代にもみごとに刻印されている全世界の調和」に参入しうるかを体得した。☆7

同志ローゼンクロイツはつぎにスペインへ赴き、その地及びヨーロッパ中の学者に、彼が学んだことを明かそうとした。彼は、どのようにして「教会の誤りと道徳哲学全体(フィロソフィア・モラーリス)」が改められるべきかを示した。彼は、それによって万物が復元されるような新しい原理(アクシオマータ)を定めた。ところが彼は一笑に付されてしまったのである。聴衆は「今さら事新しく学びなおし、積年の誤りを認めなければならないのでは、自分たちの得ている高い名声が損われる」のを怖れていた。

彼は、「学者たちがあらゆる能力と科学と技術、それに全自然から、ゆるぎない原理(アクシオマータ)をひきだして、それを書きとめる気にさえなれば」、彼らに自分のもっている全知識を分かち与えるつもりだっただけに、これには大きな失望を味わった。かりにこれが実行されていたなら、支配者たちをその知識によって豊かにさせ、万人に助言を与えるような結社がヨーロッパにも形成できたであろうに。世界は近年、こうした動乱に満ちみちており、闇をうち破るような人々を産み出そうと努めてきた。そうしたひとりが「テオフラストゥス（パラケルスス）」であり、彼は「われらの友愛団」の一員ではなかったが、「前述した調和（ハルモニア）は、彼によってしっかりした根拠を見いだした」[☆8]。そうこうするうち同志ローゼンクロイツは来たるべき変化と危険な闘争に気づいてドイツに帰国した（『告白（コンフェッシオ）』によれば同志ローゼンクロイツは一三七八年に生まれ、一〇六年間生きていたという。彼の生涯と業績は、したがって一四世紀と一五世紀に生起したと考えられている）。彼は一軒の家を建て、その中で哲学の瞑想にふけり、数学の研究に多くの時間を費し、おびただしい楽器を作った。彼はさらに熱心に改革を望むようになり、助手を組織することにしたが、それもはじめはたった三人の仲間しかいなかった。「こうして薔薇十字の友愛団が幕を開けたのである。当初はたった四人しかいなかったが、彼らによって魔術的な言語と文字が大部の辞書とともにつくられた。われわれは、今でも毎日、それを神の讃美と栄光のために使っており、その中に大いなる叡知を見いだしているのだ。」[☆9]

『名声（ファーマ）』の作者はさらにこの空想的結社[☆10]の空想的な物語をつづけているが、物語の一部始終は付録で読むことができるので、ここでは要約だけを記すことにしよう――

結社は人数的にふくれあがっていった。彼らは本拠地として、聖霊の館とよばれる一軒の建物をもっていた。彼らのおもな仕事は病人の世話をすることだったが、知識を獲得し拡めるために盛んに旅もした。彼らは六つの規則に従っていた。第一の規則は、病人を「無料」で癒すことのみに努め、それ以外のどんな仕事にも従事してはならないというものであった。また特別の服を着てはならず、そのときに滞在している国の服装の習慣に従わねばならなかった。そして年に一度、彼らの聖霊の館で会合が開かれる規則になっていた。

友愛団の最初の死亡者はイギリスで息を引きとったが、創立時の同志を他の多くの同志が引き継いでいった。そして友愛団は最近、同志ローゼンクロイツが埋葬されていた納骨堂の発見によって新しい意義を帯びることになった。この納骨堂に通じる扉は奇蹟的に発見されたが、それはヨーロッパで多くの人々に切望されていた扉の開放を象徴しているのである。

この納骨堂の描写は、ローゼンクロイツ伝説の主眼になっている。太陽がその中を照らすことは決してなく、堂内は内的な太陽によって照らされていた。壁面には幾何学的図形が描かれ、多くの宝物が納められていた。その中には、パラケルススの著作の一部や不思議な鐘やランプ、それに「人工的な歌声」がふくまれていた。友愛団はすでにみずからの『輪(ロータ)』や『Mの書』をもっていた。ローゼンクロイツの墓は、納骨堂内の祭壇の下に安置されていた。そしてその壁面には団員たちの名が刻まれていた。

この納骨堂の発見は、全般的改革への合図なのだ。それは日の出に先立つ曙である。「いずれ近いうちに、われらの望みと他の者の期待通りに、神に関する事も人間に関する事をもふくむ、全般的な改革がやって来るにちがいない。それというのも、太陽がのぼる前に、空に曙光(アウローラ)または明るさ、または神聖な光が現われ、きざすのは道理にかなったことだからである[☆11]」。納骨堂の発見の日づけは、間接的に一六〇四年であることがほのめかされている。

このまことに独特の文書『友愛団の名声(ファーマ・フラテルニタティス)』は、このように納骨堂の寓意を通じて、新しい、というよりはむしろ古くて新しい哲学の発見を物語っているもののようにみえる。それは、本来錬金術的で医学や治療に関連したものであるが、そればかりではなく数や幾何学、さらに機械的驚異の産物にも関係しているのである。それはただ学問の進歩を表わしているばかりでなく、なによりも宗教的で精神的な霊知(イルミネーション)を表わしている。この新しい哲学が今まさに世界に啓示されようとしており、やがて全般的な改革をもたらすはずなのである。

それを普及させる神話的な代弁者が薔薇十字友愛団である。彼らはドイツの改革派キリスト教徒で、敬虔な福音主義者であるとされている。そして彼らの宗教的信条は、彼らの錬金術哲学とも密接にかかわっているふしが見られる。つまり彼らの錬金術哲学は、「神をも怖れぬ呪われた贋金づくり」とはなんの関係もないのだ。なぜならローゼンクロイツ師の提供する富は、精神的なものだからである。師は、黄金を作ることができたが、それを鼻にかけたりはせず、「むしろ、天が開かれ、神の天使たちがそこを昇ったり降りたりし、また自分の名前が生命の書に書きこまれるのを目にすることの方が、何層倍も喜ばしいのである[☆12]」。

†ディーの『聖刻文字の単子(モナス・ヒエログリフィカ)』との関係†

『名声(ファーマ)』とその薔薇十字結社の物語によってまきおこった激しい興奮は、翌年の第二の薔薇十字宣言、『告白(コンフェッシオ)』の出版によっていっそうかきたてられることになった。それはやはり薔薇十字友愛団のことや、その哲学、使命について語っている。そしてたえず『名声(ファーマ)』に言及し、その続篇として書かれたふしがうかがえる。☆[13] それは『名声(ファーマ)』と同じ場所で上梓され、同じ印刷屋によって印刷されている。ただ『告白(コンフェッシオ)』の初版は、『名声(ファーマ)』が併録された他のすべての文書とともにドイツ語で書かれているのに対して、やはり併録された他の論文とともにラテン語で書かれている。したがっておそらく、『告白(コンフェッシオ)』本は、『名声(ファーマ)』本の続篇ではあるが、知識人向けにラテン語で書かれ、最初の宣言のロマンチックな寓意に、ある解釈を施す意図がこめられていたものと思われる。

『告白(コンフェッシオ)』の初版を収めた本のラテン語の標題は、以下のように訳される。☆[14]

> このたびはじめて薔薇十字友愛団の告白とともに上梓される、哲学の一研究家フィリップ・ア・ガベラによる、より秘密の哲学についての短い考察。もっともすぐれた君主に仕える印刷屋ヴィルヘルム・ヴェッセルによりカッセルにて印刷、一六一五年。

（タイトルページの裏側には、次のように記されている。）

神天(かみてん)の露(つゆ)と地(ち)の腴(あぶら)および饒(おほく)多の穀(こく)と酒(さけ)を汝(なんぢ)にたまへ　創世記第二七章

読者は当然『告白(コンフェッシオ)』を読む前に、『短い考察』を検討するよう求められていたことになる。そしてすでに指摘しておいたように、『短い考察』は、ジョン・ディーの『聖刻文字の単子（モナス・ヒエログリフィカ）』を下敷きにしている。「フィリップ・ア・ガベラ」が誰であるかはまったくわかっていない（あるいは「カバラ」をさす偽名だろうか）。しかし彼がディーの忠実な弟子であったことはたしかだろう。

彼が下敷きにした資料の手がかりは、タイトルページの裏に書かれた引用文が提供してくれる。ここでは聖書英語*1で引用しておいたが、もちろん彼はラテン語で引用している。

De rore caeli et pinguedine terrae det tibi Deus.

この文章はディーの『聖刻文字の単子（モナス・ヒエログリフィカ）』のタイトルページにも記され（図版10ａ）、その文章の上には、天と地を統一するために降りる露（Ros）のテーマが目に見える形で図解されている。

『短い考察』は、ディーの『単子（モナス）』の全体の再録ではなく、その最初の一三の定理（テオレマ）を、他の題材と織りまぜながら逐語的に引用したものである。ディーはそれらの定理において「単子（モナス）」記号の構成を説明している。つまりまず、いかにそれがすべての惑星のシンボルをふくみ、また黄道一二宮のうちの白羊宮をおのれのうちにとりこんでいるかを説明する。しかも白羊宮は火、したがって錬金術の過程を表わしているのだ。さらに彼は、いかに太陽と月のシンボルの下に置かれた十字が四大元素を表わし、しかもいかにその十字の四本の線のさまざまな編成が三と四、三角と四角を表わすかを説明し、こうして大いなる神秘を解くのである。☆15*2

フィリップ・ア・ガベラの示している図型（その一部はディーの「単子（モナス）」にも載っていない）は、ディーが聖刻文字（ヒエログリフ）の構成部分をどのように考えていたかを、いくらかわかりやすく説明してくれる。フィリップ・ア・ガベラが一番興味をひかれたのはあきらかに「単子（モナス）」そのもの、つまりあの神秘的記号とその構成部分であった。それはすべての天体と四大元素のほか、三角や四角や円などの聖なる図型、さらには十字をふくむことができたのである。いかにも奇妙なことに、彼は「単子（モナス）」という言葉を一度も使っていない。そして「聖刻文字の単子（モナス・ヒエログリフィカ）」についてディーから直接引用している箇所では、「単子（モナス）」のかわりに「星（ステラ）」という言葉を使っている。つまり「フィリップ・ア・ガベラ」にとって単子（モナス）は星であり、「聖刻文字の単子（モナス・ヒエログリフィカ）」は「聖刻文字の星（ステラ・ヒエログリフィカ）」になっているのだ。しかしこの解釈自体、ディーの著作から承認を得ているといってさしつかえない。なぜならディーの著作の最後のページに掲げられている星をもつ婦人像は著作全体を要約する図として意図されたものであるらしいからである。

『短い考察』は、篤い敬虔な心と、永遠にして無限なる神への憧れのこもったラテン語の祈りの言葉で締めくくられている。神は一なる力、一なる完全さであり、神のうちにあってはあらゆるものが一であり、また神は息子と聖霊とともに一における三を表わすのである。この祈りは、ディーの祈りをしのばせるが、『単子』の焼き直しの終わりにこうした祈りがあることは、『短い考察』に、複雑な魔術＝科学的努力と熱烈な信仰心とのいりまじった、いかにもディーにふさわしい雰囲気を与えている。

この祈りは「フィレモンR・C」つまり「フィレモン薔薇十字」と署名されており、ついで反対側のページに「R・C師」と署名された第二の薔薇十字宣言『告白』の読者への序文がつづき、そのすぐ後に『告白』本文がくるようになっている。

ということは、このディーに着想を得た『短い考察』とその祈りとが、薔薇十字宣言の欠かせない一部として完全に宣言に同化し、あたかも薔薇十字運動の背後にある「より秘密の哲学」とは、『聖刻文字の単子』で説かれているディーの哲学に他ならないことを説明しているかのようになっている。

このことは、今では一般に否定されている古い説を、もう一度採り上げてみる気にさせるのだ。その説とは、「薔薇十字」という言葉が「薔薇」(Rose)と「十字」(Cross)に由来するものではなく、Ros(露)とCrux(十字)に由来し、それぞれ黄金の(仮想的な)溶剤としての露と、光の等価物としての十字に結びつく錬金術的な意味合いを帯びていたとする説である。☆16 これらの錬金術的な神秘をきわめるつもりはないが、ディーの『単子』やその「天上の露」に関する題辞が薔薇十字宣言と密接に結びついたという発見は、露＝十字説に何らかの裏づけを与えるものだということはいえるだろう。

『短い考察』がディーの『聖刻文字の単子』と不可分な依存関係にあることを確認したところで、『短い考察』の吟味は終え、そろそろ初版の読者とおなじように、『告白』と題された薔薇十字宣言の検討にうつろう。

†寓意と象徴の物語†

『告　白（コンフェッシオ）』の前につけられた読者への辞には、つぎのような驚くべき言辞がふくまれている。「今やわれわれは、まったく自由かつ安全に、何の危害も怖れることなく、ローマ教皇をアンチクリストと呼んではばからない。これまで死罪にあたいすると見なされたアンチクリストである。実際その罪のためあらゆる国の人々が死に致らしめられてきた。同様にわれわれは、まだ秘密に保っていることを、やがて声高らかに公表し全世界に告白できる時代が訪れることを、確実に知っているのだ[☆17]」。

『告　白（コンフェッシオ）[☆18]』本文の冒頭の文章は、『告　白（コンフェッシオ）』を『名声（ファーマ）』と緊密に結びつける。読者が『名声（ファーマ）』の喇叭の響きとともに友愛団について耳にしたことは、何事も軽率に信じてもならないし、また否定し去るべきものでもない、と『告　白（コンフェッシオ）』の著者はいう。

エホバは、世界が腐敗に堕しているのを見て、それをふたたび原初の状態に戻そうと努めた。友愛団の同志たちは、『名声（ファーマ）』の中で彼らの結社の性格を説明した。そしてそれに対して異端の嫌疑などかけられるものでないことははっきりしている。哲学の改革に関しては、その計画は『名声（ファーマ）』のものとおなじである。ヨーロッパの学者はまたしても、結社の友愛に満ちた呼びかけに応じ、その努力に協力するよう要請されている。

『告　白（コンフェッシオ）』は、ローゼンクロイツ師の深い学識に熱狂的な賛辞を送っている。人間の技術や、天使や精霊の助けを借りて普及されてきた創造以来のあらゆる発明に対する彼の瞑想は、あまねくゆきわたっていた。したがって、たとえ他のすべての知識が失われても、彼の瞑想だけで真実の家が再建できるほどであった。飢えや貧困、病苦や旧弊を克服し、地球上のすべての国々やその秘密を知り、あらゆる本に書かれていることをたった一冊の本の中に読むことができるとすれば、それは望ましいことではないだろうか。「歌を歌って、岩石のかわりに真珠や宝石を、野獣のかわりに精霊をひきつけたとしたら、なんと楽しいことではないだろうか」。

結社の喇叭が大きな音を響かせるとき、今はただ謎の中に秘められたままささやかれているこれらの事実が露わにされて世界に充満し、教皇の圧制は打倒されるだろう。ローゼンクロイツ師の誕生以来、世界は多くの変化を目にしてきた。そしてさらに多くの変化がおこるだろう。しかし終末が来る前に、神は、ちょうど楽園でアダムを包んでいたような真実と光と偉大さの大いなる流れが、人類の上にさんさんと降りそそがれるのをお許しになるだろう。新星が蛇座と白鳥座[19]に出現したが、それらはこうした事態の到来のしるしなのである。

第二宣言は第一宣言のメッセージをくりかえし、しかもさらに熱っぽさを帯び、激しさを加えている。そして強い預言的、黙示録的調子が全体に響きわたっている。終末は間近に迫り、不可思議を預言する新星が出現し、大いなる改革は千年王国、つまり楽園のアダムの状態への帰還となるはずであった。

こうした告知は当時、熱狂的な関心をよびさまし、薔薇十字友愛団と接触をもとうとする情熱的な努力が、書簡や印刷した嘆願書やパンフレットなどによってしきりになされた[20]。おびただしい文書が両宣言のために発生し、著者たちと接して結社の事業に協力するよう求めた彼らの招きに応じようとした。しかしこうした嘆願への返答はないままに終わったようだ。友愛団は存在したとしても、不可視のままであり、名のり出るよう求めた哀願には耳をふさいでいた。この謎は伝説的な友愛団への関心を衰えさせるどころか、ますますかきたてるばかりだった。

この薔薇十字の謎に対するさまざまな考え方のうち、今日では忠実派、すなわちクリスチャン・ローゼンクロイツとその友愛団体の物語の文字通りの真実性を信じている人々のことは無視してもさしつかえないだろう。また一から十まで冗談だったと考える嘲笑派もいる。友愛団の不可視性や、信奉者にみずからの存在を示す徴候を一見かたくなに見せまいとするその態度は、当然この見解に与(くみ)するものだ。

宣言を慎重に読んだ者なら、その宗教的、哲学的メッセージのまじめな調子と、そのメッセージを包む枠組の幻想的な性格との対照に驚かされるだろう。福音主義的な信仰を高めるために錬金術を応用し、科学における探求と改革の大計画をふくむ宗教運動は、たしかに興味深い現象にちがいない。

ルネサンスのヘルメス＝カバラ的用語において、科学が「魔術(マギア)」と「カバラ」に結びつくと考えられていたことは、当時としてはあたりまえのことであった。そして千年王国説——つまり新しい夜明けを、世界の終末に先立つ光と進歩の時代と見なす考え方——でさえ、当時の先進思想とあい入れないものではなかったのである。フランシス・ベーコンの説く科学の大復興も、パオロ・ロッシが指摘したように、千年王国的色調を帯びていた。[☆21]

クリスチャン・ローゼンクロイツとその薔薇十字友愛団の物語や、彼の墓を納めた魔術的納骨堂の開放の物語は、宣言の起草者たちにしてみれば、文字通りの真実と受けとられるつもりで書いたのではなかった。彼らは明らかに伝説を利用している。それは錬金術の伝統においてとくによく流布されている、埋没した宝物の奇蹟的再発見の伝説である。こうした物語が、寓話あるいは空想であったことを示す充分な証拠は、本文そのもののなかに見つかる。納骨堂の扉の開放は、ヨーロッパにおけるひとつの扉の開放を象徴していた。また納骨堂は内的な太陽に照らされていたが、このことは、ちょうどクンラートの『永遠の叡知の円型劇場』において、内部を光が照らしている洞窟がそうであったように（図版11）、そこに入ることがひとつの内的体験を意味することを示唆している。

しかし当時、そしてそれ以後の多くの軽信的な読者は物語を文字通りに受けとった。薔薇十字の謎のもっとも新しい批判的研究家は、ヨハン・ヴァレンティン・アンドレーエ自身が物語を虚構、または喜劇（コメディ）、または「冗談」として記述していることを力説している。アンドレーエは数多くの著作の中で（ほとんど第三薔薇十字宣言といっていい『化学の結婚』を別にしても）、しばしば薔薇十字運動に触れており、彼がこの運動全体の舞台裏にいたことはまちがいない。アンドレーエが薔薇十字運動に言及するとき、もっとも頻繁に用いているラテン語は「ルディブリウム（ludibrium）」という言葉である。彼は宣言をさして、「空々しい『名声（ファーマ）』のルディブリウム」とか「空想的な薔薇十字友愛団のルディブリウム」といった表現を用いている。ポール・アルノルドは「ルディブリウム」を「笑劇（une farce）」とフランス語に訳し、アンドレーエ自身、すべてがひとつの冗談だったとわれわれに白状していると断定した。[☆22] チャールズ・ウェブスターも「ルディブリウム」に関する文は、「嘲笑的表現」であると考えている。[☆23]

たしかにアンドレーエは、この用語によって、それを書いた頃には危険なものとなっていた薔薇十字の謎から自分を切り離そうと努めていた。しかしわたしには、これで彼の「ルディブリウム」の用語が完全に説明されたとはおもえない。「ルディブリウム」は、戯曲あるいは喜劇的創作ともとれるのである。そして――後の章でさらに詳しく論じられるように――アンドレーエは、演劇を道徳的、教育的影響力をもつものとして高く評価していたのである[☆24]。

薔薇十字運動の演劇性は、アンドレーエの評言や暗示に現われているように、運動全体のもっとも魅力的な側面のひとつとなっている。わたしがこのことをあらかじめここで触れておくのは、「ルディブリウム」が何を意味するにせよ（そしてわれわれはそれが詳細に論じられるまで、どんな説も受け入れられるよう心を開いておかなければならないが）、「ルディブリウム」としての『名声（ファーマ）』と『告白（コンフェッシオ）』が、つぎのような考え方を助長するものであることを示唆するためなのである。つまり、宣言の起草者たちは、クリスチャン・ローゼンクロイツの物語を文字通りの真実として受け入れられるつもりではなかったにもかかわらず、それは何か別の意味では真実だったといえるのではないか、つまりそれは神聖喜劇、あるいは時代に直結した複雑な宗教哲学的運動のある寓意的な呈示ではなかったか、という考え方である。

✝薔薇十字思想批判✝

われわれは今、薔薇十字宣言がどのようなものか漠然と理解している点で、以前の研究家より有利な立場にある。なぜならわれわれは、宣言の主な典拠がディーの『聖刻文字の単子（モナス・ヒエログリフィカ）』であることを知っているからだ。この著作こそ宣言の背後によこたわる「より秘密の哲学」であった。納骨堂の開放と、そこに納められている不可思議の発見の寓意は、それがすべてではないにしろ、窮極的にはディーの影響に発する新しい潮流の解放を表わしているのにちがいないのである。

ディーは一五八〇年代に、アンハルト侯クリスチャンが親しんでいた環境の中で布教活動を行なった。そしてアンハルト侯は、ファルツ選帝侯フリードリヒをボヘミア国王に就任させる運動の中心人物であった。わたしの信じるところ、宣言はこの運動の神秘主義的な背景を表わすものだったのである。それはディーがボヘミアで広めたのと同じようなきわめて宗教的で、ヘルメス的、魔術的、錬金術的な改革運動であった。宣言の背景には、他にも多くの影響が一定の役割を演じているので、この面だけを強調しすぎるのは禁物だが、宣言と時期を同じくしたフリードリヒ運動を考慮に入れておくことが欠かせない重要性をもっていることにかわりはない。さらに次の事実も考慮しておくことが重要である。すなわち、宣言にディーの影響が認められるということは（それは疑いえない）、宣言がフリードリヒ運動と一脈通じる雰囲気をもっていたという説と符合する事実だ。

　これらの仮説は他の証拠からおどろくべきやり方で裏づけられる。薔薇十字運動の敵対者たちは、ひじょうに貴重な情報を提供してくれるが、われわれがこれから道案内に頼もうとするのもそうした敵対者たちである。

　そのひとりに、アンドレアス・リバヴィウスという初期の化学史でその名をよく知られている人物がいる。リバヴィウスは、パラケルススの新しい教えに、ある程度影響を受けた「化学者」のひとりだった。彼の場合、医学に新しい化学的な医療薬を用いる点でパラケルススの主張する治療法を採り入れるかわりに、理論的には伝統的なアリストテレス、ガレノス理論の信奉者で、パラケルスス流の神秘主義をしりぞけていた[☆25]。

　アリストテレスとガレノスは、一五九六年フランクフルトで出版されたリバヴィウスの主著『錬金術（アルキミア）』のタイトルページに登場し、名誉ある地位が与えられている。薔薇十字宣言は、アリストテレスとガレノスを時代遅れの精神の頑迷さに特有なものとして攻撃している。熱狂的パラケルスス主義者によるこうした伝統教義への攻撃に、リバヴィウスが自分個人に矛先が向けられたと感じたかどうかは断言できないが、リバヴィウスの薔薇十字宣言批判は明らかに、不敬なパラケルススのような、魔術師と何ら変わらない「化学者」に向けられている。彼は、宣言の著者たちがまじめで科学的な錬金術を理解せず、それをでたらめな理論に置きかえていると非難する。そして彼は自分の「善意あふれる観察」に教訓の意図をこめていた。それによって彼らも、真の科学的錬金術の基礎が与えられて自分たちの誤謬に気づくはずであった。

　リバヴィウスは薔薇十字の『名声（ファーマ）』と『告白（コンフェッシオ）』をいくつかの作品で批判している。そのうちもっとも重要なのは、一六一六年にフランクフルトで出版された『薔薇十字友愛団の「名声（ファーマ）」と「告白（コンフェッシオ）」に関する善意あふれる観察』とよばれているものだ。[☆26] リバヴィウスは彼自身両宣言の本文に拠りながら、それらに対して科学的、政治的、宗教的根拠にもとづくまじめな異論を唱えている。彼は、マクロコスモス＝ミクロコスモスの調和理論や、「魔術（マギア）とカバラ」に対して、そしてヘルメス・トリスメギストス（この人物が書いたと想定されている文書から[＊3]リバヴィウスは多くの文を引用している）やアグリッパやトリテミウスに対して激しく反対する――要するに彼は、薔薇十字宣言の著者たちに伝えられたようなルネサンスの伝統に異議をはさみ、彼らがその伝統の精神にのっとってパラケルススを解釈している点を槍玉にあげているのだ。リバヴィウスは、これらすべてがアリストテレスとガレノスの伝統を破壊するもの――それは的を射ていた――とみなし宣言が正統学説を逸脱していることに激しい批判の矢を浴びせた。

それより何年も前の一五九四年に出版された著作の中で、リバヴィウスがディーの『聖刻文字の単子（モナス・ヒエログリフィカ）』を槍玉にあげ、そのカバラ的要素を指摘し、それに反対していることは重要である。[☆27] 彼はこうしてまちがいなく薔薇十字宣言の中にディーの『単子（モナス）』の影響を認め、宣言への非難の意を強くしたにちがいない。

リバヴィウスがその反薔薇十字論文の中でしばしばオスワルド・クロルのことにふれ、薇薔十字の教理を、彼がそれと同じように批判しているオスワルド・クロルの教理と結びつけている点も重要である。彼は『善意あふれる観察』の冒頭近くで、クロルの『聖堂（バシリカ）』の序文を非難をまじえながら引用している。

オスワルド・クロルまたはクロリウスは、パラケルスス派の医者であるが、リバヴィウスとはちがって、単にパラケルススの化学的医療薬だけでなく、パラケルスス思想の背景全体を採り入れている。そして彼と同様アリストテレスとガレノスをしりぞけ、彼の教えの神秘主義や魔術や調和理論を全体として熱狂的に支持しているのである。一六〇九年にフランクフルトで出版されたクロルの『化学の聖堂（バシリカ・キミカ）』には、ヘルメス・トリスメギストスやヘルメス文書がたえず敬意をこめて引用されている。そしてピコ・デラ・ミランドーラのような偉大なルネサンス・ネオプラトン主義者への尊敬の念が本全体に染みわたっている。この本のテーマはマクロコスモスとミクロコスモスの魔術的調和についてである。そしてその全体的雰囲気は、薔薇十字宣言の作者たちと一脈通じるものがあった。一六〇八年にプラハで出版された別のクロルの著作は、大宇宙と小宇宙のパラケルスス的な相関関係を、天体の「徴候（シグナトゥーラ）」理論から説明している。[☆28][＊4]

このようにリバヴィウスとクロルはそれぞれ、理論的な面で伝統的なアリストテレス＝ガレノス流の「化学者」、錬金術師の代表者と、それと対照的な過激で神秘主義的なパラケルスス流錬金術師の代表者とを表わしている。リバヴィウスは、薔薇十字宣言をクロルとともに、非正統的な錬金術思想の学派に分類している。

ところで前にも述べたように、[☆29]オスワルド・クロルはアンハルト侯クリスチャンの侍医として彼とは気脈を通じていた。彼の『聖堂（バシリカ）』はアンハルト侯に献じられ、皇帝ルドルフ二世の允許を受けていた。そして彼の『事物の徴候について』はボヘミアの貴族ロジェムベルク侯ペテル・ヴォッフに献じられている。ペテル・ヴォッフはアンハルト侯の親しい盟友兼同盟者であり、またその兄はジョン・ディーのボヘミアにおける後援者であった。薔薇十字宣言の教義とクロルのそれとを結びつけることによって、リバヴィウスはおそらく、宣言がアンハルト侯と一脈通じる雰囲気を備えていることを暗示しようとしていたにちがいない。それはジョン・ディーからの影響とクロルからの影響が渾然一体となったような雰囲気である。

それにもちろんアンハルト侯は、ドイツプロテスタントの「積極活動派」の伝統の主唱者であった。一七世紀の初めには、その伝統のリーダーがしきりに探し求められていた。そしてようやく（薔薇十字宣言が実際に印刷されたころに）その運動を指導し、勝利へ導くリーダーとして、ファルツ選帝侯フリードリヒ五世に白羽の矢が立てられたのである。

リバヴィウスは、薔薇十字宣言の思想の批判に加えて、その政治的主張にも不満を述べている。とくに強い不満をもらすのは、『名声（ファーマ）』の著者たちが、自分たちは帝国の権威を認めはするが、帝国内の変化に期待をかけ、それらの変化にひそかな援助の手を差し延べて支援するだろう、と述べているくだりを註釈するときである。[☆30]

政治（ポリティカ）の分野では、ローマ帝国と第四の王朝（クワルタム・モナルキアム）[＊5]を、われわれキリスト教徒の指導者として承認している。とはいえ、われわれはいかなる変化が間近に迫っているか知っているので、それを他の敬虔な学者たちに、心から授けたいと思っているのである……神がわれわれに許されるにせよ、禁じられるにせよ、その御意の通りにひそかな援助の手を差し延べるつもりなのである……

リバヴィウスはこの一節に、トルコと同盟を謀り、「ローマ帝国（ローミッシェス・ライヒ）」を打倒し、そのかわりに魔的な呪文に基づく世界政府を打ちたてようとしているある「パラケルスス派の獅子（ライオン）」への暗示を認めた。☆31 実際彼は、『名声（ファーマ）』のこの一節を、ハーゼルマイヤーの『返答』における帝国内の変化についての預言と結びつけている。ハーゼルマイヤーの『返答』は、『名声（ファーマ）』と一緒に出版されていた。そしてそこではパラケルスス的な政治思想の反イエズス会的傾向が、火を見るよりも明らかであった。

†反フリードリヒ諷刺文書†

宣言が出版されたころには、アンハルト侯に育成された運動のリーダーとしての獅子は、ファルツのフリードリヒ五世という形をとって具体化されていた。全世界が周知のように、彼の紋章は獅子であった。

時間的にも場所的にもつぎのことがいえるだろう。すなわち、薔薇十字運動は、それが印刷物として登場した頃には、ファルツ選帝侯と結びつけられていたと。このことは可能性以上の蓋然性を帯びている。薔薇十字運動は、フリードリヒがファルツを統治し、大規模なボヘミアの冒険に乗り出しつつあった頃に広まっている。運動の主謀者アンドレーエはヴュルテンベルクにいた。両宣言はカッセルで出版されている。ヴュルテンベルクとヘッセン＝カッセルとは、ファルツに隣接し、またそこで進行中の出来事にひじょうな関心を寄せていた、ふたつのプロテスタント公国である。この時代に両国が熱い眼差しを送っていた情緒あふれる空想的な中心都市こそ、ハイデルベルク――つまり魔術的な庭園とライオンの君主をもつあのハイデルベルク――であった。

リバヴィウスよりさらに辛辣で手厳しい敵もいる。今ここで彼らを引き合いに出して、先の解釈を裏づけることができる。

フリードリヒの凋落後にばらまかれた反フリードリヒ諷刺文書は、彼をめぐる運動についておびただしい知識を示しており、それを運動の戯画化に利用している。[☆32] これらの戯画は明らかに同一の発行元から出ていて、挫折した元ボヘミア国王の信用を下落させ笑い物にする目的で、慎重に計画された宣伝キャンペーンなのである。

そうした戯画のいくつかの例はすでにこの本に掲載しておいた。ひとつは地獄につらなる庭園の中のフリードリヒとエリザベスの図（図版7b）である。また、片脚のガーターを失くしたフリードリヒの図（図版9）もある。これは彼のガーター勲章紛失のテーマを戯画化したものだ。別の戯画では動物のテーマを利用している。それらは、中世の政治的な動物象徴体系の伝統に従いながら、ハプスブルク家の鷲とファルツの獅子の運命を強調する。たとえばひとつの輪があって、その上には勝ち誇るハプスブルクの鷲が乗り、下には敗残のファルツの獅子がよこたわる。この図では、輪が、ハプスブルクの鷲を復興させてファルツの獅子をボヘミアから追い払った「ローマ帝国(ローミッシェス・ライヒ)」を表わすのだ（図版14a）。

E・A・ベラーはこれらの諷刺の一部を集めた複製画集の序文の中で、鷲はいつでも皇帝フェルディナントを、そして獅子はかならずファルツのフリードリヒをさしていて、そこにこめられた寓意(モラル)も、千変一律に帝国に干渉しようとした後者の不敬な企ての失敗にあることを力説している。そうした諷刺の一部はまことに啓発的なやり方で薔薇十字宣言のテーマに応酬している。

帝国内の大きな変化を予告する宣言『名声(ファーマ)』は、「エホバよ、汝の翼の陰の下で」、という言葉で終わっている。[☆33] この言葉はドイツ語の本文の終わりにラテン語で引用されている――sub umbra alarum tuarum Jehova。これは聖書の詩篇の中に何度かこの形で出てくる、庇護を願う祈りからの引用である。

「願(ねが)くはわれを瞳(ひとみ)のごとくにまもり汝(なんじ)のつばさの蔭(かげ)にかくし」（第一七篇八節）、あるいは「我をあはれみたまへ神よわれをあはれみたまへ　わが霊魂(たましひ)はなんぢを避所(さけどころ)とす　われ禍害(わざわひ)のすぎさるまではなんぢの翼(つばさ)のかげを避所(さけどころ)とせん」(第五七篇一節)。

『名声(ファーマ)』の掉尾を飾るこの祈りにみちた叫びのラテン語は、宣言のテーマの宗教的な性格を強調している。この言葉は、書類の末尾に押される印形のごときものなのである。

この『名声(ファーマ)』の標語は、一部の薔薇十字文書の中にも、目に見える形で図解されている。たとえば、一六一八年の『薔薇十字の賢明な鏡』のタイトルページを見ると、上部に翼があり、それが光線に包まれたヘブライ語の神の名を取り囲んでいるのが見える。そしてその上には「汝の翼の陰の下で」(sub umbra alarum tuarum)の標語をもった巻き物文様(スクロール)が置かれている(図版15b)。

この薔薇十字の標語に対して、勝ち誇る鷲('Triumphirender Adler')をテーマとした反フリードリヒ諷刺文書のひとつが応酬している(図版15a)。ハプスブルクの鷲は、勝ち誇ったように柱の頂点にとまりながらその翼を広げている。それに対して、敗残の獅子が地上にうちのめされたようにふせっている。この鷲はエホバの位置を占めている。なぜならその上方に神の名が現われ、神聖な光をその頭上に降りそそいでいるからだ。薔薇十字の標語の次のような修正が、この辛辣なプロパガンダの教訓をいやが上にも納得させる。"SUB UMBRA ALARUM MEARUM FLOREBIT REGNUM BOHEMIAE"、つまり「わが翼の陰の下で、ボヘミア王国は栄えん」。

左側にはフリードリヒの支持者たちのおびえきった敗残の姿が見え、その中には望遠鏡で勝ち誇る鷲を見つめている「アンハルト侯」もいる。

この文書は、『名声(ファーマ)』とよばれる薔薇十字宣言が、フリードリヒとその支持者、とりわけアンハルト侯の抱いていた目標への政治宗教的暗示を含んでいたことや、薔薇十字宣言とその運動とが、ボヘミアをハプスブルクの鷲からファルツの獅子の下に移そうとするフリードリヒ運動の一環であったことを傍証する証拠となりうる。鷲の鋭い眼力は、『名声(ファーマ)』の中に、リバヴィウスも以前に嗅ぎ分けていたそのような暗示を読み取っていたのである。

また別の反フリードリヒ諷刺文書(図版14b)では、ハプスブルクの鷲が、うちのめされたフリードリヒの上に勝ち誇った姿を見せ、彼の頭からボヘミアの王冠を奪い去っているようすが描かれている。鷲の支持者たちは、その翼にオッペンハイムをはじめとするファルツの町の名が書かれた新しい羽毛を植えつけている。たぶんこの場面は、第二薔薇十字宣言『告白(コンフェッシオ)』の、「若干の鷲の羽毛」が「われらの行く手に立ちはだかり」、そして「われらの目標に水を差そうとしている」という言葉に応じたものであろう。☆34 ここでは鷲がフリードリヒの行動によって羽毛を失うどころか、征服されたファルツ領から取られた羽毛がその翼につけ加えられている。

†ボヘミアの千年王国構想†

フリードリヒの敵が、彼を薔薇十字運動と関連があるとみなしていた証拠としてさらに重要なのは、大文字のYの上に立つフリードリヒを示す奇妙な文書である(図版16)。そこにふくまれている諷刺は、下につけられた詩の中で説明されている。

このYの字は、破滅へ導く悪の道と、正しい選択を表わすもうひとつの道との、ふたつの間の選択を象徴するピタゴラス的Yを意味している。この諷刺の論ずるところによれば、フリードリヒは彼を悲惨に追いやる誤った道を選んだのである。背景では、左側のプラハ郊外の白山の戦いにはじまって、フリードリヒの負け戦さの絵の数々が挿入されている。このYの字は、Zの字の上に乗っているが、そのZは、フリードリヒの三人の支持者によって危うげに平衡の保たれた丸い球の上に乗っている。

三人のうちのひとりは、片腕姿で示されているブラウンシュヴァイク公クリスチャンである(彼は少し以前に戦闘で片腕を失っていた)。ブラウンシュヴァイク公は、元ボヘミア王妃エリザベス・スチュアートへの騎士道的思慕ゆえに注目を集めていたが、またフリードリヒ側の陣営に立って、獅子奮迅の活躍をした勇猛果敢な闘士でもあった。右側には鎌と砂時計をもったサトゥルヌスが立っている。

絵の下につけられた文は、ボヘミアの王冠をフェルディナントから奪い取ろうとしたフリードリヒの企てとその失敗の顚末を、一部始終物語っている。その詩は、終わり近くで「薔薇十字の高尚な団体」について述べ、それをフリードリヒの企てと関連づけている。この「薔薇十字の高尚な団体」という言葉は、ボヘミア人がファルツ選帝侯と結びつけたある世界改革のことを説明している中で出てきた言葉である。その該当するくだりはE・A・ベラーの訳では以下の通りである。[☆35]

丸い木製の球（Yの下にある球）は世界を表わし
ボヘミア人はそれをファルツ侯と娶合わせた。
彼らは世界を教育し
あらゆる学校、教会、法廷を改革し
すべてをアダムのいた状態
さらには私ことサトゥルヌスの状態に戻そうとしていた。
そしてこれは黄金時代と呼ばれていた。
この目的に向けて薔薇十字の高尚な団体は
あらゆる山を自分たちのために黄金に替えようと望んだ。

ここに、薔薇十字宣言で予告されていた世界の全般的改革が見られる。それはボヘミア人がファルツ選帝侯を通じて達成するつもりでいた世界改革として描かれている。この全般的改革には教育、教会、法律というはっきり限定された分野の改革をふくんでいると同時に、千年王国的意味もこめられている。その改革は世界をアダムのいたころの状態に戻すであろう。それはまたサトゥルヌスの黄金時代でもあるのだ。

同じように、第二薔薇十字宣言『告白（コンフェッシオ）』でも、全般的な改革は、楽園でアダムを取り囲んでいたような「真実と光の大いなる流れ」を予告するものと述べられている。そして神はそれを世界の終末の前に許すのだ。さらにこの文書の詩文には、この千年王国、つまりこのアダムとサトゥルヌスの黄金時代への回帰が、あらゆる山を黄金に替えようとした「薔薇十字の高尚な団体」の力を借りていたことが述べられている。ここでこの諷刺は、運動全体を「薔薇十字」的な錬金術と結びつけているのである。なぜならここでいわれている黄金は、錬金術的金属変成における物質的黄金ではなく、黄金時代やアダム的無垢性への回帰という精神的黄金を意味しているからである。

この諷刺文書と付属の詩を構想した敵対者は、薔薇十字宣言にふくまれているメッセージの政治宗教的側面について、はかりしれない証拠を提供してくれる。それは千年王国に導く普遍的改革の黙示録的メッセージであった。しかもそれは、最終的にボヘミアの冒険にまで到るファルツ選帝侯をめぐる運動と関係していたのである。「ファルツ侯と世界とを娶合わせた」ボヘミア人は、その結果として、世界の改革がくることを期待していた。詩はもう少し後の方で、「ファルツ侯の政治」の無謀な目標について、侮蔑的な諷刺を折り込みながら次のように語っている。[☆36]

かりに鼠が象を産んだり
郭公が雉子を産むようなことがあれば
かりに一匹の蚊がすべての海水を吸い
ライン河がケルンからシュトラスブルクへ流れることがあれば
そのときファルツ侯の政治も
帝国と協調し
教会と融和し
宗教全体の強化につながるかもしれない。

われわれは敵側の諷刺から、教会と帝国の改革をめざす宗教運動として「ファルツ侯の政治」が抱いていた広範な視野を学びとることができる。ボヘミアにおけるハプスブルク支配に挑む短命に終わった彼の企図は、その背後にはば広い歴史的、ヨーロッパ的展望をもっていたのである。

これらの戯画の考案者たちは、フリードリヒ運動にひそむ思潮に精通していた。彼らはそれが薔薇十字運動と結びついていることを認識していた。さらに薔薇十字運動とジョン・ディーの思想との関連についても、彼らは疑問の余地なく気づいていたにちがいない。われわれが薔薇十字宣言の背後にその影響力を探り当ててきた『聖刻文字の単子(モナス・ヒエログリフィカ)』はピタゴラス的なYの図ではじまっており、それを支配者の探りうるふたつの道に応用している。ひとつは「暴君」の広い道で、他のひとつは「錬金術師(アデプティ)」または霊感を受けた神秘家のまっすぐで狭い道である。ボヘミアでのディーの影響に由来する運動の失敗を強調するのに、敗北したフリードリヒをYの字の上に乗せた理由の一端は、おそらくこのあたりにあったのではなかろうか。

フリードリヒの敵によってばらまかれたこの戯画文書の、フリードリヒ運動とその目標に関する皮肉きわまる侮蔑的な説明は、そこから皮肉な調子をとりのぞき、それを肯定的な意味にとるならば、薔薇十字宣言の幻視的で改革的な語調と符合する、フリードリヒの宗教的で改革的なリーダーとしての印象をよく伝えるものとなるのである。

第 5 章

The Chemical Wedding of Christian Rosencreutz

第三の薔薇十字文書

「C・ローゼンクロイツの化学の結婚」

†寓意画に描かれたハイデルベルク城†

戦争前の数年間、ファルツの獅子とその妃の住居となっていたハイデルベルク城は、激しいロマンチックな感情と宗教的熱狂の対象となるか、あるいは逆に烈しい憎悪と不満の対象となっていたにちがいない。どちらの観点に立つにせよ、ハイデルベルクを無視することはできなかった。建物の増築と近代化のためにド・コオの施した改良や、彼の発明した機械仕掛けの彫像や水オルガン、そしてその他の近代的魔術=科学の不可思議は、それだけで驚きをかきたてるのに充分だった。そして城の住人もまた注目にあたいした。

エリザベス・スチュアートは、しっかりした人目を引く性格の持ち主だった（彼女の祖母がスコットランド女王メアリーであることを忘れてはならない）。観察者たちは、彼女とその夫の情愛にあふれた関係に、感銘を受けていたふしがうかがえる。

その宮廷は、他のドイツの宮廷とは著しく異なっており、そこでの生活も、その枠組となった幻想的な舞台装置と同じくらいロマンチックで新奇なものと映っていたにちがいない。メリアンによるハイデルベルク城やその庭園の図版を眺めていると、テムズ川とライン川の結婚、つまりジェームズ一世の宮廷で絢爛豪華に挙行された王家の婚礼がドイツに及ぼした影響とはどんなものであったか、もう一度調べてみたくなる。

ハイデルベルクの別の光景は、ここではじめて複写される寓意画に見ることができる。それらは、ユリウス・グリエルムス・ツィンクグレフの「倫理=政治的」寓意画を集めた小著（図版17）から採られたものである。[☆1] その小著は一六一九年にマチュー・メリアンの図版を添えてヨハン・テオドール・ド・ブリーの手で上梓され、ファルツ選帝侯に献じられている。この寓意画集は、後にもう一度採り上げて詳細に検討することになるだろう。ここではそれらに見られるハイデルベルク城の光景を眺めるだけで満足しておこう。その風景は、『ファルツの庭園（ホルトゥス・パラティヌス）』で城と庭園の一大パノラマ図を彫り、この主題にきわめてよく親しんでいたマチュー・メリアンによって彫られているいるので信頼できる。

その本の最初の寓意画(図版18a)は、ハイデルベルク城の光景を見せる。左側に町があって聖霊教会の尖塔が見えている。前景では、寓意画の下につけられたフランス語の詩が説明しているように、一匹の獅子が「眠っている間も見張りをしている」。この獅子は、臣民の安全を見張っている君主(ファルツ選帝侯)なのである。別の寓意画(図版18b)は、城を背景にした戦闘的なファルツの獅子を示している。これらの風景画は、多くの窓をもった「イギリス風翼面」[*1]がどんなものであったか、かなりよくわからせてくれる。もっと遠景から見た城と町の別の風景画(図版18c)は、「いつも開放状態に」(Semper Apertus)という標語の書かれた本を手にした獅子を前景に示している。

ハイデルベルク城と城主の獅子とを示すこれらの風景画が、なぜこの章の有益な序説となるのかはやがて明らかになるだろう。

†ローゼンクロイツが巡る幻想の七日間†

『クリスチャン・ローゼンクロイツの化学の結婚』は、一六一六年にシュトラスブルクで上梓された注目すべきドイツ語の伝奇物語、または小説、または幻想譚である。[☆2]それは、薔薇十字騒動に火をつけた一連の文書の、三番目の出版物に当たる。これらの文書は一六一四年に『名声(ファーマ)』、一六一五年に『告白(コンフェッシオ)』、一六一六年に『結婚』と三年間毎年ひとつずつ世に出され、それぞれが薔薇十字の謎をめぐって、高まる興奮をいやが上にも増大させた。

われわれが『名声(ファーマ)』と『告白(コンフェッシオ)』に取り組むのに発見した歴史的手がかりは、『結婚』の解明にも活用できる。『結婚』は、驚異の品々や獅子のイメージに満ちあふれた不思議な城に住まう一組の夫婦についての伝奇物語であるが、同時に、魂の神秘的結婚という体験として象徴的に解釈された、錬金術過程の寓意物語でもある。そしてその体験はクリスチャン・ローゼンクロイツによって、城中で彼に伝えられる幻や、劇の上演や、騎士道団体への参入儀式や、城中の宮廷社交などを通じて経験されるのである。

物語は創世記と同じように七日にわけられている。最初の日は、復活祭前夜に、復活祭の聖体拝受のしたくをしている作者の描写ではじまる。

彼はテーブルについて、つつましい祈りの中で創造主と語り合い、多くの大いなる神秘に想いをめぐらしていた。「それについては、光の父が少なからぬことをわたしに示された」。突然おそろしい嵐がおこり、その真っただ中に、一面に星をちりばめた紺碧の衣装をまとった壮麗な女性の幻が現われた。彼女は右手に黄金の喇叭を持っていた。そしてそこにはある名前が刻まれており、語り手（クリスチャン・ローゼンクロイツ）には読み取れたのに、彼はあえてそれを明かそうとしなかった。左手にはあらゆる言語で書かれた手紙の束が握られていて、彼女はそれをすべての国々に持ち運ばなければならなかったのである。彼女の広い翼は瞳でおおわれていた。そして空中高く飛んでいくと、手にした喇叭を力強く吹き鳴らした。

この幻は、喇叭と瞳に覆われた翼とをもつ「名声の女神」[*2]の伝統的寓意像の属性をそなえている。[☆3]こうして彼女は、第一薔薇十字宣言『名声（ファーマ）』の喇叭の響きと結びつくのだ。

喇叭を手にした幻が与えてくれた手紙をローゼンクロイツが開けてみると、そこには次のような書きだしの詩がふくまれていた。

今日の、今日の、今日の佳き日こそ
王家の婚礼の日なり。
汝の生まれは婚礼の席にふさわしや
また神の歓びに選ばれしや
しからば汝、山をめざすべし
頂きに三つの神殿が建ち並ぶ山を。

そこにて一部始終を御覧あれ。

この詩の脇の欄外にひとつの記号が記されている（図版19ａ）。その下には"Sponsus"と"Sponsa"つまり花婿と花嫁という言葉が書かれている。この同じ記号は、本のタイトルページにも逆立ちしたかっこうで現われる。この記号は、C・H・ジョステンが指摘したように、ジョン・ディーの『聖刻文字の単子（モナス・ヒエログリフィカ）』を大雑把に描いたものである。☆4 それが、ここに登場しているということは、『化学の結婚』が、第二薔薇十字宣言『告白（コンフェッシオ）』と同系列の作品であることを示している。『告白（コンフェッシオ）』はその前の年に、『聖刻文字の単子（モナス・ヒエログリフィカ）』を下敷きにした作品とともに世に現われているからだ。『結婚』が、欄外のディーの記号ではじまっているという事実は、薔薇十字の出版物に横たわる「より秘密の哲学」がジョン・ディーのそれに他ならないことを裏づける別の、しかもきわめて力強い証拠である。

クリスチャン・ローゼンクロイツは、王家の婚礼への招待にただちに応じた。彼は白い亜麻布（リンネル）の外套をまとい、肩から斜めに血のように赤いリボンを結び、「帽子には四つの赤い薔薇をさした」。これらが彼の婚礼用衣装であった。そしてこの白と赤の装いは、帽子にさした赤い薔薇とともに、物語全体を通じてクリスチャン・ローゼンクロイツの特徴的な目印となる。

二日目、いよいよ主人公は婚礼に向かって、自然の歓呼の中を旅する。丘の上にある王城の入口に着くと、門番が彼の招待状を要求するが、さいわい彼はそれを携帯し忘れてはいなかった。そして門番は彼が誰かを聞く。彼は「赤い薔薇十字の同胞」であると答える。次の門では、吼える獅子が繋がれていたが、門番がそれを追い返して主人公は中に入る。鐘の音が城内に鳴り始める。門番は彼を急がせた。さもないと遅れてしまいそうだったからである。不安な面持ちで歩を早め、灯火を照らす処女（おとめ）の後についていった。そしてまさに扉が閉まる直前に入場する。

城は、多くの部屋や階段があって豪華をきわめた造りであり、満員の人で埋まっているように見えた。招待客の中には、うんざりするような自慢家もいた。ある者は天球の運動する音を聴いたと称していた。別の者はプラトンのイデアを見ることができ、三人目はデモクリトスの原子を数えることができると吹聴していた。彼らの振る舞いはやかましいばかりだったが、すばらしい荘厳な音楽がホール内に流れ出すとそれもやんだ。「そこではあらゆる弦楽器がたがいに響き合い、そのハーモニーのすばらしさに、わたしも我を忘れてしまうほどであった」。その音楽がやむと喇叭が鳴り出し、ひとりの処女(おとめ)が入場して、花嫁と花婿が遠からぬところに来たことを告げる。

三日目、太陽が明るく厳かに顔を見せ、喇叭が鳴って招待客を呼び集める。そしてふたたび処女(おとめ)が現われる。はかりがもちこまれ全員の体重測定が行なわれるが、その中には出席していた何人かの皇帝もふくまれていた。この体重測定で一部の者がさんざんな目に会う。しかしこのうえなく謙虚に構え、他の者より偉ぶるところのなかったクリスチャン・ローゼンクロイツが測られたとき、小姓のひとりが叫んだ、「あの方だ」と。処女(おとめ)は彼の帽子の薔薇を見て、それを請い求めた。

この日の豪華な宴席において、ローゼンクロイツは高い席が与えられ、赤いビロードで被われ、高価な金銀製の酒杯の置かれたテーブルについた。小姓たちは客に、「金羊毛」と「翼をもった獅子」を贈り、それらを身につけるよう求めた。これらの記章(エンブレム)は、花婿が彼らに授与し、「やがてそれにふさわしい儀式で叙勲の認可を与える」勲章を表わしているのだ。

その後、城の珍しい品物や庭園の獅子の噴水、多くの絵画、みごとな蔵書、天の運行を示す高価な時計仕掛け、世界の全域を網羅する大地球儀などを吟味鑑賞するための時間がもたれた。その日の終わりには、例の処女(おとめ)が、数冊の珍しい祈禱書だけが置かれた何の贅も凝らしていない一室に彼らを案内した。そこには王妃がおり、客は全員ひざまづいて、この婚礼が神の栄光と彼ら自身のためになるよう祈った。

四日目、ローゼンクロイツは庭園の噴水で英気を養うため朝早くから出かける。彼はそこで、獅子が剣を持つかわりに、'Hermes Princeps'(最高なるヘルメス)という文句で始まる碑文入り銘板を脇にかかえていることを発見する。この日の主な行事は、すべての客と宮廷人が列席し、国王と王妃の前で上演される劇であった。

この「陽気な喜劇」は、「芸術家と学生」によって、「豪華な設備の整った野外舞台」の上で演じられた。一部の観客は「一番上に位置する特別席」が割り当てられ、残りの者はその下の「柱のあいだ」に立って観劇していた。

劇の筋立は全七幕の中で展開される。ひとりの年老いた王様が、ある海辺で、波に洗われた函の中に幼児（おさなご）がいるのを見つける。同封されていた手紙には、ムーア人の王様がこの幼児の国を奪ったことが説明されている。その後の場面ではいよいよムーア人が登場して、今や若い娘に成長しているその幼児を捕える。彼女は、年老いた王様の息子に救出され彼と婚約するが、ふたたびムーア人の手に落ちてしまう。彼女は結局また救い出されるのだが、「ひとりのきわめてよこしまな僧侶」を追い払わなければならない。その僧侶の力がくじかれたとき、婚礼の挙式が可能となる。花嫁と花婿が絢爛たる姿で現われると、全員が口々に“vivat sponsus, vivat sponsa”（花婿万歳、花嫁万歳）と叫び、この喜劇によって「われらの国王と王妃」を寿いだのである。最後には全員が愛の歌を合唱する。

愛に満ちたこの時が
われらに大いなる歓びをもたらす

歌はこの結婚から幾千もの子孫が産み出されることを預言する。

喜劇のまことに単純な筋立ては、聖書に登場する表象を舞台に展示することによって、めりはりがつけられている。すなわち「ダニエルの四匹の獣」や「ネブカドネザールの彫像」[*3]が運び入れられ、観客がそこに預言への暗示を読みとるべく求められていたことをうかがわせている。

ついで全員が城に戻り、やがてそこで細部にいたるまで印象深く描写された奇妙なエピソードがおこる。つまり沈黙と深い悲しみの中を、六つの棺がもちこまれる。六人の者が斬首され、それらの棺に納められる。翌日これらの遺体は蘇える。

五日目、語り手は城の地下を探検する。するとふしぎな銘文の刻まれた扉にたどりつく。扉が開くと、太陽の光も届かないひとつの納骨堂が現われる。堂内は巨大な柘榴石によって照らされている。その真ん中には数多くの奇妙な像や銘文で飾られた墓が安置されている。

六日目は、竈や他の錬金術の装置を用いたはげしい労働に明け暮れる。錬金術師たちは錬金術の鳥という形で生命の創造に成功する。この島の創造や世話の過程は、ユーモラスかつ陽気に描写されている。

七日目すなわち最終日、一行は海岸に集まり、それぞれ黄道宮の記号を表わす旗を掲げた一二艘の船で出航する準備にとりかかる。例の処女が、彼らは「黄金の石の騎士」であることを告げる。それにつづく贅を尽した行進でクリスチャン・ローゼンクロイツは、王とともに馬上の人となる。「王と私はそれぞれ赤い十字の描かれた雪のように白い旗をもっていた」。ローゼンクロイツはふたたび彼の印である薔薇を帽子にさしていた。ひとりの小姓が、一冊の本をとりだして以下のような黄金の石騎士団の規則を読み上げる。

Ⅰ　騎士諸公に告ぐ、当騎士団を決して悪魔や悪霊に売り渡すことなく、創造主たる神とその侍女たる自然のみの御手にゆだねることを誓うべし。

Ⅱ　すべての不品行、淫乱、不浄を忌み嫌い、かかる悪徳で当騎士団を汚さざることを誓うべし。

Ⅲ　自が才能を充分に発揮し、それにあたいしかつそれを必要とするすべての者に、援助を惜しまざることを誓うべし。

Ⅳ　かかる栄誉を浮き世の虚栄や権力に利用せざることを誓うべし。

Ⅴ　神の召される以上の長命を望まざることを誓うべし。

その後、彼らは「慣例の儀式にのっとって騎士に任じられた」。その認証式は小さなチャペルで行なわれる。そしてそこで主人公は、彼の金羊毛と（薔薇をさした）帽子とを鉤にひっかけ、永遠の記念としてそれらを置き土産にし、そこに彼の標語と名前を記す。

Summa Scientia nihil Scire
Fr. CHRISTIANUS ROSENCREUTZ
（最高の叡知とは何も知らないこと
同志クリスチャン・ローゼンクロイツ）

†ローゼンクロイツのモデルとは？†

『化学の結婚』は付録に掲載するには長すぎたが、以上の短い要約でもこの著作の印象を伝えるのに充分だろう。

根本的にはこれはひとつの錬金術的な幻想小説であり、元素融合の基本的イメージである結婚、すなわち花婿（スポンスス）と花嫁（スポンサ）[*4]の合体のイメージを用いている。さらに死のテーマ、すなわち元素が金属変成の過程でかならず経なければならないニグレド[*5]のテーマにも触れている。こうした錬金術的結婚（図版26ａ）や錬金術的な死、あるいはまた「錬金術師（キミスト）」の作業を象徴あるいは隠蔽している獅子や処女を、目に見える形で示した挿絵なら、同時代のミハエル・マイヤー[☆5]派の錬金術的寓意画が提供してくれるだろう。物語の錬金術的な基盤は、その一日すべてが錬金術的な作業に費されるという一事によっても強調されている。

むろんこの寓意物語は、魂における再生や変貌の過程を象徴する精神的なものでもある。錬金術はつねにこうした二重の意味をふくむものであるが、この場合ディーの「単子（モナス）」の図によって導入された精神的錬金術のテーマは、きわめて深遠なものである。登場人物の動きのほとんど数学的ともいえる厳密さの中には、『聖刻文字の単子（モナス・ヒエログリフィカ）』の理論の完全に忠実な反響をすら見るべきかもしれない。この点は今後の研究で明らかにできるだろう。

また前章での両宣言に対するわれわれの研究からは、『結婚』が、『名声（ファーマ）』と『告白（コンフェッシオ）』の寓意の別の形にほかならないことが理解されるはずだ。両宣言において、クリスチャン・ローゼンクロイツは博愛的な同胞団と関連づけられていた。『結婚』では、彼はある騎士道団体と結びつけられている。薔薇十字友愛団は精神的錬金術師たちであった。黄金の石騎士団も同様である。薔薇十字友愛団の活動は、その納骨堂に収められた宝に象徴されていた。同様の活動は、『結婚』に出てくる城の中の宝にも象徴されている。実際、墓を安置した納骨堂のテーマは『結婚』にも見られ、それが『名声（ファーマ）』の名高い納骨堂への暗示であることは間違いない。さらに『結婚』は、召集喇叭を吹き鳴らす名声の神格化によって始まっていた。

『名声（ファーマ）』と『告白（コンフェッシオ）』は、『結婚』と同一の作者の手で書かれたものではないかもしれないが、三作品の寓意の構想は、友愛団体や結社の中心にいた慈悲深い人物としてのクリスチャン・ローゼンクロイツ神話を世間に広めようともくろむ一致協力した精神の痕跡をとどめている。

しかしその名前の由来はなんであろうか。なぜ「クリスチャン・ローゼンクロイツ」なのだろう。これについては諸説紛々としている。薔薇は錬金術的な象徴であり、多くの錬金術書が、Rosarium、つまり薔薇園という標題をもっている。それはまた聖処女の象徴であり、もっと一般的には、たとえばダンテの幻（ヴィジョン）においてもジャン・ド・マンの『薔薇物語』においても、ひとつの神秘宗教的な象徴である。さらに直接的で個人的な典拠も詮索された。ルターは彼の紋章（エンブレム）に薔薇を用いている。ヨハン・ヴァレンティン・アンドレーエの紋章（アームズ）は、聖アンドリュースの十字架と薔薇であった。[☆6]

象徴とはそもそも多義的なものであり、これらすべての説を考慮に入れ、通用するものと考えることができる。しかしここでヨハン・ヴァレンティン・アンドレーエがチュービンゲンの若き学生であった頃、つまり彼がヴュルテンベルク公のガーター勲章叙勲や、イギリス劇団来訪の血湧き肉躍らせる感化の下に、最初の『化学の結婚』を書いた頃のことを思い出してみよう。ガーター騎士の衣装をきらびやかにまとい、隠秘学（オカルト）や錬金術の研究家でもあったこのヴュルテンベルク公の姿こそ、クリスチャン・ローゼンクロイツの起源ではないだろうか。ローゼンクロイツは、ドイツの貴族で、赤い十字と薔薇を象徴とするある結社に属していた。そして赤い十字と薔薇は、イングランドの聖ジョージとガーター勲章の象徴でもあった。

一六一六年の『化学の結婚』は、アンドレーエが最初にこの作品を書いたとき、彼が受けていた印象がどのようなものだったかをうかがわせる要素をふくんでいる。『結婚』は壮麗な儀式をともなう宴や騎士団の入社式のようすを、演劇的な場面を織りまぜながらつぶさに描写している。アンドレーエによれば、彼はイギリスの劇団の感化を受けて、『化学の結婚』の執筆と同時期にいくつかの戯曲を書いているのだ。わたしはこの初期の時代に吸収した演劇的影響やガーター勲章の儀式の影響が、一六一六年の『化学の結婚』を構想するのに与ったと考える。クリスチャン・ローゼンクロイツはただ金羊毛と黄金の石の騎士であっただけではない。[☆7] 彼はまた赤い十字の騎士でもあったのだ。アンドレーエの作品中の騎士道的な宴や入社式への複合的な暗示の裏には、ガーター勲章への暗示があったのである。ガーター勲章の赤い十字、つまりイングランド守護聖人である聖ジョージの赤い十字が、ドイツ世界に吸収され、赤い薔薇と赤い十字の旗をもつ「クリスチャン・ローゼンクロイツ」として再登場することになったのだ。

薔薇十字問題の研究家のうち、ここに集められた証拠を何ひとつ知らなかったにもかかわらず、名前の由来について真実の一端にふれた者が、わたしの考えではひとりだけいる。ポール・アルノルドは『薔薇十字の歴史』の中で、『化学の結婚』と一脈通じるものとして、スペンサーの『妖精の女王』における赤十字の騎士のエピソードをあげている。[☆8] アルノルドは、スペンサーによって赤い十字の騎士のまわりに築かれた寓意と、『化学の結婚』の薔薇色の十字の同胞のそれとが似ていると考えたのである。どちらの作品も赤色または薔薇色の十字の騎士のまわりにひとつの寓意物語を織りなしているが、その他にはこのふたつの物語にそれほど詳細をきわめた類似点があるわけではない。それにもかかわらずアルノルドはこの間接的な道筋をたどって、何か正鵠を射たといえるだろう。なぜならスペンサーの赤十字の騎士はガーター勲章に着想を得たものであるからだ。

ファルツ侯フリードリヒがリーダーとして頭角を表わしてきたとき、彼を宣伝するプロパガンダは、彼がガーター騎士であることを強調した。すでに見てきたように、その事実は彼の婚礼の際に花火の形で大大的に公表され、また花嫁とともにハイデルベルクに到着した後、その城で催された祝宴の際にも公けにされた（その祝宴の中で選帝侯は、金羊毛勲章とガーター勲章の双方の記章（エンブレム）をもつ山車に乗って登場した）。そしてまた彼の敗北後の敵側のプロパガンダも、彼のガーター勲章——つまり義父である一国の国王からの支持を象徴すると考えられていたガーター勲章——の紛失を悪意をこめてあてこすってきた。ファルツ侯フリードリヒは、以前から準備されていた地位に少しずつ登りつめるに従って、ガーター勲章のプロパガンダにも足を踏み入れていったのである。

†『化学の結婚』が象徴するもの†

このようにヨハン・ヴァレンティン・アンドレーエは、青年時代の『化学の結婚』を書き改めるとき、当時のドイツの著名なガーター騎士、すなわちすでに薔薇十字運動とかかわりのあることを見てきた君主、ファルツ侯フリードリヒへの暗示をこめることによって、新しい時代に合うよう仕立て直したにちがいない。

わたしたちは、この奇妙な物語が展開されている城がどこかを、今では容易に同定できるのではないかと思う。それは、ファルツの獅子、つまり本章のはじめに見た『倫理＝政治的寓意画』で、城の見張りをしていたあの獅子の所有するハイデルベルク城だったのである。『化学の結婚』はわたしたちを、多くの驚異にあふれ、不思議な庭園をもった宏壮な城に案内する——それはサロモン・ド・コオの驚くべき仕掛けにみちたハイデルベルクの城と庭園だったのである。その門前には一匹の獅子がおり、また庭園にも人目を引く獅子の噴水があって、われわれがファルツの獅子の領土にいることを強調している。その城と庭園には機械装置がふんだんにあり、またその住民は、新婚のカップル、つまり国王と王妃または花婿（スポンスス）と花嫁（スポンサ）、を中心とした生活を営む豊かな宮廷人たちであった。このカップルは、神秘的体験としての結婚の象徴でもあれば、精神的に解釈された錬金術の花婿（スポンスス）と花嫁（スポンサ）でもあり、さらにはファルツ選帝侯とその妻エリザベス・スチュアートという歴史上の現実的基盤をもったカップルでもあったのだ。

『化学の結婚』の迷宮の中に、エリザベス当人の面影を認めることさえできそうである。とくに三日目、客たちが奇妙な小祈禱書の置かれた部屋に入り、そこで全員ひざまづいて、この婚礼が神の栄光に導くものであることを祈る場面に。これはおそらくエリザベスの質素なピューリタン的祈禱室や英語の祈禱書、そして彼女の婚礼——つまり「宗教のための」婚礼としてロンドンで絢爛豪華をきわめて祝福された婚礼——の神聖な意義とに言及しているのだろう。

わたしたちにとって、ルネサンスの君主が自分の宮殿や庭園を一種の生きた記憶術として設計し設備を整えたときに抱いていた精神を、再体験するのは容易なことではない。当時はその記憶術[*6]を通じて、全知識、全学問(エンサイクロペディア)が、入念な場所と像の配置によって記憶に貯えられたのである。

プラハの皇帝ルドルフの驚異室は、このような方針で設計されたものである。そしてフリードリヒがハイデルベルクにそうした配慮を惜しまなかったのも、ヘルメス的な帝国建設の準備のためでさえあったかもしれない。われわれにはハイデルベルクの失われた美観を再構成することはできない。しかし『化学の結婚』は、それの目ざすところが何であったかについて、あるヒントを与えてくれるのだ。それは学問(エンサイクロペディア)全体を象徴的な形で呈示することであり、またおそらくは隠秘学(オカルト)的対応関係を感知させ、宇宙の隠された和音(ハーモニー)を聴きとらせるような雰囲気を醸し出すことでもあっただろう。

ファルツ選帝侯とその妻は、ロンドンの婚礼以来どこへ行っても演劇的環境に囲まれていた。ファルツでもこうした演劇的伝統は受け継がれた。そして『化学の結婚』に描かれている活動に戯曲がふくまれている事実は、このこととよく符合する。一行はどうやら庭園を通って劇の上演されている場所に向かったらしいが、そこには「太陽の館」と呼ばれる建物が立っていた。メリアンによるハイデルベルク庭園の図版(図版5)には、ひとつの奇妙な建物、または複数の建物の組み合せが示されている。そこでは、ふたつの丸い円型劇場風の建物が、屋根つきの通路によって中央のホールとつながっている。われわれがこの図版に見ているものが、なんらかの野外劇か演劇的催しのための舞台装置を表わしているということはありえないだろうか。

『結婚』に描かれている主要な行事は、明らかに実際の騎士道団体に関連した儀式や式典を反映している。さもなければなんらかの形でそれを暗示している。それは、シュトットガルトでの最初の情景だけでなく、ハイデルベルクでのより新しい催しにも言及しているのかもしれない。物語全体のクライマックスは、七日目の終わりに客たちが黄金の石騎士団へ加入し、つづいて彼らが船で立ち去るところである。このくだりは『化学の結婚』の地勢が、ハイデルベルク城のそれと一致していないように見える箇所である。ハイデルベルク城は海に面していないからである。しかし船の形をした山車がハイデルベルクでは使われていた。わたしたちが、船の索具に羊とガーターを載せて航海するイアソン姿のファルツ侯を見ることができるのも、これらの船の山車の挿絵（図版3a）においてであった。

このように多くの細部が一致して示唆していることは、ハイデルベルク宮廷の鮮明な印象が、ローゼンクロイツ神話の頂点をなすこの記念すべき作品を執筆するにあたって、アンドレーエの想像力を刺激したにちがいないということだ。しかしなによりもまずそれは独創的な想像力の産物であり、はじまったばかりで中断される運命にあった、ある運動の最初の芸術的成果だった。さらにそれは、深い宗教心をもった天才の作品であり、あらゆる政治的、党派的レッテルを超えて、その烈しさにおいてバニヤンの『天路歴程』[*7]にも比肩すべき進歩的精神体験の寓意物語にすらなっている。

それでは「薔薇十字」の起源はなんであろうか。読者にはこの問題に関する古くからの説と、いくつかの新説との選択の自由が与えられている。わたしは本章で騎士道起源説を提唱した。すなわち「薔薇十字」は、ガーター勲章の聖ジョージの赤十字と、イギリスの薔薇をさしているという説である。また前章では、錬金術の神秘と関連した露（Ros）と光（Crux）に由来するという、古い錬金術起源説をもう一度採り上げてみた。この説に信憑性があることは、そのタイトルページに Ros つまり露についての文章を掲載し、また「単子（モナス）」を、十字架の錬金術的形態として論じているディーの『単子（モナス）』が、薔薇十字の『告白（コンフェッシオ）』と密接に結びついていた事実によって指摘される。

このようなとらえどころのない問題にはあまり独断的になるべきではないだろう。わたしとしてはこれらの説がいずれも両立しうるものであり、「薔薇十字」を騎士道に適用する顕教的な意味もあったし、Ros Crux という秘教的な錬金術的意味もあったと考えたい。この理論に立てば、ディーの『単子（モナス）』こそ錬金術的意味での「薔薇十字主義」の起源であり、またその名称には「赤十字」という騎士道的な意味合いがこめられていたことになる。どちらにしてもイギリス起源であり、イギリス騎士道とイギリス錬金術が混じり合ってドイツの運動に影響を与えたのにちがいない。そしてその中でこの名称が「ローゼンクロイツ」と翻訳され、新たな環境の中で新しい意味の陰翳を帯びることになったのだろう。

薔薇十字哲学の代弁者たち

ロバート・フラッドとミハエル・マイヤー

†薔薇十字プロパガンダを進めた出版業者†

アンドレーエや、薔薇十字神話を普及させようと彼に協力した未知の人々をひとまず除外すれば、薔薇十字哲学の主要代弁者と広く認められている著述家がふたりいる。それはロバート・フラッドとミハエル・マイヤーである。フラッドもマイヤーも自分たちが薔薇十字団員であることをいちおう否定しているが、薔薇十字宣言について、彼らはともに興味と称讃の念を露わにしている。彼ら自身の哲学にしても、大雑把にいうなら宣言に表明されている立場と相通じるものがあるのである。

しかし『名声(ファーマ)』や『告白(コンフェッシオ)』や『結婚』の物語ではヴェールにおおわれていた思考様式が、フラッドとマイヤーの手で大部の書物の一大文庫へと発展することになった。それらは三つの刺激的作品の登場した直後の年代に世に出されている。フラッドは、マクロコスモス＝ミクロコスモス哲学にもっとも完成された表現を与えた。マイヤーは、精神的錬金術のテーマに鮮やかな表現を与えている。フラッドとマイヤーの頼もしい支持は、薔薇十字神話に現実性を与えることになり、今や神話はその背後にまじめな一大文献を控える運動と見えはじめてきたのである。

したがって、これまでの章で採用してきた歴史的研究方針の正しさを別の角度から裏づけるものとして、われわれはある満足感をもって次の事実を指摘することができる。つまり、フラッドとマイヤーの主著が、フリードリヒ五世治下のファルツ領で出版されているという事実だ。

ロバート・フラッドの『両宇宙誌――マクロコスモスとミクロコスモスの歴史』の大部の各巻は、ヨハン・テオドール・ド・ブリーによってオッペンハイムで一六一七年、一六一八年、一六一九年に出版された。ミハエル・マイヤーの『逃げるアタランタ』は、精神的錬金術が高い芸術的達成を見せている寓意書であるが、やはりヨハン・テオドール・ド・ブリーの手で、オッペンハイムで一六一八年に上梓の運びとなっている。

オッペンハイムは、一六一三年にエリザベスが彼女の新しい国に到着したとき、最初に足を踏み入れた町であり、彼女はそこで凱旋門によって暖かく迎えられた。その凱旋門のひとつはすでに図版で示しておいた（図版2）。それは薔薇で覆われ、ヨハン・テオドール・ド・ブリーの手で版が彫られたものであった。

ヨハン・テオドールは、テオドール・ド・ブリーの息子である。この一家はもともとリエージュの出であった。[☆1] 彼らはプロテスタントだったため、リエージュがカトリックの支配下に入ったとき難を逃れ、フランクフルトに腰を落ち着けた。テオドール・ド・ブリーは、一六世紀後期のフランクフルトで印刷および出版業を営み大いに繁盛させていた。また英語資料を用いた発見航海記の一大シリーズを出版して、イギリスとは多くのつながりをもっていた。彼はしばしばイギリスに渡り、そこでエリザベス朝の彫版師として売れっ子になる。

テオドールは一五九八年に没し、その事業は息子のヨハン・テオドールに受け継がれた。ヨハン・テオドールの娘のひとりは、工房スタッフの有力な助手となっていたスイスの芸術家兼版画家マチュー・メリアンと結婚し、もうひとりの娘はウィリアム・フィッツァーというイギリス人に嫁いでいた。

ヨハン・テオドールは一般に宗教上の理由から、その事業をフランクフルトからオッペンハイムに移転したといわれているが、それがどういう宗教的理由かは特定されていない。エリザベスの到着歓迎用の装飾を版画にするため、彼が一六一三年にはそこにいたのはまちがいない。したがって彼はファルツ政体の宗教観にひきつけられ、選帝侯とジェームズ一世の娘との結婚によって高まった希望を分かちもっていたと思われる。

また実際、ド・ブリーがファルツの運動に共感を寄せていたことを示す充分な証拠がある。ハイデルベルク城やその城主である獅子の寓意画を収めたツィンクグレフの寓意書（図版17）については、前章でも触れた。その寓意書は一六一九年にオッペンハイムでド・ブリーによって出版され、そこには与えられた援助と保護に感謝するツィンクグレフの選帝侯宛ての献辞が付けられているのだ。しかも寓意画はド・ブリーの婿に当るメリアンによって彫られ、本の序文の詩には、ヤヌス・グルーテルによってメリアンに献げられたラテン詩がふくまれている。グルーテルはハイデルベルクのビブリオテカ・パラティナの館長であった。さらにこの本には、ハイデルベルク宮廷の一高官の作といわれている別の詩も収められている。これらの証拠は、ド・ブリー商会がハイデルベルク宮廷と深いつながりをもっていたことを示している。さらに一六二〇年に、『ファルツの庭園（ホルトゥス・パラティヌス）』（図版6 a）をメリアンの彫った庭園風景（図版5）とともに上梓したのもド・ブリーであった。

このようにド・ブリーは、戦争による破壊寸前のハイデルベルクの美観を記録することに関わっていた。しかも彼は、一六一三年の希望に満ちたオッペンハイム入場の模様を記録して、そもそものはじめにも関わっていたのだ。一六二〇年、スピノーラ軍のファルツ侵略で災難が襲ってくると、ド・ブリーは事業をふたたびフランクフルトに移転した。スピノーラは一六二〇年九月にオッペンハイムに侵入している。フリードリヒは一六三二年にそこをふたたび訪れたとき、エリザベスに手紙を送り、彼女がかつて知っていた町をそこに認めることはとてもできないだろうと書いている。町の半ばは焼け落ち、残りは廃墟と化していた。☆2

ド・ブリー商会はフランクフルトでかなり早く出版を再開しているので、大半の施設とともにいちはやく逃げ出せたらしい。しかしそのオッペンハイム時代は、一六二〇年の『ファルツの庭園（ホルトゥス・パラティヌス）』の上梓寸前に、突然終わりを迎えたにちがいない。それはオッペンハイムではなくフランクフルトで上梓されているからだ。そしてフラッドの著作シリーズのうち、一六二一年にド・ブリーの手で上梓の運びとなった一冊も、フランクフルトで出版されている。フラッドの著作シリーズの出版地がオッペンハイムからフランクフルトへ変更された事実は、ふつう単なる書誌学的な些事として見過ごされがちだが、今や悲劇をはらんだ事実として浮かび上ってくる。

一六一九年のツィンクグレフの『倫理＝政治的寓意画』は、ファルツ選帝侯への道徳的、政治的な支持の表明である。ある寓意画は、契約の櫃（ひつ）*1をもって約束の地に行進するイスラエル人（ひと）を示しているが（図版18 d）、これは明らかに、ボヘミアの王冠を戴く目的で一六一九年に敢行したプラハ旅行を暗示している。

これらすべての寓意画が、フリードリヒと密接に関連していたことは、フリードリヒの失墜後の彼に対する諷刺から裏づけられる（ここではそれを詳述するだけのスペースはないが）。それらの諷刺は、寓意画における対象、とりわけ蜘蛛の巣や蜜蜂の巣のような対象を採り上げ、戯画の中でそれらを皮肉たっぷりにフリードリヒと結びつけるのである。☆3 これらの寓意画を出版したド・ブリー商会や、その彫版師メリアンなどは、当然侵略軍から危険人物として目をつけられていたにちがいない。

このようにド・ブリーは、薔薇十字哲学者フラッドとマイヤーのみごとな挿絵入りの本を、一六一九年までオッペンハイムの印刷所からつぎつぎと精力的に世に送り出していたが、このとき彼は自分の信じた大義を支援していたのである。そもそも彼はそのために自分の事業をファルツ領に移転させていたのである。

印刷業者と出版業者とは、しばしば当時の不明瞭な宗教運動の中心的存在となっていた。

わたしたちはアントワープの大印刷業者クリストフ・プランタンが、「愛の家族」[☆4]の秘密会員だったことを知っている。「愛の家族」は、教理上の主張を避け、聖書の神秘的、寓意的解釈に専心することを信条とする一派である。フランクフルトの印刷業者ヴェッヒェルのもとには、一五七二年の聖バルテルミーの虐殺後フィリップ・シドニーやその友人たちが足繁く通っていた。[☆5] 別のやはりヴェッヒェルという名のフランクフルトの印刷業者はジョルダーノ・ブルーノをかくまい、一五九〇年から九一年にかけてブルーノの長いラテン詩を印刷し[☆6]、さらに一五九一年にはジョン・ディーの『聖刻文字の単子（モナス・ヒエログリフィカ）』の再版を公刊している。[☆7]

ヨハン・テオドール・ド・ブリーは、フランクフルトの印刷業界との長い家族的なつきあいを通じて、この書籍業の国際的中心地で興隆し混じり合っていたヨーロッパ思潮の深い流れについて、かなりの知識をもっていたことと思われる。

ド・ブリー商会がオッペンハイムで出版業を営んでいた時期は、ファルツの政治がその頂点に達しようとしていた時期と重なる。それはちょうど、ファルツ選帝侯の立場を強化するはずだったすばらしい同盟——とりわけ彼の結婚——が、ヨーロッパのさまざまな自由主義者の支持をひきつけていたファルツの反ハプスブルク運動全体に、希望あふれる成果を約束するように見えた時期である。

†フラッドとマイヤーの著作†

ド・ブリーによってその著作が出版されたふたりの薔薇十字的作家は、ファルツの政策が熱い視線を送っていたふたつの国、イギリスとボヘミアとを代表している。

ロバート・フラッドは[☆8]イギリス人で、ロンドンで開業するパラケルスス派の医者だった。そして彼の哲学は、ルネサンスの魔術（マギア）とカバラの系譜を引き、それにパラケルスス流の錬金術とジョン・ディーの強い影響とが加味されたものである。[☆9]

それに対して、やはりパラケルスス派の医者であるミハエル・マイヤーは、プラハのルドルフ二世の宮廷の雰囲気を代表している。マイヤーはルドルフの侍医であり、その信任を得ていた。[☆10] マイヤーの考え方も、プラハのルドルフ二世の宮廷では、いかにも自然なものだったであろう。それは魔術＝科学的な傾向やカバラ主義やパラケルスス主義におおわれていた——しかもそれらすべてが、彼の後継者たちによってプラハに強制されたものより、よほど自由な宗教的態度をルドルフに採らせることに貢献したのである。マイヤーがルター派でありながらカトリック皇帝に仕えて支障をきたさなかったこと自体、ルドルフの自由主義的考え方の証査である。ロバート・フラッドの哲学がイギリス伝来の魅力ある影響の系統を代表していたとすれば、ミハエル・マイヤーはボヘミアで理解可能なルドルフ朝プラハの伝統を踏襲していた。

このふたつはアンハルト侯クリスチャンが、何とか織り合わせようと骨折っていた二本のより糸なのである。そしてアンハルト侯は、ファルツ選帝侯をイギリス王女と娶合わせ、しかもボヘミア国王に就かせて、彼をボヘミアに受け入れやすい形で紹介することによって、それを達成しようとしていたのである。

フラッドの『両宇宙誌——マクロコスモスとミクロコスモスの歴史』の各巻に収められている膨大な資料は、それ以前に営々と築かれてきた作業を表わしたものにまちがいない。そして、それらがこの時期にまとめられて同時に出版されることになったのだろう。同じことがミハエル・マイヤーの多くの著作にも当てはまる。こちらもオッペンハイムのド・ブリー商会か、ド・ブリー商会と深い関係にあったシュトラスブルクのルーカ・イエニス商会の手で、この年代に矢継ぎ早に公刊されている。[☆11] そんなに短期間にすべてが書かれたはずはなく、一部はそれ以前の著述、それもたぶんルドルフが在世中でマイヤーがその宮廷に仕えていた頃に書かれたものであろう。

これらの出版業者は、ふたりの作家によって書かれた大量の草稿を急いで出版しようとしていたのだ。そしてこれは、明確な政策意図があってのことにちがいない。つまり、ファルツ運動と一脈通じる内容の草稿をいちはやく出版しようという意図であった。ばく大な補助金が、これら大大的に挿絵を使った出版経費に支払われたことだろう。

宣言を読んで薔薇十字友愛団と接触をはかるには、彼らに宛てて何かを、または彼らへの称讃を表わす何かを世に問うことが常套手段であった。だが、そうした呼び掛けへの応答はなかった。薔薇十字友愛団は、称讃者に対しても批判者に対しても応えを返さなかった。宣言の高らかな喇叭の響きの後は不可視な存在への撤退が続くという、この薔薇十字的「騒ぎの後の沈黙」は、ミハエル・マイヤーの同名著書の主題でもある。

ロバート・フラッドも、お定まりの手順で薔薇十字としての経歴をはじめている。つまり彼はまず、薔薇十字友愛団や、その宣言に表現されている理想への賛美を表わす二冊の本を公けにしたのである。フラッドが初期に、薔薇十字友愛団と接触を計ろうと努めて世に問うたこれら二冊のラテン語の小著は、ひとつが『薔薇十字の友愛団に対する簡単な弁論（アポロギア）。[☆12]それに対して浴びせられるかずかずの疑惑や汚名を洪水（フラッド）（彼の名前と掛けた地口である）のように洗い流す書』[☆13]といい、以後これを『弁論（アポロギア）』と略記することにする。二冊目は『薔薇十字の結社のための弁論的論考（トラクタトゥス）』といい、これは以後『論考（トラクタトゥス）』と略記する。これらは一六一六年と一六一七年に、ゴドフリー・バッソンによってライデンで出版された。

ゴドフリー・バッソンは、印刷業者兼出版業者としてライデンに在住していたイギリス人、トマス・バッソンの息子である。[☆14]レスター伯の庇護を受けていたトマスは隠秘学（オカルト）に興味をもっていた。ジョルダーノ・ブルーノの弟子アレキサンダー・ディクスンの『タムス』を一五九七年に上梓したのは他ならぬ彼である。これはブルーノを下敷きにした魔術的記憶術書である。[☆15]

フラッドの『弁論（アポロギア）』は、古代の叡知、すなわち古代神学者（プリスカ・テオロギ）[*2]の伝統への祈りの調子ではじまっている。なかでも重視されているのが「メルクリウス・トリスメギストス」[☆16]である。この者こそは、その『説教集』(これは『ヘルメス選集(コルプス・ヘルメティクム)』[*3]をさしている)においても、錬金術師の熱烈な崇拝の的となっていた、あのヘルメス哲学の短い要約『エメラルド板』[*4]においても、この叡知に関するもっとも重要な権威者であると述べられている。このように、フラッドが薔薇十字友愛団に接近しようとしたのも、「エジプト哲学」の信奉者としてだったのである。「エジプトの哲学」とは、エジプトの僧侶と想定されていたヘルメス・トリスメギストスの説くヘルメス哲学という意味である。

つぎに彼は、いかに薔薇十字結社の『名声(ファーマ)』の名声がヨーロッパ中を駆け巡り、彼の耳にまで達したかを伝えている。[☆17]フラッドは『名声(ファーマ)』と『告白(コンフェッシオ)』という両宣言を読んだだけではなかった。リバヴィウスのそれらに対する非難にも目を通していた。彼は言う、リバヴィウスは薔薇十字友愛団を辛辣にこきおろし、ある箇所では彼らの政治的不服従や秩序攪乱を攻撃している("Nam uno loco fratres in seditionis suspicionem adduxit")[☆18]と。このくだりは、リバヴィウスが、帝国に関する宣言の一節を分析しながら、そこに反逆的な意図を読み取った箇所をさすものとわたしはうけとっている。

フラッドはリバヴィウスの批判をしりぞけ、宣言に同意する。彼の主張によれば、友愛団は真のキリスト教徒である。彼らは邪悪な魔法使いでも秩序攪乱者でもない。彼らが邪悪な輩なら、自分たちのメッセージを声高らかに布告したりはしなかったはずである。ルター派やカルヴァン派のように彼らも教皇に反対しているが、だからといって異端者ではない。もしかするとその団員たちは本当に神から霊知を授かっているかもしれない。フラッドは彼らの仲間に入れてくれるよう熱心に懇願している。

翌年の『論考(トラクタトゥス)』は『弁論(アポロギア)』と同様の序文をもってはじまっているが、さらに「正しい魔術」の擁護論を発展させている。魔術には正しい種類の魔術と邪悪な種類の魔術があって、もし正しい方の魔術を排除したり罰したりするなら「われわれはあらゆる自然哲学を始末することになってしまうだろう」[☆19]。フラッドによれば、魔術師(マグス)は数学に熟達しているのだ。そしてここで彼は、アルキュタスの木製の鳩[*5]にはじまってロジャー・ベーコンやアルベルトゥス・マグヌスその他の驚くべき成果にいたる、魔術=機械的驚異のお定まりのリストを挙げている[☆20](これをアグリッ

パやディーや、魔術的段階の機械学に関係する著者なら、ほぼ誰もが提出しているこの種のリストと比較してみよ）。[☆21]

フラッドはさらに続けていう。薔薇十字友愛団は正しい種類の魔術、つまり数学的、機械的な魔術と、神聖な天使の名前を呼びだす方法を教えるカバラの魔術だけを用いている。薔薇十字友愛団によって研究されている魔術（マギア）とカバラと占星術（アストロロギア）は、科学的であると同時に聖なるものでもある。

つぎにフラッドは技術と科学の再検討にうつり、それらの改良が必要になっていることを説く。自然哲学、錬金術、医学はいずれも不完全であり、しかもなによりも重要な数学が完全ではない。フラッドによれば薔薇十字の『名声（ファーマ）』は、それらの改良を促しているのだ。どうやら彼はこうした意味を、『名声（ファーマ）』の神秘的な幾何学的洞窟や、他の不思議な装置の中に読みこんだふしがうかがえる。つまりそれらは、彼の考えでは数学的諸科学を表わしていて、『名声（ファーマ）』が改革計画の中で促しているのは、それらの改良だというのである。[☆22]

フラッドは数学的技術として幾何学、音楽、軍事技術、算数、代数、光学を列記する。そのいずれもが改良と改革を必要としている。ここにあるのは、ジョン・ディーのユークリッド『原論』の序文の領域である。そこではウィトルウィウスの列挙した数学的技術が概説され、そのうちで建築がもっとも重要なものとされていた。わたしは別のところで、ディーの序文がフラッドに及ぼした影響について検討を行なった。[☆23]

『論考（トラクタトウス）』においてフラッドは、どうやらこのような数学的技術の改革計画こそ、薔薇十字友愛団が望み、宣言の中で説いているものと推定したようだ。ということは薔薇十字宣言がディーの影響を受け、その魔術的運動がディーの説いていたような数学的、科学的運動だったというに等しい。両宣言や『化学の結婚』に及ぼしたディーの『聖刻文字の単子（モナス・ヒエログリフィカ）』の影響に関してこれまで見いだされた事実からするなら、フラッドの仮定はたしかに的を射ていたと思われる。フラッドは改革を要する科目の概説をつづけて、倫理、経済、政治、法学、神学を列挙し、それらすべてが改革計画の中に組み入れられねばならないと述べている。それから話題を預言や、聖霊と天使の召喚に転じ、それらが運動にもっとも必要なものであると論じる。[☆24]そして、音楽の持つすばらしい神秘的（オカルティック）な力への暗示で締めくくっている。

最後に、前年の論文と同様、フラッドは薔薇十字友愛団に呼び掛け、彼らの事業に参加させてもらえるように懇願する。

フラッドの諸科学改革の請願はベーコン的響きを帯びており、一部は『学問の進歩』の感化を受けたものかもしれない。しかし、数学や天使の召喚を強調している点はむしろディーに近く、フラッドが薔薇十字宣言に認めたのは、ディーのようなタイプの知的計画であったと思われる。

何年か後に、イギリスの批判者たちがフラッドを攻撃して次のように述べたことがある。フラッドは「薔薇十字団員」である、なぜなら彼は、「薔薇十字の友愛団」を自称する「学識豊かなその名も高き神智学者および哲学者」のための弁論を書いているからである。それに対する自己弁明を述べるに当たって、彼は次のような論法を用いた。すなわち、なるほど彼らの「万有知(パンソフィア)あるいは自然に関する普遍的知識」は彼自身の哲学と相通じるものにちがいない。[☆25]しかし、薔薇十字友愛団からは何の返答も得られなかったと。

このようにどんな返答も決して得られず、喇叭の響きの後にはかならず沈黙が残る、というのが薔薇十字宣言によって引き起こされた騒動がたどる常道であった。フラッドはここで、薔薇十字友愛団が実在していると信じているふしがあるが、それでもひとりの団員にも出会わなかったと白状している。

しかしフラッドの場合には、『弁論(アポロギア)』や『論考(トラクタトウス)』への返答として、結局たしかに何かがあったといえる。彼は、ファルツ領でド・ブリー商会によってその著作を出版するよう勧誘されたにちがいない。このことは、彼のリバヴィウスに対する薔薇十字友愛団の弁論が、彼のファルツ政策支持の証拠として認められたことを意味するだろう。後に彼は、自著を海外で印刷させたのは、そこにふくまれている魔術がイギリスでの出版禁止を招いたからだという告発をイギリスで受ける。それに対する自己弁明に際してフラッドは、あるドイツの学者からの書簡を引用している。

そこには、印刷業者(それはド・ブリーである)が印刷前のフラッドの本を何人かのイエズス会士をふくむ学識者に見せたところ、彼ら全員がそれを称讃し出版を薦めたこと、ただしイエズス会士たちは、土占いに関する部分には不満を示し、それを省くよう望んだことが述べられている。[☆26] しかしもちろんその部分は省かれなかった。彼は自分の本が、その印刷業者の生活していた国の宗旨であるカルヴァン派にとっても、それと「国境を接した隣人」であるルター派にとっても、さらには自分の本を称讃した教皇派の人々にとってさえ、不快感を与えるものではないと確信していたのである。しかし彼は、イエズス会士が彼自身のいうように、なにからなにまで是認したのではない、という事実は無視している。

†フラッドの薔薇十字哲学†

フラッドのオッペンハイムでの最初の出版物、一六一七年の『両宇宙誌　第一巻——マクロコスモスの歴史』は、ジェームズ一世に献じられている。ジェームズはそのきわめて感銘深い献辞の中で、ヘルメス・トリスメギストスに捧げられる形容詞 'Ter Maximus'（「三倍も偉大なる者」）を冠され、その権勢世界に並ぶ者なきもっとも賢明なる君主として敬意を表されている。フラッドの本がオッペンハイムで出版された意味がよりはっきり理解できるようになった現在、この献辞の意味も浮かび上がってくる。

フラッドとファルツの出版業者は、ジェームズが彼の婿の領土で出版された著作に興味を示すだろうと想定していたのだ。彼らはこの権勢並ぶ者なき君主を、彼らの哲学の中に引き入れ、彼にヘルメス的な役割を負わせようとしたのである。もしこの本がドイツやボヘミアで普及していたなら、ファルツの思想運動が国王ジェームズの賛同を得ているという印象、あるいは錯覚を、さらに固めることになったであろう。

今ではジェームズの観点から、その状況をよりはっきり見つめ直してみることもできる。彼の婿やその顧問や友人たちは、ただ単にジェームズを、彼が賛成していない政治活動——すなわちボヘミアの大冒険に導いた積極活動派の政策——に巻き込もうとしただけではない。彼らはジェームズを、彼が賛成していない哲学の中にも巻き込もうとしていたのだ。

ジェームズは、おしなべて魔術的な色合いをもったものを極端に怖れていた。これは彼のもっとも根深い神経症となっていた。彼はディーの考えに不満をもち彼を歓迎しなかったらしく、[☆27]一種の追放処分に追いやった。そして今、彼の婿の領土でディーと同種のヘルメス哲学の大著が出版されて彼に献じられ、しかもその献辞によって彼をその見解の中に引き入れようと、あるいは彼がそれに好意的であるかのような印象を与えようと試みられていたのだ。『両宇宙誌　第二巻――ミクロコスモスの歴史』がジェームズには献じられず、またフラッドが自著の出版に関して、イギリスではっきりしない困難にぶつかったとしても驚くには当たらない。[☆28]

フラッドは、禁じられた魔術をふくむから自分の本を海外で出版させたという非難に、次のように応えて反論した。つまり外国で出版させたのは、ド・ブリー商会ならイギリスではとても無理なほど良質の挿絵を提供してくれるからであると。[☆29]それらの挿絵は、フラッドの哲学の複雑な「聖刻文字（ヒエログリフ）」を目に見える形で示している。フラッドの文章を挿絵と比較対照しながら注意深く研究した者なら誰でも気づくように、彫版師たちはフラッドの指示に忠実に従っている。ロンドンとファルツの間には盛んに使者が往来し、ハイデルベルクにいるイギリス王女と接触を保っていた。このことは、イギリスからもたらされる原稿を出版するに際して、ファルツの出版業者の仕事を大いに円滑にしたことだろう。

フラッドの"Utriusque Cosmi Historia"または『両宇宙誌』[☆30]――両宇宙とは、マクロコスモスとしての大宇宙と、ミクロコスモスとしての人間の小宇宙のことである――は、宇宙（コスモス）の調和的構造とそれに照応する人間における調和、という観点に基づいた哲学を網羅し、いくらかわかりやすく紹介する試みである。銅版挿絵はこれらの宇宙的な体系を紹介するのに大いに役立っている。

基本的には、フラッドの体系は初期ルネサンスに定着した体系と同じである。その時代には、再発見されたヘルメス文書をフィチーノが利用してヘルメス哲学の復興がなされ、それにピコ・デラ・ミランドーラがヘブライのカバラの復興を加味していた。

フラッドの本は、ヘルメス文書のフィチーノによるラテン語訳をさかんに引用し、それらの文書のエジプト人作者と想定されている「メルクリウス・トリスメギストス」は、フラッドのもっとも敬愛する権威となっている。そして彼はそれを『創世記』のカバラ的解釈によって聖書の権威と融合させている。その結果できた宇宙体系は、栄光に包まれたヘブライ語の神の名の形で示されたエホバが、人間を中心に、天使や星や元素からなる同心円体系を支配するといったものである。天体的関係が全体を貫き、マクロコスモス的調和とミクロコスモス的調和の密接な類比はパラケルススの影響で、ピコやフィチーノの時代よりはるかに精密にすらなっている。パラケルススは、このような対応関係をみずからの医学=天体理論を通じて、より厳密なものにしていたのである。

ミクロコスモスを扱ったフラッドの著作の第二巻には、彼が「技術史」と呼んだところのもの、すなわち人間に用いられる技術や科学の概観を内容とする重要な一部門がふくまれている。それらは自然に基づいたものだが、その自然自体が数に基づいている。『世界劇場』でわたしが指摘しておいたように、フラッドの科学技術に関する部門は、ユークリッド『原論』のディーの数学的序文を忠実になぞったものなのである。ディーはその序文で数学的諸科学の実践を奨励し、ちょうどウィトルウィウスがその建築論で行なったように、それらを、数学的諸科学の女王である建築の下に一括分類していた。

フラッドの『両宇宙誌』は大雑把にいうなら、ルネサンスの魔術(マギア)とカバラに次の要素を加味して紹介したものといえるだろう。その要素とはパラケルススによって発展した錬金術(アルキミア)と、その伝統にジョン・ディーがもたらした展開とである。もしかりに薔薇十字宣言を、魔術(マギア)とカバラと、ジョン・ディーやパラケルススのもたらした錬金術(アルキミア)の新発展に基づく、改革への請願が語られている空想物語と解釈するならば、フラッドの哲学はまさに「薔薇十字」哲学、すなわち現代風に改められたルネサンス哲学とみなすことができる。またファルツ領でそれが公刊されたことによって、当然そのようなものとして迎え入れられたと見てよいだろう。

フリードリヒ五世治下のファルツ文化を研究するには、そのもっとも重要な代表者として、サロモン・ド・コオを省くわけにはいかない。彼は『ファルツの庭園(ホルトゥス・パラティヌス)』の設計者であり、ハイデルベルク城に神秘の霊気(アウラ)を与えるような魔術=機械的驚異を施した独創的な建築家兼機械技師であった。

ド・コオは調和的な世界観にしたがって活動していた。このことは熱心なウィトルウィウス主義と関連のある彼の音楽やオルガンなどへの強い関心に示されている通りである。彼の『動力の原因について』に出てくる機械学も、そうしたウィトルウィウス主義を発達させたものである。

ド・コオの著作は『ファルツの庭園（ホルトウス・パラティヌス）』以外、ファルツの出版社から刊行されていないが、実はこの例外が重要なのである。というのもド・コオは、ド・ブリーによってメリアンの挿絵をつけて上梓されたこの『ファルツの庭園（ホルトウス・パラティヌス）』を通じて、彼らの仲間に加わったからである。ド・コオは実践的な機械技師として、またウィトルウィウス的造園家として、ハイデルベルク宮廷のための仕事において、ファルツ文化に調和的な背景を提供したのである。

†ヘルメス的ルネサンス再興†

ミハエル・マイヤーは、一五六六年、ホルスタイン地方のリンズベルクで生まれた。彼は医学博士の学位を取りロストックで暮していた。ついで以前にも述べたように、プラハで皇帝ルドルフ二世の侍医となる。一六一二年、ルドルフの崩御後まもなくマイヤーはイギリスを訪れている。そこで正確にいつどんな状況でかはわかっていないが、彼がロバート・フラッドと知り合いになったことはほぼまちがいない。彼の処女出版、『秘法の中の秘法』（一六一四年）は、フラッドの友人であったイギリス人医師、ウィリアム・パディ卿に献じられている。後年の彼の著作中の言葉からすると、彼は他のイギリス人、たとえば錬金術師フランシス・アンソニーやトマス・スミス卿なども知っていたようだ。

マイヤーは、一五七四年生まれのフラッドよりわずかに年長である。そしてルドルフ二世時代のプラハの雰囲気の中で過ごしていた彼の前半生は、ベアステッドというケント州の静かな小村に生まれ、一六三七年に同地に埋葬されたイギリス人のフラッドとそれほどつながりがあるようには見えない。ルドルフ二世宮廷の混沌とした思潮に染まり、生涯の終わりに三〇年戦争に見舞われた（マイヤーは、マグデブルクが軍隊の手に落ちた一六二二年にその地で没した）ドイツの帝国主義者と、イギリスの哲学的医者とのあいだにどんな共通点がありえただろう。ところがこの両者の間には確かに深いつながりがあった。そしてフラッドとマイヤーはともに「薔薇十字」哲学者、つまり薔薇十字友愛団を弁護する著述を公けにした作家に分類されている。もっともふたりとも、彼ら自身は友愛団に所属していないと主張しているが、これはもちろん薔薇十字的神秘化に対する作家たちの常套手段であった。

両者の間の明らかな接点は、彼らがいずれもパラケルスス派の医者であり、オッペンハイムでヨハン・テオドール・ド・ブリーの手で自著を上梓していることである。これまでは、マイヤーがフラッドを薔微十字の世界にひきいれたと考えられてきた。最近になってこの関係は逆であり、フラッドがマイヤーに影響を与えたとする説が出されている。過去のこれらの説はいずれもファルツの歴史的状況を当然問題の要素として考慮していない。もしマイヤーがフラッドと知り合い、かなり頻繁にイギリスを訪問しているとしたら、それは彼が他の多くの人々と同様に、ファルツの支配者とジェームズ一世の娘の結婚に多くを期待していたからではないだろうか。そして薔薇十字のプロパガンダと「ファルツの獅子」をめぐる事件とのかかわりに関する内情にも通じていたからではないだろうか。

ルドルフの崩御後、マイヤーはヘッセン方伯モーリッツの侍医となる。こうして彼は、ファルツ選帝侯の親しいとりまきのひとりであったドイツの君主とつながりができたのである。この君主は大の親英家であり、また錬金術的神秘主義の影響を受けていた。そしてまた薔薇十字宣言の初版が出されたのも、この君主の領土のカッセルという町であった。

マイヤーはヘッセン方伯に仕える立場にもかかわらず、多くの旅をすることができた。彼は一六一八年のある序文の中で、自分が今ロンドンからプラハに向かう途中でフランクフルトに滞在中であることを記している。もしかするとマイヤーは、ロンドンもプラハも知っているところから、ボヘミアの大冒険の準備に一役買うべく、アンハルト侯によって雇われていたのかもしれない。

そして実際、マイヤーとアンハルト侯との結びつきを示す動かぬ証拠が存在している。一六一八年に、オッペンハイムでド・ブリーによって、アンハルトの君主、クリスチャンに献じられたマイヤーの本が出版されているのだ。それは『さ迷い人、すなわち七惑星の山について』というものである。そのタイトルページの版画（図版21）には、惑星を表わす七つの像とともにミハエル・マイヤーの柔和で夢想的な顔が見える。この本は、マイヤーの錬金術的神秘主義を独特な形で説明したもので、彼は好んでそれを神話的な装いに包んで紹介する。それは詩人達の寓話の中に隠されているのだ。このように偽装されてはいるが、この本のテーマは哲学の物質（マテリア・フィロソフィカ）、つまり自然の秘法（アルカナ）中に隠されている真実の探求なのである。それはテーセウスのように、迷宮を導くアリアドネーの糸をしっかりつかむことによって達成されるのだ。マイヤーの研究はこの『さ迷い人』からはじめられるべきかもしれない。そのアンハルト侯への献辞は、彼とその精神的錬金術が、ファルツ選帝侯のもっとも重要な顧問の活動圏内に属していたことを、ただちに理解させてくれるからである。

同じ一六一八年に、今度もタイトルページにみごとな版画をもったマイヤーの別の本が、オッペンハイムのド・ブリー商会から刊行されている。これは『逃げるアタランタ』といい、その謎めいた本文につけられた美しい挿絵のために、愛書家の垂涎の的となっている。挿絵に署名はないが、彫ったのがマチュー・メリアンであるのはほとんどまちがいない。

『逃げるアタランタ』は哲学的注釈をつけた寓意書である。タイトルページに描かれたアタランタ（図版22）は、精神的、道徳的、科学的真実をめざす競争の途上で、脇からさまざまな誘惑に遭遇している。こうして彼女は精神的錬金術師に、忍耐と意図の純粋さの教訓を示しているのである。マイヤーはこの本の寓意を通じて、精妙きわまりない宗教的、錬金術的哲学を教えようとしている。そしてそれぞれの寓意が、絵画的表現と並んで音楽的表現様式をも備えているのだ。☆31

それらの寓意画の中で、もっとも印象的なもののひとつは、自然（ナトウーラ）の残した足跡を角灯を手に注意深くたどっている哲学者の図である（図版23）。これは、ジョルダーノ・ブルーノが一五八八年にプラハでルドルフ二世に献じた序文をどことなく彷彿とさせる。ブルーノはそこで自然の残した跡、あるいは足跡を探求すべきだというお気に入りのテーマをくりかえしている。そして宗派間の争いを避け、聴く耳をもつ者に向かって、いたるところで叫び声を挙げている自然の懐に帰るべきだと説くのである。[☆32] 敬虔なルター派であったとはいえ（フラッドは敬虔な英国国教徒である）、もしかしたらマイヤーは、三〇年戦争勃発直前の烈しい宗教論争の時代に錬金術的象徴体系を用いて、自分の宗教的、哲学的態度を教えながら、このような考えを胸に秘めていたのかもしれない。

『逃げるアタランタ』の別の寓意画には、幾何学図形を指さす哲学者が示されている（図版24ａ）。この寓意画につけられた註釈の題は「単子（モナス）あるいは一者」となっている。これはマイヤーの本の最近の編者によって[☆33]、ディーの『聖刻文字の単子（モナス・ヒエログリフィカ）』と比較された。こうしてまたしてもわれわれは、薔薇十字の謎の核心でディーの「単子（モナス）」を見いだすのだ。それはマイヤーの寓意画の中にも秘められていたのである。マイヤーはボヘミアでディーの思想の影響にめぐりあっていたのだろう。

マイヤーの寓意画が深遠な絵画的表現を与えているような錬金術とは、リバヴィウスが非難している種類の錬金術、つまり薔薇十字宣言やディーの「単子（モナス）」の錬金術であったことは確実だ。哲学者が剣で卵を割ろうとしている寓意画（図版24ｂ）などを見つめていると、人はそこに、『聖刻文字の単子（モナス・ヒエログリフィカ）』の宇宙を象徴する卵[☆34]（図版10ａ）や、やはり『単子（モナス）』で白羊宮に象徴され、錬金術過程を表わす火を認めることができるだろう。

ディー的錬金術を表現しているクンラートの「錬金術師」の図（図版12）をあらためて眺めてみよう。するとわれわれは、マイヤーの寓意画において卵の背後に伸びている遠近法が、クンラートの絵の遠近法に比較しうるものであることに気づくのだ。わたしの考えでは遠近法は、建築やそれに付属する数学的科目を象徴しているのである。この「卵」の寓意画に付随するものとして、音楽がマイヤーによって用意されていたことを想い起こすなら、人はその寓意画が『聖刻文字の単子（モナス・ヒエログリフィカ）』に要約されているすべての要素を兼ね備えたものであることに気づくはずである。こうした事柄を理解するとなるとわたしにはまったくお手あげで、どのようにこの種の錬金術を用いて数学的問題が解けるようになるのかも皆目見当がつかない。しかしわたしの信じるところ、こうした意味合いはマイヤーの寓意画の中にたしかに存在していたのである。そしてマイヤーこそ「薔薇十字」の中でももっとも奥の深い人間だったといえるだろう。

フラッドが完全な哲学体系を構築しようとしていたのに対して、マイヤーはおもに錬金術の寓意画を通じておのれの思想を表わした。しかしいずれにせよ彼らの哲学はともにディーの影響を受け、強固なヘルメス的基盤を備えていた。ヘルメス・トリスメギストスやエジプトのヘルメス的真実に対するマイヤーの崇拝ぶりも、フラッドのそれに少しも劣らない。フラッドとマイヤーは、他の何を表わしていようとも、なによりもまずヘルメス哲学者であり、初期ルネサンスの最初のヘルメス哲学の衝撃力が一部で衰えかけていた時代に、まさに一種のヘルメス的ルネサンスを代弁していたのである。

アイザック・カソーボンはすでに『ヘルメス文書』がキリスト紀元後のものであること[☆35]、したがって太古の昔にまでさかのぼるエジプトの僧侶ヘルメス・トリスメギストスの書いたものではないことを明らかにしていた。カソーボンが『ヘルメス文書』の年代決定を発表した著作は、実は一六一四年にジェームズ一世に献じられているのだ。この献辞はジェームズを反ヘルメス陣営に追いやり、フラッドとマイヤーの強固な擬エジプト主義とはかなりようすの違う世界に導いたにちがいない。

†マイヤーに流れるディーとブルーノの伝統†

ここで一六一四年から一六二〇年にかけて公刊されたミハエル・マイヤーの作品すべてを詳細に論じることはおろか、触れることすら不可能である。以下に掲げる指摘は、この豊富かつ膨大な資料から引き出される、若干の論点を示すものにすぎない。

マイヤーの『真面目な戯れ』は、一六一六年ルーカ・イエニスによってオッペンハイムで初版が出され、一六一八年に同じ出版社からやはりオッペンハイムで再版されている。マイヤーが、ロンドンからプラハへ向かう途中フランクフルトに滞在中であると述べているのは、この本の序文においてである。

この本は三人の人物に献じられているが、そのひとりは、フランシス・アンソニーといい、ロンドン在住のイギリス人と記されている（これは有名なイギリスのパラケルスス派の医者である）。[☆36] そしてヤコブ・モサヌスはヘッセン方伯の宮廷の高官と述べられている。最後はクリスチャン・ルンフィウスで、彼はラインのファルツ選帝侯の侍医とされている。これらの被献呈者たちは、マイヤーがどのようなサークルで活躍していたかを示唆する。それはロンドンや、ドイツのヘッセン方伯やファルツ選帝侯の宮廷における、パラケルスス派の医者のサークルだったのである。

“Lusus serius”（ルスス・セリウス）または『真面目な戯れ』とはたぶん、アンドレーエが「笑劇（ルディブリウム）」と呼んだもののことである。それは単純な短い寓意物語であり、そこでは牛や羊や他の動物が、高い地位を得ようと、それぞれ自説を並べたてる。しかし最高の地位は、調停者及び和解者としての自分の役割を述べ、自分が統括している医学や機械学などの活動の有益さを主張する演説をぶったヘルメス・トリスメギストスに与えられる。この物語は一見まったくばかげている。ただマイヤーが活動していたサークルでは、それが何らかの秘められた意味をもっていたのだろうと推定できるだけである。

マイヤーには『厳粛な冗談』と題された別のヘルメス的戯作（ジョーク）がある。これは夜鳥に関する寓意物語で、初版はかなり早い時期、一五九七年にフランクフルトで老ド・ブリーの手で出された。ところが一六一六年には、「ドイツのすべての化学者」に宛てて書かれ、薔薇十字宣言への暗示をふくむ序文とともに、フランクフルトで再版が出されている。このことはマイヤー風の「冗談」と宣言のそれとをかなり明瞭に結びつけるのだ。

『黄金の象徴』は一六一七年にルーカ・イェニスの手でフランクフルトで公刊されている。マイヤーはこの中で、「化学（キミア）」の精華やエジプト国王ヘルメスの全知全能を、そして「処女」あるいは「女王ケミア」の神聖さを讃え、ヘルメス的な再生讃歌で締めくくっている。ここに見られるのは、ひとつの強烈なヘルメス的神秘主義の表現なのである。それは、ジョルダーノ・ブルーノがヘルメス的な宗教のテーマを利用していたことを強くしのばせている。もっともブルーノよりもはるかに錬金術的イメージをふんだんに採り入れているが。マイヤーはこの『象徴』でも、薔薇十字友愛団に多少触れているが、何かを知るには漠然としすぎている。

マイヤーはディーの伝統からと同様、ブルーノの伝統からも影響を受けていた可能性がある。ブルーノはルター派の間に「ジョルダニスティ」という宗派を創ったと主張している。[☆37]ところでマイヤーはルター派に属していた。したがって彼のきわめてヘルメス的な宗教運動は、ブルーノのなんらかの影響をふくむものであったかもしれない。つまりそれはブルーノがあれほど熱心に説いていたようなヘルメス的宗教改革の試み、つまりヘルメス的な影響によって宗教により偉大な生命力を吹き込む試みであったかもしれないのだ。その一方で、マイヤーの運動のきわめて濃厚な錬金術的側面は、おもにディーに影響されていたことをうかがわせる。おそらくファルツ型のヘルメス的改革においては、ディーに由来するヘルメス的伝統の流れが、ブルーノ的な伝統と混じり合っていたのにちがいない。

マイヤーの『騒ぎの後の沈黙』と『黄金のテミス』は、それぞれ一六一七年と一六一八年にどちらもフランクフルトのルーカ・イエニス商会から出版されている。この二著は、数年前の薔薇十字宣言によってまきおこった興奮を反映している。マイヤーはこれらの本の中で、薔薇十字友愛団やその事件に言及しつつ、当時盛んな好奇心を喚起していた問題に触れている。彼はこの二著で情報をもらすと同時に、抑えているふしがうかがわれる。どちらの著作でも、薔薇十字友愛団は実在しており、一部にいわれているような単なるごまかしではないと彼は主張する。ところがその一方で自分はそのメンバーではなく、こんな崇高な人々に近づきになるにはあまりにも卑しい人間であるとも述べている。

マイヤーは『騒ぎの後の沈黙』の中で、薔薇十字友愛団を中傷から弁護し、彼らが連絡を取ろうとする多くの人々に応えないその理由を説明しようと試みている。

彼によれば、『名声（ファーマ）』と『告白（コンフェッシオ）』の作者たちは、これらの小冊子を公刊することでその務めを果たしたのであり、中傷を無効にするのに多言を弄するより沈黙をもってすることを選んだのだ。そして急いでつけ加えている。薔薇十字協会は別にわたしのささやかな支援など必要ではないだろうが、と。そのメンバーは正直で信仰心にあつく、その目的は善良なもので、彼らは自足していた。薔薇十字協会は、敬虔かつ博愛的な目標を抱いていると同時に、自然の研究にも従事している。彼によれば、自然はまだなかばしか明らかにされていない。そこで望むべくは、おもに実験あるいは試験的な研究なのである。[☆38]

ここにベーコンの、それもたぶん『学問の進歩』そのものからの影響がうかがわれる点が重要である。ベーコンの影響は、ファルツ選帝侯の結婚を通じて、またマイヤーの活動に暗示されているようなイギリスとの交流を通じて、ドイツにもたらされただろう。

マイヤーは『黄金のテミス』（その英訳は一六五二年に出版され、エリアス・アシュモールに献じられている）において、薔薇十字協会の構造と規則を暴露しようと試みている。惜しむらくはそれらの規則が、『名声（ファーマ）』で薔薇十字友愛団に関して一般に伝えられていることとの単なる要約にすぎない点である。すなわち、彼らは病人を治癒し、一年に一度会合することになっているなどである。またしてもマイヤーの暴露の仕方は奥歯に物のはさまったようないい方で、実は何も明らかにしないのだ。ただ彼は、何らかのこうした結社が実在していた点については肯定的であり、彼の交友関係がどんなものか、また彼がどんなサークルで活動していたかを知っている人なら、あるいは彼の暗示していることが推量できたかもしれない。

以下に掲げる一文は、彼が薔薇十字友愛団の会合場所を暴露しているふしがうかがえるくだりである。[☆39]

私はときどきある川のほとりにあるオリンポスの館を見たものである。そしてたしか聖霊（S・スピリトゥス）と呼ばれていた町——私のいわんとするのはヘリコーンまたはパルナッソスのことである——を知っていた。そこではペガサスがあふれる水をたたえた泉をつくり、ディアナが沐浴していた。彼女の侍女はウェヌスが、またその侍従はサトゥルヌスがつとめていた。以上のことは、聡明な読者には充分お察しいただけたことと思うが、門外漢にはますますわけがわからないだろう。

パルナッソスやペガサスなどは、まったく当たりさわりのないあいまいきわまる古典的引喩であるし、川のほとりにある聖霊（サンクトゥス・スピリトゥス）と呼ばれる町も、どこにあってもさしつかえない。

ところがその一方で、ハイデルベルクは川のほとりにあり、その教会は聖霊教会と呼ばれていた。さらにその庭園には不思議なパルナッソスの泉まであったのだ。ハイデルベルク周辺の環境とアンドレーエの『化学の結婚』を子細に検討した後にマイヤーを読んでみると、読者は、マイヤーもアンドレーエと同じようにハイデルベルクをほのめかしていて、彼の寓意画の一部はファルツの庭園に見られるような、象徴的建物を反映しているという印象を受けるだろう。

たとえばド・コオがハイデルベルクに築いた、珊瑚で飾られた泉をもつ洞窟（グロッタ）（図版25a）と、珊瑚釣りの男を描いたマイヤーの愉快な寓意画（図版25b）とを比べてみていただきたい。寓意画につけられた註釈によれば、珊瑚は哲学者の石[*6]を表わすのである。

『黄金のテミス』における重要な論点のひとつは——しかもそれは本書の以前の若干の推論を裏づけるものでもある——薔薇十字友愛団をひとつの騎士団として議論し、薔薇十字の記章（エンブレム）を他の騎士団の記章（インシグニア）、たとえばマルタ騎士団の二重十字や、金羊毛騎士団の羊や、ガーター騎士団のガーターなどと比較している点である。このくだりは『化学の結婚』における騎士団への暗示と比較されるべきものである。

マイヤーは薔薇十字騎士団と他の騎士団とを比較した後に、つぎのようにつづけている。その記章（エンブレム）は二重の十字でも羊でもガーターでもなく、R・Cという文字であると。これらの文字について彼は、Rは「ペガサス」を意味し、Cは「ユリウス」を意味するという独特の解釈を施している（なぜそうなのかは説明していない）。そして、「これは薔薇色の獅子の爪のことではないだろうか」、とつけくわえている。[☆40] わたしは喜んでこれを、疑問形のまま残しておこう。

『真の発明』は一六一九年にフランクフルトでルーカ・イエニスの手で刊行され、ヘッセン方伯に献げられている。マイヤーの語り口はここで愛国的な調子を帯びる。彼は帝国の歴史をドイツとの関係で論じ、ドイツの学問の豊かさ、たとえばハイデルベルクなどの図書館に所蔵されているおびただしい写本類を称え、マルティン・ルターと、ローマの暴君への彼の抵抗を称讃し、原初の教会への復帰を熱望し、「諸国の何千という学者が帰依している」パラケルススを高く評価するのだ。[☆41]

そしてわれわれはいよいよ一六二〇年にいたる。この年ルーカ・イエニスはフランクフルトでマイヤーの『哲学の七』を公刊する。これは、ソロモンとシバの女王とテュロス王ヒラムとの間の会話を描き、薔薇をふくむさまざまなテーマに関する神秘的な会談を収めている。[☆42]

†薔薇十字国家ファルツ†

ミハエル・マイヤーの奇妙な一連の出版物は、はっきりした時間的経過に従っている。それらはフリードリヒとエリザベスの結婚の翌年の一六一四年にはじまり一六二〇年（その後もひとつだけ出版されているが）、つまりボヘミアでのフリードリヒとエリザベスの短い治世の年に終わっている。

それらは終始一貫ヘルメス的神秘主義を特徴としていた。そのヘルメス的神秘主義は、伝説や神話のヘルメス的、あるいは「エジプト的」解釈、つまりそれらには隠された錬金術的、「エジプト」的意味がこめられていたとする解釈によって表現されていた。しかもその解釈は、錬金術的象徴体系の独自の応用と結びついていたのである。『逃げるアタランタ』はこうした見解のもっともみごとな成果であり、そこにきわめて知的で洗練された文化的背景があったことをうかがわせている。それは、錬金術がまれにみる重要性と興味深さとをはらんだ宗教的、知的運動の象徴として用いられるような文化的背景であった。

マイヤーが代表している宗教的、知的運動の時間的経過が、結婚以来ボヘミアでの運命的な年まで活動したフリードリヒ＝エリザベス運動の時間的経過と軌を一にしているのは今や一目瞭然である。そしてマイヤーは、ヘルメス的象徴主義によって、この運動の宗教的、知的側面を表わしていたのだ。ある献辞に現われている彼とアンハルト侯とのはっきりしたつながりは、彼がアンハルト侯に協力し、フリードリヒとエリザベスをボヘミア国王と王妃に擁立するに当たって、イギリスとドイツとボヘミアの間の連絡役を買って出たことを強く示唆している。

マイヤーは、きわめて強じんな宗教的ヘルメス主義の力につき動かされていた。その強さはある意味では、一六世紀末にジョルダーノ・ブルーノを動かしていた力にいささかも劣るものではなかった。ただマイヤーの場合には、それがルター派の信仰心と組み合されていたのである――しかしこれも、もしブルーノの影響がドイツのルター派に根を下ろしていたならば、当然あってしかるべき種類の組み合せであった。

この力の強さは、一六二〇年の災難をもってしてもマイヤーの中で衰えることはなかった。彼の最後の著作は、おそらく『蘇った不死鳥の知的歌声』と思われる。[☆43] この本には、ノルウェー王子フレデリックへの献辞がつけられ、一六二二年八月二三日ロストックにて、という発行年月日が記されている。

この彼の白鳥の歌、いやむしろ不死鳥(フェニックス)の歌の中でマイヤーは、不死鳥(フェニックス)の再生を預言している。この鳥は彼が以前の「戯作」のひとつで、他のすべての鳥の上に輝くその至上性を歌い上げたヘルメス的なエジプトの鳥である。マイヤーはその不死鳥の歌のノルウェー王子への献辞の中で、自分の一生は――奇妙なことに、ヘルメス的象徴体系の複雑な作品を組みたてること（彼はそれについて何も触れていない）にではなく――数学の研究に費されたと語っている。

ある若いボヘミアの錬金術師が（彼は一六二〇年以来祖国を襲った恐怖を逃れて亡命者となっていた）、マイヤーの思い出に敬意を表し、それをいつまでも新たなものにしておくために、彼の著作を初版のときと同じ図版を使って再刊しようと企てた。この若いボヘミア人はダニエル・ストルク、またはストルキウスという名であった。彼はプラハ大学の医学部を卒業し、一六二一年にはマールブルクにたどり着いて当地の大学に入学し、ついでフランクフルトに赴き、そこでルーカ・イエニスを訪問することになる。

イエニスは彼に、マイヤーのものを中心に、最近出版[☆44]した多数の錬金術書の図版を見せた。そしてストルキウスは、それらの新しい集成を編集出版することに同意する。これは一六二四年に、フランクフルトでルーカ・イエニスによって『化学の楽園』として上梓された[45]。それには、一六二三年オックスフォードにて、と日付けの入ったストルキウスの序文がついていた。イギリスはこのボヘミア人のたどり着いた亡命地であった。後にやはり多くの人々が彼の祖国からこの国に渡ってきている。

その序文の中でストルキウスは、わが身の不遇をかこち、空想の中で「化学の楽園」に住むことでそれを慰めようと試みた。そして彼は、こうした慰めを困窮している同胞たちにも贈ろうと望んだのだ。当然彼は、その「楽園」が弾圧下のボヘミアに普及されることを希望していた。彼によれば、外国を旅する間も祖国の災いにはひどく心を痛めていたし、また戦争の騒ぎのために旅の足止めを喰う憂き目にもあったという。唯一の避難場所は化学の楽園に他ならなかった[46]。

それゆえに親愛なる読者よ、どうかこれら（の寓意画）を心ゆくまで利用してお楽しみいただきたい。そしてわが庭園を気楽に散策されるがよい。挿絵の一部については、もっとも著名な自然科学者にして医学博士であられたその名も高き博識家、ミハエル・マイヤー殿の懐しい想い出に、それ以外の挿絵に関しては、かの勤勉な化学者ヨハン・ミュリウス師に感謝を捧げられんことを。

マイヤーの寓意画の多くが、イエニスの保存していた原版から再録され、一六二二年に初版が出たミュリウスの多くの寓意画とともに、ここに再刊されたのである。ミュリウスはマイヤーの弟子であり、当然あの「大義」に強い共感を寄せていた。彼はある序文の中で、一六二〇年を、「天が落ちるかと思うほど涙に濡れた不吉な年」と形容しているほどである[47]。

ストルキウスは、マイヤーを中心とする錬金術的寓意運動と、一六二〇年に悲惨な終末を迎えたボヘミア側のその運動とをつなぐ連環を提供してくれる。この亡命者はルーカ・イエニスを味方と見込んで彼のもとにはせ参じ、悲嘆にくれながらも敬意をこめてマイヤーの寓意画の再版に彼とともに取り組んだのである。

『化学の楽園』は、錬金術過程における元素融合のイメージを表わすものとして、[☆48]花婿（スポンスス）と花嫁（スポンサ）の結婚に関する一連の寓意画で始まっている。これら「化学の結婚」の最初のもの、つまり本の最初の絵に出てくる錬金術的な花婿（スポンスス）と花嫁（スポンサ）（図版26 a）は、戴冠式の際にプラハで出版された「四匹の獅子」の版画（図版8）に登場するフリードリヒとエリザベスのおもかげに不思議なほど似ている。

フラッドとマイヤーに関する本章の研究は、このふたりの「薔薇十字」哲学者がいずれも、ファルツのフリードリヒ運動の軌道上に位置していたことを示そうと試みてきた。彼らの著作はいずれも、ド・ブリーというファルツの出版社から上梓されている。もっともマイヤーの場合は、親類に当たるイエニス商会からも出されている。この運動における印刷業者や出版業者の重要性も明らかになってきた。

さらにわれわれは、フラッドに代表されるイギリスのヘルメス哲学が、マイヤーによって広められた錬金術的象徴体系の運動とともに、ファルツの領土に広められたことを見てきた。しかもおそらくそれは、ボヘミア、それもとくにヨーロッパにおける錬金術の一大中心地プラハとのつながりを築く任務の一部を成していたのだ。こうしてファルツでは、次のような考え方を育くむ努力が成されていたらしい。すなわちイギリスとの同盟は、ボヘミアへの領土拡張政策と調和しうるという考え方である。ファルツ選帝侯のボヘミアの冒険は、ふつう考えられているような表面上の政治事件でもなければ、的外れの野心でもなかった。この運動の内部には、きわめてまじめな目的をもった潮流が渦巻いていたのである。

ファルツではまさしく一文化が形成されつつあったのだ。それは直接ルネサンスに由来するものだが、より新しい流れをともなっており、まさに「薔薇十字」的という形容詞によって定義されうるような文化であった。

このような深い潮流が渦巻くその中心にいた君主こそ、ファルツ選帝侯フリードリヒであった。そしてその流れの推進者たちは、彼らの目標の政治＝宗教的表現を、ボヘミアの冒険へ向かう運動のうちに求めていたのである。今のわたしの見方によれば、フィリップ・シドニーやジョン・ディーやジョルダーノ・ブルーノといった人物のまわりでくり広げられた前時代の神秘主義的運動のすべてが、アンハルト侯によるフリードリヒ擁立プロパガンダにおいて頂点をむかえようとしていたのである。

フリードリヒ運動がこれらの深い潮流の原因だったわけではないし、それらの潮流の唯一の表現というわけでもない。けれどもフリードリヒ運動は、これらの潮流に政治＝宗教的な表現を与えようというひとつの試み、つまりヘルメス的改革の理想をひとりの実在の君主を中心に実現させようという試みだったのである。この運動は、数多くの隠された水脈をただひとつの流れの中に統合させようとした。イギリス伝来のディーの哲学や神秘的騎士道が、ドイツ神秘主義の潮流と合流することになった。新しい錬金術は宗教的不和を合一するはずであった。そしてそれは、「テムズ川とライン川の結婚」への隠喩という倍音をともなって、「化学の結婚」にひとつの象徴を見いだしていたのだ。

われわれはこの運動が、惨憺たる失敗に終わり、断崖を越えて三〇年戦争の深淵になだれ落ちたことを知っている。しかしその間それは、ひとつの文化を――つまりハイデルベルクを中心とした固有の宮廷をもち、領内で出版された固有の哲学文献をもち、マイヤーを中心とした錬金術的寓意運動やサロモン・ド・コオの作業にその芸術的表現を有していた、ひとつの「薔薇十字」国家を産みおとしていたのである。

第7章

The Rosicrucian Furore in Germany

ドイツの薔薇十字騒動

その隆盛と終焉

†薔薇十字宣言への熱い反応†

宣言の刺激的な告知に応じておこった「薔薇十字騒動」は、まもなく多数の人々によって、解きほぐせないほど錯綜した様相を帯びていった。彼らはその実態をまったくわきまえず、ただすぐれた知識や能力をもつ神秘的な人々と接触できる刺激的な可能性にひかれて入会しようとする者、あるいは危険な魔術師や煽動者が世にはびこるさまを想像して怒り怖れたりした人々であった。

マイヤーは宣言を、「ドイツのすべての化学者」に向けられたアピールであると考えた。[☆1] たぶん彼がここでいいたかったのは、すべての神秘主義的パラケルスス主義者、あるいは何らかの霊知の探求者に向けられたアピールという意味だったにちがいない。もともとの宣言の責任者たちが、自分たちの言葉のひきおこした効果に驚き、運動の支援を呼び掛ける仮想的な薔薇十字友愛団のアピールに呼応しておこった激しい興奮状態に、あわてたとしても不思議はない。

応答はおもに、『名声（ファーマ）』と『告白（コンフェッシオ）』に対してなされた。この両宣言の作者は、『化学の結婚』でローゼンクロイツ神話を広めたアンドレーエと、同じ一派に属する人間であるのはまちがいないとしても、おそらくアンドレーエとは別人である。わたしは、ローゼンクロイツ・プロパガンダにアンドレーエとともに一役買った作家の正体について、何か説を唱えるつもりはない。それについては数多くの説が提唱されており、なかには一見して見当はずれのものもあるし、一考にあたいするものもある。後者に属するものに、ライプニッツの称讃をえた名高い数学者ヨアキム・ユンギウス[*1]を作者とする説がある。

薔薇十字宣言の作者候補にユンギウスを立てる説は、一六九八年に提出された。その作家は、それを亡命中の元ハイデルベルク宮廷人から知らされたと語っている。[☆2] この情報源は、今ではユンギウス説に有利に働くといえるだろう。われわれは現在、ローゼンクロイツ神話が、ジョン・ディーの『聖刻文字の単子（モナス・ヒエログリフィカ）』のように、きわめてまじめな科学的事業、それもとくに数学の分野での事業をふくむ、一種の「魔術的寓話」であったことを知っている。この事実は、宣言の背後にユンギウスのような重要人物がいた可能性を高める。しかし歴史的背景に関する研究がさらに進むまでは、宣言の背景に関する問題に、即断は禁物である。

ハイデルベルクの町が敵の手に落ちた際の書籍や書類の破壊は、多くの証拠書類が破棄されてとりかえしのつかない状態になったことを意味しているのかもしれない。ビブリオテカ・パラティナの館長であり、かつまた幅広い国際的文通の中心人物であったヤヌス・グルーテルこそ、鍵を握る人物として注目すべきかもしれない。

薔薇十字騒動、つまり宣言によってかき立てられた文書の氾濫が続いていた期間は、宣言がファルツ選帝侯をめぐる運動と関連していたという説を支持する。なぜなら薔薇十字騒動は、一六二〇年以後、つまりボヘミアの冒険の崩壊や、ファルツの侵入や、ハイデルベルク宮廷の弾圧などと重なる時期に、突然終わりを迎えているからだ。

薔薇十字騒動の文献の錯綜した迷路を解き明かすのにぜひとも必要な作業は、問題を専門の文献学者の手で整理し、出版の日づけや場所、印刷屋のマーク、用紙などを評価することである。こうしてはじめて、より正確な運動の概観が可能となり、作家たちの匿名や偽名の使用にまつわる諸々の問題も整理されるようになるだろう。[☆3] この分野全体が、まじめな研究にあたいしない分野としてかたづけられてきたため、厳密な近代的調査の鍬が入っていない、まったくの未開拓地なのである。

本章では問題を深くまで掘り下げることはせず、薔薇十字騒動の文献（その中でフラッドとマイヤーの著作については前章で概説したので除外した）についての簡単な印象を伝えることに終始するつもりである。

まず、多くのお人良しがいる。彼らはしばしば自分を頭文字だけで表わし、友愛団への讃嘆の念とその運動への加入請願とを表現した薔薇十字友愛団宛てのアピールを印刷している。また別の者たちは、もう少し長い著作を公けにして、薔薇十字友愛団に献じ、彼らの注意をひきつけようと望んだ。そして薔薇十字友愛団の不敬性や、魔術の実践や秩序破壊を攻撃する敵対者、反対者もいた。[☆4] わたしたちは先にひとりの批判者リバヴィウスを採り上げてきた。他にはメナピウスやイレナエウス・アグノストゥスという偽名の持ち主が、その偽名の下に辛辣な批判者の素顔を隠していた。

それらの出版物の中でもっとも興味をそそるのは、運動によく通じているらしい人々、あるいは運動の内部にみずからかかわっていた可能性のある人々の発行したものだ。彼らは偽名を用いる正体不明の人々である。以下ではこの種の薔薇十字出版物だけに的を絞り、その中でも、もっとも重要と思われるものを選択し、運動に関する内部情報をできればもっと引き出すよう努めていくことにする。そして宣言で読んだ以外は一見して何も知らない門外漢による大量の出版物には、目をつぶることにした。

テオフィルス・シュヴァイクハルト[☆5]は、出版地や印刷屋の名前の入っていない、つぎのような題名の著作を一六一八年に上梓している。『薔薇十字の賢明な鏡（スペクルム）、すなわちクリスチャン・ローゼンクロイツのまことに啓蒙的な友愛団の学院（コレギウム）と原理（アクシオマータ）の広汎な暴露』。これはラテン語とドイツ語を混用する薔薇十字的な標題の典型的な一例である。テオフィルス・シュヴァイクハルトは、ダニエル・メグリングなる人物、あるいはアンドレーエその人とも言われているフロレンティヌス・デ・ヴァレンティアと同一人物かもしれない。

彼はこの作品の中で、友愛団の「万有知（パンソフィア）」と彼らの三つの要素からなる活動とを熱烈に讃美している。その三重の活動を彼は、(1)神聖な魔術、(2)物理的あるいは「化学的」活動、(3)「三位一体」的あるいは宗教的、カトリック的活動、に分類している。彼によれば、彼らは「神聖なエリア[*2]」を信仰している（これはパラケルススがエリアの到来を預言したことへの暗示である）。彼らは大図書館のついた学院を所有していた。そしてトマス・ア・ケンピス[*3]の作品をとくに熱心に読み、キリスト教の神秘主義的信仰心によって、そこに真の「奇蹟」、すなわちミクロ＝マクロコスモスの神秘の窮極的な説明を見いだしていた[☆6]。

この作品は、魔術（マギア）とカバラと錬金術（アルキミア）に吹き込まれたそのマクロコスモスとミクロコスモスの「万有知（パンソフィア）」哲学といい、その学問や科学活動のまじめな追求への暗示といい、その預言的な面といい、力強い敬虔な調子といい、まことにこうした出版物の典型というにふさわしい。

†目に見えない薔薇十字学院†

大英博物館の『鏡（スペクルム）』の写本には、ひじょうに興味深い版画と素描のコレクションがいっしょに装丁されている。そのうちのひとつの版画は、薔薇十字の『名声（ファーマ）』に詳しく触れている。わたしはこの版画に別に複製（コピー）があるのを知っているが、それはどうやら『鏡（スペクルム）』とは独立に単独で出まわっていたものらしい。[☆7]

その版画（図版0）は、ひとつの特異な建物を示している。上部には「友愛団の学院（Collegium Fraternitatis）」と「名声（Fama）」という語が刻まれた銘文が浮かび、そこに一六一八年という日づけが入っている。建物の扉の両側には薔薇と十字架がかかっている。したがってわれわれは今、おそらく薔薇十字友愛団の目に見えない学院の絵を見ていることになる。

また別の重要な薔薇十字的象徴が、エホバの名前の書かれた翼にほのめかされている。これは『名声（ファーマ）』の結末を封じる言葉、「エホバよ、汝の翼の陰の下で」を表わしているのだ。空では、中央の神の名前と翼の左右で、蛇と白鳥が星を携えているが、これは『告白（コンフェッシオ）』で、新体制を預言するものとして挙げられていた蛇座と白鳥座の「新星」を暗示しているのである。[☆8]

神の名を取り巻く雲からはひとつの手が突き出され、糸のようなもので建物をつかんでいる。建物自体は翼をもち、おまけに車の上に乗っている。このことは、この翼つきの移動可能な薔薇十字友愛団の学院が、ユートピアのようにどこにもない（ノーウェア）場所であり、また文字通り存在しないがゆえに、目に見えないということを意味しているのだろうか。

この薔薇十字学院は、胸壁上に位置する三人の人物によって守られている。三人は、神の名が刻まれた楯をかまえ、羽毛のように見える槍を振りかざしている。彼らは、翼の陰の下にいる者たちを守護する天使的存在であろうか。

建物の一方の壁からは、喇叭が突き出て、そこに「C・R・F」という頭文字が記されている。これはおそらく、宣言の喇叭によって告知された「同志クリスチャン・ローゼンクロイツ (Christian Rosencreutz Frater)」をさしている。反対側の壁では、剣を握った手が突き出され、"Jul. de Campi" と記されている。これはユリアヌス・デ・カンピスと (Julianus de Campis) と呼ばれる人物のことをほのめかしている。この人物[☆9]は『鏡（スペクルム）』にも登場するが、彼の薔薇十字友愛団の弁護論は、一六一六年版宣言（カッセル版）に収録されている。おそらくこれこそ、彼がこの版画で守りの剣を振りかざしている理由だろう。

突き出た腕のそばでは「イエスはわれらのすべて (Jesus nobis omnia)」という言葉が建物に記されている。これは『名声（ファーマ）』にも登場した標語である。そしてそれはマクロ＝ミクロコスモスの神秘に近づく真の道が、トマス・ア・ケンピスによって定められたキリストのまねびにある、とする『鏡（スペクルム）』からすでに引用した論点を表わしているのである。

他の対になった小翼には銘文が記され、そのうちのひとつには「T・S」と書かれているが、これはたぶん『鏡（スペクルム）』の作者とされているテオフィルス・シュヴァイクハルトをさしているのにちがいない。

右側では地面にひざまずいている人物が、神の名をまっすぐ仰いで、熱烈な祈りを捧げている。天使に守護された薔薇十字友愛団の学院の窓の内側には、研究に取り組んでいるらしい人物の姿が見える。ある窓の所ではひとりの男が、何事かにうちこんでいる。また別の窓では、ある種の科学的な道具類があるようだ。ひざまずく人物の祈りに満ちた態度は、ジョン・ディーに見られるような、科学的、天使的であると同時に神聖な研究への取り組み方を表現しているのにちがいない。

この版画の謎にこれ以上頭をしぼるのは、読者にまかせることにするが、この版画が、薔薇十字の『名声（ファーマ）』のメッセージを、寓意的な形でわれわれに示していることはまちがいない。わたしたちはここで、薔薇十字宣言を構想した奇妙な人々の考えていた「冗談」、「笑劇（ルディブリウム）」の核心近くまで迫っているのだ。

†友愛団の支持者たち†

ヨーゼフ・ステラートゥスという者が、ドイツ語を混じえないラテン語で、次のような題の作品を著している。『天空のペガサス、あるいは古代の叡知の簡単な紹介。当の叡知は、かつてはエジプト人やペルシャ人の魔術(マギア)において教えられ、今では正しく薔薇十字の尊敬すべき結社の万有知(パンソフィア)と呼ばれる』☆10。これは一六一八年に、出版地や印刷屋の名前なしに、「アポロ」の允許をつけて出版された。

作者は、『名声(ファーマ)』と『告白(コンフェッシオ)』と『化学の結婚』についての知識をもちあわせ、それらを引用している。作者は熱心なルター派であるが、ヘルメス的かつカバラ的な（彼はロイヒリンを引用している）「古代の叡知」に深く傾倒していた。

「自然の書」を読み取ることは、きわめて敬虔な行ないであると彼は主張する。そして彼は、自然の最初の解読者の中に、モーゼと同時代と彼がみなすヘルメス・トリスメギストスを加えている。またもうひとりのもっとも重要な自然解読者は、パラケルススとされている。

さらに彼はマイヤーの一部の著作を知っていて、そこから引用もしている。また彼が「大、小両宇宙の調和的比較」の神秘について語っているのは、明らかにフラッドの著作をさしている。

ステラートゥスは、薔薇十字運動のもっとも明快な定義のひとつを提出している。それは自然探求を奨励する「古代神学」に鼓舞された運動という定義である。彼は激しい反アリストテレス主義者であり、自然のアニミズム的な解釈の信奉者だった。彼は個々の人をほのめかしているらしいが、それらはきわめてあいまいである。ある個所ではヘッセン方伯を念頭に置いているふしが見える。またわたしには、「ペガサス」というのがどうもファルツ選帝侯の別称のひとつではないかと思える。

その他の正体不明の薔薇十字友愛団支持者の中には、前述のユリアヌス・デ・カンピスやユリウス・シュペルバーなどがいる。後者は、一六一五年ダンツィヒで出版された『称えるべき薔薇十字結社の、神のごとく高度に啓蒙された友愛団のこだま』の作者である。

ユリウス・シュペルバーは、アンハルト＝デサウで役職についていたといわれる実在の人物の本名である。[☆11]したがって彼はアンハルト侯クリスチャンとつながりをもっていた可能性がある。彼は『こだま』において、一定の根拠にもとづいて薔薇十字友愛団のことを書いているふしがうかがえる。また彼は魔術やカバラ、すなわちハインリヒ・コルネリウス・アグリッパやヨハン・ロイヒリンの著作への傾倒ぶりを披露している。さらに、フランチェスコ・ジョルジの『宇宙の調和』や神学者マルシリウス・フィキヌス（マルシリオ・フィチーノ）の著作にも親しんでいた。そしてコペルニクス説に関心をもち、自然の書の中に聖刻文字（ヒエログリフ）や文字を読み取ることは敬虔な務めであるとして、これを強く推奨する。シュペルバーは、薔薇十字的な潮流からおこった自然探求への傾斜を示す、典型的人物であるように思われる。

一六一六年にフランクフルトで公刊された『かの薔薇十字友愛団の立場と宗教とに関する若干の著名な博士たちの意見』[☆12]は、その標題が示すように、さまざまな人の意見をまとめたものである。

その最初の論考は、「イエスはわがすべて」という薔薇十字結社の標語への賛辞となっている。作者は万有知（パンソフィア）の愛好者クリスチャヌス・フィラデルフスといい、結社の深いキリスト教的性格を強調している。別のある寄稿者は、ヨーロッパのすべての信者に対して、「擬異教的な」（ということはアリストテレス的な）哲学と手を切り、「神聖なマクロ＝ミクロコスモス神智学」に目を転じるようようながしている。

これら小冊子すべての中でも、もっとも興味深いもののひとつは『花開く薔薇（ローサ・フロレスケンス）』[☆13]である。これは一六一七年と一六一八年に出版地名も印刷屋名もなしに刊行され、フロレンティヌス・デ・ヴァレンティアが作者だといわれている。

この著作はメナピウスによる薔薇十字友愛団批判への反論である。『花開く薔薇』の作者は、おそらくこのグループの誰よりもはば広い知識と読解力とを示している。彼は建築、力学（アルキメデス）、算数、代数、和声学、幾何学、航海術、美術（デューラー）に関心を示す。彼の考えによれば、科学は不完全で改善を必要としている。なかでも天文学はもっとも未完成である。占星術は不確実だ。「自然科学（フィジカ）」では実験が不足しているのではあるまいか。「倫理学（エチカ）」は再検討が必要ではなかろうか。医学は臆測以外の何物であろうか。[☆14]

こうしたくだりには、ほとんどベーコン的な響きがあるが、実際『学問の進歩』の影響が、このグループにまで及んでいたことはありうるだろう。それはファルツ選帝侯の結婚を通じて、他のイギリスからの影響とともに伝えられたはずである。

しかし、『花開く薔薇（ローサ・フロレスケンス）』の作者の主要な関心は、数にもとづく科学、つまりジョン・ディーがユークリッド『原論』の序文で改善を望んだ「ウィトルウィウス」的学科にそそがれているのである。フラッドは一六一六年の『論考（トラクタトウス）』の中で、薔薇十字運動を賛美し、数学的科学の改善をめざすディーの議論をくり返している。あるいはフラッドのこの作品こそ『花開く薔薇（ローサ・フロレスケンス）』に影響を与えたものかもしれない。しかしこの作者への影響が何であれ、彼は学問の全分野の進歩に向けて力強い、そして独自の請願を行なっているのだ。このような見解こそ、啓蒙主義の普及に向けて協力するよう呼びかけた、薔薇十字の『名声（ファーマ）』の請願の背後にひかえていたと、受けとってよいだろう。

『花開く薔薇（ローサ・フロレスケンス）』の作者にとって、自然探求へ向かう衝動は、その動機においてきわめて宗教的なものであった。神は自然の書の中におのれの記号や文字を刻印した。われわれはその書を眺めることで神自身を眺めるのである。神の霊は自然の中心にある。それは自然、および万物の知識の基礎である。読者は、薔薇十字友愛団とともに、自然の書、世界の書を研究し、アダムが失った楽園に帰るよう懇願されている（ベーコンも、アダムが失墜以前にもっていた知識を人間にとりもどさせることを願っていた）。

作者は批判的なメナピウスに対して、薔薇十字友愛団が神を愛し、隣人を愛していることを保証する。彼らはキリストの栄光のために自然の知識を求めているのであって、悪魔やその所業とは何の関係もないのだ。作者は、父と子と精霊を堅く信じ、「エホバの翼の下」に住むことを熱望する。

この熱狂的な小冊子の作者が、ヨハン・ヴァレンティン・アンドレーエ自身ではないかという説が出されている。[☆15]

たしかにそれは印象的な作品であり、『化学の結婚』の作者にふさわしい。

†宗教的立場を超えた結社†

メナピウスやイレナエウス・アグノストゥスやリバヴィウスその他の薔薇十字友愛団批判は、おもに以下の点にかかっていた。

まず彼らの活動が既成の政府を転覆させるものではないかと疑われていた。リバヴィウスはもっとも直さいにこの告発を浴びせている。また魔術の実践という一般的な攻撃もしばしばなされた。[☆16] そして最後に――これがもっとも重要な点のひとつであるが――批判者たちは、薔薇十字友愛団の宗教的立場がはっきりしていない点に不満を抱いていた。ある者は彼らをルター派と呼び、別の者はカルヴァン派、また別の者はソッツィーニ派[☆17][*4]とか理神論者[*5]とか呼んでいる。一部からはイエズス会ではないかとすら疑われていた。[☆18]

このことは、薔薇十字運動のもっとも重要な側面のひとつがなんであったかを示している。すなわちそれは、さまざまな宗教的分派を包含しえたのである。

すでに見たようにフラッドは、自分の著作があらゆる宗派の真に敬虔な人々の好評を博したと主張していた。フラッドは敬虔な英国国教徒で、英国国教の司教の友人であった。ファルツ選帝侯妃エリザベス・スチュアートも同様である。選帝侯は、その顧問長アンハルト侯クリスチャンと同じく、敬虔なカルヴァン派であった。マイヤーは敬虔なルター派である。アンドレーエやその他多くの薔薇十字的作家も同様であった。彼ら全員を結び合せる共通点は、マクロ＝ミクロコスモス的音楽哲学や神秘主義的錬金術だった。フラッドとマイヤーはその二大代弁者であるが、本章で検討してきた小冊子群もすべて同じような考え方を反映しているのである。

この運動のメンバーは、どんな宗派にも受けいれられると彼らが期待していたひとつの哲学、または神智学、または万有知（パンソフィア）の普及を通じて、たぶん一種のフリーメーソン――わたしはこの言葉をここでは単に一般的な意味に用いており、かならずしも秘密結社という意味合いをふくめていない――のための非党派的基礎を築こうとしていたにちがいない。そしてそれは、さまざまな宗教観の持ち主をたがいに平和的に共存させうるものとなったはずなのである。その共通の基礎とは、神秘主義的に解釈されたひとつのキリスト教と、ひとつの自然哲学であったと思われる。そしてこの自然哲学は、神によって宇宙に記された聖刻文字(ヒエログリフ)の神聖な意味を探求し、マクロコスモスとミクロコスモスを数学＝魔術的な宇宙調和体系を通じて、解釈するのである。

ここで想い出されるのは、ジョン・ディーが、宗教的な争いを緩和し、天使界のように、神秘的で哲学的な調和による宇宙支配を確立する大望を抱いていたことだ。ここでもまたディーのボヘミアでの布教活動の影響が、ドイツの薔薇十字運動に浸透していった可能性がある。

けれども本章は、この運動のきわめてドイツ的な側面や、この運動に及ぼしたドイツ神秘主義の伝統の影響をも明らかにしてきた。これらドイツの薔薇十字的作家の著述を読んでいると、しばしばあの名高いドイツの神秘主義哲学者、ヤーコブ・ベーメのことが想い出されてくる。

ベーメは『名声(ファーマ)』の初版の出た直前に執筆活動をはじめている。彼の処女作は『黎明』であるが、これは『名声(ファーマ)』と同様、洞察力の新しい夜明けを約束していた。[☆19] ベーメは、パラケルスス流の錬金術哲学によって、当時のルター派の信仰心の無気力と味気無さに活を入れようとしていた。そしてそれは、薔薇十字的な作家たちのねらいでもあった。

ベーメの生地は、ルザティア地方のゴーリッツのそばで、ボヘミア国境付近に位置していた。生活していた場所や時代からすれば、ベーメが薔薇十字騒動やファルツ選帝侯をめぐる運動、そして一六二〇年のその徹底的な失敗のことを知らなかったとはとても考えられない。ベーメの不確かな伝記の中で、知られている数少ない日づけのひとつは、彼が一六二〇年にプラハにいたということである。[☆20] ベーメと薔薇十字運動との結びつきを示す証拠はまったくない。しかし彼が、宣言の著者たちがひきつけようとしていたドイツ生まれの「化学者」のひとりであったことはいえるだろう。

本章でふれた作品を検討した後も、この運動の背後に組織的な秘密結社があったかどうかに関しては、いささかも解決に近づいたわけではない。薔薇十字的な作者のきまり文句は次のように断ることだ。自分は薔薇十字団員ではなく、またその団員に会ったこともない、と。不可視性は、薔薇十字友愛団伝説の基本的特徴であるらしい。

本章でこの問題に寄与する最大の手掛りは、翼つきの移動可能な薔薇十字友愛団の学院を、天使または精霊の守備隊とともに示した版画である。もし薔薇十字友愛団が、こうした天使や精霊のことをさすのなら、団員をひとりも見たことがないとか、こんな高尚な団体に属しているとは主張できないといった発言も、なるほど常に真実であったことになるだろう。しかしなおかつ誰かが、「エホバの翼の下」に住まうことを誓った人々のグループに属していたというのも、あるいは本当だったかもしれない。

†薔薇十字運動終焉の秘密†

薔薇十字文献の研究家たちは、文献の出版が一六二〇年から二一年にかけてドイツで突然終わりを見たことを指摘し、それがなぜかに頭をひねっている。

一八世紀末にゼムラーは、薔薇十字文献が一六二〇年頃に突然消えた現象の説明を捜し求めた。[☆21] アルノルドは、宣言が出版されてから、多くの他の出版物がそれに加わり、一六二〇年前後にすべてが終わるまで、完全な混乱状態をきたしたことを述べている。[☆22] ウェイトは、一六二〇年が過去、すなわち薔薇十字運動という過去の扉を閉ざした年[☆23]だと説明している。

これらの研究家にせよ、他の薔薇十字運動の研究家にせよ、ファルツとボヘミアでおこった歴史的事件について何も知らなかったか、知っていたとしても、それらと薔薇十字運動との関連について何の知識ももちあわせていなかった。そうした関連を検討してきたわれわれには、この謎の答えははっきりしている。薔薇十字運動は、ファルツの運動が瓦解したとき、つまりファルツ選帝侯とそのすばらしい同盟の背後に開かれた勇ましい展望が、白山の戦い後にボヘミア国王と王妃のプラハ敗走をもって完全に失敗したとき、また大英国王もドイツ・プロテスタントの同盟者も彼らに手をさしのべないことがわかったとき、そしてハプスブルクの軍勢がファルツに侵攻し、三〇年戦争がその怖るべき進路をたどりはじめたとき、瓦解したのである。

一六二一年にはハイデルベルクで『薔薇十字の害虫への警告』なるものが世に出されている[☆21]。一六二一年といえばハイデルベルクが、オーストリア＝スペイン侵入軍の軍靴に踏みにじられていた時期である。こうした出版物は、前支配者と結びついた運動の物理的な撲滅や抹殺の副産物であったにちがいない。

やはり一六二一年に、カトリック領の中核にあるイエズス会の一大中心都市インゴルシュタットで、フレデリクス・フォルネルスによる『勝利の栄冠』または『カトリック教会の奇蹟』と題された著作が上梓されている[☆25]。わたし自身実際にこの作品に目を通しているわけではない（前述の『害虫への警告』も同様である）。しかしウェイトによれば、一司教である作者は、薔薇十字友愛団に対して、大げさな称号を冠したり、世界改革のために神から霊感を授かったと称したり、そのうえあらゆる科学を再建し、金属を変成し、寿命をのばすことができると豪語している点に、嘲笑を浴びせているらしい。これこそ宣言についての歪められた解釈だったのだろう。そしてその勝ち誇った態度は、元ボヘミア国王とその政策に対して挫折後にばらまかれたプロパガンダ的戯画の精神と一脈通じるものだったにちがいない。

もうひとつ別の展開も見ておく必要がある。イエズス会は、おきまりの伝道政策に従って、当然薔薇十字の象徴体系をとらえ、征服地の再カトリック化と反宗教改革の確立の一環として、その体系を自分たちのつごうのいいやり方で紹介しようともくろんだ。

J・P・D・a・Sなる者が『イエズス会の薔薇、またはイエズス会の赤い仲間』と題する作品を一六一九年にブリュッセルで刊行している[☆26]。その再版は一六二〇年にプラハで出ている（もちろんカトリックの勝利後のことである）。それは、薔薇の象徴体系をカトリック的用途に応用し（もちろん薔薇は、聖処女の象徴としてカトリックのものでもあるが）、ふたつの結社、つまりイエズス会と薔薇十字団とが、実はひとつの同じ団体なのではないか、要するに潜伏を余儀なくされた前者が後に後者となって現われたのではないか、という問題を検討している。こうしたやり方で論点を混乱させることは、被征服民に反宗教改革のプロパガンダを受けいれやすくしたのであろう。

征服されたボヘミアはこうして、自由を約束していた運動との接触をしだいに失っていったのにちがいない。ダニエル・ストルキウスのように、ドイツの薔薇十字系の印刷屋のもとに逃れ、そこからイギリスへ渡ることのできた者は数えるほどしかない。そしてドイツでは(ボヘミアの場合も大同小異だったにちがいないが)、薔薇十字運動は、ファルツ＝ボヘミア運動のみじめな失敗によって評判を落とし、運動は、その支持者にとって幻滅と絶望に終わったのである。

幻滅を味わったひとりにロバート・フラッドがいる。彼は一六三三年に公刊した本の中で次のように語っている。「かつて薔薇十字の兄弟と呼ばれていた者も、今日では賢者とその名を変えている。その名(薔薇十字の名)は今の人々に蛇蝎のごとく嫌われていて、人々の記憶からすでに葬り去られているほどである」[☆27]。

それでもなおフラッドは、一六二九年にフランクフルトで出版された『至高善』または『真の薔薇十字友愛団の真正な魔術とカバラと錬金術』と題された本を、ヨアキム・フリツィウスと共同で執筆したようである。その本のタイトルページには、薔薇とその茎にかけられた十字架が示されている。さらにそこには蜘蛛の巣と蜜蜂の巣の寓意も描かれている。ツィンクグレフの寓意画はそれらをファルツ選帝侯に結びつけていた。それに対してこの不運な人物を諷刺する戯画は、彼を何度も蜘蛛の巣と蜜蜂の巣にからませることによって、それに応酬していた。

しかしこうしたそれとない暗示は、これらの寓意画と、戯画におけるその応酬とを記憶している人々によってしか理解されなかったと思われる。そしてそれを記憶している者の大半は、おそらく一六二九年までには鬼籍に入っていたにちがいない。

三〇年戦争の雰囲気は、こまやかな表現にふさわしいものではなかった。フリードリヒや彼が表わしていたものすべてに対する戯画の中で、『化学の結婚』やマイヤーの寓意画に見られる精妙さは、魔女狩り恐慌の下に抹殺されてしまったのである。そしてドイツの薔薇十字運動の噂がフランスに広まったのは、まさにこうした形においてであった。

第 8 章

The Rosicrucian Scare in France

フランスを襲った薔薇十字恐慌

流言と論争

†薔薇十字友愛団に対する魔女狩り煽動†

一六二三年にパリで、薔薇十字団員が市内に現われたことを告げる掲示が掲げられたといわれている。[☆1]

われら、薔薇十字友愛団の主協会[*1]の代表は、義の心の帰依する、かのいと高き者の恩寵により、目に見える姿と目に見えない姿で、当市内に滞在中である。われらは、われらが滞在を望むすべての国々の言葉を自在に操る方法を、本も記号も用いることなく教え導き、もってわれらの同胞たる人類を死のあやまちから救い出さんとするものである。

この告示は、一六二三年に世に出たガブリエル・ノーデの『薔薇十字友愛団の真実に関するフランスへの紹介』の中で、このまま引用されている。ノーデの考えによれば、世間に話題が乏しく、王国内が平穏なので、一部の人が何か刺激的な騒ぎが必要だと考えて、こうした掲示を張り出そうと思いついたのである。

もしもその人々のねらいが、薔薇十字友愛団に関する刺激的な騒ぎをひきおこす点にあったのなら、たしかに彼らは成功を収めた。ノーデは、近頃ドイツで広まった不思議な友愛団が、いよいよフランスに到達したというニュースのために、フランス中を吹き荒れつつある流言の「嵐」について語っている。これらの掲示が実際に張り出されたものなのか、それともそれらに関する刺激的な騒ぎがこの年に出版された数冊のセンセーショナルな本のためにおこったのかは、どちらとも決めがたい。それらの実在性については、おそらくノーデを信頼すべきであろう。またこうした流言が、センセーションや恐慌をおこす意図で故意に流されたとするノーデの考えは明らかに正しかったのである。

この掲示板に掲げられたとされている宣言の別の版は、一六二三年出版の『悪魔と、不可視者を僭称する者たち

との間で取り交わされた恐るべき契約』という煽情的なタイトルのつけられた著者不詳の著作に掲載されている。☆2

> われら薔薇十字協会の代表は、われらの結社並びに宗派に参加を希望する者すべてに対し、以下の注意を与えるものである。われらはその者らに、いと高き者の完全にして無欠の知識を教示するつもりである。今日われらは、かしこくもその御名のもとに集会を開くのだ。われらはまたその者らを、目に見える姿から目に見えない姿へ、目に見えない姿から目に見える姿へと変身させるつもりである……

そして、三六人のこれら目に見えない存在が、六人ずつのグループにわかれて、世界中に散らばっていると述べられている。

先の六月二三日、彼らはリヨンで集会をもち、そこでこの国の首都に六人の代表を送りこむことが決定された。この集会は大魔宴（サバト）の二時間前に開かれたが、その大魔宴（サバト）では地獄の魔王のひとりが輝かしい壮麗な姿を見せた。そして弟子たちはその御前にひれ伏し、キリスト教や教会のすべての儀式や秘蹟を破棄することを誓うのだった。彼らはその代わりとして次のような能力を約束された。すなわち望み通りどこへでも身を移し、いつも金貨のつまった財布を手にし、どんな国にも居住し、しかもその国の衣装に身を包み、原地の人とまちがえられるまでとけこみ、雄弁の才を授かってあらゆる人々を魅了し、知識人の称讃をかちえ、物好きな人々の探索の対象となり、古代の預言者よりも賢いと評判を得るなどの能力であった。

この大恐慌は、薔薇十字宣言について、読者があらかじめ若干の知識をもっているものと仮定している。敬虔な薔薇十字友愛団は、悪魔崇拝の団体に姿をかえている。彼らの秘密主義は悪魔的秘密になりかわる。滞在国の衣装を着る彼らの規則も、驚くべき潜入計画に一変してしまう。学問の進歩や自然哲学への彼らの関心は、知識人や物好きな輩を誘惑する邪悪な餌食となってしまう。当然のことながら、宣言のキリスト教的標語「イエスはわがすべて」や、病人の治療という博愛的目標については、ここで一言もふれられていない。要するに、恐るべき目に見えである。

ない薔薇十字団員を捜査対象とする、魔女狩り旋風をあおりたてようというひとつの試みがなされつつあったのである。

こうした活動は、一七世紀の初頭には決して笑い事でも、笑劇(ルディブリウム)つまり冗談事でもなかった。それは次のようなたいへんな結果をもたらすこともあったのである。

フランスの有名なイエズス会士フランソワ・ガラスは、同じ年の一六二三年に公刊した『当代才人達の奇妙な教理』の中で語っている。☆3

薔薇十字団はドイツの秘密結社であり、ミハエル・マイヤーはその書記官である。ドイツでは、宿で語られることに他言は禁物で、秘密を保たなければならないことを示すために、宿屋の主人が店の中に薔薇をつるす風習がある。薔薇十字団員は酒飲みで秘密に満ちた連中だから、薔薇が彼らと関連した意味をもつようになった（これはかなり興味深い説である）。

ガラスは『名声(ファーマ)』を読んだうえで、その作者の学問がトルコ伝来のものであり、したがって邪教的なものであると述べている。彼は、何人かの薔薇十字団員が最近メッケレンで妖術使いとして処刑されたことを伝え、彼自身の確固とした信念として、彼らは皆、車裂きか絞首刑にあたいすると決めつけている。うわべはいかにも信心深そうだが、実は彼らは邪悪な妖術使いで、宗教や国家にとっては危険きわまりない存在なのである。

伝統的な魔女といえば、魔法によって自由に魔宴(サバト)の席へ身を移動できる女性をさしている。フランスの薔薇十字団員に対する魔女狩り旋風の企てには、とりたてて女性への言及はない。悪魔崇拝者にして魔宴参加者のこれら不可視者の性別は特定されていないのだ。そして不可視性や魔法による自在な移動といった伝統的な魔女伝承が、薔薇十字友愛団に転嫁させられたのである。

こうして目に見えない薔薇十字団員は魔女狩りの対象になったのだが、彼らの特徴の一部、とくに「物好きな輩」の注意をひきつけるのに用いた深い学識などは、ふつう貧しい無知な女性とされている平均的魔女像とはくいちがいを見せている。それにもかかわらず『恐るべき契約』の作者やガラスは、宣言を格好の素材として利用し、薔薇十字友愛団の仮想的な運動や活動の中に悪魔的な意味を読みとりながら、どうやら本気で目に見えない薔薇十字団に対する魔女狩り旋風を煽動しようともくろんでいた。こうして恐慌は、ほんとうに魔女のごとき性格をもち、悪魔的な秘密結社に属する「薔薇十字団」をつくり上げてしまったのである。

魔女狩り旋風は、一六世紀から一七世紀初めにかけて、ヨーロッパの社会情勢のまことに恐るべき特徴をなしているが、それはヨーロッパを二分した二大宗派のどちらか一方にのみ特有の現象ではなかった。もっとも残忍な魔女狩り旋風のいくつかは、ドイツのルター派圏内で発生している。しかし、『あらゆる魔女迫害のうちもっとも容赦なきもの、つまりヨーロッパ的狂騒の頂点』というべきは、「ボヘミアとファルツにおけるプロテスタントの崩壊をもたらし[☆4]」、カトリックのドイツ再征服を招来した一六二〇年代の中央ヨーロッパに勃発した迫害である。「ヨーロッパ中で、……カトリック再征服とともに魔女裁判が激増した」。

このように、『恐るべき契約』の作者やイエズス会士ガラスらが、魔女狩り旋風をあおることによって、一六二〇年代の流儀に忠実に従っていたことは一目瞭然である。

わたしたちはすでに以下のことを見てきた。すなわち、いかにドイツの薔薇十字文献が一六二〇年に突如として終焉を見、いかにそれがボヘミア国王ファルツ選帝侯の打倒とカトリックのボヘミアとファルツの征服後に撲滅されていったかを。とすれば、まさにこの地域でこの時期に発生した魔女狩り旋風は、薔薇十字宣言に結びつくファルツ＝ボヘミア運動の撲滅政策の一翼をになっていたのではなかろうか。

ファルツ選帝侯の敵方が、その挫折後に、いかに執ように彼に対する諷刺的戯画をばらまいてきたかはすでに検討済みである。そして少なくともそれらのうちのひとつは、彼を薔薇十字運動にはっきりと結びつけていた。さらに、それらの諷刺には、フリードリヒと魔術とのかかわりを暗示する一般的傾向が存在していた。もしかりに、一六二〇年代やその後のドイツにおける魔女狩り旋風の文献が、薔薇十字恐慌との関連の可能性（フランスでは一六二三年に出版された諸著作で明らかにその関連は存在していた）を念頭に置いたうえで検討されるようになれば、次のような証拠が新たに見つかるかもしれない。すなわち、薔薇十字宣言に表現されているような、秘教的傾向をもったルネサンス的学問の大いなる高まりが、実際にはカトリックの勝利後に発生した魔女狩り旋風を激化させるのに手を貸してしまったことを示す証拠である。

魔女狩り旋風が薔薇十字恐慌と手をたずさえてフランスへ広まった一六二三年という年は、特筆すべきである。一六二三年に、ボヘミアとファルツの弾圧は完全に果たされ、ボヘミアの冒険に底流する思想の破壊は、「薔薇十字」的出版物の発行禁止によって、あたう限り徹底された。三〇年戦争の初期に起こった事件のニュースは、ヨーロッパ中を駆けめぐり、そしてそれらの事件の跡を追うようにして薔薇十字運動に関するいくつかのニュースが浸透していったのである。こうして、鎮圧技術が、不可視者とその大げさな宣言とに対する魔女狩り旋風という形をとって、フランスへ広まったのである。

†ヘルメス的伝統の中での位置づけ†

ガブリエル・ノーデの『フランスへの紹介』は、『恐るべき契約』や同種の出版物に見られるヒステリーよりは、はるかに学ぶところの多い著作である。その理由は、ノーデの方が内情によく通じていたからである。彼は『名声（ファーマ）』から長々と引用しているが、その印刷された本を一冊手もとに持っていたのである。この引用につづけて彼は次のようにいう。「どうか諸君、アクタイオーンが裸の姿で諸君に紹介する、狩のディアナをごらんいただきたい」[☆5]。なるほどこれは諷刺として意図されたものかもしれない。しかしそれは同時に自然科学追求に対して愛用される神話的包装を彼が知っていたことをも示している。彼は『名声（ファーマ）』と『告白（コンフェッシオ）』が世に及ぼしたはかり知れない影響について語っているし、またマイヤーの著作の一部を知っていた。

ノーデによると『名声（ファーマ）』はフランスで大きな印象を与え、知におけるなにかさしせまった新しい進歩への希望をかきたてた。「われわれの親」の世代を驚かせた数々の「革新」――新世界の発見、大砲や羅針盤や時計の発明、宗教、医学、占星術における革新――の後には、別の発見時代が間近にせまっているという噂でいたるところもちきりだった。そして噂によれば、これら新しい運動は薔薇十字友愛団と、彼らのかきたてた希望において頂点に達しようとしていたのである。☆6 ティコ・ブラーエは新しい発見をなしつつあった。ガリレオは「眼鏡（スペクタクル）」（つまり望遠鏡のことである）を発明し、そして今、薔薇十字友愛団の　団が、「聖書」に約束されたさしせまった知の「復興」あるいは更新を告げにやってきたのである。☆7（これはまるでベーコンの口調の反響のように聞こえる）。

このノーデの指摘は、薔薇十字宣言が、ドイツ国外でも広く読み親しまれ、来たるべき新たな啓蒙主義を、つまりルネサンス期より一歩先んじた進歩を預言するものと受けとられていた証拠を提供してくれる。

ノーデは当然恐慌のために慎重にならざるをえなかった。彼は明らかに、掲示板に掲げられたといわれる薔薇十字宣言が、興奮をひきおこすために「一部の者」によって創られたものと考えている。ところが彼は、ガラスの本をあげてそれに与（くみ）し、薔薇十字友愛団に関するおびただしい数のドイツ語の本については侮蔑をこめて語っている。彼らの魔術に関する噂を論じる際、*2 彼はフラッドに言及し、さらに先では、彼の考える薔薇十字友愛団に評価された教義の代表者のリストをあげている。このリストには次の名前がふくまれている。☆8

ジョン・ディー　『聖刻文字の単子（モナス・ヒエログリフィカ）』
トリテミウス　『秘文字』
フランチェスコ・ジョルジ　『宇宙の調和』
フランソワ・ド・カンダル　『ピマンドル』
ポンテュス・ド・ティヤール　『音楽』
ジョルダーノ・ブルーノ　『イデアの影』
ラモン・ルル　『ディアレクティク』
パラケルスス　『魔術についての注釈』

ここで薔薇十字友愛団の関心は、フランソワ・ド・カンダルによる『ヘルメス文書』の仏訳[☆9]や、ジョルジのヘルメス゠カバラ的『宇宙の調和』[☆10]（これはフラッドの盛んに利用した本である）への言及によって、はっきりとヘルメス的伝統の中に位置づけられている。

トリテミウスの『秘文字』は薔薇十字友愛団を天使的魔術に結びつける。[☆11] そして特に重要なのは、ノーデがディーの『単子（モナス）』とブルーノの著書『イデアの影』[☆12]をあげている点である。それはディーとブルーノが運動に影響を及ぼしたことを示す格好の裏づけとなる。ポンテュス・ド・ティヤールの『音楽』[☆13]は、彼もメンバーだったフランス・プレイヤード派の音楽哲学を導入する。

フランス人であるノーデは、フランソワ・ド・カンダル仏訳の『ヘルメス文書』を利用したり、フランスの音楽哲学の例としてティヤールをあげることによって、薔薇十字哲学をフランスのヘルメス的伝統に同化させることに成功している。

ノーデのあげた著者は、いずれもルネサンスのヘルメス的伝統の重要な代表者であり、彼は、薔薇十字友愛団の約束する新たな発展を、その伝統から由来したものとみなしていたのである。

ノーデの論評の他の興味深い点は、薔薇十字友愛団と一脈通じるものとして、彼が「ヘンティスベルス」と「計算者スイセット」[*3]をあげていることだ。[☆14] これは、マートン派数学に属する中世オックスフォードのふたりの数学者のことをさしているが、[☆15] 彼らの著作は、見なおされて復刻され、一七世紀初頭の数学研究の重要な分野に影響を与えていた。あるいはノーデはここで、「薔薇十字団」の数学研究に関する内部知識の一端を披露しているのかもしれない。それは彼ら自身の「誤解を招き役にも立たない」出版物では明かされなかったものである。

侮蔑的な調子を保ちながら、彼はさらに詩人の作り話や、魔法使いやぺてん師の妄想や、ラブレーのテレームの僧院やトマス・モアのユートピアにまで話を進め、それらすべてが薔薇十字友愛団の「迷宮」に属するものだと語っている。

彼は、薔薇十字友愛団に対する正統的な不満の口調で次のように締めくくっている。彼らの有害性に関するイエズス会の意見には、彼も心から同意したい、と。さらにリバヴィウスの議論によって、彼らがみごとに論駁されていることも付記している。[☆16] したがってノーデはリバヴィウスも知っていたことになる。一六二三年という年は、フランス中に恐慌が吹き荒れ、『名声（ファーマ）』の評判をおとしめていた時期、そして魔女狩りがいよいよ台頭しはじめ、学者たちが慎重にならざるを得ない時期であった。それにもかかわらず、ノーデは実によく内情に通じていたし、また明らかに深い関心をいだいていたのである。

ノーデは、二年後の一六二五年、『魔術の疑いをかけられた偉大な人々のための弁明』という名高い著作を公けにして、さらに大胆なところを披露した。[☆17]

彼はその中で、魔術には神聖な魔術と、奇跡、すなわち、魂を肉体のけがれから解放する宗教的魔術と、妖術としての悪魔的魔術、そして自然科学としての自然魔術の四種類があると説明している。第三の悪魔的魔術だけが邪悪なものであり、偉大な人々はこれについては潔白なのである。

彼が、邪悪な魔術からまぬがれているとして弁護している人々の中には、ゾロアスター、オルフェウス、ピタゴラス、ソクラテス、プロティノス、ポルフィリウス、イアンブリコス、ラモン・ルル、パラケルスス、ハインリヒ・コルネリウス・アグリッパ（彼にはとくに一章全体があてられている）、ピコ・デラ・ミランドーラらがいる。要するにネオプラトン主義者やその系統をひくルネサンスの伝統であるが、なかでもルネサンス魔術の第一人者であるアグリッパは、もっとも重視されている。彼は、善良な人々が邪悪な魔術師と混同されないよう、魔術の告発にはもっと慎重さが必要であると力説する。

彼は『弁明』でとくに薔薇十字友愛団の名をあげていないが、二年前に彼が薔薇十字団と相通じる者として列挙した著者がすべて、今彼が弁護している伝統に所属する作家であることを考えれば、『弁明』においても彼が薔薇十字団員を念頭に置いていたと推定しても、いわれのないことではない。彼らに対する恐慌はいまだに猛威をふるっていたのである。そこで、人々がまちがって邪悪な魔術の非難をあびるにいたる、ふたつの主な理由をノーデがあげていることは注目してよいだろう。

第一の理由は、数学研究者は魔術の嫌疑を受けやすいという点にある。なぜかといえばそうした研究には魔術的雰囲気がつきまとうものであるし、また数学や力学の知識がつくりだす不可思議な作業は、門外漢には魔術的に見えてしまうためである。[18]

これは、自分の数学的才能や機械的驚異を産み出す能力のために、誤って「降霊術師」の烙印を押されてしまったと嘆く、ユークリッド『原論』の序文におけるジョン・ディーの愚痴そのものである。[19] それにノーデは、魔術師の告発を受けた数学者に関する論議の中で、ディーを引き合いに出し、彼のユークリッド『原論』の序文ではないが、『アフォリズム』の序文を引用しているのだ。

ディーはその中でロジャー・ベーコン擁護論を執筆中であり、[20] ベーコンがなしとげた驚異は決して、「降霊術」などによるものではなく、数学の才能によって成就されたものであることを示すつもりであると語っている。ノーデはこのディーのロジャー・ベーコン擁護論が残っていないのを残念がっている。以下に掲げるのは、ノーデのそれについてのくだりの翻訳である。[21]

ロンドン市民であり博学なる哲学者兼数学者のジョン・ディーは、ロジャー・ベーコンを弁護する本を執筆したと述べている。その中で彼は、ベーコンの驚異的な作業についてとりざたされていることはすべて、悪魔との交渉に帰すべきものではなく、むしろ自然や数学に関する彼の知識に帰せられるべきものであることを実証しているらしい。

もしわれわれがその本をもっていたなら、わたしとしても金輪際彼（ロジャー・ベーコン）のことを口にしないと断言してもよかったのである。しかしその本（ディーのベーコン論）が、わたしの知る限りいまだに陽の目を見ていない以上、わたしがその間隙を埋め、神学博士で、当時のもっとも偉大な化学者兼占星術師兼数学者であった、かのイギリス人フランチェスコ会士の輝かしい名前が、永久に埋もれたままになったり、断じて彼のまじわることのなかった妖術師や魔法使いといっしょに罰せられたりすることのないよう心を配らなければならないのだ……

ディーのロジャー・ベーコン論は、今でも陽の目を見ていないが、ノーデが、魔術の告発を受けた数学者を弁護するのにその本をひきあいに出したということは、まことに興味深い。

人々がまちがって魔術の烙印を押されるもうひとつの理由は、ノーデによれば、その人が「政治的人間[☆22]」つまり宗教的な事柄に寛容で、宗教上の意見の合わない人々を迫害しない人間である場合だという。

ノーデは『弁明』の中で薔薇十字友愛団にまったく触れていないので、まちがって魔術の嫌疑を受けるふたつの理由――数学上の関心と寛容な宗教観――が、当時吹き荒れていた薔薇十字恐慌を説明するために彼によって引き合いに出されたと、はっきり断言することはできない。しかし以前彼が、薔薇十字友愛団の非難に心ならずも与したとき、友愛団と一脈通じる著者のリストにディーの本をふくめていた以上は次のことがいえるだろう。つまりノーデは最初の本で薔薇十字友愛団とディーとをはっきり結びつけ、第二の本では、邪悪な魔術の嫌疑から数学者を弁護するのにディーを利用していると。

ノーデは明らかに相当の知識をもっていたが、『弁明』においてさえまだかなり慎重である。薔薇十字友愛団をめぐる興奮の嵐はいまだにフランス中を吹き荒れていた。

†メルセンヌ＝フラッド論争†

さてわたしたちは、いよいよ一七世紀の新しい運動が台頭し、魔術的意味合いを帯びたルネサンスのアニミズム哲学が衰えつつある時代に入っていく。

ルネサンスのアニミズムやヘルメス主義やカバラ主義と、それらにともなうあらゆる発現形式に非難をあびせた偉大な人物といえば、ルネ・デカルトの友人であったフランス人僧侶マラン・メルセンヌがいる。メルセンヌは、ルネサンスの伝統を総攻撃して、デカルト的哲学の勃興を準備した。

メルセンヌの放った最初の猛烈なルネサンス伝統攻撃である『創世記の問題点』が、一六二三年という薔薇十字恐慌のはじまった年に出版されている事実は意味深長である。彼はこの本で、ルネサンスの魔術（マギア）やカバラ、そしてその伝統に結びつく偉大な名前、フィチーノやピコやアグリッパらを攻撃しているが、そのもっとも手きびしい批判の矛先は、この伝統の当時の代表者ロバート・フラッドに向けられている。彼は後年にもその攻撃をつづけているが、それに対してフラッドも応酬し、メルセンヌとフラッドの論争は全ヨーロッパの耳目を集めることになった。

本章で許されるごくわずかな段落の中で、この論争をめぐるすべての出版物にふれることはとても無理である。わたしは別の所でその論争の一面を論じ、それが基本的にはメルセンヌによるヘルメス的伝統への攻撃と、フラッドによるその弁護からなりたっていること、またカソーボンによる『ヘルメス文書』の年代決定[*4]が、メルセンヌによってヘルメス的伝統への攻撃武器として使われたことを明らかにした[☆23]。ここでできることといえば、本書で追求してきた新しい歴史的アプローチが、メルセンヌの立場を理解するのに、どんな影響を及ぼしうるかをごく大ざっぱに指摘することに尽きる。

これまでわたしたちは以下の諸点を見てきた。まず薔薇十字運動やその宣言が、ファルツ選帝侯フリードリヒのボヘミア国王就位運動と関連していたこと。またフラッドの著作のファルツでの出版が、この政治＝宗教運動に底流する思想運動の一環であったこと。さらにこの運動が一六二〇年のプラハの敗北で完全に崩れ去ったとき、運動の表象するすべてのものを皮肉るために大諷刺キャンペーンが展開されたこと。またドイツにおける一連の薔薇十字的出版の突然の終焉が、一六二〇年の瓦解と軌を一にしていること。魔術の烙印が薔薇十字運動に対する征服者側のキャンペーンにおいて強力な切り札となり、やがてそれは魔女恐慌と混同されるようになったこと。そして一六二三年にフランスではじまった薔薇十字恐慌が、宣言に描かれた薔薇十字友愛団を、悪魔的で魔術的な秘密結社として紹介したことなどである。

メルセンヌがこれらすべてに影響されていたことは今や明瞭である。実際、一七世紀初頭を生きていた者は、誰もがそうであった。ハプスブルク勢力の帝国支配を打破しようとするフリードリヒの企てやその崩壊、そして征服者によって、そのまわりにまきちらされた邪悪な魔術の評判などは、当時のヨーロッパ的状況の中で、目をそらすことのできない事柄であった。

薔薇十字恐慌はメルセンヌに影響を及ぼしていた。メルセンヌが薔薇十字友愛団を妖怪や邪悪な魔法使い、あるいは破壊分子と信じ、彼らが目に見えない姿であらゆる国へ移動してその邪悪な教えを普及していると想像していたことは、彼の著作からばかりでなく、その書簡からも明らかである。[☆24]そのうえ彼にとって、彼らの実在性はロバート・フラッドの著作によって証明済みと思われたのである。彼はフラッドを典型的な薔薇十字団員とみなしており、その過激なヘルメス的伝統への没頭ぶりはどんな読者にも一目瞭然であった。

薔薇十字恐慌に対するメルセンヌの反応は、ノーデのそれとは一味ちがう。ノーデには、薔薇十字運動の善良な魔術の裏に、重要な数学科学的活動がよこたわっていると信じていたふしがうかがえる。メルセンヌの方は、その魔術が邪悪なものであること、そして魔術(マギア)やカバラがかくまではびこってしまったからには、ルネサンス的思考方法は根こそぎ退治されねばならないし、ルネサンスのアニミズム哲学は廃棄され、近代的またはフラッド的な形式を装ったルネサンス魔術は、きびしく抑えつけられなければならないと確信していた。

メルセンヌは温厚な愛すべき人柄の持ち主で、ガラス神父とは雲泥の差であるが、薔薇十字恐慌に対する彼の反応は、恐怖に影響されたそれであってノーデよりはガラスに近い。さらにここで想い出しておくべきことは、メルセンヌがデカルトと同様、ラ・フレッシュのイエズス会の学校で教育を受け、青年時代にイエズス会的な見解の感化を受けていたかもしれないことである。

このようにメルセンヌは、その全著作をあげてルネサンス的影響力の排除にふりむけようとしていた。これは時として——とくに音楽面で[*5]——達成困難となった。というのもメルセンヌは、宇宙の調和(ハーモニー)(和音)理論の信奉者で、バイフの詩と音楽アカデミーの賛美者であり、そのアカデミーの活動に関する貴重な情報源のひとりとなっているくらいなのである。[☆25]彼は『宇宙の調和(アルモニー)』(一六三六年)の中で宇宙的調和理論を説明するのに、次のようなやり方をとらなければならなかった。

つまり、マクロ＝ミクロコスモス的魔術哲学を避け（といっても実際は彼もフラッドの図のひとつを用いている）、バイフのアカデミーの活動に底流し、（ノーデも知っていたように）ティヤールがそれに哲学的表現を与えたようなルネサンス的見解を排除する方法である。

ルネサンス哲学にかわるべき一七世紀哲学といえば、デカルト的機械論であるが、デカルトの誠実な友人で賛美者であったメルセンヌは、はば広い交際や文通を通じて、魔術から機械論への移行を促進させるのに一役買った。☆26

機械科学の成長は、容認しうる自然哲学として機械論という着想を生んだが、しかしそれ自体がルネサンスの魔術的伝統の帰結であったということは、思想史上のもっとも皮肉な逆説のひとつである。魔術からのがれた機械論が、ルネサンスのアニミズムを追いはらい、「降霊術師」のかわりに機械論哲学者を登場させるような哲学となったのである。

この事実はまだ一般には理解されていない。そのことが承認されるまでは、この自然に対する人間の態度の重大な変化を導いたすべての要因をさぐり出し、理解するよう努力していくことが肝要である。この状況の歴史的要素の中には、われわれが本書で検討してきた要素も混じっている。

ドイツの薔薇十字運動の失敗や、力による、また悪意をむき出しにしたプロパガンダによるその弾圧は、一七世紀初頭の思想界の空気に作用を及ぼし、そこに恐怖の雰囲気をそそぎこんだ。メルセンヌもまた怖がっていたのである。彼は、自分の数学や力学への関心を、いかなる降霊術の烙印からも守らなければならなかった。このことが、彼の反ルネサンス運動に荒々しさを加味することになった。もしかりに、あれほど興奮に渦巻く時代でなかったなら、その運動も、もっと寛大に、そしてルネサンス伝統のより価値ある面をそこなうことなく、導かれたかもしれないのである。

それではデカルトと薔薇十字友愛団についてはどうだろうか。彼らに言及した文章のうちもっとも重要なもののいくつかは、バイエの名著『デカルトの生涯』(初版は一六九一年)に見いだされる。[☆27]当時の歴史的状況に対してわれわれの得た新たな知見は、この伝記を読むにあたって、新しい解釈を施しながら、あるいは少なくとも新しい問題を念頭に浮かべながら読み解くことを可能にしてくれる。

一六一八年、若きデカルトはフランスを後にしてオランダに向かい、ナッサウ公マウリッツの軍に加わっている。それはカトリック教徒で、しかもイエズス会の薫陶を受けたデカルトにしてはいかにも奇妙な行動だが、彼の説明によれば、世間を見て、人間や生活についての見聞を広めたかったのだという。

こうした内省的な気分にひたりながらデカルトは、一六一九年、ドイツでの奇妙な運動に関するニュースや、ボヘミアにおける反乱、そしてそれをめぐってカトリックとプロテスタントの間で戦わされた戦闘などのニュースを耳にして、ドイツへ赴いた。バイエルン公が兵を募っていると聞きつけて、彼は誰が敵かもよく知らずにその軍に加わろうと思い立つ。[☆28]結局、その軍隊は、ボヘミア人が国王に選んだファルツ選帝侯に対して進軍しようとしていることが判明する。どうやらこれにはあまり気乗りがしなかったものらしく、デカルトはドナウ河沿いにある冬営地に赴く。そこで彼はドイツ製の暖炉に暖まりながら、一連の深い瞑想にふけるのだった。

一六一九年一一月一〇日の夜、彼は夢を見た。[☆29]それは貴重な体験であったらしく、数学こそ自然を理解するための唯一の鍵であるという確信に彼を導いた。彼はその冬の残りの日々を孤独な瞑想生活のうちに過ごしていたが、人々とのつきあいをまったく断ってしまったわけではなく、彼らから、ドイツにつくられた、新たな叡知と「真の科学」を約束する薔薇十字友愛団という名の結社の噂を耳にする。[☆30]

これらの噂は、彼自身の思想や努力にそう趣旨のものだったため、彼はその団員を探そうと試みるが失敗に終わる。彼らの規則のひとつに、決して目立つなりをしないという項目があったため、彼らを見つけだすのはなるほど一筋縄ではいかなかったのである。しかしこの団員たちが世に問うたおびただしい出版物によって、世間は興奮のるつぼに包まれつつあった。だがデカルトはそれらに目を通さなかった（目を通すのを断念していた）し、薔薇十字団については何も知らないと後になって述べている。ところが一六二三年にパリに戻ってみると、自分のドイツ滞在が、彼が薔薇十字団員であるという評判を生んでいたことを知るのである。

デカルトは一六二〇年六月にウルムに滞在している。そこで夏の終わりまで過ごすのだが、その地で彼は、ヨハン・ファウルハーバーなる人物と知り合う。この人物はデカルトの驚くべき知性にいたく感嘆させられていた[☆31]（このファウルハーバーは、薔薇十字友愛団に宛てた著作を公けにした最初のひとりである）。

デカルトは、自軍の司令官バイエルン公がボヘミアに進軍中と聞きつけると、カトリック帝国軍に合流し、あの名高いプラハの会戦（白山の戦い）に参戦、一一月九日には勝者たちとともにプラハに入場する。彼はプラハでティコ・ブラーエの名高い天文装置を見ているのではないかといわれているが、装置はこわされたか持ち運ばれていたはずだから、それはありそうもないとバイエは考えている。[☆32]

その後しばらくデカルトは南ボヘミアで瞑想生活を送り[☆33]、一六二一年に旅を再開してモラヴィア、シレジア、北ドイツ、カトリック領ネーデルランドを通過し、一六二三年にパリに帰ってくる。

ここで彼は薔薇十字恐慌の猛威に遭遇することになる。バイエのそのくだりは引いておかなければならないだろう。[☆34]

彼（デカルト）が（パリに）着いてみると、世間では、ボヘミア国王に選ばれた不運なファルツ伯の事件やマンスフェルト[*6]の遠征の件、そして先の二月一五日にラティスボンヌで決定されたファルツ伯からバイエルン公への選帝侯位の移行などが話題を集めていた。彼（デカルト）は、これらの話題に関して友人たちの好奇心を満足させることができた。ところがそのかわりに友人たちは、信じがたいことではあるが、彼らにとっていささか心配の種となっていた、ひとつのニュースを彼の耳に入れたのである。それは、一六一九年の冬の間中彼がむなしく探しまわった、あの薔薇十字友愛団がここ数日の間パリでも話題にのぼるようになり、しかも彼（デカルト）がその仲間に加わっているという噂までとりざたされ出した、というのである。

もともとこうした事は、彼の性格に合わなかったし、またつねづね薔薇十字団員をぺてん師か幻視家のようにみなしてもいたので、このニュースに彼はがく然としてしまった。パリでは彼らは「目に見えない者」と呼ばれており、布告によれば、その指導者がヨーロッパ中に派遣した三六人の代表のうち六人が、この二月にフランスに潜入しパリのマレー区に居を定めたとされていた。ところが意志と結びついた思考を通してしか、つまり感覚器官には感じられないやり方でしか、彼らが世間の人々に何かを伝えたり、伝えられたりできないのだという。

彼らのパリ到着が、デカルト氏のそれとたまたま同じ時期に重なってしまったため、もし彼がパリでも、旅行中の習慣通りに人目を避け、町の中にひとり静かに暮したりしていたならば、名声に不幸な結果を招く事態になっていただろう。しかし彼は、このような状況のめぐり合わせに乗じて彼を誹謗しようと企む連中をやりこめた。彼はわが身を誰の目にもふれるよう、とくに友人たちの目には姿が見えるように努めたのである。彼らにとっては、デカルトが薔薇十字友愛団員や、目に見えない者のひとりでないことを納得するのに、他の論拠は必要なかったのである。そして、彼がドイツでその団員をひとりも見つけられなかった理由を、好奇心の強い人々に説明するとき、デカルトは、団員たちの不可視性という同じ論拠を用いたのである。

彼の実在は、友人のメルセンヌ神父の不安を静めるのに効果があった。というのも、一部のドイツ人やイギリス人ロバート・フラッドが薔薇十字弁護論を書いていたので、神父には、彼らが目に見えない存在であるとか、単なる空想的存在であるとはあまり信じられないようになっていた。だから、先の誤った噂には人一倍動転していたのである。

自分は目に見える存在だから、薔薇十字団員ではない、ということを証明すべくデカルトがパリで友人たちの目にわが身をさらした瞬間こそ、まさにこの驚くべき主題の驚くべき歴史のハイライト、もしくはもっとも重大な瞬間のひとつであったことはまちがいない。

このようにデカルトは、夢を見て重要な思索にふけっていた時期に、薔薇十字の噂が広まりつつあるドイツの地方にいたのである。そして彼はカトリック軍とともに実際にプラハに入場し、あの恐怖時代にその地でフリードリヒとエリザベスにまみえることができた。そして彼はプラハ市内を徘徊し、そこで何がおこったかをつぶさに見聞し、南ボヘミアで思索の時を過ごしたのち、町中が選帝侯の位を奪われたファルツ選帝侯のニュースでもちきりの時にパリに戻ってきたのである。バイエも指摘しているように、彼はそのニュースに関する内部情報を友人たちに伝えることができた。それは彼が、それらの大事件の目撃者であり、事件が勃発したときはプラハの現場にいたし、事件が起こる前にはドイツで運動に関するニュースをひろい集めていたからである。

しかも、こうしたニュースのすべてが薔薇十字団とかかわっていた。薔薇十字恐慌は、バイエによれば、ちょうど町中がファルツ選帝侯や彼の不運についてのニュースでもちきりの時にパリではじまっているのだ。パリにおける恐慌とドイツの事件が関連しているという見解を裏づけるこの情報は、われわれの恐慌に関する他の資料では語られていなかった。また薔薇十字団員をめぐるデカルトの冒険については、彼も先人の轍を踏んでいる。

彼はまず彼らの噂を耳にし、彼らを捜そうとしたあげく失敗する。ただデカルトが、わが身の可視性を彼らの仲間でないことの証拠とした点は、薔薇十字探索者の凡百の体験の改良であり、いかにも偉大な哲学者にふさわしい。

†デカルトの後半生にまつわる謎†

デカルトの終生変わらぬ望みは、数学の思索にふけりながら、平穏無事な人目を避けた孤独な生活を営むことであった。そして、上述の体験——つまりあまりに人目に隠れた生活を送る一数学者の身に、パリでふりかかりそうになった体験――の数年後、彼はオランダに居を定める。はるか後年の一六四四年にはライデン近郊のこぢんまりした閑静な城に居を構えることになるが、それはおもに、あの不運な選帝侯フリードリヒの長女、ファルツ侯女エリザベスのもとを離れないためであった。

　フリードリヒは一六三二年に没していたが、その寡婦「ボヘミアの冬の王妃」エリザベス・スチュアートは、その後も家族ともどもハーグで暮らしていた。侯女エリザベスはデカルトの熱烈な愛読者で、デカルトは彼女のうちに、もっとも明敏な弟子を見てとり、その人柄と才媛ぶりを慕っていた。彼は一六四四年に侯女に『哲学原理(プリンキピア)』を献呈し、その献辞の中で彼女を「ボヘミア国王」の娘と記すことで、彼女の父に、その敵が決して認めようとしなかった称号を与えた。

　一六四九年にはウェストファリア条約が三〇年戦争に終止符を打ち、その条約には、ボヘミアの「冬の国王」の最年長の息子、つまりカール・ルドヴィヒに、ニーダーファルツの統治権が回復される条項が盛り込まれていた。そして侯女エリザベスは、兄がファルツに移住するとき、その地に引きこもろうと考えていた。彼女は、デカルトにもそこに居を構えてはどうかと提案した。残念ながらデカルトがファルツ領に住むという計画は実らなかった。ワインの産地であるラインラントの穏和な風土は、やがて彼の死地となる寒冷なスウェーデンよりは健康に適していただろう。

　彼は、スウェーデンで哲学を進講してほしいというクリスティーナ女王の招待を受けいれなければならなかった。バイエによれば、彼がこの招待を受諾した理由の一端は、スウェーデンの宮廷で、侯女エリザベスとファルツの立場を弁ずることができるかもしれない、と彼が考えたことにあるという。[☆35]

　彼の後半生のこうしたファルツ情勢に対する強い関心に接すると、われわれは、デカルトが初期のドイツ、ボヘミア旅行で、正確に何をしていたのか、あらためて問い直してみたくなる。彼はもしかしたらこの旅行のあいだ中、薔薇十字の不可視性の背後に隠されていたある啓蒙運動を、すなわち秘かな諸伝統から脱皮した新しい発展を探していたのではないだろうか――しかもそれらを、侯女エリザベスの不運な父のサークルの中に探し求めていたのではないだろうか。

ヨーロッパ精神がルネサンスを脱皮して、一七世紀へ移る際に通過した重要な段階に関して、歴史家の混乱を招いたのは、おそらく戦争と魔女狩り旋風だったのである。

第 9 章

Francis Bacon 'Under The Shadow of Jehova's Wing's'

イギリスでの薔薇十字展開

フランシス・ベーコンとその著作

†ベーコンの「学問と霊知の友愛団」構想†

薔薇十字の大騒動も英国では、ほとんどあるいはまったく一般の注目をひかなかったらしい。一六一四年から一六二〇年にかけてのドイツのように、薔薇十字友愛団に呼びかける大量の文書が印刷機から刷り出されることもなかった。また一六二〇年代のパリのように、不可視者(アンヴィジブル)が掲示板[☆1]を掲げて、熱狂的な関心をよびさましたり、悪罵のかぎりを浴びせられたりすることもなかった。新時代の幕開けと知の広汎な新発展とが人類にさし迫っていることを告げる『名声(ファーマ)』の喇叭音も、この島国ではかき消されていたようだ。

ところがこの国では、印象的な告知をなす別の喇叭の響きがあった。それは薔薇十字のあらあらしい興奮をともなうものではなく、ひかえめで穏当な表現に包まれていた。

それはフランシス・ベーコンによって発せられた学問の進歩に関する宣言である。これらの宣言は、ジェームズ一世、すなわちドイツの薔薇十字運動がかくもむなしく希望を託した、まさに当の君主に献じられている。

一六〇五年に出版された『学問の進歩』は、知の現状についてのひかえめな総括であり、不充分な学問の諸分野に注意をうながしている。

それらの分野、それもとりわけベーコンが、嘆かわしいほど不充分だと考えている自然哲学において、もし人々が研鑽と実験に心を傾けるならば、もっと多くのことが知られるようになるはずなのである。こうした自然についての改善された知識は、人間生活の安定化、現世における人間の地位の向上化に役立てることができるし、また役立てられるべきである。ベーコンは、学者たちがそれを通じて知識を交換し、たがいに助け合えるような、学問上の友愛団体か同胞団体が創られるべきであると力説している。

ヨーロッパの諸大学の間には、充分な相互情報交換がなされていないため、今のところ諸大学はこうした交流を推し進めていない。この学問上の同胞団体は国境を越えたものでなければならない。[☆2]

自然が家族の中に兄弟関係を産み、機械技術が共同社会に兄弟関係をもたらし、神の聖油式が国王や司祭の間に兄弟関係を導入したのとおなじように、学問においても、学問と霊知の友愛団体ができないはずはないのである。それは霊知あるいは光明の父と呼ばれる神の属性である、父性に関係しているのだ。

　われわれが本書でたどってきた調査をふまえた上でこの一節を読むと、ベーコンがここで学問というものを、「霊知」すなわち光明の父から降りそそぐ光と考えていることや、彼の望む学問の同胞団体が、「学問と霊知の友愛団体」である事実に驚かされる。こうした表現は、宗教的な修辞として看過されてはならない。それらは当時の文脈においては深い意味をもつものだったのである。

　それから九年後のドイツで、薔薇十字の『名声（ファーマ）』が、薔薇十字友愛団を、霊知者（イルミナティ）の友愛団として、すなわち兄弟愛で相互に結ばれた学者の団体として紹介する。そこで勧告されたことは、学識ある魔術師やカバリストがそれぞれの知識を相互に伝達すべきであるということだった。またそこで宣告されたことは、自然に関する知識の大発展の時が間近に迫っているということであった。

　このような相似は、ベーコン運動と薔薇十字運動とを比較対照することが、双方の研究にとって、とりわけベーコン研究にとって、有益でありうることを暗示している。

　最近の研究は、迷信におぼれた過去から浮かび上った近代的な科学的観察者、及び実験家とベーコンを見なす古いベーコン観が、もはや通用しないことを白日のもとにさらしてきた。

　パオロ・ロッシはそのベーコンに関する本の中で、[☆3] 彼がヘルメス的伝統から浮かび上ってきたこと、すなわち自然魔術家の系譜を通じて彼まで到達した、ルネサンスの魔術（マギア）とカバラから浮かび上ってきたことを示した。

　ベーコンの科学の将来に関する展望は、決して直線的な進歩観ではない。彼の科学の「大復興」は、失墜以前のアダムの状態[☆4]、つまり自然やその力についての知識と、純粋にして無垢な接触を保っていた状態への回帰をめざすものであった。これも科学的進歩観にはちがいないが、その進歩は、アダムへとさかのぼる進歩なのである。これはルネサンスに大きな影響力をもったオカルト哲学の教科書の著者、コルネリウス・アグリッパ[☆5]が抱いていた考え方であった。

そしてベーコンの科学も、いまだに部分的にはオカルト的な科学であった。彼が学問の総括において再検討している科目の中には、その改革された形態を彼が求めた自然魔術や占星術、彼が多大な影響を受けていた錬金術、魔術師の道具である魅惑術（ファッシネーション）、その他ベーコンの近代的側面を引き出すことに腐心してきた人々からは、重要でないと無視されてきた科目があった。

ドイツの薔薇十字的作家も、アダムの叡知への回帰や、彼らの預言する学問の進歩、千年王国的性格などに関して同様の見解を抱いていた。彼らの書いたものをベーコンのそれと比較して検討するなら――ただしその際、幻想味を帯びたローゼンクロイツ神話は笑劇（ルディブリウム）として考慮の外に置く――人はこれらのどちらの運動も魔術科学的な進歩、啓蒙主義の意味での霊知（イルミネーション）にかかわっていたという強い印象を受ける。

しかし、両運動とも、なるほど同時代に所属し、窮極的にはルネサンスのヘルメス＝カバラ的伝統の所産であり、いずれもルネサンスから一七世紀的進歩へ導く運動と見なすことができるが、それにもかかわらず両運動の間には著しい相違も見られるのである。

ベーコンは、ルネサンス的魔術師（マグス）のうぬぼれと傲慢に対する不満をしきりに強調している。とくに彼はパラケルススには警戒するよう説いている。パラケルススはわれわれも見てきたように、ドイツ薔薇十字運動の預言者だった。

ベーコンは、「デンマーク人セウェリヌス[*1]によって調和ある形にまとめられた[☆6]」パラケルススの体系を検討している。そして、「人間はミクロコスモスであり、世界の抽象または雛型であるとする古い意見が、パラケルススや錬金術師たちによって何の根拠もなく濫用されている[☆7]」、という判断を下した。これは、フラッドや薔薇十字的世界調和理論にとって、あれほど基本的であったマクロコスモス＝ミクロコスモス哲学を攻撃しているのである。

ベーコン学派と薔薇十字学派の見解にみられる別の大きな相違として、次の点をあげることができる。つまり、科学的問題における秘密性に対するベーコンの非難、あるいは錬金術過程を、理解しがたい象徴に隠そうとする錬金術師の古来からの伝統に対する彼の攻撃である。☆8 なるほど薔薇十字宣言も、ベーコンとおなじように、学者同士の知識の交換を奨励している。しかし、彼ら自身は、ローゼンクロイツの亡骸がそこで発見され、幾何学的象徴に満ちた洞窟の物語などの神秘化に身を秘めている。あるいはこうした象徴主義も、グループのメンバーの深遠な数学研究を隠しもっていて、進歩的方向に導くことになるのかもしれない。しかしたとえそうでも、こうした研究は公表されることなく、薔薇十字の洞窟に隠された数学的あるいは科学的秘密を、もっと知りたいという欲望をいたずらに高ぶらせる言語の中に秘められてしまうのだ。

この雰囲気は、ベーコンの宣言のそれとは反対のものであり、またそもそもベーコンの著述に近代的な響きを与えているのは、まさに彼が魔術＝神秘主義的韜晦技術を捨てたことにあるのだ。

†薔薇十字運動とベーコン哲学の符丁†

『学問の進歩』は一六〇五年に上梓された。ヨーロッパ中に普及しやすいようにベーコンがラテン語で執筆し、また彼が自分の哲学と計画のもっとも重要な解説とみなしていた『新オルガヌム（ノウム）』は一六二〇年の刊行である。『進歩』のラテン訳改訂版『進歩について（デ・アウグメンティス）』は一六二三年に公刊されている。

このようにベーコン哲学は、第一の薔薇十字宣言が出る数年前にはじめて世に現われている。さらにその哲学の支柱となる解説書は、あの運命の年、つまり冬の国王と王妃の短いボヘミア統治の年に出版される。そして『進歩』のラテン訳は、パリで薔薇十字恐慌の吹き荒れている時期に公けにされた。

薔薇十字運動がベーコン哲学の形成と軌を一にしている事実、また薔薇十字に関する奇妙な興奮がヨーロッパで進行していたのは、ベーコンの著作がイギリスで公刊されていた時期に重なるという事実は認識しておいてよい。

わたしの信じるところ、この両運動には疑問の余地なく関連があるが、それをつきとめ、分析することは一筋縄ではいかない。たしかに一方では、イギリスとファルツの緊密な関係が、ドイツの薔薇十字運動に対するベーコンの影響を円滑に働かせたであろう。しかしまた他方では、薔薇十字主義とベーコン主義との相違にも慎重な考察が必要である。

大英国王の娘がファルツに君臨していたことは、イギリスとドイツのこの地方との交流を容易にし、イギリスからさまざまな影響をもたらした。その中にはベーコンの『進歩』の影響もふくまれていたにちがいない。

われわれには、どのようにしてこの影響がもたらされたかを推測することができる。フリードリヒとエリザベスはともに読書家であり、知的運動に対する関心も深かった。彼らがイギリスから書籍を携えてきたことは、彼らがローリーの『世界史』[*2]を一部プラハまで携行し、その地で征服者の手にわたった事実から裏づけられる。もっともこの本は結局ロンドンの大英博物館に戻り、現在でも同館に所蔵されている。[☆9]

したがって彼らはたぶんベーコンの著作もハイデルベルクに携えていったであろう。われわれはエリザベスが晩年、ベーコンの著作に関心を寄せていたことを知っている。[☆10]彼女自身、結婚前の若かりし頃、イギリスでベーコンを知っていたにちがいない。ベーコンは、彼女の婚礼用の余興をひとつ書いているくらいだ。[☆11]

ベーコンの影響のもうひとりの伝達者はたぶん、フリードリヒとエリザベスのファルツ統治時代にイギリスと密接なつながりをもっていたミハエル・マイヤーだろう。マイヤーは、初期のイギリスの錬金術書をドイツの錬金術運動に紹介しており、[☆12]彼はベーコンの著作もドイツにもたらしたであろう。マイヤーは神話の哲学的解釈に深い関心を抱いていた。そしてベーコン思想のこの側面は、彼の『古人の叡知』(一六〇九年)における神話の哲学的解釈に表現されている。それはマイヤーとその一派にとっていかにも魅力的なものであっただろう。マイヤーの基本的教義は、その錬金術哲学が古代神話の中に隠されているという点にあったが、[☆13]ベーコンもやはり神話の中に彼自身の自然哲学を求めた。[☆14]

しかしふたりの間にどんな接触点があったかを、それほど細かく特定する必要はないだろう。ジェームズ一世に多くの期待がかけられていた時、ファルツやその周辺のプロテスタント国の親英的な運動には、ジェームズ朝を代表する偉大な哲学者フランシス・ベーコンへの興味がふくまれていた、といっておけば充分である。

しかしすでにふれておいたように、ベーコン主義とドイツの薔薇十字主義との間には、明らかに基本的な相違があるのだ。後者は、ベーコンの一見穏健そうな考え方よりはるかにヘルメス的であり、はるかに魔術的である。わたしたちは、ドイツの運動の中に、ジョルダーノ・ブルーノや、とりわけジョン・ディーの影響の根強い底流を探りあててきた。さらに、ディーの聖刻文字の単子(モナス・ヒエログリフィカ)、すなわち彼がみずからの哲学をそこに要約してみせたあの記号が、薔薇十字文献中に再登場していることも見てきた。ベーコンは、どこにもディーの名に触れていないし、どこにも彼の有名な『聖刻文字の単子(モナス・ヒエログリフィカ)』を引用していない。

科学史上の重要人物のひとりだというベーコンの主張に対する、よく知られた異論は次の点にあった。それは、彼が学問の進歩の計画中に、何よりも重要であるべき数学的科学を充分力説していない点、しかもそうした科学への無智ぶりを、コペルニクス説やウィリアム・ギルバートの磁石論を拒絶することによって暴露している点であった。

わたしは一九六八年に公表したある論文の中で、ベーコンのこうした主題に対する拒絶反応は、自分の計画が魔術とかかわることをできるだけ避けようとする欲求からきている可能性のあることを論じた。[☆15] ディーには、魔術師、あるいは「降霊術師」の強い疑いがかけられていた。ヘルメス的魔術師(マグス)であったジョルダーノ・ブルーノは、イギリスで出版したある本の中で、コペルニクス説を「エジプト的」、または魔術的宗教の来たるべき復興に結びつけていた。[☆16] ウィリアム・ギルバートは磁石を論じたその著作において、明らかにブルーノの影響を受けている。

わたしは、ベーコンの、数学やコペルニクス説に対する拒絶反応の起因を次のように見ている。つまり、ベーコンは、数学をあまりにもディーや彼の「降霊術」と密接に結びついているものとみなし、またコペルニクスをブルーノやその極端なエジプト的、魔術的宗教と結びついているものとみなしたのではないか、と。

この仮説は、ドイツの薔薇十字主義とベーコン主義との重要な相違に対して、可能な説明を与えるものなので、ここで喚起しておいてよいだろう。前者においては、ディーや彼の数学がはばかられることはなかったが、ベーコンはそれらを敬遠している。前者ではブルーノの影響が見られたが、ベーコンからは退けられた。いずれの場合にも、ベーコンは自分の計画を魔女狩りや「妖術」の噂から護るために、危険と思われる主題を敬遠したのだと思われる。ノーデも述べているように、一七世紀初めには、そのような噂が数学者につきまとうことがありえたのである。

†ジェームズ一世治政下の思想活動†

ベーコンの科学に対する態度や、彼の科学的進歩を唱導するやり方を考察する際、つねに思い出しておかなければならないことは、ベーコンが取り入ろうと心がけ、学問の進歩をめざす彼の計画に興味をもたせようと腐心していた君主の性格と考え方である。この点で彼が成功したとはいいがたい。D・H・ウィルスンが指摘しているように、ジェームズは「ベーコンの大計画を理解することも評価することもなかった」し、科学的協会の創立をもくろむベーコンの企画に、何がしかの援助をもって応えることもなかった。伝えられるところによれば、一六二〇年に『新オルガヌム』を贈られたときジェームズは、この作品はあらゆる理解力を超越した神の平安のようなものだ、と感想を述べたといわれている。[☆17]

かつて一度も指摘されたことがないと思われるが、ジェームズのベーコン的科学に向けた疑り深い態度は、もしかすると彼の魔術や妖術に対するいちじるしい興味、または恐怖と関連があるかもしれない。[☆18]これらの問題は彼にある魅惑を及ぼしていたが、それは彼の前半生における何らかの体験をめぐる神経症と切っても切れない関係にあった。

ジェームズは自著『悪魔論（デモノロジー）』（一五九七年）の中で、事件の調査に慎重さが必要であることを説いているにもかかわらず、ありとあらゆる魔女に対する死刑賛成論を展開している。この問題は彼にとって神学の一分野をなす、きわめてまじめな問題であった。明らかにジェームズは、どんな時にルネサンス的魔術(マギア)やカバラが科学へ導く有益な活動となり、どんな場合にそれらが妖術に触れるかという問題——たしかにいつでも一筋縄ではいかない問題であるが——を判断するのにふさわしい人物ではなかった。それは結局、善良な魔術と邪悪な魔術の違いを定義する問題なのである。ジェームズは科学に無関心だったし、どんな種類の魔術にも恐怖をもって反応したであろう。

老いたジョン・ディーが、悪魔をよびだしているという嫌疑から自分の名声を晴らすためにジェームズに援助を請うたとき、ジェームズが耳を貸さなかったとしても、別に驚くにはあたらない。ジェームズに対するディーのむなしい訴えは、一六〇四年六月になされた[☆19]。その学識によって、エリザベス朝にあれほど多くの貢献をなしたこの老人も、ジェームズ朝には不遇をかこち、一六〇八年に赤貧のうちに帰らぬ人となった。

ベーコンは、ジェームズのディーに対する態度をしっかり脳裏に刻んだにちがいない。そしてエリザベス朝から生き残ってきた人たちが、数学や魔術の点で、また航海上の大胆な行動や反スペイン的行動の点で、ジェームズの下ではエリザベスの下でのように、必ずしも奨励されるとはかぎらないことも、充分念頭に入れていたにちがいない。ノーサンバーランドとローリーは、ジェームズの治世下にはロンドン塔の獄中で研究をつづけ、トマス・ハリオット[*3]という博学な助手とともに数学や錬金術にうちこんでいた[☆20]。

明らかに、ベーコンは、ジェームズの歓心を買おうと意図した著作の中では、ディーやその怪しげな数学を感じさせるいっさいのものを極力避けようと注意していた。しかし、ベーコンがどんなに慎重を期しても、結局彼はジェームズの科学的進歩に対する疑いを晴らすことに成功しなかった。

さらに火を見るより明らかなことがある。それは、ジェームズを、婿のファルツとボヘミアでの計画や企図に好感を抱かせるのに、その婿を次のような運動と結びつけるのは、どう見ても得策ではなかったことである。すなわち、魔法の納骨堂だとか目に見えない薔薇十字友愛団とかの形に、その意図を包み隠す運動のことである。目に見えない薔薇十字友愛団などは、魔女狩りの手にかかれば苦もなく妖術使いに仕立てられかねなかったのである。不運なファルツ選帝侯の友人たちが犯した多くの過ちの中でも、薔薇十字宣言は最悪のひとつであったかもしれない。もしそれらの噂がジェームズの耳に入り、しかもそれらがフリードリヒと結びついているという噂であったら、それは他のなにものにもまして、彼をフリードリヒと対立させ、計画を彼が援助するかもしれないといういっさいの希望をぶちこわす作用をしたにちがいない。

このようにフランシス・ベーコンは、ジェームズ一世の治世下に、学問の進歩、それもとくに科学的学問の進歩を説いている時、石橋をたたいて渡っていたのである。かつてのエリザベス朝の科学的伝統は好遇されず、その生き残った主要代表者の何人かは、遠ざけられるか獄につながれた。故エリザベス女王はジョン・ディーに対して、彼の『聖刻文字の単子(モナス・ヒエログリフィカ)』を進講するよう依頼した。☆21 国王ジェームズはその作者と何のかかわりももたなかったようだ。

ベーコンは、一六〇五年に『学問の進歩』を公刊した際、前の年にジェームズがディーに門前払いをくれたことを意識していたにちがいない。そしてさらに、輸出されたエリザベス朝の伝統、つまりジェームズの娘夫婦とともにファルツに渡ったその伝統もまた好遇されていなかった。フランシス・ベーコンは、ジェームズの外交政策を遺憾におもい、ファルツ選帝侯支持を説いたひとりであった。この点でもまた学問の進歩をめざすイギリス版の宣言を書いた作者は、ファルツの運動にかかわりすぎていると見られないように、石橋をたたいて渡る必要があった。ベーコンは、魔女ヒステリーがヨーロッパ中に高まっていた一七世紀の初頭に、科学的学問の進歩を請願しながら、多くの困難や危険の間で慎重な進路をとらなければならなかった。

われわれも本章で慎重な歩みをここまでとってきた。薔薇十字運動とベーコン運動には一定の対応があるのではないか、またそれらはいわば同じ問題の異なった発展をした両面ではないか、そしてそれらをいっしょに研究することがどちらの運動にとっても啓発的ではないかという着想をわれわれは得ていた。しかしここまでは、ベーコン自身が薔薇十字宣言についてどう考えていたかを読者に示す、いかなる証拠もわれわれはもっていなかった。だがここで、もっとも驚くべき種類の証拠が『ニューアトランティス』からもたらされるのである。

†薔薇十字寓話『ニューアトランティス』†

ベーコンは一六二六年に世を去っている。そして一六二七年に彼の草稿の中から未完の日づけのない著作が上梓された。

そこで彼は彼のユートピア、つまり彼の理想とする宗教的、科学的社会の夢を物語っている。それは、嵐で難破した船員たちによる、ニューアトランティスという新しい島の発見についての寓意の形式をとっている。ニューアトランティスの住民は、世界の他の場所からまったく知られることのないまま、そこに完全な社会をうちたてていた。彼らはキリスト教徒である。キリスト教は初期の時代に彼らにもたらされていたが、それは兄弟愛を力説する福音主義的キリスト教であった。彼らは科学的知識の面でも進んだ段階に達していた。彼らの大いなる学院はソロモンの館と呼ばれていたが、そこでは僧侶＝科学者からなる結社が、すべての技術、科学の探求に従事しており、しかも彼らはその成果を人々の便宜に適用する方法を心得ているのだった。この空想物語は、ベーコンの全生涯の仕事と目標を要約している。それは人類の利益と便宜にあてられるべき学問の進歩であった。

この空想物語、あるいは寓話、あるいは笑劇（ルディブリウム）は、いくつかの点で薔薇十字宣言の主題を反映している。しかもそれは、ベーコンがローゼンクロイツ物語を知っていたことを確信させるほどである。

旅人たちは上陸する前、ニューアトランティスのある役人から指示の書かれた巻物をわたされる。「この巻物にはケルビムの翼の印が押されていたが、その翼は広げられておらず、垂れさがっていて、脇には十字架があった[☆22]」。同様に薔薇十字の『名声（ファーマ）』も締めくくりに、「エホバの翼の蔭の下に」という標語で封じられており、翼も、すでに見てきたように、他の薔薇十字文献で特徴的な象徴としてしばしば登場してきた[☆23]。

翌日、旅人たちは丁重に異人館に案内され、そこで病人は手当を受ける。旅人たちは治療費を払おうと申し出るが謝絶される[☆24]。ここで思い出されるのは、『名声（ファーマ）』が、薔薇十字友愛団の規則として、病人を無料（グラーティス）で治療するのを定めていたことだ。

数日後、ニューアトランティスの別の役人が異人館に旅人たちを訪ねにくる。この役人は「頂きに小さな赤い十字架をつけた」[25]白いターバンを身につけていた。これは、ベーコンの難波船の旅人たちが薔薇十字友愛団の島に来たことの別の裏づけとなる。

その翌日には、この地の総督が彼らを訪ねてくる。そして彼らがこの国の歴史や風習について知りたがり、またどうしてキリスト教が導入されたのか、さらにはソロモンの館と呼ばれる「館または学院」や賢者からなる館員についても、しきりに知りたがっていたので、総督は彼らにそのすべてを親切に説明してやったのである。旅人たちは、それでもまだわからないことがあれば、どんな質問でも許されていた。そこで彼らのいうには、もっとも驚いたことは、ニューアトランティスの住民が、ヨーロッパのあらゆる言葉を操り、外部世界の事件やそこでの知的状況についても知り尽しているらしいのに、彼ら自身は自国以外にはまったく知られることも噂されることもない点である、というのだった。[26]

あんなにも遠く離れた人々の言葉や本や事件をあなたがたが知っておられるとは、わたしどももどう考えていいかわかりません。他人の目からは隠されて見えないのに、そんな他人を開けっぴろげで光でもあたっているようにしてしまうのは、わたしどもからすれば、神のような力や存在の条件や特性のように思われるのです。

こうした言葉に総督は優しいほほえみを浮かべて答えた。あなたがたが今のような質問に許しを請うたのは賢明でした。といいますのも、あなたがたはまるでこの島を、空気の霊をあちこちに派遣して、他国のニュースや情報を集めさせている魔法使いの島のように考えていらっしゃるからです、と。わたしたちはこれには大いに恐縮しつつも、彼が単なる冗談でそういっていることは百も承知の顔をしてこう答えた。わたしたちはこの島には何か超自然的なものがあると考えたいのです。それも魔術的というよりは天使的なもののように思われます。

もっと先で、どのようにしてニューアトランティスの賢者たちが、外部世界の目には見えないままで、その外部世界で起こるすべてのことを知るにいたるかが説明されている。

その理由は、ニューアトランティスから情報収集のための旅行者が派遣されるからである。彼らは訪れた国々の衣装を身につけ、その風習に従い、そのため気づかれずにすむのである。薔薇十字宣言の観点からすれば、このことは、彼らが薔薇十字友愛団の規則のひとつ、つまり特別な衣装や目立つ目印を身につけず、どこでも訪れた国の民衆の服装や外見にならう、という規則に従っていることを意味する。

ニューアトランティスで定められた法令では、一二年毎に「ソロモンの館の三人の研究員（フェロー）または同胞（ブレズレン）」が、技術や科学の現状に関する知識を集め、書籍、道具、情報等を持ち帰る使命を帯びて派遣されることになっている。こうした貿易は説明によれば、通常の物質的な商品の交易ではなく、「光という神の最初の創造物の探求にすぎません。つまり世界のあらゆる場所で育つ光の獲得なのです[☆27]」。

このように、薔薇十字の名は『ニューアトランティス』のどこにもベーコンによってあげられていないが、彼が薔薇十字の物語を知っていて、それを自分の寓話に焼き直していることは一目瞭然である。ニューアトランティスは、薔薇十字友愛団によって統治されていたのだ。彼らは、今やソロモンの館と呼ばれる目に見えない学院あるいは研究所から、「光の商人」として人目に触れることなく外部世界を旅し、また無料で病人の治療にあたったり、決して特別な衣装を着用しないといった、薔薇十字友愛団の規則に従うのだ。そのうえ、「ケルビムの翼」が、『名声（ファーマ）』に封印を押したのと同じように、ニューアトランティスからもたらされた巻物に封印を押している。その島は、魔術的というより天使的な何かを備えており、その役人は赤い十字架のついたターバンをまとっていたのである。

近代のベーコン研究家は、薔薇十字文献に通じておらず、それは彼らの研究にふくまれることもないし、思想史や科学史の正当な一分野として認められてもいない。しかし『名声(ファーマ)』や『告白(コンフェッシオ)』が忘却の彼方に沈む以前に『ニューアトランティス』を読んだ人々は、ニューアトランティスの住民の中に、ただちに薔薇十字友愛団やその目に見えない学院を認めたことだろう。そんな読者のひとりがまさにそうした読解を記録に残している。

それはジョン・ヘイドンといい、一六六二年に刊行された彼の『神聖なる案内人』は、大部分が『ニューアトランティス』の脚色にもとづいている。

頂点に赤い十字架をいただく白いターバンの男が病人を訪問する箇所を、ヘイドンはつぎのように引用する。「私はこの異人館の館長の公職についていますが、天職はキリスト教の僧侶で薔薇十字の結社にも属しています」[28]と。ベーコンがソロモンの館の賢者のひとりについて語っているところでは、ヘイドンは彼を、「薔薇十字協会の賢者のひとり」として引用する。[29]

ヘイドンはニューアトランティスのソロモンの館を、はっきり「薔薇十字の神殿」と同じものとして語っている。[30]他にもヘイドンが『ニューアトランティス』を『名声(ファーマ)』に結びつけている箇所は枚挙にいとまがない。実際、彼はベーコンの著作を実質的に薔薇十字宣言と同じものとして読んでいるのだ。

『ニューアトランティス』に対するヘイドンの重大な薔薇十字的改ざんは、ここでできる以上に細かく研究されるべきであるが、彼の論点の他の一点には触れておかなければならない。ベーコンがニューアトランティスにはソロモンの失われた作品の一部が残っていると語るくだりを、ヘイドンは敷えんして、ニューアトランティスにはソロモンによって書かれた「Mの書」があると述べているのである。[31]『名声(ファーマ)』によれば、Mの書はクリスチャン・ローゼンクロイツの墓の中から発見された聖遺物のひとつであった。

ベーコンの『ニューアトランティス』が、『名声(ファーマ)』の知識を示し、またヘイドンがこの対応を裏書きしているからといって、それは断じて、ベーコンが何らかの薔薇十字的またはフリーメーソン的秘密結社に属していたことの証拠とはならない。歴史的な証拠は、この種の証明不可能な主張を擁護するのに使われれば、そこなわれ歪められてしまう。まじめな歴史家が、『ニューアトランティス』には『名声（ファーマ）』からの否定しようのない影響が見られるという事実に、適確に気づくことができなかったのも、たぶんこうした気まぐれな理論[☆32]に対する正当な反発のせいだったのである。

この事実は将来、思想史家によってきわめて綿密に研究されるべきものである。しかもそれはドイツ薔薇十字運動との関連で研究されねばならない。『ニューアトランティス』の宗教は薔薇十字宣言のそれと多くの共通点をもっている。それは、薔薇十字友愛団と同様、教理的ではないが精神において熱烈なキリスト教であり、キリスト教精神を実践的博愛によって解釈するのである。それは、キリスト教的カバラと同様、ヘブライ＝キリスト教神秘主義に深く影響をうけている。

ニューアトランティスの住民はユダヤ人を敬う。彼らは自分たちの学院にソロモンにちなんだ名をつけ、自然のうちに神を求める。ヘルメス＝カバラ的伝統は、科学的調査に捧げられた彼らの偉大な学院に結実している。ニューアトランティスの世界には、この世のものならぬ性質がある。なるほどそれは科学革命の到来を予言するものかもしれないが、その予言は近代精神にのっとったものではなく、他の関連の中で行なわれているのである。ニューアトランティスの住民は学問の大復興を達成し、したがって失墜以前の楽園におけるアダムの状態に回帰したかに見えるのだ――これこそベーコンと薔薇十字宣言の作者の双方にとって進歩の目標であった。

『ニューアトランティス』のもっとも啓発的な部分は次の箇所である。それは、旅人たちが、神聖な力や存在を目の前にしているのではないかと考え、また同胞たち（わたしたちは今では薔薇十字の同胞たちであることを知っているが）の不可視性には何か超自然的なもの、「といっても魔術的というよりは天使的な」ものがあるのではないか、と考える一節だ。なるほど総督はこの疑いを「冗談として」（あるいは笑劇（ルディブリウム）として）扱い、彼らの不可視性に合理的な説明を与えている。しかし『ニューアトランティス』は両刃の剣の上につりあいをとっており、読者の評価の分かれめは、その読者がそこにみられる科学的な影響力を「ほとんど天使的」なものと受け入れるか、または悪魔にそそのかされたものと受けとるかによってちがってくるのである。後者の解釈としては、数年前にパリで上梓された。『恐るべき契約』を思い出すだけでよい。

第10章

Italian Liberals and Rosicrucian Manifestos

イタリアの自由主義者と薔薇十字宣言

パオロ・サルピからトマソ・カンパネラへ

†イギリス＝ヴェネチア外交事情†

この本は、国家的というよりヨーロッパ的なテーマの複雑性を明らかにしようとするものなので、国から国へとさまよわなければならない。われわれは騒動の終わったところでドイツを離れ、フランスでの恐慌を追い、またイギリスに戻ってフランシス・ベーコンに注目してきた。

さてここでわれわれは、三〇年戦争勃発以前のドイツに戻らなければならない。それはファルツ選帝侯をめぐる運動が、いかに当時のイタリアの状況に対して影響を与え、またそこから影響を受けたかを考察するためである。これには薔薇十字宣言に立ち返って、そこにまだわれわれの検討していない脈絡をひろいだす作業もふくまれている。

前の章で『名声（ファーマ）』を紹介した際、この宣言の初版には、『全世界の全般的改革』というイタリア人の作品のドイツ語訳が前に置かれていたことに触れておいた。このイタリア起源の作品がドイツ語の宣言にどのように寄与していたかは、後の議論の場に付せられていた。今ようやくその場が到来したのである。そして『名声（ファーマ）』を収めた本の中に、イタリア人による全般的改革に向けてのアピールが収録されていた事実からは、当時のイタリアの状況に対する傾倒がうかがわれるが、そうした傾倒を考察するときが今ようやくきたのである。

ファルツ選帝侯フリードリヒ五世は、義父のジェームズ国王の支持を得ていると思われたため、ドイツでは彼に新しい指導力を期待する人々がいた。そうした人々にとって重大な状況がイタリア——それもとくにヴェネチア——にあった。それは反教皇感情の流れである。それは世紀初頭に、ローマの要求に対するパオロ・サルピの指導する抵抗運動以来、いまだにヴェネチアで脈々と流れていた。そしてそれについてはジェームズもヴェネチア駐在イギリス大使ヘンリー・ウォットン卿も、多大の関心を寄せていたのである。☆1

一六〇六年の聖務禁止で頂点に達する教皇庁とヴェネチアの抗争で、ヴェネチア政庁の言い分は、聖マリア下僕会修道士パオロ・サルピによって厳密に合法的なやり方で主張された。サルピはこうして、ヨーロッパに自由の精神を維持しようとしていた人々にあまねく知れわたった。

ジェームズがヴェネチアの主張に興味を抱いたのは、ヴェネチアの反ローマ的立場と英国国教の独立の立場とが一脈通じるように思われたからである。熱狂的な大使ヘンリー・ウォットン卿などは、実際一時ヴェネチア市民を説きふせて英国国教と同種の改革を採択させる希望を抱いていた。英語の祈禱書がイタリア語に訳され、国教の礼拝式が大使館で執行されていた。

イタリアの偉大な自由主義者サルピの大著が、イタリアではなくイギリスで初版が上梓される運びとなったのも、まさにこうしたイギリス＝ヴェネチア親善(ラプロッシュマン)の環境のおかげであった。これがサルピの名高い『トリエント宗教会議の歴史』で、この本は、プロテスタントがこの会議に招かれなかった点や、会議では比較的自由主義的なフランスのカトリック陣営の意見が聞きいれられなかった点、そして会議が自由主義的改革の寛大な処置を探ることよりも、教皇庁の厳しい統制を導びくことをめざしていた点を明らかにする意図をもっていた。

聖務禁止をめぐる全抗争や、それがよびさました英国国教への共感は、ヨーロッパの緊迫した情勢に反響を及ぼした。カトリックの一大司教――スパラート大司教アントニオ・デ・ドミニス――の一六一六年の物議をかもした英国国教への改宗は、ファルツ選帝侯と国教徒であるその伴侶とに希望を託していたドイツの人々に勇気を与える、新しい運動を予告する一事件であった。

そして一六一九年に、サルピの『トリエント宗教会議の歴史』のイタリア語初版をイギリスで上梓したのが、デ・ドミニスなのである。その本には、宗教の現状に不満をもつイタリア人たちが信頼を寄せる人物として、ジェームズ一世に呼びかける献辞がつけられている。その翌年には、ヘンリー皇太子の前の家庭教師の手で、サルピの著作のラテン語訳が行なわれ、ロンドンで公刊されている。

当時は次のような高ぶった認識が存在していたのである。すなわちヴェネチアとイギリスとが宗教的、政治的に共鳴しながら協調し合い、トリエント後のカトリックの主張、つまりイエズス会やハプスブルク勢力に支持された反宗教改革の過激派の主張に、真っ向から対峙していると。

この運動とファルツ選帝侯をめぐる運動との関連を検討した歴史家はいないようである。[☆2] しかしアンハルト侯はサルピと接触をもっていたし、ファルツの主席代表クリスチャン・フォン・ドーナ男爵は、当時ひんぱんにヴェネチアを訪れていた。他の多くのヨーロッパの人々と同様、ヴェネチア政府もジェームズが、婿のボヘミアでの企てを支援するつもりかどうか、しきりに情報を得ようとしていた。

あるヴェネチアの大使は一六一九年一一月に総督(ドージェ)に宛てた報告の中で次のように指摘している。帝国主義者がボヘミアで挫折すれば、イタリア征圧をたくらむスペイン・ハプスブルク勢力の計画は弱体化するにちがいない。そして当勢力のそうした弱体化は、「閣下がそれを望まれる充分の理由をおもちです」、と。それゆえ、「公共の繁栄は一にファルツ殿の成功にかかっているのです[☆3]」。

ファルツの情勢は、一七世紀初頭のヴェネチアとイギリスの関連を論じる歴史家によって触れられていないが、それはヴェネチアの情勢に注目していた人々にとってはまったく逸しえないものだったにちがいない。ヴェネチアとかくも親密な関係にあり、またヴェネチアからイギリスへの大陸ルート上に位置しているファルツに、もし強力な政府ができていたら、それはヴェネチアにもっと長い間防衛的立場をとらせたであろうし、もっと長い間イタリアの他地方より比較的自由な立場を維持させたことだろう。いわんや、もしボヘミアの賭けが少しでも成功のきざしを見せていたら、それは全ヨーロッパの自由主義運動をいやがうえにも高まらせたであろう。

後に判明するように、ジェームズのフリードリヒ支持は幻想にすぎなかった。そして一六二〇年の彼のプラハでの敗北は、ボヘミアやドイツと同様、ヴェネチアでも自由主義的希望の弔鐘を意味した。伝えられるところによれば、ヴェネチア総督(ドージェ)は、イギリス国王が自分の娘を守るのに手をこまねいて見ているくらいなら、ほかの者がこの国王から期待できるものがあろうはずがない、と皮肉まじりに指摘したといわれている。[☆4] 総督(ドージェ)や元老院に対するヘンリー・ウォットンの信望も、一六二〇年を境に凋落の一途をたどった。ヴェネチアはイギリスとの同盟を見限り、イタリアの他の地方とともに服従の眠りに沈んでいった。

ヴェネチアがイギリス＝ファルツの情勢に関心を寄せていたことを示す以上の簡潔きわまるスケッチは、先に述べたイタリア語作品の翻訳を研究するための序としては充分だろう。その翻訳は、『名声（ファーマ）』といっしょに刊行され、薔薇十字宣言やその全般的改革に向けての請願に、ヴェネチアへの傾倒、宗教状況へのヴェネチアの不満という要素をつけくわえているのだ。

†『名声（ファーマ）』に併録されたボッカリーニ文献†

『名声（ファーマ）』と併録出版された『広大な全世界の全般的改革』という小冊子[☆5]は、一六一二年から一六一三年にかけてヴェネチアで上梓されたトライアーノ・ボッカリーニの『パルナッソス情報（ラグアリ・ディ・パルナソ）』中の一章のドイツ語訳[☆6]である。したがって、一六一四年にそのドイツ語訳が『名声（ファーマ）』と併録出版された時点では、新しい出版物であり、イタリアからの最新作であったことになる。

ボッカリーニは、過激な反ハプスブルク派のイタリア人自由主義者で、サルピや彼のサークルに属する他のイタリア知識人の友人であった。そしてその中にはガリレオもふくまれていた。『パルナッソス情報』は反ハプスブルク色のきわめて濃い作品で、外国の圧制者によるイタリア征服を慨嘆し、その結果イタリア文化が衰退しつつあることを悲嘆している。

ボッカリーニは一六一三年に不帰の客となる。彼はある晩自宅に押し入ったふたりの男に、砂の詰まった袋で殴り殺されたと噂されていた。ところが最近の調査では、この伝説が真実でないことが示されている[☆7]。おそらく伝説によって、ユークリッドの身の上にふりかかったとボッカリーニが自著で想像した砂袋による横死が、彼自身の身の上に転嫁されてしまったのだろう[☆8]。

ボッカリーニの諷刺または辛らつな冗談は、寓意の形をとる。

そこでは、アポロがパルナッソス山で裁判を開いていると想定されている。そして彼のところに、古代や現代のさまざまな人々がやってきて、現状について不満を並べ立てる。ボッカリーニはプロテスタントではない。というのも、『パルナッソス情報』の中には、ピコ・デラ・ミランドーラが、宗教改革派（プロテスタント）のおこす騒ぎに彼の思索が妨げられている、といってアポロに不満をぶつけるところがある。[☆9] しかしボッカリーニは宗教的寛容に与（くみ）している。『情報』の中では、寛容すぎるという告発をアポロの前にもちだされたボダン[☆10]が、回教徒はカトリックより寛容だと指摘する間接的な弁論を行なっているのだ。

さらに興味深い一節は、異端の広がりをアポロの前で慨嘆し、いつそれが終わるかを尋ねているトマス・モアの登場場面である。その返答は、ハプスブルク勢力の打破されるあかつきに、それは終わるだろうというものである。アポロによれば、この専制こそ、プロテスタントの反抗の原因となっているのである。[☆11]

諷刺はいつも微妙であるが、そこにこめられた傾向は常に同一である。それは代表的な思想家、詩人、学者らの反動的世界との対決であり、「スペインの独裁制」や、そのヨーロッパ支配のもくろみ、そのイタリア隷属化などへの不満である。

ボッカリーニの偉大な英雄は、フランスのアンリ四世である。アポロの法廷でのもっとも顕著な場面のひとつは、彼の訃報に対する哀悼の意である。[☆12] この偉大な人物が逝ったいま、ありとあらゆる改良の希望が断たれたかと思われて、アポロは苦い涙を流し、その輝きも曇ってしまうのだ。しかし別の章でわれわれは、ネーデルランドでいかに人々が断固たる態度をとっているかを聞くことになる。まだ何もかも失われたわけではなく、心ある人々は団結しなければならないのだ。

この作品で、ドイツ語に訳して薔薇十字の『名声（ファーマ）』と併録するのに好都合と判断された章は、アポロが世界の全般的改革を開始しようとする一章である。[☆13]

アポロは、世界がいかにも恐るべき状態に陥っていると見る。このような恐ろしい状況下で、人々は生活に疲れ果てたあげく、多くの者が人生に耐えきれず、自殺に走ってしまうことを彼は知る。アポロは深いため息を吐き、そしてこの恐るべき事態を改善する手段を見つけるべく、賢者たちと協議することを決意する。賢者たちは提案こそするものの、もち出された救済策はどれをとっても実行不可能なものばかりで放棄される。結局改革家たちは、とるにたらない事柄にのみ忙殺されて、かんじんの根本的かつ全般的な改革の試みは断念してしまう。こうして事態は旧態依然としたままであり、時代もあいかわらず悲惨な状態を一歩も出ていなかった。

ここにほのめかされていることが、トリエントの宗教会議であることは明らかだろう。サルピのサークルの誰にとっても、その宗教会議は、まさにそうした挫折した改革であり、過酷な統制だけを産み、根本的な問題には目をふさいだ改革への試みを表わしていたにちがいない。しかしボッカリーニは、何が時代の主要な病いであるのか、また真の全般的改革がどこになければならないか、自分なりの見解をもっていた。彼はこうした見解を、ソロンというもっとも賢い人物の口を借りて表明してる。ソロンは、時代のおもな欠陥は愛の欠除にある、という自説を披露する。☆14

現代をかくまでの大混乱に陥れた要因は、無慈悲な憎悪と、今日人類をあまねく支配している悪意に満ちたねたみとである。そこで現下の悪徳に対する救済策は、博愛や相互の愛情や、神のもっとも大切な戒めである神聖な隣人愛を、人類に吹きこむことから得られるはずである。それゆえわれわれは、昨今人間の心を覆っている憎しみの種をとりのぞくことに心血をそそがなくてはならないのである。

このように、文体こそいちじるしく異なるが、ボッカリーニの抜粋は、『名声（ファーマ）』と相通ずるメッセージを宣言している。すなわちそれは、前の宗教改革の試みが失敗したからこそ新しい宗教改革が必要であること、つまり原動力としてキリスト教的愛や慈悲に重点を置く運動が必要であることを宣言しているのである。ボッカリーニの抜粋は、アポロの法廷という虚構をかりて、クリスチャン・ローゼンクロイツとその友愛団の虚構が伝えるのと同じ博愛のメッセージを伝えている。ただしボッカリーニの抜粋では、『名声（ファーマ）』とちがって、知的啓蒙に対する強調には欠けており、また、ボッカリーニの調子は、『名声（ファーマ）』のあふれるような興奮に比べると悲観的で絶望的である。

ボッカリーニの抜粋が『名声(ファーマ)』と併録された事実は、この薔薇十字宣言の作者、あるいは複数の作者が、そのメッセージを発表する際に、イタリアやヴェネチアをも念頭に入れていたことを示している。そしてもちろん、ボッカリーニの政治＝宗教的傾向やその反ハプスブルク的見解は、薔薇十字宣言を発したサークルと一脈通じるものがあったにちがいない。

それにボッカリーニの見解は、ジョルダーノ・ブルーノのそれにつながるものであった。というのもボッカリーニにブルーノの影響が及んでいたことは確からしさ以上のものがあるからである。[15] ボッカリーニもブルーノときわめて近い見解を抱いていた。神話の登場人物の一大フレスコ画を言葉で描いたり、そこに政治＝宗教的意味を吹きこんだりする(アポロの法廷の場面のように)ボッカリーニの才能には、『おごれる野獣の追放』におけるブルーノの力強い絵画的描写力を彷彿とさせるものがある。

†ブルーノ＝ボッカリーニ＝カンパネラ†

かつてジョルダーノ・ブルーノは、アンリ四世に「多くを期待し」[16]、イタリアで強大化しつつあったスペイン＝オーストリア勢力に対抗する支持者を求めて、ヨーロッパ中をさまよった。彼はまずそうした支持をアンリ三世に代表されるフランス王朝から得ようとし、それからエリザベス朝のイギリスでも騎士や詩人たちから同様の支持を求め、さらにルター派のドイツでも同様であった。アンリ四世の改宗が、イタリアにより大きな自由主義と寛容の時代を約束するものと見えたときに、彼はイタリアに帰国したが、結局彼は、このあまりに希望的な観測の代価を、一六〇〇年の火刑によって支払わなければならなかった。

時代の問題をアンリ四世によって解決する方針は、ブルーノとボッカリーニのいずれからも支持されていたが、それはまさに、かつてアンハルト侯クリスチャンやファルツが抱懐していた方針そのものであった。[17] アンハルト侯やファルツの支配層は、アンリ四世のドイツ侵攻を支援する態勢を整えていたが、この計画は一六一〇年のアンリ暗殺によって中断された。ボッカリーニは、これらの計画全体が挫折したときに、イタリアの自由主義者の感じた絶望を表現したのである。

ボッカリーニの抜粋を『名声』と併録することによって、薔薇十字宣言の作者たちは彼らの問題提起に、イタリアへの傾斜をくわえた。そしてそれによって「薔薇十字主義」は、イタリア起源の秘かな神秘主義的、哲学的、そして反ハプスブルク的潮流と結びつくことができたのである。

ジョルダーノ・ブルーノはヨーロッパ中をさまよい歩きながら、ヘルメス文書に説かれている「エジプト的」宗教への回帰を土台にした、迫りくる世界の全般的改革を説いてまわった。それは宗教的な争いを愛と魔術によって乗り越える宗教であり、ヘルメス的瞑想の修練によって到達される自然の新たな洞察を基礎とする宗教なのである。

彼はこの宗教を、神話的な形式に包んで、フランスや、イギリスやドイツで説いてまわった。彼自身の言葉によると、彼はドイツで「ジョルダニスティ」[☆18]と呼ばれる宗派を創設し、その宗派はルター派の間に多大な影響を及ぼしたという。わたしは別のところで、ブルーノの「ジョルダニスティ」と薔薇十字運動との関連の可能性、またブルーノの秘かな影響が、薔薇十字宣言の予告しているような改革の発展に貢献した可能性を指摘しておいた。ボッカリーニの抜粋が『名声』と併用されている事実は、この説を裏づける。というのもボッカリーニは、ブルーノ的なタイプの政治＝宗教的態度を代弁していたからである。

本書の以前の章で検討したマイヤーの神話利用の研究も、同じような方向を指し示していた。[☆19]マイヤーは、ブルーノをしのばせるようなもっとも深遠な「エジプト主義」、あるいはきわめて神秘的なヘルメス主義に没頭していた。しかしマイヤーはある自著の中で、『世界の全般的改革』（すなわち『名声』に併録されたボッカリーニの抜粋）に直接ふれ、そこでわざわざその重要性を過少評価してみせている。[☆20]実際彼は、『全般的改革』は『名声』と何の関係もなく、ただ偶然にいっしょに印刷されたにすぎないと述べている。

ボッカリーニの抜粋は『名声』の初版だけでなく、続く二回の再版の折にも併録されているので、この説明は奇妙千万といわなければならない。ましてこれが偶然とはとても信じられない話である。マイヤーのこうした態度の後退も、おそらく宣言のひきおこした効果や、そのメッセージがある筋から悪用されていることに彼が神経質になっていたためであろう。

薔薇十字宣言にもっともよく通じていた人物——すなわちヨハン・ヴァレンティン・アンドレーエは、彼のサークルの中でボッカリーニが大きな影響力をもっていたことを示す証拠を提供している。

アンドレーエは、『キリスト教神話の三つの書』(一六一九年)の中で、「ボカリヌス」(ボッカリーニ)に関する一章を設けている。そしてそこでは彼が、「意地の悪い阿呆ども」に迫害されたと述べられている。[☆21]この下りの激越な言葉の奔流は、ジョルダーノ・ブルーノが「衒学者ども」に浴びせた舌鋒を彷彿とさせる。

わたしには、アンドレーエの『キリスト教神話の三つの書』全体に、ボッカリーニの影響が見られるように思われる。この作品でアンドレーエは、古代や近代の著名人の名を引き合いに出しながら、ボッカリーニとよく似た皮肉な調子で、当時の事件を遠まわしにほのめかすのである。『キリスト教神話』のもたらす証拠は、ボッカリーニの抜粋が『名声(ファーマ)』と併録されたのが決して偶然ではないことを裏づけているように思われる。

アンドレーエや彼のサークルが、当時のイタリアの状況に深くかかわっていたことは、彼らがトマソ・カンパネラの作品に興味をもっていたことからも明らかである。[☆22]カンパネラもブルーノと同じように、革命的な元ドメニコ会修道士であった。

一六〇〇年に彼は、南イタリアでスペイン占領当局に対する革命を指揮した。それはブルーノがローマで火刑に処された年である。カンパネラの革命は挫折する。彼は捕えられ、拷問にかけられたうえ投獄されて、余生の大半をナポリ城で幽閉生活のうちに過ごすはめになった。

獄中で彼は『太陽の都』を執筆する。それは、ヘルメス的僧侶によって治められた理想都市の叙述である。彼らは、その慈愛にみちた科学的魔術を通じて、彼らの都市を幸福と徳の中に維持していくのである。太陽の都は、偉大なるユートピア譚、すなわち薔薇十字的雰囲気に特有の理想社会の空想譚の系譜に属している。それはアンドレーエに深い影響を及ぼし、やがて彼自身もっとも重要なユートピア譚の作者となる。

カンパネラには、ナポリの獄中によく彼を訪問しにくるふたりのドイツ人の弟子がいた。それはトビアス・アダミとヴィルヘルム・ヴェンゼで、ともにアンドレーエの親しい友であった。[*1] 彼らはカンパネラの草稿類をドイツのアンドレーエのもとに運んだ。その中には『太陽の都』の原稿も含まれていたが、そのラテン語訳は一六二三年にフランクフルトで上梓されている（サルピの『トリエント宗教会議の歴史』と同様カンパネラの『太陽の都』も、外国ではじめて出版された、この時代の偉大かつ著名なイタリア語作品のひとつである。こうした輸出は、イタリアにのしかかっていた圧制の暗い翳を裏づけるものである）。

ヴェンゼとアダミは、薔薇十字宣言が生まれていた頃チュービンゲンにおり、アンドレーエと交際があった。このようなアンドレーエやその仲間のカンパネラに対する関心ぶりや、アダミやヴェンゼを通じて仕入れる彼らのイタリアの状況に関する直接的知識からすれば、イタリアでの反ハプスブルク感情を表わしているボッカリーニの抜粋が『名声（ファーマ）』とともに印刷されているのも、少しも不思議ではなかったのである。

なんとか出獄しようとして、カンパネラは初期の革命思想をすて、世界の普遍的な政体は正統勢力の手に帰すべきことをうたった作品を書かなければならなかった。獄中で執筆され一六二〇年に上梓された『スペインの王政』は、世界王政をスペインの手にゆだねている。[☆23] 世界的規模のヘルメス的改革の理想像を『太陽の都』に具体化した革命家が、支配的な権力の前に屈したのである。カンパネラの『スペインの王政』の出版の日付が、あの一六二〇年という運命の年であるのは興味をそそる。

†閉じられた普遍的改革の扉†

『名声（ファーマ）』がヨーロッパでやがて開放されるだろうと預言した扉は、一六二〇年にぴしゃりと閉じられたのである。一六三三年のガリレオ裁判は、イタリアでひとつの扉を閉ざすことになった。

一六二〇年に一時代が終焉するまでは、ヨーロッパの観測筋は、多くの試験的な、混じりあった発展要素に気づいていた。それらは結局は水泡に帰してしまい、その思い出もあとかたもなくかき消されたため、近代の歴史家たちは、ヴェネチアにとって重要な何かが、ファルツ領で進行しつつあったことにすら気づいていないありさまなのである。英国国教を奉じる敬虔なイギリスの知識人たちは、自国からヨーロッパの情勢を見守りながら、ヴェネチアでのサルピをめぐる運動や、それにともなうイギリス＝ヴェネチア間の親善の中に、ある発展経路を見ていたにちがいない。それはファルツの運動や、選帝侯の英国国教徒の伴侶を介して結ばれたファルツとイギリスとの密接な関係と、明らかなつながりをもっていた。

わたしたちは、このふたつの思考経路、あるいはふたつの「宗教」に対する希望が、ジョン・ダンとヘンリー・ウォットンという親友同士のふたりの詩人の中で、いかにひとつに合体していたかを見ることができる。ダンのエリザベス・スチュアート崇拝は、婚礼に際して「新しい星」となるよう彼女に懇願して以来、宗教的エクスタシーの調子を帯びていた。

どうか汝が、われらに大いなる奇蹟の帰結を予告する新しき星となりますように。
そして汝こそがその帰結でありますように。

そしてダンはサルピの賛美者で、後年ダンの書斎には彼の肖像画がかかっていた。[☆24] 同じようにウォットンも、サルピとの友情や、ヴェネチアの宗教状況への深い関わりを、その終生変わらぬエリザベス崇拝と結び合わせていた。ウォットンの名高い詩『ボヘミア女王陛下様』は、彼女を花の女王である薔薇にたとえているが、この詩はあの災難のふりかかる直前、一六二〇年六月に、グリニッジ公園で執筆されたのである。

しかし本章の目的は、その扱う状況の文学的、詩的解釈を調査することにあるのではなく、そうした状況について、それが薔薇十字の主題の理解に影響を及ぼす限りでのみ議論することにあるのだ。薔薇十字の『名声(ファーマ)』の研究は、付属文書であるボッカリーニの作品の翻訳をいくらかでも研究しないことには、画龍天睛を欠くのである。

今ではその薔薇十字宣言が、いくらか広い意味を帯びてきたといえるかもしれない。それは、他の改革が失敗したがために、全般的改革を要求するのだ。プロテスタントの改革は力を失ない分裂しつつあった。カトリックの反宗教改革は、誤った展開を見せている。

こうして広大な全世界の新たな普遍的改革が必要となったのである。そしてこの第三の改革はその原動力を次のものの中に見いださなければならなかった。すなわち兄弟愛に力点を置く福音主義的キリスト教の中に、また秘教的なヘルメス＝カバラ伝統の中に、そしてそれにともなう次のような努力の中に。それは、科学や魔術、つまり魔術的科学や科学的魔術を、人間に役立つよう活用する科学的な探求精神によって、自然の中の神の業に立ち向かう努力なのである。

第11章

The R.C. Fraternity and The Christian Unions

アンドレーエの薔薇十字解釈

キリスト教協会の結成とユートピア都市構想

演劇的表現としての薔薇十字友愛団

一六一七年頃、ということは戦争勃発の数年前、ヨハン・ヴァレンティン・アンドレーエは、「クリスチャン・ローゼンクロイツ」やその「同胞たち」に対する態度にどうやら変更を加えている。はじめは全般的改革や学問の進歩に対する希求を伝えるものとして熱烈に歓迎していた神話が、今では彼によってむなしい笑劇（ルディブリウム）としておとしめられることになったのだ。そのかわりいま彼は、「キリスト教同盟」または「キリスト教協会」を説くのである。

これらの協会や同盟は、薔薇十字宣言ときわめて近い目標を掲げていた。それらは、宗教の更新や新たな宗教改革を表現し、キリスト教的博愛や兄弟愛を規則と実例によって奨励し、人類の幸福にむけて知的、科学的活動に熱心に取り組むことになっていた。

こうした団体は、たしかに薔薇十字宣言に定められた一般方針に従うものだが、ふたつの重要な点で宣言とたもとを分かつのである。まずそれらの団体は、自分の目標を薔薇十字的な神話に包み隠したりせず、もっと直接的な言葉で表現する。そして第二に、それらの団体は、不可視性の、あるいはもしかすると非存在の、もやの中から抜け出て、実在の領域に入ったことである。

そうした団体のひとつ、「キリスト教協会（ソキエタス・クリスチャーナ）」はたしかに実在していた。それは一六一八年から一六二〇年にかけてアンドレーエによって創立された協会で、戦争直前のこの時期に短い活動を行なっていたが、一六二〇年後の悲惨な時代にすぐについえ去ってしまったのである。しかし、それは完全に消えてしまったわけではなく、後にきわめて重要な将来を担う別の協会の形成に直接の影響を与えている。

さていよいよわたしたちは、アンドレーエが薔薇十字友愛団を笑劇（ルディブリウム）、または「芝居」と呼んだとき、それが何を意味していたかを詳しく調べ、こうした演劇的表現様式に対する彼の態度の変更を追い、薔薇十字友愛団の笑劇（ルディブリウム）と実在の「キリスト教協会」との関係を論じていくことにしよう。

当時の人々の心の中では、実際の舞台と実際の劇場は、夢想の中で次のような広く流布していた類比と結びついていた。それは、世界と劇場との類比であり、また世界と舞台の上で演じられる役としての人間生活との類比である。☆1「全世界はひとつの舞台だ」*1という台詞も、別にシェークスピアの編み出した標語ではなく、一般の心の中にごくふつうに存在していた認識だった。そしてアンドレーエの作品には演劇的譬喩が何度もくりかえし現われてくる。

すでにわれわれも見たように、彼は青年時代に、イギリス巡回劇団の演劇的影響を熱狂的に受けいれていた。☆2そしてそうした影響は、彼が一六一六年のめざましい作品『化学の結婚』に採用した演劇的形式にその跡をとどめている。

アンドレーエが薔薇十字友愛団について、何度も笑劇（ルディブリウム）と言及している点を考察する場合、彼の演劇に対する興味や、彼のきわめて演劇的な精神傾向などは、脳裏に刻んでおかなければならない。これは彼の場合、必ずしも侮蔑の言葉ではないかもしれないのである。実際、アンドレーエの薔薇十字友愛団についての文章を検討してみると、たしかに彼らをただの役者や喜劇俳優と呼び、軽薄で愚かな連中と形容することが、彼らを中傷する決まり文句と化している。しかし別の時には、俳優や戯曲そして演劇全般を、社会的にも道徳的にも有意義なものとして高く評価しているのである。これをひとつにまとめるにはどうすべきだろうか。しかしここではアンドレーエがどのように演劇的譬喩を用いているかを、いくつかの例で見ていくことにしよう。

一六一七年に「パルナッソス近辺のヘリコーン」で出版されたことになっている『メニップス』あるいは『諷刺的対話百篇』では、アンドレーエは薔薇十字の友愛団に対して手きびしい言辞を浴びせている。友愛団は「物見高い連中のための単なる笑劇（ルディブリウム）にすぎず、その中で、キリストの真の単純な道をとるかわりに、人工的で不慣れな道をたどった者は裏切られる憂き目にあった。」☆3これはたしかに断罪のように聞こえる。

一六一八年に「ユートピア」で上梓されたことになっている『祖国における外国の誤り』では、迷宮としての世界について、また知を求める人々がいかにむなしい作り話しか聞くことができないかについて、悲観的な意見が述べられる。[4] そして「情景」あるいは舞台についての一節では、世界が円型劇場に譬えられている。そこでは誰も自分自身として真実の光の中で現われることがなく、誰もが変装しているのである。[5] ここで、世界と劇場との類比は、それが失望の場であることを示唆しているのだ。

一六一八年のアンドレーエの『キリスト教神話』は、首尾一貫しない混乱したやり方で表現されているとはいえ、当時の情勢の広い知識を示していて、戯曲や演劇についても数多くの論及をふくんでいる。この作品は数巻に分けられているが、その各巻がさらに、驚くほど多様な題目を集めた短い項目に分けられている。

「悲劇（Tragoedia）」[6] の項目では、劇の公演が熱心に勧められている。「上演（Repraesentatio）」[7] の項目では、喜劇が礼節や真実を教えることができると述べられている。また別の項目で、[8] 五幕物の道徳喜劇の構想がもちだされる（これは『化学の結婚』の五幕物の劇と比較されうる）。「俳優（Mimi）」[9] の章でアンドレーエは、俳優について友好的な言葉で論じ、また「戯曲（Ludi）」[10] に関する注目すべき章では、大衆劇場を建てることが、キリスト教的な行為であると述べられている。そうした劇場では、多くの場面からなる「戯曲（Ludos）」が上演されるのだ。そしてそれらは若者のしつけや民衆の教化、精神の研磨や老人の娯楽、さらには女性描写や貧者の慰みにもってこいなのである。石頭の教会の神父たちは演劇に眉をひそめるが、より新しい神父たち（recentiores）は、節度のある喜劇には賛意を表わしている。この一節は、演劇が、キリスト教徒なら賛成すべき貴重な教育的、社会的機関である、という内容の注目すべき演劇擁護論である。

イエズス会士はもちろん、劇の道徳的、宗教的利用に賛成するより新しい神学者であった。しかしアンドレーエは、この擁護論でイエズス会的な劇を念頭に置いていたのだろうか。

『キリスト教神話』中のこうした芝居や喜劇や戯曲（Ludi）に対する賛美は、アンドレーエが同じ著書で薔薇十字友愛団を笑劇（ルディブリウム）や喜劇として指摘しているのを研究する際には、考慮に入れておかなければならない。「友愛団（Fraternitas）」の項目は、[11] まちがいなく薔薇十字友愛団への暗示である。彼はそれを、「ヨーロッパ中に喜劇を上演して歩くすばらしい友愛団」と語る。こうした指摘は謎めいているが、アンドレーエの数多い作品には、この種の指摘に事欠かない。彼はたえず演劇や劇について語っていて、たしかにその問題は彼を魅了しているのだが、その語り口はいつも漠然としていて要領を得ないのである。

アンドレーエの演劇への関心によってもちあがる、まったく新しい未開拓な問題に、ここで深く立ち入るつもりはないが、ドイツにおける薔薇十字騒動の文献を詳しく研究しようとする人に、格好の刺激になると思うので、次の点は主張しておこう。

つまり、そうした研究は、イギリスの俳優たちの活動と「薔薇十字」思想の広がりとの関係を明らかにすることができるかもしれないという点である。

ベン・ジョンソンも、宮廷仮面劇のひとつ(『幸運な島』一六二五年)で、「薔薇十字団員」と俳優との関連を示唆している。そのくだりで彼は薔薇十字騒動の風変わりな出版物についてみごとな知識を示し、また不可視性という薔薇十字的テーマを巧みに利用している。☆12

このように、アンドレーエの薔薇十字友愛団に関する演劇的観点からの議論は、われわれがようやくかすかに理解しはじめた歴史的背景に属する事柄だったのである。アンドレーエは才能に恵まれた想像力豊かな人物であり、その創作力は、彼をとりまく新しい影響、とりわけ(前に論じたように)イギリス巡回劇団の影響によって火がつけられたのである。この劇団の影響こそ、彼のもっとも初期の活動に霊感を与えたものであった。クリスチャン・ローゼンクロイツとその友愛団の笑劇(ルディブリウム)が冗談ではなく、きわめて興味深い宗教的、知的運動の演劇的表現だったとする説明をうながしているのは、アンドレーエの演劇に対する根強い関心なのである。

アンドレーエは、悪い時代に生まれた男の、もっとも悲劇的な一例なのである。もともと彼はすぐれた才能に恵まれた独創的な人物で、あるいはその精神の演劇=哲学的傾向においてゲーテの先駆者となったかもしれない。ところが彼は、その寛大な性格やみごとな知的想像的天賦のおかげでかちえたはずの名声の果実を味うどころか、みずからの才能を否定し、痛ましい不安に身をすりへらすことを余儀なくされたのである。

なぜなら、一六一七年頃から薔薇十字騒動の取る進路に、アンドレーエがいたく不安にかられはじめたことは疑問の余地がないからである。そして彼はそれが本来奉ずるはずの目標を損ないはじめたことに気づき、その流れをせき止め、別の水路に導こうと努力していたのである。

『キリスト教神話』[☆13]の末尾には、フィラレーテスとアレーテイア（つまり真実と真実愛好者）の対話が置かれている。ウェイトやアルノルド[☆14]によると、アンドレーエがここで述べている意見は、たぶん状況のたどる行く末に恐れをなしたために、彼が薔薇十字運動の反対者にまわったことの裏づけとなるのだ。真実の愛好者は真実に尋ねる――あなたは薔薇十字友愛団をどう思うか、またあなたはそれに属しているのか、あるいは何らかのかかわりをもっているのか。真実はきっぱりと答える、“Planissime nihil”、つまり「金輪際かかわりがありません」と。真実はこの種の質問に対する決まり文句を返しているだけであり、例によって要領を得ない答えをくりかえしている。しかし真実の弁舌の残りの部分に注目してみよう。[☆15]

わたしは金輪際それ（薔薇十字友愛団）にかかわりがありません。そう昔の話ではないのですが、一部の人々が文学の舞台の上で、巧みな役者陣による芝居を興行しようとしていました。そのときわたしは、最新流行の概念を貪欲に捉えるその時代様式に感心しながら眺めるひとりとして、そこに立ち合っていました。観客としてわたしは、書物による論争を眺めたり、俳優がその後まったく入れかわってしまったことに注目したものですが、なかなかどうして魅力がなくはありませんでした。ところが今では劇場が口論や意見の衝突にあふれんばかりで、論争もあいまいな当てこすりと邪推に終止しているありさまです。さすがにわたしもそこからすっかり身を引いて、こんな怪し気でとらえどころのない出来事に巻きこまれないようせいぜい気をつけるのが身のためだと思いました。

ここからはっきりするように思われることは、アンドレーエが身を引いた理由は、別に薔薇十字友愛団が「劇」つまり「文学の舞台の上」にしつらえられた「芝居」とみなされたからではなかったことである。彼は、この事件全体の「劇」、「喜劇」、笑劇（ルディブリウム）に賛成し、それを楽しんでいたのだ。しかも彼は自分がその「観客」だったことや、事情を知りつくしていたこと、そしてそもそもの発端から見ていたことを認めている。それに演劇はすぐれたもの、道徳的に有益なものとする彼の意見からすれば、笑劇（ルディブリウム）または芝居としての薔薇十字友愛団が、すぐれた有益なテーマの演劇的表現だった可能性もありうるのだ。彼が反対しているのは、当初の運動に他の人々または他の俳優が割りこみ、それをだいなしにした点なのである。

†譬喩に塗り込められたアンドレーエの真意†

『キリスト教神話』が一六一八年に刊行されたとき、薔薇十字騒動は猛威をふるっていた。そしてその文献のより詳しい検討が行なわれたときには、アンドレーエに不安を与え、神話を撤回した方が得策だと彼に思わせた中傷的な言辞や悪意の推測――おそらくこれが薔薇十字友愛団に対する魔女恐慌の発端であろう――がどんなものであったかを特定できるかもしれない。

ところが、この奇妙な物語を通じて、もっとも痛快かつ興味深い点は、クリスチャン・ローゼンクロイツのうわべの撤退自体、この空想的人物に親しんだ者ならきっと理解したにちがいないひとつの笑劇（ルディブリウム）、神秘的冗談であったという点だろう。こうした結論は、アンドレーエのもっとも重要な作品である『クリスチャーノポリスの理想的またはユートピア的都市の記述』の序文を注意深く検討することから得られる。

アンドレーエの忠実な出版業者ラザルス・ツェツナーによって、一六一九年シュトラスブルクで上梓された『クリスチャーノポリス共和国の記述』は、トマス・モア以来のユートピア伝統の小古典として、ヨーロッパ文学の中でそれなりの評価を受けている名高い作品である。英訳も行なわれて[☆16]、それは英語圏の読者にも接することができるようになった。また『クリスチャーノポリス』は、ほぼ同時期のベーコンの『ニューアトランティス』と比較させずにおかない作品であるため、一七世紀初頭研究の分野では、ごくなじみの道標となっている。ところがわたしたちは、薔薇十字の茨が生い繁ったこれまでなじみのない小道から、この分野にわけ入ろうとしている。そのため道標そのものも、歴史教科書の平坦で安全な高速道路沿いにではなく、今では忘れられた熱狂の脅威から脱けてすぐにそこにたどり着いた読者には、今までとはいくぶんちがって見えることになる。

『クリスチャーノポリス』の序文は、キリストの教会がアンチクリストによって弾圧されているという嘆きではじまっている。その弾圧は、光を取り戻し闇を追い払う決意をうながした。ルターの宗教改革は今では新しい宗教改革に継承されなければならない。ルター時代のドラマが、「われわれ自身の時代に再び演じられることになろう」。なぜなら「より清浄な宗教の光が、われわれの上に徴してきたからである」。熱烈な心情をもった人々（彼はヨハン・ゲルハルト、ヨハン・アーント、マルティン・モラーの名をあげている）は瞑想と精神の復興の時を求め、現代にキリスト教精神の新たな発露を求めた。そして「ある友愛団体」がこれを約束したのであるが、結果はそれどころか、人々の間に完全な混乱の種をまいてしまった。もちろん彼は、薔薇十字宣言につづく騒動のことを語っているのだ。[☆17] [*2] [☆18]

ある友愛団体（私見によればそれは冗談なのだが、神学者たちによればまじめなものだという）が、もっとも偉大にして異例な事態を約束した。その中には人類一般が望んでいる事柄さえふくまれていた。さらにそれは、堕落した現状の矯正に対する特別な希望や……キリストのまねびをも合わせもっていた。この報告に続いて、人々の間にどんな混乱がおこったか、また学者の間にどんな論争が闘わされたか、そしてぺてん師や詐欺師がどんな不安や動揺をもたらしたかは、いまさらいうまでもない。……何人かの人たちは、この見通しのきかない脅威の中で、自分たちの古い時代遅れの誤った意見が権力によって完全に保持され、擁護されることを望んでいた。別の者はあわてて自説を捨てて……自由を手に入れようと腐心していた。また別の者は……キリスト教的生活原理を異端または狂信と弾劾した。これらの人たちがたがいに相争い、各書店に殺到していた間に、彼らはそれ以外の多くの人たちに、こうした問題を熟慮し判断するに充分な暇を与えたのである。

このようにアンドレーエによれば、騒動も、少なくとも次の点では良い結果をもたらしたのである。すなわちそれが人々に熟考をうながし、宗教改革の必要性を認識させた点で。彼は、これらの宗教改革を確かなものにする処置が構じられるべきであると指摘する。彼はおそらくここではじめて、目標に向かって直進するキリスト教同盟、またはキリスト教協会の設立を暗示したのである。[☆19]

われわれは、キリストやその御言葉に対する次のような冒瀆には、断じて染まるまいと心に誓っているのだ。その冒瀆とは、御自身が道にして真実にして光である方から救いの道を学ぼうとせず、自分の高慢な目から見てのみ全能と映るある怪し気な結社（そんなものが実在するとしての話だが）から学ぼうとする振る舞いのことである。この結社は紋章用に縫い合わされた楯を持っていたが、ばかげた儀式にさんざん伸われたあげく、それはぼろぼろになっているという話である……

この文章は、奇妙な紋章や儀式をともなう（おそらく）実在しない想像上の薔薇十字友愛団を断罪しているように思われる。そしてそのかわりに実在の、想像上のものではないキリスト教的な協会が創設されなければならない。そうした協会が実際すでにアンドレーエによって創設されており、それが後に議論される「キリスト教協会」だったのである。

しかし、この序文のいわゆる薔薇十字友愛団弾該を疑わしくしているのは、船に乗りこみ、クリスチャーノポリスに向けて出帆するよう読者を誘う締めくくりの一節である。[☆20]

諸君にとって、もっとも確実な方法は……蟹座の記号を船旗に掲げた船に乗りこみ、つごうの良い条件を見はからって諸君自身クリスチャーノポリスにむけて出帆し、神を畏怖しつつかの地ですべてをつぶさに検分することであろう。

そして、この旅の途上で難破した後に、この本に描かれているクリスチャーノポリスの理想都市の島が発見されたのである。

おなじようにクリスチャン・ローゼンクロイツと友人たちも、『化学の結婚』の終わりで黄道宮の記された船に乗り、さらなる精神的発見への航海に旅立ったのだった。☆21 序文の最後を飾るこの暗示によって、つまり「クリスチャン・ローゼンクロイツ」を主人公とし、ツェツナーがわずか三年前に上梓したばかりの作品をほのめかすことによって、アンドレーエは『クリスチャーノポリス』の序文を、『化学の結婚』に結びつけたのだ。クリスチャーノポリスのある島は、実はクリスチャン・ローゼンクロイツが『化学の結婚』の結びで出帆した航海の途中で、彼によって発見されたものだったのである。

こうして冗談好きの敬虔な神秘家は、騒動から身をかわしつつ、その実薔薇十字の福音をそれと名ざすことなく説きつづけようとしたのである。結局シェークスピアのいうごとく、「名前が何だというの。薔薇にたとえ別の名がついていても、同じような甘い香りがするはず。*3」

†アンドレーエの創造したユートピア都市†

クリスチャーノポリスの設計図は、四角形と円形とにもとづいている。家々はすべて四角に建てられているが、外側のいちばん大きな四角がそれより小さな四角を囲み、それがさらに小さな四角をとりまき、中心の四角形にいたるまでこれが続いている。そして中央に円形の神殿がそびえる。

都市の役人は、しばしばウリエル、ガブリエルといった天使の名前をもち、またマクロコスモスとミクロコスモス、つまり宇宙と人間とのカバラ的かつヘルメス的調和は、その象徴的設計図を通じて表現されていた。都市の記述は、神秘的なものと実際的なものとの魅力的な混合をなしている。たとえば都市は採光がまことによく行きとどいていた。そしてこのすぐれた採光は、それが犯罪や夜間に徘徊するあらゆる悪徳を防ぐゆえに、市民生活上の重要性をもっていた。さらにそれは、神の臨在の光が宿る都市という意味で、神秘的な意味合いをもっているのだ。

熱烈な信仰心が都市を支配し、その社会生活が敬虔な計画にのっとって慎重に組織されているのに対して、都市の文化はもっぱら科学的である。力学や機械技術がよく発達し、教育を受けた一大職人階級が存在していた。「その職人たちは、ほとんど皆教育を受けた人々である」。そしてこの事実は発明の発展を促進させていた。というのも、「職人たちは、自分の発明の才を満足させ発揮することが許されていた」[22]からである。

自然科学や化学＝錬金術の教育が行なわれ、医学にはとくに重点が置かれていた。解剖学や切開術のための特別な建物が建てられていた。どこでも教育や学習は絵で補われている。博物学の研究所では、博物学上の諸現象が壁に描かれ、動物、魚、宝石などの図が用いられていた。技術としての絵画の教育が行なわれ、熱心に学ばれていた。絵画術の部門には、建築、遠近法、築城術、機械装置、力学など数学に結びつくすべての科目がふくまれている。数学をその全分野にわたって集中的に研究することが、この都市の文化のもっとも顕著な特徴なのである。数学の研究所では、諸天体の調和が研究され、壁には道具や機械類の図解や幾何学図型が描かれていた。数学や数の研究は、「神秘的な数」の研究によって補完されていた[23]。

この都市で教えられている神学と哲学との混合は、神智学と呼ばれていた。これはアリストテレスの教えとまったく対立する、一種の神聖化された自然科学のことであるが、頭の鈍い連中は、神の業よりもアリストテレスの方を好んでいた。神智学は、この都市で重んじられている天使の奉仕の問題を扱ったり[24]、神秘的な建築の問題を扱ったりする。住民たちの信じるところでは、宇宙の最高の建築家は、その全能の宇宙構造をでたらめに創ったわけではなく、賢明にも測量や数や比例を使ってそれを完璧なものにし、さらにそれに、すばらしい調和(ハーモニー)によって区切られた時間という要素をつけくわえたのである。この建築家はみずからの神秘をとくに自分の仕事場と「典型的な建物」の中にしまったが、この「カバラ」においては慎重を期することが望ましい[25]。

神の業はこの都市では、とくに天文学と占星術の深遠な研究によって瞑想される。後者の研究については、人間が星を支配しうることが理解されており、またキリストを動力とする新しい天も理解されているのだった。自然科学の研究は、宗教的義務となっていた。「なぜなら、われわれは、神のもっとも壮麗な劇場とすらいえるこの世界に、獣のごとくただ地上の牧草を喰うだけのためにつかわされたわけではないからだ」[☆26]。

この都市で重要このうえないものに音楽がある。そして音楽の学校に入学するためには、代数学と幾何学の学校を卒業しなければならなかった。数々の楽器が数学の劇場の中に掛けられていた。宗教的な合唱の教育が行なわれ、練習されていた。彼らはそれを、その奉仕をあれほど重要視している天使の合唱団にならって行なっていた[☆27]。こうした合唱は、神聖な劇も上演される神殿で披露された。

クリスチャーノポリスの住民は、敬虔このうえないキリスト教徒である。彼らは同時にきわめて実際的な人々でもあり、農業や街灯設備や衛生施設(下水は人工の暗渠によって家々から流れ去るようになっていた)、そして教育の改善に関心をもち、それらに細心の注意とありったけの頭脳をかたむけていた。彼らの文化は極度に科学的なものである。実際クリスチャーノポリスは一面で、一種の高度な技術学院のようにも見えるのだ(都市の中心に「学院」がある)。彼らの宗教は、「天使の奉仕」に大きな重点を置く、ヘルメス＝カバラ伝統のキリスト教的形態である。実際彼らは、みごとなまでに天使と親しく暮らしており、またその街路には天使の合唱をまねた歌声が響きわたっていた。

クリスチャーノポリスが、トマス・モアの有名な作品に端を発する一連のユートピアのひとつとして、ヨーロッパ的伝統の末席を占めていることは明らかである。その直接のモデルはカンパネラの『太陽の都』――中心に円型の太陽の神殿をもった円型の都市――である。『太陽の都』の叙述は、トビアス・アダミとヴィルヘルム・ヴェンゼとが、直接ナポリからアンドレーエのサークルにもたらしたものである。太陽の都のヘルメス＝カバラ的雰囲気、魔術＝科学的雰囲気[☆28]は、クリスチャーノポリスでも踏襲されており、二都市の細部の多く――とくに壁画による教育[☆29]――が、それとわかるほど似かよっている。

しかしアンドレーエの都市には、こうした明らかな影響以外に、まちがいなく他の影響も関与している。建築や美術に関連した数学的科学を重視するアンドレーエのテーマは、たしかにカンパネラにも見られる。しかしそれは、『両宇宙誌』の第二巻でフラッドによって、直截かつ厳密な表現が与えられていた。この第二巻は、一六一九年、すなわちアンドレーエの『クリスチャーノポリス』がシュトラスブルクで上梓されたのと同じ年にオッペンハイムで公刊されている。[☆30] そしてフラッド自身は、ユークリッド『原論』の序文におけるディーの、数学的科学推進論を踏まえているのである。[☆31] ディー＝フラッドの影響が、クリスチャーノポリスの記述でまことにきわだった特徴をなしている次のようなテーマに及んでいた可能性は、きわめて高いといえるだろう。それは美術やとくに建築の極度に数学的な技術と関連した、数学的科学のテーマである。

職人階級に発明を奨励することが重要だとアンドレーエが強調している点もひじょうに特徴的だ。科学技術の重要性の認識は、たしかにヨーロッパ中で育ちつつあったが、それは、ロンドンの職人階級へのアピールをともなう、ディーのユークリッド『原論』の序文の特別なテーマでもあった。[☆32] アンドレーエのユートピア都市は、そのすぐれた高い教育を受けた職人階級の点からも、またその数学的科学への熱狂ぶりからも、確実にディーの称讃をかちえたことだろう。

そしてもちろん、ディーと一脈通じるものに、アンドレーエが都市における「天使の奉仕」を強調している点があげられる。[☆33] 周知のようにディーは、実際的カバラまたはカバラ的魔術によって、天使の奉仕を確保しようとしていた。アンドレーエがその数学的なユートピアで、「天使の奉仕」を強調してはばからなかったということは、彼が、自著に及ぼされた主な影響が何であるかを公言してはばからなかったことを暗示している。

すでに見てきたように、アンドレーエは、『化学の結婚』の冒頭でディーの「単子（モナス）」の記号を用い、[☆34] 彼がどこから霊感をくみ取ったかを示していた。さらに、ディーの「単子（モナス）」とその意味とが薔薇十字宣言に底流する秘密の哲学であり、[☆35] それはローゼンクロイツの納骨堂に収められた神秘＝数学的驚異に象徴的に表現されていたことも、われわれは見てきた。したがってアンドレーエのクリスチャーノポリスが、「単子（モナス）」に内在する哲学、つまりディーの哲学を、その科学技術に対する実際的かつ功利的な強調やその数学的志向性、またその秘教的で魔術的な神秘主義や、その神秘主義的魔術、そしてその天使の導きへの信仰などとともに、象徴的な都市の形で解説したものだとしても、少しも不思議はないのである。

こうしてアンドレーエは、『クリスチャーノポリス』において、薔薇十字宣言や彼自身の『化学の結婚』の秘密のテーマを、偽装した形でくりかえしているのだ。『クリスチャーノポリス』の序文だけでなく、その本文でも彼は、薔薇十字団員をうわべで否定することで、それを偽装している。

クリスチャーノポリスの東門には門番がいて、都市に入ろうとする異邦人を吟味している。一部の下層階級の者たちは入ることが許されない。その中には、「暇をもてあました舞台俳優」や「不当に薔薇十字の同胞を名のるぺてん師ども」がふくまれていた。[☆36] これはアンドレーエの冗談であるから、ここでわれわれは慎重に振る舞わなければならない。クリスチャーノポリスから追い出されたのは偽の薔薇十字団員であって、真正の団員ではない。そして『化学の結婚』を読んだ者なら、クリスチャーノポリスに入ろうとしている者が、真正なる団員すなわち、クリスチャン・ローゼンクロイツその人に他ならないことがわかったにちがいない。彼こそは、『化学の結婚』の結びで船出した航海の途上で、この島を発見したのである。

さてここで、アンドレーエのクリスチャーノポリスとベーコンのニューアトランティスとの、避けて通ることのできない比較に取り組んでみよう。

そこからはっきりする顕著な事実は、アンドレーエのユートピアの方がベーコンのものよりはるかに数学的でもあれば、はるかに天使的でもある点だ。わたしはこれを、ディーの影響が、ベーコンの作品よりアンドレーエのそれに強く働いた、または少くともより承認された、ということを意味するものと推定したい。功利主義、すなわち人間の現状の改善をめざす科学知識の応用という点では、どちらのユートピアにも共通するが、アンドレーエの方がベーコンより実際的でもあれば技術的でもある。実際、「通俗的ベーコン主義」といいならわされてきたもの、すなわち知識の進歩の実利面の強調は、クリスチャーノポリスではすでにかなり強力に発展しているようである。これはディーの影響が、クリスチャーノポリスにより強く作用しているせいだろうか。

こうした問題は早急に解決されるものではなく、将来の研究家にまかせておくべきだろう。わたしがここで試みた研究方針は、純粋に歴史的なものであり、それは、イギリスのベーコン主義運動が、大陸の薔薇十字運動とからめて研究される必要がある、という認識を導いてきた。なぜならこのふたつの運動は何らかの形で関連しているからである。

†「キリスト教協会」の実態†

アンドレーエが『クリスチャーノポリス』の序文でほのめかしている、キリスト教的で知的な改革のための「実在」の協会または集団の編成は、この序文の書かれた時点ですでに着手されていたらしい。この「キリスト教協会」の構想や計画は、一六一九年と一六二〇年に出版された二冊の小著の中で説明されている。それらは、失われたと信じられてきたが、数年前にハートリブ文庫の中から見つかった。[37] そのラテン語標題は、一六四七年に世に出たジョン・ホールの英訳によると、『キリスト教協会の見本』と『さしだされたキリスト教的愛の右手』である。この訳本の前につけられたサミュエル・ハートリブへの献辞は、これらの冊子に描かれている協会が「現実のもの」で実在し、ようやく不可視の学院や不可視の薔薇十字友愛団の領域から現実の団体の存在へと到達したことをわれわれに知らせてくれる資料のひとつとなっている。訳者はハートリブに次のように呼びかける。[38]

(この協会の一部の会員とはドイツで御懇意の)あなた御自身、これが思いつき以上のものであることは御自分の目でお確めになれます。またこれが最初に創立されましたときに、戦争がそれを中断させてしまったこと、ならびにそれがいまだに旧に復していないことは、ともに遺憾千万な事態というべきです……

「キリスト教協会」が戦争直前に短期間実在していた――このことに疑問の余地はない――というこの肯定的断言にもかかわらず、それが正確にどこにあったかを言明している人物を、わたしは見つけることができなかった。『見本』によれば、その指導者は、あるドイツの君主だという。[☆39]

この協会の指導者はあるドイツの君主だが、その人物は、信仰心と学識と高潔さとでその名も高く、その下には、神からたまわった何らかの天賦ゆえにそれぞれ傑出した一二人の役員が、諮問機関として仕えていた。

アンドレーエは、かなり後の一六四三年に、ブラウンシュヴァイクならびにリューネブルクの公爵、アウグスト公に宛てた書簡の中で、『見本』で言及されたドイツの君主が、実はアウグスト公らしいことをほのめかしている。しかしこの点はもう少し確証がほしいところである。「協会」が創られたのがどこであれ、その地はたちまち戦争の舞台と化したにちがいない。というのもアンドレーエは同じ書簡の中で、この集団が戦争の始まって間もない頃に崩壊の憂き目にあい、それに関する本は灰じんに帰し、会員たちも四散して文通もままならないまま、あるいはこの世を去り、あるいは意気消沈してしまった、と書いているからだ。[☆40]

何物も、「統一」ほど神に近づくものはない、と『見本』の巻頭の献辞は述べている。人々の間の不統一と不和は、「善良な人々の間に万物を自由に交流させること」で、矯正されるにちがいない。だからこそ賢者たちが協会に集結したわけであるが、アンチクリストがこれに反対しているのである。

続けてアンドレーエはいう。世界が「いわば再生し、その腐敗のすべてが宗教の太陽と学問の真昼の光のもとで修復されようとしている」現在、優秀なること、また賢明なることこのうえもない多くの人々が、「最良の人々の学院または協会」への単なる願望だけで満足し、そうした制度を発足させる処置を採らずにいるとは、どうにも解せない話である。[☆41]

協会の指導者であるドイツの君主の一二人の役員は、さまざまな研究分野における専門家たちである。といっても最初の三人の担当は包括的な分野で、それはすなわち宗教と徳と学問とである。残りの者は、以下のように三人ずつのグループを形成している。まず聖職者と検閲官（これは道徳を担当する）と哲学者のグループ、ついで政治家、歴史家、経済学者のグループ、そして医者、数学者、文献学者のグループである。[☆42] これらの専門家たちは、かりに『名声（ファーマ）』の言葉に翻訳してみるなら、クリスチャン・ローゼンクロイツのもとに分類された薔薇十字友愛団員といってもいいくらい[☆43]である。

哲学者は、どうやらおもに「両世界を注意深く調査する」自然哲学者のことらしい。数学者の描写は引用にあたいする。[☆44]

> 数学者は、すばらしい頭脳の持主で、人間のあらゆる技術や発明の道具を応用する。その仕事は、数や測量や重量に関係している。彼はまた天と地の間に存在する交渉を理解する。ここにはまさに、人間の産業によって耕されるべき、自然と同じくらい広大な原野が広がっているのだ。なぜなら数学の各分野が、独自のしかももっとも勤勉なる技術者を必要としているからである。といっても、彼らは皆以下の目標をめざすのでなければならない。
>
> すなわち、数や測量や重量によるたくさんのみごとな発明品の中に、キリストの統一性を熟視すること、そしてこの宇宙の構造の中に、神の賢明なる建築物を観察することである。ここまでなら、力学がその軽やかさと巧みさで、力を貸すことができるだろう。力学は、詭弁家連中の言い立てるほど不名誉な卑しいものではなく、むしろ諸技術の利用や実践法を説明するものである。したがって力学は饒舌などと比べると不当におとしめられているのだ。
>
> とはいえ、そうしたものを、技術の諸規則によって引き立て高めることとなると、それは真正な数学者の役割である。それらによって人間の労働は軽減され、産業の特権や理性の力と支配とがさらにはっきりするのだ……

「キリスト教協会」の文化は、明らかにクリスチャーノポリスのそれを彷彿とさせる。それは数学にもとづき、科学技術や功用性をめざす科学的文化である。指導的な一二人が、それ以外の「医者、外科医、化学者、金属学者」などに補佐されているところからすると、この協会を発展させれば、それはクリスチャーノポリスと同様、自然の内に神の業を眺め、しかも科学的、技術的専門知識のきわめて実際的な核を備えた、神秘主義的キリスト教徒の集団となったであろう。彼らの主要な関心は、「饒舌」つまり通常の修辞学的研究にではなく、「それによって人間の労働が軽減されるような」応用数学に向けられている。

『クリスチャーノポリス』の場合と同様、数学者の役割に関するこうした概念に大きな影響を与えたのは、ジョン・ディーであったようにわたしには思われる。「単子(モナス)」に要約された彼の哲学は、薔薇十字宣言やアンドレーエ自身の『化学の結婚』の背後にもよこたわっていた。たしかに同じような傾向をもったベーコン運動からの影響もあったかもしれないが、数学者にこれほど指導的役割を与え、「饒舌」と対照させている点は、ベーコンとはっきりたもとを分かつ。

「協会」の会員の科学にはキリスト教的慈悲が吹きこまれており、それがこの団体にきわめて敬虔な雰囲気をまとわせている。運動のこの側面は、『さしだされたキリスト教的愛の右手』と題され、『キリスト教協会の見本』の付属文書として意図されたらしい冊子において強調されている。

この冊子は、もっぱら宗教的で、知的労働に関する言及はほとんどなされていない。著者は、「信仰とキリスト教的愛のこの手を、世界の桎梏の中で辛酸をなめ、その重圧にうちひしがれながらも、キリストを解放者として心から待望している人々すべてに」[☆45]、さしのべるのだ。もしかすると、dextera porrecta つまり右手をさしだすしぐさが、この協会の会員同士の合図となっていたのかもしれない。

このように、不可視の、空想的な薔薇十字友愛団が、現実的な何かに翻訳されたとき、それは「キリスト教協会」、つまり夜明けをむかえた科学に、新しいキリスト教的慈悲を吹きこむ試みとなるのだ。

「協会」の会員については、それに関する他の多くの点と同様、あまりよくはわからない。アンドレーエの古くからの友人トビアス・アダミとヴィルヘルム・ヴェンゼがそこで活動していた。そしてヨハネス・ケプラーがアンドレーエのキリスト教同盟に興味を抱いていたという噂[☆46]もある。アンドレーエはチュービンゲンでケプラーの師、メストリン[*4]の下で数学を学んでおり、確実にケプラーを知っていた。

「キリスト教協会」は戦争勃発とともにあのような悲惨な結果をむかえてしまったが、そのかわりに継承者や分派をうみだしている。アンドレーエは一六二八年頃、ニュールンベルクでそれを再出発させようと試みた。

ライプニッツが後年、薔薇十字思想と接触するようになったのも、この分派の継続的活動がきっかけであったらしい。ライプニッツは一六六六年にニュールンベルクで薔薇十字協会に加入したという執拗な噂[☆47]があるし、ライプニッツは薔薇十字の友愛団が虚構であることを、「ヘルセント」（おそらくフランシスクス・メルクリウス・ファン・ヘルモントのことだろう）[*5]から聞かされて知っていた、というより信頼のおける情報[☆48]もある。それが「冗談」とわかったとしても、ライプニッツがその冗談の背後にある思想の一部を吸収するのを思いとどまることはなかっただろう。そして、実際彼はまちがいなくそれを吸収しているのだ。

わたしが別の所で指摘しておいたように、ライプニッツの提案している慈悲の結社の規則は、実際上『名声（ファーマ）』の引用といっていいのである。[☆49] 窮極的にアンドレーエの運動に端を発する思想のライプニッツに及ぼした影響をさらに詳しく研究するつもりなら、その研究材料はライプニッツの著作中に枚挙にいとまがないほど見つかる。しかし、ここでなされうることは、このきわめて重要な主題について、以上のような断片的な言及を行なうことにつきるのである。

島の名を表わす「アンティリア」[*6]という神秘的な言葉[☆50]は、三〇年戦争中にドイツその他のいくつかの場所で、アンドレーエの作品にならってキリスト教協会の「見本(モデル)」を創ろうと試みたさまざまなグループの用いる、一種の合言葉だったらしい。そうした「見本(モデル)」は、神秘主義的熱狂家にとっては、大いなる普遍的改革への準備にすぎなかった。その改革は、どんなことがおころうとも、いまだに希望がもたれていたのである。

そうした見本的協会に対して、またその発展の大きな可能性に対して、もっとも熱心だったひとりにサミュエル・ハートリブがいる。アンティリアと呼ばれようと、マカリア[*7]と呼ばれようと、あるいは他に何と呼ばれようと、ハートリブのたゆまぬ努力の原動力となったのは、福音主義的敬虔さと科学、つまり、科学の功利的応用とのアンドレーエ流の結合であった。

そして運動は、ハートリブやその友人でもあり援助者でもあったジョン・デュリーやヤン・アモス・コメニウスとともにイギリスに帰ってくる。なぜならハートリブが新たな改革を確立する絶好の機会を見たのは、プロテスタント・ヨーロッパの雄として、旧エリザベス朝の役割を取り戻した議会制のイギリスにおいてだったからである。

薔薇十字友愛団は、イギリスとの同盟によってもちあがった希望を表わしていた。そしてその同盟はファルツ選帝侯のイギリスでの結婚によって結ばれていた。同様に、この希望が崩れたとき、ハートリブとその友人達が、普遍的改革の理想を実現させるため、つまり薔薇十字の夢を別の名で継承するためにその支援をあおいだのは、やはりエリザベス朝の役割を取り戻したイギリスに対してであった。

わたしは運動がイギリスに「帰った」といったが、それは、すでに主張してきたように、奇妙な「薔薇十字」神話が、ボヘミアに対するディーの布教活動に由来する影響という形で、おもにイギリスから発生したとわたしが信じているからである。むろんこれは単純化しすぎたいい方で、これでは、ヨーロッパ的影響からくる複雑な要素をすべて無視することになろう。それらの要素はあらゆる種類の源泉から運動を養ってきたのである。けれどもわたしは、時代の混迷のさ中で見失われたこの往復運動を、不充分なりに表現しようと試みている。それはもし「英国(ロイヤル)

・学士院（ソサエティ）」の創立に至る状況のもつれた網の目をほどこうとするなら、ぜひとも復元しなければならない作業なのである。

0 薔薇十字友愛団の目に見えない学院。
テオフィルス・シュヴァイクハルト『薔薇十字の賢明な鏡』(1618)より。

1 ファルツ選帝侯フリードリヒ五世とその妃エリザベス。
1612年の印刷物。アシュモール博物館のサザーランド・コレクション。

2 オッペンハイムの凱旋門、1613年。デザインと彫版はヨハン・テオドール・ド・ブリー。『旅行記』ハイデルベルク、1613年より。

3 (a) アルゴー船の山車。
(b) 侯妃エリザベスのハイデルベルク到着。『旅行記』より。

4 (a) ハイデルベルク大学の建立した凱旋門。
(b) ハイデルベルク城の中庭に建てられた門。
侯妃エリザベスの1613年ハイデルベルク到着
を記念する凱旋門。『旅行記』より。

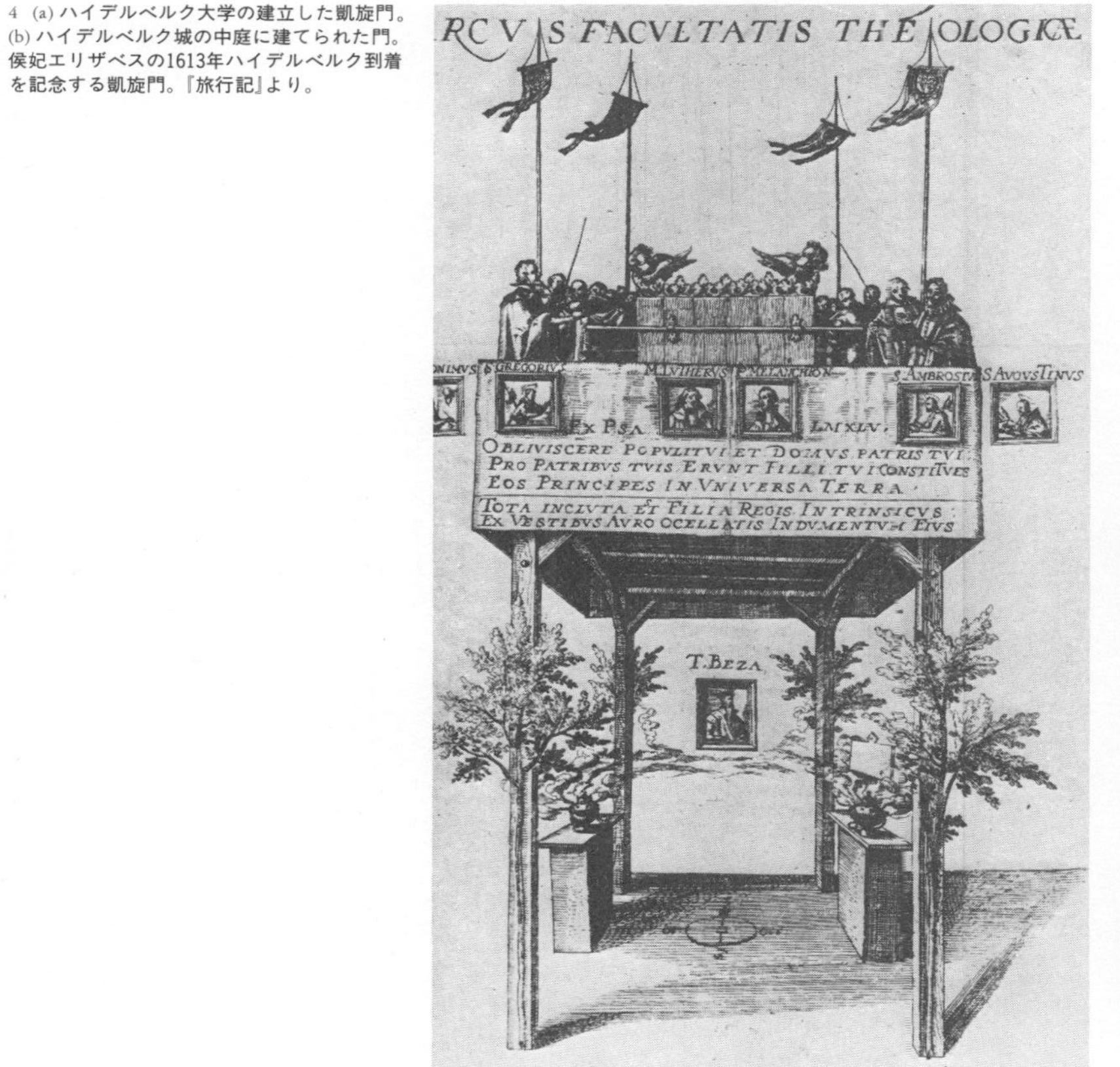

5　ハイデルベルク城と庭園。マチュー・メリアンの彫版。サロモン・ド・コオ『ファルツの庭園（ホルトゥス・パラティヌス）』より。フランクフルト、1620年。

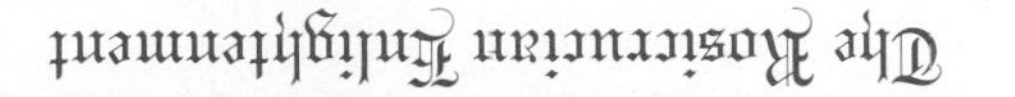

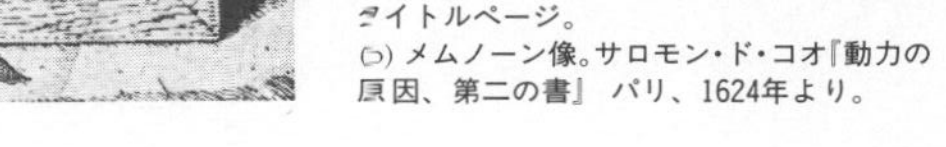

c (a) サロモン・ド・コオ『ファルツの庭園（ホルトゥス・パラティヌス）』のタイトルページ。
(b) メムノーン像。サロモン・ド・コオ『動力の原因、第二の書』パリ、1624年より。

7 (a) 行方不明の王を捜す郵便夫。
(b) 地獄の庭園の中のフリードリヒとエリザベス。
1621年ドイツ語印刷物(絵の下につけられた詩は割愛した)。大英博物館版画室。

8 四匹の獅子とともにいるボヘミア国王と王妃、フリードリヒとエリザベス。1619年戴冠式の日プラハで出された印刷物。国立肖像画館(絵の下につけられた説明の詩は割愛した)。

9 (a) ガーターをなくした巡礼者姿のフリードリヒ。
(b) 召使いの仕事に励むガーターをなくしたフリードリヒ。
1621年のドイツ語の印刷物(付属の詩は割愛)。大英博物館版画室。

10 (a)ジョン・ディー『聖刻文字の単子(モナス・ヒエログリフィカ)』アントワープ1564年、タイトルページ。
(b)H・クンラート『永遠の叡知の円型劇場』ハノーヴァー版1609年、タイトルページ。

11 霊知者の洞窟。H・クンラート『永遠の叡知の円型劇場』より。

12　カバリスト＝錬金術師。H・クンラート『永遠の叡知の円形劇場』より。

Felicitati Nuptiarum Illustriss.
ac Florentiss. Dn. Dn. Friderici V. Electoris S. R. I. Ducis
Bavariæ, Comitis Palatini, &c.

AC

Dn. Dn. Elizabethæ, Sereniss.
ac Potentiss. Iacobi Britanniarum, Franciæ, Hiberniæque
Regis Filiæ unicæ, &c.

Auf das Hochzeitliche Glück
und Heyl deß Durchleuchtigsten/Hochgebornen Fürsten und Herren
Herren Friederichen deß fünfften dieses Nahmens Pfaltzgraffen bey Rhein/deß Heiligen Römischen Reichs
Ertztruckseßen und Churfürsten.

Mit der

Durchleuchtigsten Fürstin
Elisabeth/Jacobi deß Großmechtigsten Königs von groß Brittanien/Franckreich/Irland/Einiger Tochter.

Qui tot disiunctos spatiis Deus egit in unum,
Perpes is & vestros excubet ante toros:
Paciferoq; sub imperio det vivere longùm
Europæ, imò Orbis dulce utriusq;, decus:
Sorsq; beet natorum eadem longo ordine natos,
Donec erunt homines, donec & Orbis erit.

Ob schon der Weg war zimlich weit/
Und macht das Meer ein Underscheit/
Doch Gott durch seinen weisen Rath
Eylich euch beyd verbunden hat.
Derselb auch hüt das keusche Bett/
Die Feinde vor der Thür zertrett/
Und langes Leben euch Verley

Damit gut Fried in Teutschland sey/
Auch glentzt ein Zier dem Vatterland
Und werd diß Lob der Welt bekant.
Solch hoher Stam empfind kein end/
Und stets erhalt das Regiment.
So lang als mag die Erde sein/
Und Menschen kinder wohnen drein.

Gedruckt Im Jahr 1613.

13 ファルツ選帝侯と王女エリザベスの結婚。
1613年のドイツ語印刷。アシュモール博物館サザーランド・コレクション。

14 (a) 運命の輪をめぐるハプスブルクの鷲とファルツの獅子。
(b) 失墜のフリードリヒの上に勝ち誇るハプスブルクの鷲。
1621年のドイツ語の印刷物（付属の詩は割愛）。大英博物館版画室。

Triumphirender Adler.

SUB UMBRA ALARUM MEARUM FLOREBIT REGNUM BOHEMIÆ.

SPECVLVMSO-
PHICVMRHODO-STAV-
ROTICVM
Das ist:
Weitläuffige Entdeckung deß
Collegij vnnd axiomatum von der
sondern erleuchten Fraternitet Christ-
Rosen Creutz: allen der wahrn Weißheit Be-
girigen Expectanten zu fernerer Nachrichtung den vn-
verständigen Zoilis aber zur vnauslöschlicher
Schandt und Spott.
Durch
Theophilum Schweighardt Constantiensem.
Cum privilegio Dei & naturæ in ewigkeit nicht
vmbzustossen. 1618.

15 (a) 勝ち誇るハプスブルクの鷲の翼の下で。1621年のドイツ語印刷物(詩は割愛)。大英博物館版画室。
(b) エホバの翼の下で。テオフィルス・シュヴァイクハルト『薔薇十字の賢明な鏡』 1618年、タイトルページ。

Vrsachen vnd Vrsprung alles Jamers vnd Elendts/
in Böheimb vnnd Teutschlandt.

16　ピタゴラス的Yの上のフリードリヒ。1621年のドイツ語の印刷物。大英博物館版画室。

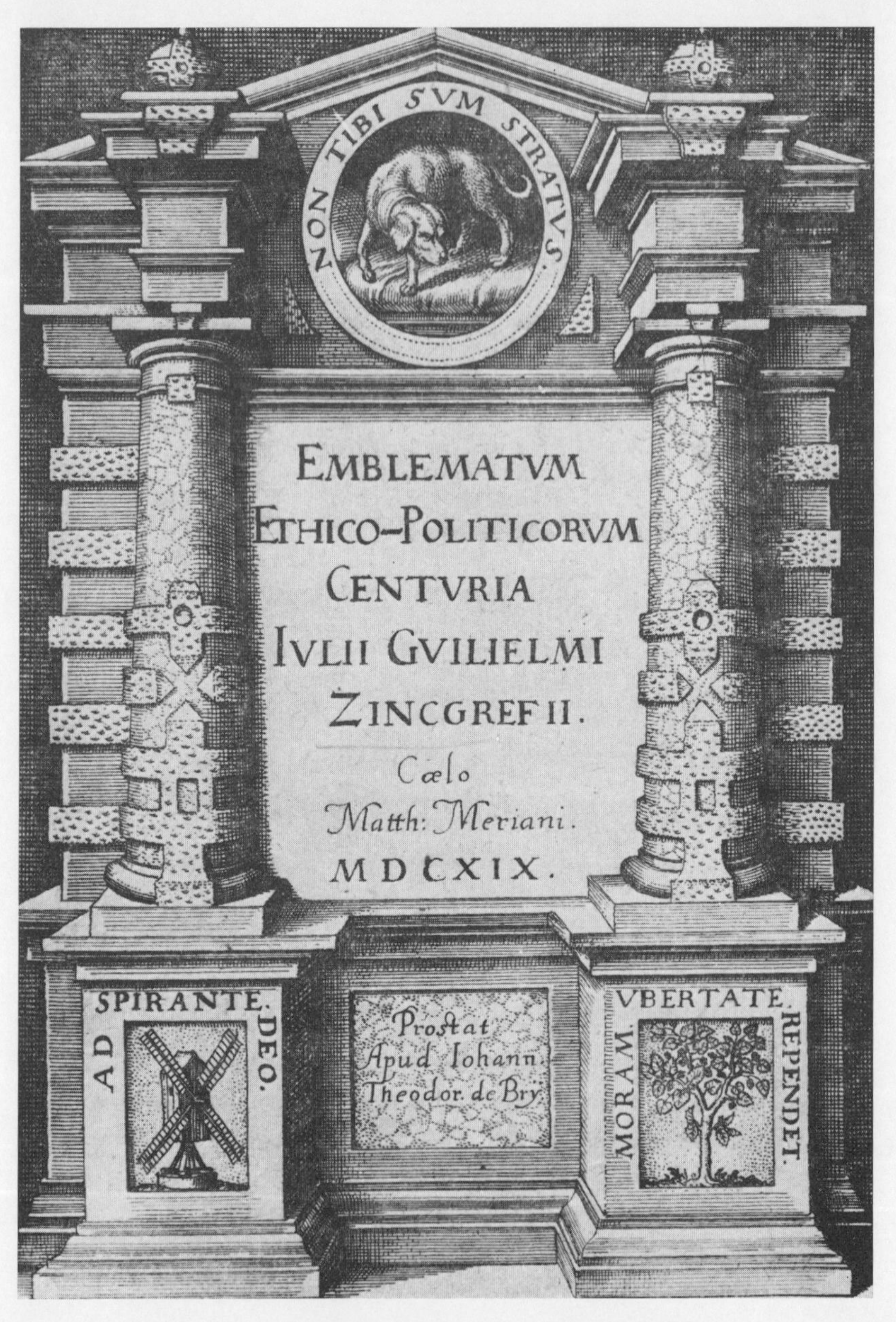

17 ユリウス・グリエルムス・ツィンクグレフ『倫理＝政治的寓意画百種』
オッペンハイム、1619年、タイトルページ。

18 (a)(b)(c) ハイデルベルク城を見張るファルツの獅子。
(d) イスラエル人を導く雲の柱。ツィンクグレフ『倫理＝政治的寓意画百種』からの寓意画
（付属のフランス語の詩は割愛）。

19 (a)『クリスチャン・ローゼンクロイツの化学の結婚』 シュトラスブルク、1616年より、ジョン・ディーの「単子(モナス)」記号を示したページ。
(b) 1690年のエゼキエル・フォックスクロフトの訳した『ヘルメス的物語または化学の結婚』より、ディーの「単子(モナス)」記号を示したページ。

Christiani Rosenkreutz.

befinde ich ein klein Sigill/ damit es vermacht/ Sigillum
Darauff war ein zartes Creutz gegraben / mit der Inscription : In hoc signo ✝ Vinces. So bald ich nun das Zeichen befunden/war ich desto getröster als welchem nit vnbewust/das solches Sigill dem Teuffel nit annemlich/ viel weniger gebräuchlich were. Macht derowegen das Brieffleich subtil auff : Darinnen befand ich im blawen Felde mit Güldenen Buchstaben / nachfolgende Vers geschrieben.

Heut/ Heut/ Heut/
Ist des Königs Hochzeit/
Bistu hierzu gebohren/
Von Gott zu Frewd erkohren/
Magst auff den Berge gehen/
Darauff drey Tempel stehen/
Daselbst die Gesel, i ht besehen.
Halt Wacht/
Dich selbst betracht/
Wirst dich nicht fleissig baden/
Die Hochzeit kan dir schaden.
Schad hat wer hie verzeucht/
Hüt sich wer ist zu leicht/
Vnten an stund : Sponsus & Sponsa.

Da ich nun diesen Brieff gelesen/ erst wolte mir gantz geschwinden / alle Haar giengen mir zu Berg / vnnd lieff mir der kalte Schweiß vber den gantzen Leib herab/ dann ob wol ich mercke/ das diß die angestelte Hochzeit were/von deren mir vor sieben Jahren in einem Leiblichen Gesicht gesagt worden — de Nuptiis.

(6)

Devil. Whereupon I tenderly opened the Letter, and within it, in an *Azure* Field, in *Golden* Letters, found the following Verses written.

This day, this day, this, this
The Royal Wedding is.
Art thou thereto by Birth inclin'd,
And unto joy of God design'd,
Then may'st thou to the Mountain tend,
Whereon three stately Temples *stand,*
And there see all from end to end.
Keep watch, and ward,
Thy self regard ;
Unless with diligence thou bathe,
The Wedding can't thee harmless save :
He'l dammage have that here delays ;
Let him beware, too light that weighs.

Underneath stood *Sponsus* and *Sponsa*.

De Nuptiis.

As soon as I had read this Letter, I was presently like to have fainted away, all my Hair stood an end, and a cold Sweat trickled down my whole Body. For although I well perceived that this was the appointed *Wedding*, whereof seven Years before I was acquainted in a *bodily Vision*, and which now so long time I had with great earnest-

Utriusque Cosmi
MAIORIS scilicet et MINORIS METAPHYSICA, PHYSICA
ATQVE TECHNICA
HISTORIA
In duo Volumina secundum COSMI differentiam diuisa.
AVTHORE ROBERTO FLUD aliàs de Fluctibus, Armigero, & in Medicina Doctore Oxoniensi.
Tomus Primus
De Macrocosmi Historia in duos tractatus diuisa.

Quorum
Primus de { Metaphysico Macrocosmi et Creaturarũ illius ortu. Physico Macrocosmi in generatione & corruptione progressu.
Secundus de Arte Naturae simia in Macrocosmo producta & in eo nutrita & multiplicata, cuius filias praecipuas hic anatomia viva recensuimus, nempe { Arithmeticam. Musicam. Geometriam. Perspectivam. Artem Pictoriam. Artem Militarem. Motus. Temporis } Scientiam. Cosmographiam. Astrologiam. Geomantiam.

OPPENHEMII.
Ære JOHAN-THEODORI DE BRY.
Typis HIERONYMI GALLERI
ANNO CIϽ IϽCXVII

20　ロバート・フラッド『両宇宙誌』
オッペンハイム、1617年。ヨハン・テオドール・ド・ブリーによって版の彫られたタイトルページ。

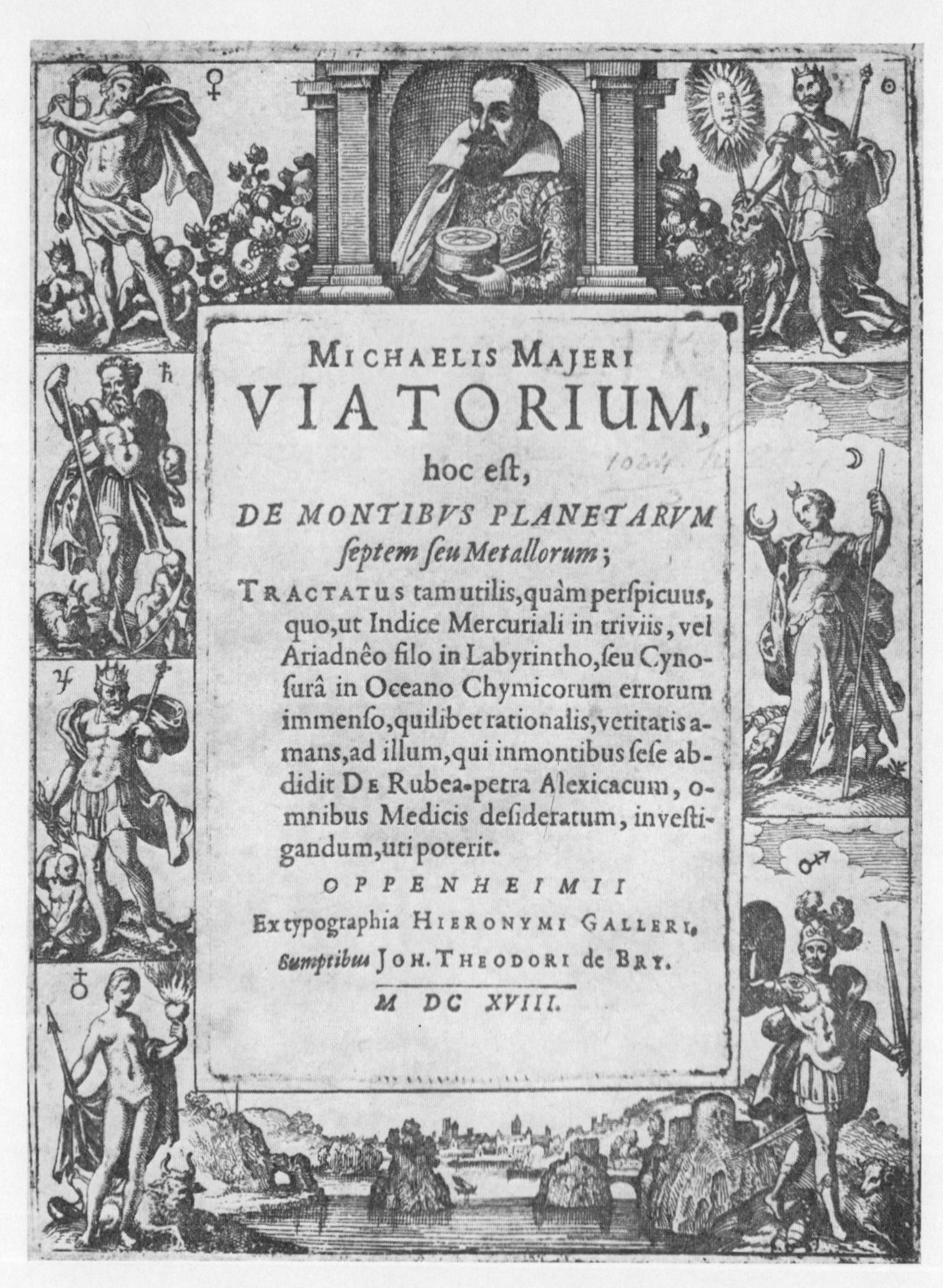

MICHAELIS MAJERI
VIATORIUM,
hoc est,
DE MONTIBVS PLANETARVM
septem seu Metallorum;
TRACTATUS tam utilis, quàm perspicuus, quo, ut Indice Mercuriali in triviis, vel Ariadnêo filo in Labyrintho, seu Cynosurâ in Oceano Chymicorum errorum immenso, quilibet rationalis, veritatis amans, ad illum, qui inmontibus sese abdidit DE Rubea-petra Alexicacum, omnibus Medicis desideratum, investigandum, uti poterit.
OPPENHEIMII
Ex typographia HIERONYMI GALLERI,
Sumptibus JOH. THEODORI de BRY.
M DC XVIII.

21　ミハエル・マイヤー『さ迷い人、すなわち惑星の山について』
オッペンハイム、1618年、タイトルページ。

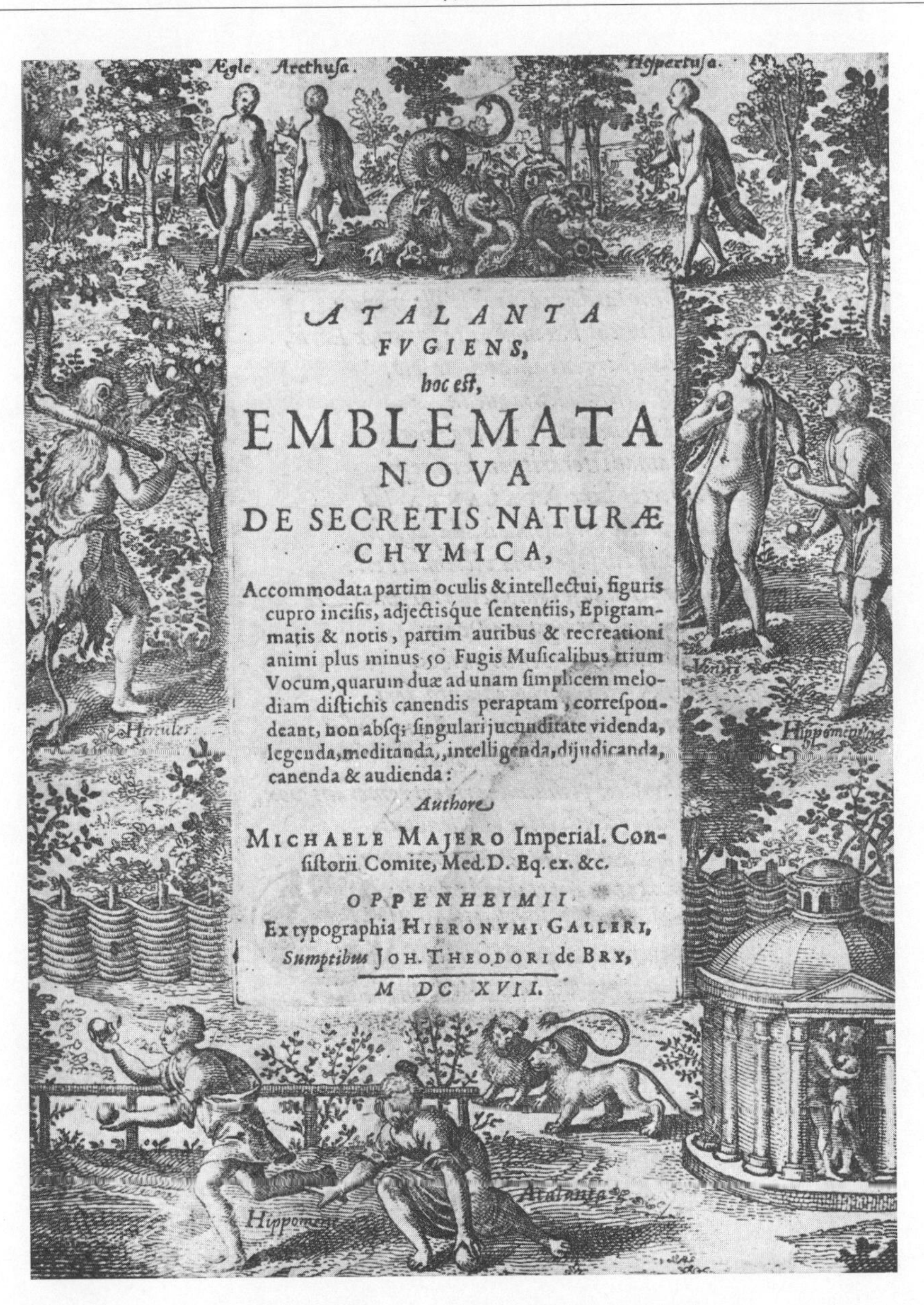

Ægle. Arethusa. Hespertusa.

ATALANTA
FVGIENS,
hoc est,
EMBLEMATA
NOVA
DE SECRETIS NATURÆ
CHYMICA,
Accommodata partim oculis & intellectui, figuris cupro incisis, adjectisque sententiis, Epigrammatis & notis, partim auribus & recreationi animi plus minus 50 Fugis Musicalibus trium Vocum, quarum duæ ad unam simplicem melodiam distichis canendis peraptam, correspondeant, non absq; singulari jucunditate videnda, legenda, meditanda, intelligenda, dijudicanda, canenda & audienda:

Authore

MICHAELE MAJERO Imperial. Consistorii Comite, Med. D. Eq. ex. &c.

OPPENHEIMII
Ex typographia HIERONYMI GALLERI,
Sumptibus JOH. THEODORI de BRY,
M DC XVII.

Hercules. Venus. Hippomenes. Atalanta. Hippomenes.

22　ミハエル・マイヤー『逃げるアタランタ』オッペンハイム、1617年、タイトルページ。

23　自然の足跡の追跡。『逃げるアタランタ』の寓意画。

24　(a) 錬金術と幾何学。
(b) 哲学者の卵。『逃げるアタランタ』の寓意画。

25 (a) ハイデルベルク城の洞窟、珊瑚の噴水。
サロモン・ド・コオ『動力の原因について』 パリ、1624年より。
(b) 珊瑚（哲学者の石）釣り。『逃げるアタランタ』の寓意画。

26 (a) 錬金術的な王と王妃の結婚。
(b) 錬金術師たち(トマス・ノートン、クレマー師 バジル・ヴァレンティン)。
どちらもダニエル・ストルキウス『化学の庭園』、フランクフルト、1624年より。

それらはミハエル・マイヤーの『黄金の三脚』 フランクフルト、1618年より再録されたもの。

27 (a) 勝ち誇る獅子の幻。
(b) 天使と薔薇とともにいる獅子の幻。
『闇の中の光』1657年(1665年版を使用)の中の、
クリストファー・コッターの「1616年より1624年までの……啓示」より。

28　ゲラルド・ホントルストによるボヘミア国王フリードリヒ五世。国立肖像画館。

29 ゲラルド・ホントルストによるボヘミア王妃エリザベス。国立肖像画館。

30　英国学士院の名声。トマス・スプラットの『英国学士院の歴史』より。ロンドン、1667年の口絵。
下絵はジョン・イヴリン。彫版はウェンセスラウス・ホラー。

31 ジョン・ディー。アシュモール博物館。

第12章

Comenius and The Rosicrucian Rumour in Bohemia

コメニウスとボヘミア薔薇十字騒動

『世界の迷宮』に描かれた顛末

†ハイデルベルク時代のコメニウス†

ヤン・アモス・コメンスキーまたはコメニウスは、一五九二年の生まれでヨハン・ヴァレンティン・アンドレーエより六歳若い。アンドレーエの作品と思想は、彼にはかり知れない影響を及ぼしている。コメニウスはボヘミア同胞団の一員だったが、これはヤン・フスに端を発するヨーロッパでもっとも古い宗教改革の神秘主義的な一分派のことである。

コメニウスとアンドレーエは多くの共通点をもっている。両者とも敬虔な改革派の牧師であったし、両者とも新しい知的運動に関心をもち、それを自国の宗派、一方はドイツのルター派の伝統に、他方はフス派の伝統に接ぎ木しようとした。そして両者とも、同じ恐怖の時代を生きぬき、戦乱や迫害の中で最善をつくして活動しなければならなかった。

コメニウスは生地のモラヴィアで最初の学校教育を受け、長じてナッサウ地方ヘルボルンのカルヴァン派の大学に通う。一六一三年の春にコメニウスはヘルボルンを去り、ハイデルベルクに赴きその地の大学で勉学を続ける。[☆1]ヘルボルンやハイデルベルクでは、コメニウスの他にもボヘミア人たちがいた。彼は一六一三年の六月一九日にハイデルベルク大学に入学しているが、これは、ファルツ選帝侯の花嫁として王女エリザベスが到着した一二日後のことである。コメニウスは若い学生として、おそらくまちがいなくハイデルベルクの街でこの入場の模様を目撃し、大学の各学部の建てた観迎用凱旋門を見たにちがいない。

コメニウスは、ダヴィド・パレウス、ヨハネス・ヘンリクス・アルティンギウス、アブラハム・スクルテトス、そしてバロトロメウス・スコペニウスといったハイデルベルク大学の教授陣の講義に出席した。[☆2]パレウスは、ルター派とカルヴァン派の統一に関心を寄せていた。[☆3]彼も、コメニウスに講義した他の教授たちも、フリードリヒ選帝侯とはひじょうに親しい間柄だった。スクルテトスは、フリードリヒ付きの司祭を務め、プラハまで随行している。

アルティンギウスまたはアルティンクは、彼の個人教師をしており、災難の後々まで親しい友人であった。スコペニウスは東洋学者で、選帝侯の精神的な相談相手だったといわれている。[☆4]

　このように、若きコメニウスはハイデルベルクの精神的、知的運動について、直接に学べる立場にいたのである。選帝侯とジェームズ一世の娘との結婚が大いなる奇蹟の前兆と見られていたこの輝やかしい時代のハイデルベルクに、コメニウスやそのボヘミアの友人たちを引き寄せたものは、もしかするとファルツとボヘミアとの将来の結びつきに関する噂だったのではあるまいか。

　ハイデルベルク時代がコメニウスにとって重要なのは、次のような理由にもよる。それは彼がサミュエル・ハートリブの弟、ジョージ・ハートリブに出逢ったのがこの地であることだ。[☆5] 彼は後年コメニウスのイギリスでの活動に協力することになる。

　おそらく一六一四年中にコメニウスはボヘミアに帰国する。これ以後彼は、広範な百科全書的教養を養い、「万有知(パンソフィア)」すなわち普遍的知の体系を発展させてゆく。コメニウスの万有知(パンソフィア)は、マクロ＝ミクロコスモス哲学を土台にしている。彼自身は、アンドレーエの感化が彼をその方面に向かわせたと述べている。コメニウスは、一六一四年に始まるその最初の万有知的百科全書を、世界の万物の劇場、または円型劇場と名づけている。

　コメニウスは、ハイデルベルクでアンドレーエと知り合うことができただろう。あるいはそこで薔薇十字宣言に流れる哲学の一部を聞きかじったであろう。もっと別の可能性を考えるなら、ボヘミアの影響こそ、薔薇十字宣言の背後に流れるいまひとつの精神的要素だったとは考えられないだろうか。ボヘミア同胞団の特徴として注目されていた博愛主義や仁愛精神こそ、他の影響と相まって同志クリスチャン・ローゼンクロイツを形成させた、とは考えられないだろうか。

　コメニウスにとって、故国での平穏な生活の時期は、一六二〇年の白山の戦いにおけるフリードリヒの敗北で終止符を打つ。それはボヘミアにとって、国家宗教の弾圧を意味していた。ボヘミア同胞団は活動を禁止された。

　一六二一年、コメニウスの暮らしていた小さな町がスペイン軍に占領される。彼の家は焼きはらわれ、彼は蔵書や草稿類を失った。彼はブランディースにあるゼロティン伯カレルの領地に避難する。ゼロティン伯は、愛国者でありボヘミア教団[*1]の一員であったにもかかわらず、戦争中はファルツ侯フリードリヒの主張を支持せず、ハプスブルク家への忠誠を守っていた。このため彼の領地はすぐには没収されず、彼はしばらくの間コメニウスやそれと似た境遇の人々をかくまうことができた。コメニウスはブランディースに向かう危険な旅の途中で、妻と子供のひとりを失い、一六二二年も終わり頃、赤貧洗うがごとき状態でたどり着いたのである[☆6]。

ブランディース滞在中にコメニウスは、チェコ文学の偉大な古典であり、世界的傑作のひとつにも数えられる『世界の迷宮』を執筆している。この本の中でコメニウスは、一連の薔薇十字文献に重要な寄与をなす、薔薇十字騒動に関する驚くべき描写を提供している。

『世界の迷宮』の研究に向かうまえに、コメニウスがボヘミア国王としてのファルツ選帝侯フリードリヒに対して、どのような態度を採っていたかが問われなければならない。ハイデルベルク滞在は、彼にフリードリヒの性格や考え方を理解させたにちがいない。また彼が、一六一九年一一月四日にプラハ聖堂で、フリードリヒとエリザベスのボヘミア国王と王妃としての戴冠式が行なわれるにいたった歴史的経緯を、知らなかったとは考えられない。実際、戴冠式の式典の際にコメニウスが聖堂内にいたことがわかっている[☆7]。そしてこの式典こそ、弾圧前に彼が属していた教会の最後の公式行事になってしまったのである。

†ファルツ侯に対するコメニウスの印象†

ボヘミア国王フリードリヒに対するコメニウスの態度については、『闇の中の光』または“Lux in tenebris”と題されたまことに興味深い本から手がかりを得ることができる[☆8]。

そこには三人の預言者、三人の幻視家の口からはしり出た言葉がふくまれている。彼らは、アンチキリスト支配の終末や、その支配の闇の後に来る光の回復など来たるべき黙示録的事件を啓示すると主張している。預言者のひとりクリストファー・コッターは、フリードリヒのボヘミア国王復帰を約束する。コメニウスは一六二六年に、コッターの預言を収めた挿絵入りの写本をハーグまで携え、それをフリードリヒの閲覧に供している。コメニウスはフリードリヒの死後かなりたってからも、コッターと彼の預言を依然として高く評価しており、一六五七年には、おそらく写本の絵にもとづく版画挿絵を添えて、その写本を『闇の中の光(ルックス・イン・テネブリス)』に収録して上梓したほどである。コメニウスが、フリードリヒにコッターの預言の写本を見せたと述べているのは、三人の預言者を紹介しているこの本の序文の中である。[☆9]

コッターは、一六二〇年以後のボヘミアにおける苛酷な弾圧に苦しんだボヘミアの聖職者のひとりである。彼は、一六一六年から一六二四年頃にわたる自分の幻に、日付を与えている。あの運命的な戦闘以前の、一六二〇年の幻において、彼はフリードリヒに武力に訴えないよう進言すべきことを告げられる。そしてそれ以後の幻では、フリードリヒの運勢の最終的な回復が預言されている。以下は、こうした預言の一例を訳したものである。[☆10]

ラインのファルツ侯フリードリヒは神の手で冠を授かる

神の手で至高の王の中の王の冠を授けられたラインのファルツ侯フリードリヒは、一六二〇年に身の危険にさらされるが、……すべての、いやより大いなる富と栄光をふたたび回復するだろう……

コッターの幻は、彼の信じるところ、天使たちによって彼にもたらされる。天使たちは忽然と彼の目に見えるところとなり、彼に幻を見せた後、ふたたび不可視の存在に帰るらしい。挿絵では天使たちの姿は、翼のない長い衣を着た若者姿で示されている。フリードリヒはふつう、ライオンの姿で示される。もちろんこれは、以前わたしたちが親フリードリヒならびに反フリードリヒ・プロパガンダでさんざんお目にかかってきたファルツの獅子である。(ファルツとボヘミアと大英国とネーデルランドの)四匹のライオンとともにいるフリードリヒとエリザベスを描いた名高い版画は、コッターの幻のひとつでは、四つの頭をもつ獅子という奇妙な形で登場する。他の幻の中でコッターは、数匹のライオンが帝国の鷲を射墜している場面や、ボヘミアの双尾のライオンがフリードリヒを抱擁している場面、あるいはライオン姿のフリードリヒが月の上に立ってその運命の移ろいやすさを示し、六匹の他のライオンに抱擁されている場面などを幻視する。[☆11]

このように幻は、彼の敗北後にばらまかれた反フリードリヒ文書の示す、ファルツの獅子に対するハプスブルクの鷲の荒ら荒らしい勝利を、ことごとく裏返しているのである。天使や希望的観測に助けられて、コッターは、勝ち誇る獅子の幻を目にするのである。

その中でももっとも驚くべきもののひとつは、ふたりの天使とともに木蔭でおとなしくすわっているコッターの目に、勝ち誇ったように頭をもたげている後光のさした厳かな獅子の幻が現われる場面である（図版27ａ）。彼の背後には、別の獅子がいて、烈しく蛇を攻撃している。そしてずたずたに切り刻まれた別の蛇が空に浮かんだ星の下に見えている。これはたぶん、薔薇十字の『告白（コンフェッシオ）』で新しい事態を予告するものとして触れられていた蛇座の新星を寓意しているのだ。[☆12]コッターの幻の獅子はおそらく、フリードリヒの運勢にとって吉兆であると予告した新星解釈を果さなかったかどで、蛇座を罰しているのである。

もっとも驚くべき幻は、テーブルに向かって腰をかけ、そのテーブル上にいる小型のライオンを守ろうと手を取り合う三人の若者か天使をコッターが幻視する場面である（図版27ｂ）。テーブルからは三本の薔薇が芽を出し、またテーブルの前面には十字架が見られる。薔薇と十字の象徴主義はわれわれを「薔薇十字団員」の探索に誘うが、おそらく彼らはそこにいるのである。すなわち幻の間だけ目に見える不可視の天使として、またコッターの預言でそのボヘミア王復帰が予告されたファルツの獅子を守る守護天使として。

ライオン過多ともいえるコッターの悲痛な幻は、ライオンに関する半錬金術的暗示を帯びており、その点でボヘミアの亡命者ダニエル・ストルキウスが、亡命中にそこに慰めを見いだしていたというマイヤーやマイヤー・グループの著作の寓意画を彷彿とさせる。[☆13]これらの幻は、われわれにとって再構成するのがむずかしい世界に属している。それは、不思議な天使の約束や、新しい夜明をもたらす獅子や薔薇の幻に養われた人々の世界であり、自暴自棄と絶望のさなかに、いまだに幻にすがっていた人々の世界であった。

コッターの幻がここでわれわれに重要なのは、それらがボヘミア国王時代のフリードリヒに対するコメニウスの態度をかいま見せてくれるからである。いまふたたび敗北後にばらまかれた反フリードリヒ諷刺文書のキャンペーンに想いを馳せてみよう。するとわれわれは、大文字のYの上に立つフリードリヒの戯画（図版16）が、絵の下の本文の中で次のようなことを述べていたのを想い出すだろう。つまり、いかにボヘミア人が、フリードリヒと世界を「娶合わせ」、彼の治世から世界の改革を期待し、その援助の下で社会と教育の改革に取り組み、これらすべてを「薔薇十字のりっぱな協会」と結びつけていたかを。☆14 フリードリヒの統治時代に改革に取り組もうとしていたボヘミア人の中に、若きコメニウスがいた可能性はあるだろうか。

この点でわれわれの知識には大きな空白、それも通常よりも大きな空白がある。われわれは、ジョン・ディーの改革運動のボヘミアでの成果について何ら知るところがないし、それがボヘミア同胞団によって採り上げられたかどうか、またその運動がドイツに移って「薔薇十字宣言」という表現を取る以前に、プラハ（そこは錬金術やカバラ研究にとってヨーロッパの中心地であったわけだが）で新たな様相を帯びることになったかどうか、残念ながら何もわかっていないのだ。こうしたすべては闇に閉ざされたままだが、しかしわれわれは、コメニウスがたしかに青年時代に、ファルツ侯フリードリヒをボヘミアにとって深い意味をもつ人物として強烈に脳裏に焼きつけていたことをかいま見たのである。

†コメニウスが見た薔薇十字騒動‡

この知識をしっかり心に刻んだうえで、いよいよ彼が『世界の迷宮』の中で、薔薇十字騒動についてどんな説明をくわえているか見てみることにしよう。☆15

彼はこの本の中で騒動についての長い描写を提供している。つまりふたつの宣言の喇叭の響きがいかに烈しい興奮をかきたてたか、そしてその興奮にさまざまなやり方で反応したおびただしい数の人々を通じて、いかに恐るべき混乱がおこったかを。

薔薇十字騒動に関するコメニウスを引用するまえに、ふたつの点に注意しておかなければならない。第一は、彼が笑劇(ルディブリウム)に歩調を合わせ、なぜ誰も薔薇十字友愛団から返答をもらえなかったのか、またなぜ彼らがいつも目に見えないのか、わからないふりをしていることである。第二は、彼がフリードリヒ運動の瓦解後の一六二二年に苦悩の中で執筆していること、すなわち、結局は自国に災難をもたらすことに終わった運動の推移を、意気消沈しつつ振り返っていることである。

コメニウスの「世界の迷宮」は、多くの地区と街路に区分された都市であり、そこにあらゆる人間の科学、学問、仕事が表わされている。それはカンパネラの太陽の都のように、知の全体(エンサイクロペディア)がそこに配置されるような建築的記憶術体系のひとつである。この迷宮は、明らかにカンパネラの太陽の都に、そしておそらくはアンドレーエのクリスチャーノポリスにも影響されている。

こうした都市は、ふつう同時に、ひとつのユートピア、理想都市、未来の改革された世界への青写真と相場が決まっている。ところがコメニウスは、これまでの年月の妄想じみた希望に対する反動の渦中にいる。迷宮としての彼の都市はユートピアの裏返しなのだ。なぜならこの迷宮ではすべてが悪となるからである。人間のあらゆる学問が何の役にもたたないし、そのあらゆる仕事が徒労であり、そのあらゆる知識があてにならない。この本は、三〇年戦争勃発後の多感で理想主義的な人間の精神状態を表わしているのだ。

それは同時に、こうした絶望状態に導いた失望体験の記録、薔薇十字運動の記録でもある。この点に関するコメニウスの言葉は全文引用しておかなければならない。第一二章の標題は「薔薇十字団員を見つめる巡礼者」となっており、この言葉の下に、'*Fama* fraternitatis anno 1612, Latine ac Germanice edita'(「ラテン語ならびにドイツ語で一六一二年に上梓された友愛団の『名声』」という注が入っている。とすれば彼が最初の薔薇十字宣言をさしているのはまったく確実である。彼は、知られているもっとも早い印刷版より二年前の日付をそれに与えている。☆16

するとすぐに私は市場で喇叭の響きを耳にしました。そして後を振り返ってみますと、馬に乗って哲学者たちを召集しているひとりの人物を目にしたのです。そして人々が群れをなして彼のまわりに押し寄せてくると、彼は美辞麗句をつらねて、あらゆる自由学科☆17とあらゆる哲学が不充分であるゆえんを彼らに説きはじめたのです。そして、幾人かの名高い人が神の命を受けて、すでにこうした不充分さを吟味、矯正し、人間の叡知を、失寵前の楽園の状態にまで引き上げたことを告げました。

この人物のいうところでは、黄金作りなどは、彼らの山なす偉業の中でも、もっとも取るに足らないもののひとつだということでした。それというのも、自然全体が裸にされ、彼らに暴露されてしまったからだということでした。彼らには、被造物のそれぞれに、お好みしだいでどんな形を与えることも、またその被造物からどんな形を自由に取り出すこともできるのでした。

彼はさらにこんなことまでいうのです。彼らはどんな国の言葉も知っているばかりか、地上の――たとえそれが新大陸でも――全域で起こるすべてを手に取るように見通してしまい、たとえ数千マイル離れていてもおたがいに会話することができるのだと。彼らは石を所有していて*2、それを使ってどんな病いもたちどころに癒してみせ、長寿を授けることもできるのでした。たとえば彼らの代表者フーゴー・アルヴェルダ☆18など、その齢いすでに五六二歳に達し、その同僚たちにしてもはるかに若いというわけではないのです。

そしてもう何百年も身を秘め、ただ――彼らのうち七人は――哲学の改善のみにこれ努めてきたわけですが、もうすべてを完成の域に導いたので、彼らとしてもこれ以上身を隠すつもりはないのです。これには他にも理由があって、それは、じきに改革が全世界のうえにふりかかってくることを彼らが見通していたからでもありました。

ですから彼らは自分自身の姿を衆人の目にさらして、それだけの価値があると彼らが判断した人には、よろこんでその貴重な秘密を分かち与えるつもりでいたのです。もし人が、どんな言葉でもよいから彼らに願い出たならば、その人がどこの国の人であろうとすべてが得られたであろうし、何人も一種の返事をもらわずにすまされることはなかったでしょう。けれどもかりにその人が、ふさわしからぬ人で、貪欲やあつかましさだけから、こうした贈り物を頂だいする魂胆なら、何も得られはしないでしょう。

(名声(ファーマ)をめぐるさまざまな意見)

これだけいうと、使者は姿を消してしまいました。そこで私はあたりの学者達のようすをうかがいましたが、大部分はこの知らせに腰を抜かしたようでした。そのうち彼らも重い足取りで額を寄せ合い、この出来事について、ある者はささやくように、またある者は大声で、判断を下しはじめたのです。そこで私も彼らの間をあちこち歩き回りながら聞き耳を立ててみました。

するとどうでしょう、一部の人は異常な浮かれようで、うれしさのあまりどこに行ったらいいかわからないしまつでした。この人たちは、自分たちの御先祖がこれほどの出来事に生涯めぐり合えなかった不幸を憐んでいました。そして完璧な哲学があますところなく授かれる自分たちの幸運を祝うのでした。いよいよ彼らはまちがいなくすべてを知ることができるはずでした。つまりあらゆる事柄について、満足できるだけのものが何不足なく得られるし、望みさえすれば、病気にかかることも髪の白む心配もせずに、何百年も寿命を保つことができるのです。そして彼らは、「われらの時代の幸いなることよ、まことに幸いなることよ」と、いつまでもくりかえすのでした。

こんな発言を聞いているうちに、私まで浮かれてきて、うまくすれば私だって彼らの望んでいるところの一部なりとも授かれるのではないかと、希望がわいてくるのでした。ところが私は、なにやら深いもの想いにふけって、どう考えるべきか二の足を踏んでいる別の人々を目にしました。今耳にした告知が真実でさえあれば、この人たちもよろこんだでしょう。しかしその内容は彼らには要領を得ないものに見えましたし、人知を越えているように思われました。また別の人々は、これらの告知はいんちきで偽物だと述べ立てて公然と反対を唱えました。もし彼ら哲学の改革者が数百年も生きているというなら、どうして今まで姿を見せなかったのでしょう。自分たちの断言に自信をもっているなら、どうしてはばかることなく白日の下に姿を現わそうとしないのでしょう。そして、まるですばしっこい音を立てて飛ぶコウモリみたいに、自説を暗闇の片隅で弁じたりするのでしょう。

彼らにいわせれば、哲学はすでに確固不動のものであり、どんな改革もいらないのでした。もし諸君がこの哲学を、諸君の手からむざむざ引きむしられるにまかせておくなら、もう諸君はどんな哲学をも所有することはないだろう、というのでした。他の人々も改革者たちを呪い罵倒して、彼らを占い師だとか妖術師だとか悪魔の化身だとか決めつけるのでした。

†薔薇十字への失望と幻滅†

(友愛団に願い出た人々)

市場はどこもかしこも騒然としていましたが、大半の人たちは喉から手が出るほどそれらの富を欲しがっていました。ですから少なからざる人が嘆願書を(ある者はひそかに、またある者は大っぴらに)したため、彼らにそれを送りつけ、自分たちも結社に加入できるかもしれないと考えて有頂点になっているのでした。ところが嘆願書は、すみからすみまでざっと目を通されたうえで、各人のもとに返事なしに送り返されたのです。そして彼らの陽気な希望は、不信の念を抱いていた人々から笑われて、悲嘆に変わってしまいました。

ある者は、二度、三度、あるいはもっとたびたび書き送りました。そしてそれぞれが詩神の助けを借りて次のように請い、また哀願さえするのでした。どうか自分の心が、望むにあたいする知識を奪われることがありませんようにと。ある者は、らちがあかないのにしびれを切らして、地上のあちこちを走り回り、幸運な人々を探し出せない不運をかこつありさまでした。この事態を、ある人は自分自身の不適格性のせいにしていましたし、別の人は例の人々の悪意のせいにしました。

こうしてある者は絶望し、別の者は思案をめぐらし、彼らを捜す新たな道を探ったのですが、結局またもや失望するのが関の山でした。しまいには私自身、いつまでもこんなことが果てしなく続くので、心痛ひとかたならぬものがありました。

（薔薇十字団の名声(ファーマ)の続き）

そうこうするうち、どうでしょう、喇叭のとどろきがまたしてもはじまったのです。そこで私も多くの人にまじって音のする方に駆けていきました。そして私は、商品を広げてみせ、その不思議な秘密を吟味したうえ、買い上げるよう求めているひとりの人物を目にしたのです。なんでもその口上によれば、それらは新しい哲学の宝庫からとりだされた品々とかで、秘密の知識に目がない人々を満足させること請け合いだとのことでした。すると、ついに聖なる薔薇十字友愛団がはっきりとその宝物を自分たちに気前よく分かち与えようとしているのだとどんちゃん騒ぎがはじまりました。多くの人が近くに寄って品物を買っていきました。売物はすべて、絵が描かれ、さまざまなきれいな銘文の入った箱に包まれました。その銘文には次のようなものがありました。叡知の扉（Portae Sapientiae）、要塞（Fortalitium）、大学の鍛錬所（Gymnasium Universitatis）、マクロ＝ミクロコスモスの善（Bonum Macro-micro-cosmicon）、両宇宙の調和（Harmonia Utriusque Cosmi）、キリスト教カバラ（Christiano-Cabalisticum）、自然の洞窟（Antrum Naturae）、カトリックの三位一体（Tertrinum Catholicum）、凱旋するピラミッド（Pyramis Triumphalis）等々。

ところで商品を買った人は皆、箱を開けてはならないと釘をさされていました。なんでも、この秘密の叡知の力たるや、包装を貫いて作用するほどのものなのだそうです。けれどももし箱が開けられたら、それは雲散霧消してしまうとのことでした。それなのに、一部のでしゃばりは箱を開けてみないではいられなかったのです。そしてそれらがまったくの空であることを見つけて、その事実を他の人々に御注進に及びました。するとその人たちも自分の箱を開けてみましたが、誰ひとり何かを見つけることができませんでした。
そこで彼らは口々に「いんちきだ、いんちきだ」と叫び、これらの商品を売った男に激しくつめよったのです。けれどもその男は彼らをなだめ、それらは秘中の秘に属するもので、“Filiae scientiae”（つまり科学の息子たち）以外の者の目には見えないのだと説明しました。だから千人中のひとりしか何かを得られなくても、それは自分の誤りではないというのでした。

（名声の結末）

すると、彼らの大部分はこれでいい含められてしまったのです。そうしているうちに男は立ち去り、聴衆はこもごもの気持ちを抱きながらちりぢりに去って行きました。彼らの一部が、これらの謎について何かつきとめたかどうか、今までのところ私は何も知りません。私の知っているただひとつのことといえば、すべてがいわば静寂に帰したことに尽きます。はじめのうちそこらを走り回り駆け回っていた連中が、後にはまるで牡蠣のようにおし黙ったまま、すみでうずくまっているのを私は目撃したものです。結局彼らは（一部の人が信じているように）秘儀の参入を許されて、沈黙の誓いを守らなければならなかったのか、それとも（どんな色眼鏡もなしに見て私にはこちらが真相に近いと思いますが）自分たちの希望や無駄骨に終わった努力を恥かしく思っているのでしょう。
こうしてすべてが雲散霧消して静寂が戻ってきたのです。まるで嵐の後には雨がなくとも雲が消えていくようなものでした。そこで私は私の案内人に言いました。「結局大山鳴動してねずみ一匹ということでしょうか。さても憐れなわが希望よ。私だってあれだけの期待を目にしたときは、自分の精神への格好の糧を見つけたと喜んでいたのですからね」。すると通訳はこう答えました。「さあどうでしょうか。今に誰か成功を収めるかもしれませんよ。たぶんあの人たちは、ああした事を誰かに啓示すべき時期をわきまえているのですよ」。「それでは私も待たなければならないのですか」と私は聞きました。「私よりよほど学識に恵まれた人が何千人もいる中、成功した人の例をただのひとつも知らないこの私までが。私はこんなところでぽかんと口を開けて待ちつづける気は毛頭ありませんね。先へ進もうではありませんか[☆19]」。

コメニウスはこのように薔薇十字騒動を概説している。彼はまず『名声(ファーマ)』の喇叭の音を聞く、そしてこの第一宣言のもたらした深い印象についての彼の叙述は、めざましいものがある。ついで第二宣言の吹奏がやってきて、新しい哲学の宝庫から採り出された秘密の知識——これはたぶん『告白(コンフェッシオ)』に併録されたディーの『聖刻文字の単子(モナス・ヒエログリフィカ)』の抜粋を暗示しているのだ——を約束する。両宣言の吹奏には、他のおびただしい薔薇十字文書が付随している。「箱」または飛ぶように売れた薔薇十字の本の標題は、実際の薔薇十字的著作の標題か、そうした標題の精妙なパロディーであることが容易にわかる。

大変な高齢とされている空想上の薔薇十字的人物、フーゴー・デ・アルヴェルダの作と考えられている『科学の要塞(Fortalitium Scientiae)』なる小冊子は、一六一七年に刊行されている[☆20]。『静かなる港(Portus Tranquillitatus)』[*3]は一六二〇年に世に出た[☆21]。マクロ＝ミクロコスモスの標題はフラッドを暗にさしているのだろう。そして『両宇宙の調和(Harmonia Utriusque Cosmi)』は、フラッドが実際に一六一七年から一九年にかけてオッペンハイムで出版した本の標題である。青年時代のコメニウスはこれらすべての文献にあきらかに夢中になり、そこに多くを期待していた。ついでやってきたのはその反動であり、騒ぎ全体の衰退であり、新時代の幕開けを信じた者たちの失望と幻滅であった。

コメニウスがこれらの体験を経たのは、おそらくボヘミアにおいてであろう。そして彼が描写しているのは、祖国での薔薇十字騒動に対する反応なのだ。

✝福音主義的敬虔さの中への逃避✝

世界の迷宮での巡礼者のその後の体験は、一様に悲嘆な調子を帯びてくるが、それがとりわけ顕著なのは、彼がさまざまな宗教や宗派の街路を訪れ、彼ら相互の猛烈な争いを記すときである。そして彼はあるまことに驚くべき体験をする。[☆22]

すると私の目の前で、玉座が突然揺れてこなごなに砕け、地上に墜ちる騒ぎがもちあがりました。ついで私は人々の間の騒動を聞きつけ、あたりを見回してみますと、人々が別の君主を導き入れ、玉座に据えているようすが見えました。そしてその間彼らは、これからは事態が以前と一変するだろうとうれしそうに宣言するのでした。そして誰もが嬉々として、力の及ぶかぎりこの新しい王座を支え強化しようとしていました。

そこで私も公益（彼らはそれをこう呼んでいたのです）のために一肌脱ぐべきだと考え、近くに寄って、この新しい玉座に一、二本の釘を打ちつけて、その強化に貢献したのです。この行ないのため一部の人々のお誉めにあずかることができたのですが、別の者たちはうさん臭そうに私を見ていました。

ところがそうしているうちに、もう一方の君主が態勢を立て直し、その君主と手下どもが、棍棒を手に私たちに襲いかかり、群衆を打ちすえたので、しまいには群衆も逃げ出し、とうとう多くの人が首の骨をへし折られるはめにまでなってしまったのです。私も恐ろしさのあまり逆上してしまい、あやうく正気を失くすところでした。結局サーチャルという私の友人が別の玉座に手を貸したり、そそのかした人物の詮索をはじめているということを聞きつけて、私も逃げた方が得策だと一報してくれたのです。


『迷宮』の英訳の注に指摘されているように、コメニウスはここで、オーストリア勢のボヘミアからの一時的な追放や、ファルツ侯フリードリヒの短い統治について触れているわけである。この一節は、コメニウスが何らかの形でフリードリヒの政権を支持し、新しい玉座に一、二本の釘を打ちつけてその強化に貢献したことを、はっきりと裏づけるものである。

『世界の迷宮』は、フリードリヒの災難を、コメニウスにとってひとつの壊滅的な体験、ひとつの憂鬱で幻滅を感じさせる出来事として映し出している。ちょうど薔薇十字騒動やそれがひきおこした希望の挫折や衰退がそうであったように。このふたつは、「薔薇」と「獅子」とを結びつけるコッターの幻が示しているように、まちがいなく関連しあっていたのである。『迷宮』においてコメニウスは、フリードリヒの悲惨な挫折を結果してしまった薔薇十字の希望の年月をふたたび生き直しているのである。これらの体験は、ぬぐい去ることのできない苦悩の跡を残し、世界全体に対する、そしてまたその迷宮のような道に対する嫌悪感を植えつけてしまったのである。

巡礼者は恐るべき光景を目にしてきた。彼は大軍団が進攻してくるさまを目のあたりにし、それまでの抵抗者に恐るべき罰が下されるようすを目撃した。彼は、彼や彼のそれまでの友人達が望んだ人間らしい暮しや快適さが確立される代わりに、死と破壊、疫病と飢饉、人間らしい暮しや快適さへの侮辱を見たのである。要するに彼が見たのは三〇年戦争のはじまりだったのである[☆23]。

やがてこうした光景を見るにしのびず、いやもうこれ以上私の心の悲しみに耐えきれなくなって、私は逃げ出したのです。どこか砂漠にでも避難しようと思いながら。いやもしできるならこの世界から脱け出たいと思いながら。

あたりを見回してみると、死んだ者と死に行く者しか目につかないため、彼は憐憫と恐怖の念にかられて叫ぶ。

ああ、何とみじめで哀れで不幸せな人類よ。すると、これがお前の最後の栄光なのか。これがお前の幾多の華々しい偉業の結末なのか。これがお前のあれほど誇りとする学問やごたいそうな叡知の末路なのか。

するとこの時、次のように叫ぶ声をきく。「戻れ」と。彼はまわりを見回すが誰も見えない。するとふたたび声がして「戻れ」と叫ぶ。そのうえさらにもう一度、「戻れ。お前が脱け出した所から心の家へ。そしてお前の背後の扉を閉じよ」[☆24]、と。

かくして巡礼者は心の中に引きこもり、そこで優しく温かい言葉でもてなされる。そしてイエスに全身全霊を捧げるのである。

コメニウスの知的、宗教的態度は、アンドレーエのそれとよく似ているし、彼らの生涯の生身の体験も一脈通じるものがある。その理由は、彼らがともに薔薇十字宣言に表明されている独創的な希望、すなわち新しい普遍的改革運動や人類の知の進歩に対する希望を共有していたためであることを私は指摘しておきたい。彼らはいずれも、宣言によってひきおこされた興奮状態や、運動が手に負えなくなり危険なものとなっていく推移を、不安な面持ちで見つめていた。

こうした展開に関するコメニウスの報告は、薔薇十字的笑劇（ルディブリウム）の劇場に、あまりにも他の俳優が登場してしまった事態に対してアンドレーエの感じた憂慮とうりふたつである。この運動は、その先鞭をつけた者たちが期待していたのとはちがう展開をみた。そしてそれが仕えるべく意図されていた大義を裏切るものとなっていった。われわれはこのことを、アンドレーエからもコメニウスからも学びとることができる。そしてこのふたりの宗教上の理想主義者はいずれも、戦禍とボヘミアでのフリードリヒの失墜によって、身も心もずたずたにされてしまったのである。

蔵書および学問上の被害や、学者たちの語られざる苦難の物語は、ドイツでもボヘミアでも変わりはなかった。そしてアンドレーエもコメニウスもともに福音主義的敬虔さに最後のよりどころを求めた。アンドレーエは薔薇十字の笑劇（ルディブリウム）から「キリスト教協会」へ転じた。コメニウスは、イエスをそこに見いだすために心の中に引きこもった。薔薇十字の標語「イエスはわがすべて」に表わされている敬虔さへの傾向が両者の中でしだいに頭をもたげ、クリスチャン・ローゼンクロイツやその慈悲深い結社に関するひどく誤解された冗談は葬り去られなければならなかった。『世界の迷宮』に描かれている精神の動きや歴史的体験は、アンドレーエとそのグループ全体がやはり通ってきたものであった。

✝天使からの『万有知（パンソフィア）』を得て✝

コメニウスの哲学は、そのハイデルベルク訪問直後すでに発展しつつあり、後の亡命生活の間にさらに充分な発展を見たのであるが、それは彼によって「万有知（パンソフィア）」と命名されていた。

フランチェスコ・パトリッツィ[☆25][*4]というプラトン＝ヘルメス哲学者によってルネサンス期にはじめて用いられたこの「万有知（パンソフィア）」という言葉は、宇宙的な調和の教義、そして人間という内的世界と自然という外的世界の間の関連――要するにマクロ＝ミクロコスモス哲学――を表現するものであった。フラッドはみずからの教えを「万有知（パンソフィア）」と呼び、薔薇十字宣言が同種の見解を表明したものと思えるともらしていた。[☆26]今やわれわれは、コメニウスやその万有知（パンソフィア）が、現在われわれの理解している薔薇十字運動から直接由来したものであるとみなすことができる。

『迷宮』でコメニウスによって描かれた最後の、あるいはほとんど最後の体験は、天使たちの幻である。

> 世の中のうちで、信心深い人々の一団ほどさまざまな危険にさらされ、見舞われたものはないように思われました。悪魔や世界が腹にすえかねたようににらみつけ、彼らを殴り打ちすえようと脅かしていました。……ところが私は彼らがよく保護されているのを見たのです。なんと彼らの社会全体は火の壁に取り囲まれていたではありませんか。そこでもう少しそばに寄って見てみますと、この壁は動いているのでした。なんと彼らのまわりを動きまわっていたのは何千何万という天使の行列に他ならなかったのです。ですからどんな敵も彼らに近寄ることができませんでした。彼らのひとりひとりには、神によって授けられ、その守護者に定められたひとりの天使がついていたのです。
>
> 私はまた見ました……この聖なる、目に見えない交流の別の利点を。それは、この天使たちがただ守護者で

あったばかりでなく、この選良たちの教師でもあったということなのです。天使たちは彼らにしばしば、さまざまな事物に関する秘密の知識を授け、神の深く秘められた神秘を教え導いていました。天使たちは片時も忘れず全能の神の顔(かんばせ)を拝んでいましたので、信仰心のあつい人間が知りたいと思う何事も天使たちの知らないものはなく、天使たちも神の許しを得て知っていることを伝授していたのです……

『世界の迷宮』におけるコメニウスの体験を、「天使の奉仕」への驚くべき強調で終わる本の最後までたどるということは、すなわち彼が体験し、本の最初の方で実に生き生きと描いてきた薔薇十字運動に対して、また別の認識を獲得することでもあるのだ。

天使論は、ルネサンスの重要な研究分野であった。カバラは天使との接触法を教えると公言しており、その階級や役割をことこまかに説明していた。キリスト教的カバリストは、カバラの天使を、ディオニシオス偽書[5]によって説明されたキリスト教的な天使の階級と同化させた。ヘルメス文書における神聖な「力」への強調はひとつの流出説哲学[6]であって、それは容易にキリスト教カバラと一体化されていった。ルネサンスにおけるこの活動の欠くべからざる重要性は、まだほとんど評価されていない。

ジョン・ディーは、自分の天使の幻を、科学者や数学者としての自分の仕事と結びつけたとき、天使の教育的能力を重視する思想圏内を活動していたのである。そして彼の天使的科学もディーにとっては、彼の科学研究全体の最高の一分野というにすぎなかった。ディーをルネサンスの天使論の伝統から引き離すならば、彼も単なる一畸人としか見えなくなるだろう。薔薇十字運動には、ヘルメス＝カバラ的なキリスト教天使論が染みわたっていた。理想都市における科学や科学技術や博愛主義に驚くほど力点を置くアンドレーエの『クリスチャーノポリス』は、基本的な枠組として天使の奉仕を土台としていた。コメニウスは『迷宮』において、天使の奉仕の教育的側面をはっきりさせた。

アンドレーエや、コメニウスもそのひとりである彼の後継者たちは、戦争期になると「薔薇十字」という悪評ふんぷんたる名前から身をかわしていた。しかし、霊的な使者と接触を保つ啓蒙化された博愛社会というユートピア的理想は、葬り去られたわけではなかった。むしろ逆に、アンドレーエのキリスト教協会のようなユートピア主義は、戦争期における大きな潜在力のひとつとなっていたのである。そしてそれは、いずれもアンドレーエの影響を受けたコメニウス、サミュエル・ハートリブ、ジョン・デュリーといった人々や、薔薇十字の偽装の下では悲惨な破局をむかえた改革運動の後継者たちによって広められたのである。

第13章

From The Invisible College to The Royal Society

目に見えない学院から英国学士院(ロイヤル・ソサエティ)へ

薔薇十字運動の新たな展開

†フリードリヒ五世の死と王妃のその後†

一六二〇年以後には、ハプスブルク勢力と反宗教改革派の連合は、ほぼ完全な勝利を掌中に収めていた。ヨーロッパにおける宗教改革は風前の灯と見えた。そして挫折した獅子、すなわち元ボヘミア国王には、この世界にほとんど占めるべき場所が、残されていなかった。彼は全領土を失い、選帝侯の位を剝奪され、ハーグで貧しい亡命生活に甘んじていた。鷲が実際に勝利を収めたのである。フリードリヒは、ファルツの回復運動に加担しつづけたが、あいかわらず失敗の連続だった。

それでもなおこの人物は何かを表わしていた。その失敗と絶望とにおいて、彼はヨーロッパの失敗と絶望とを表わしていた。そして多くのイギリス人の眼には、彼は不名誉と恥とを表わしていた。それはプロテスタント・ヨーロッパの守護者というエリザベス女王の役割を、そのスチュアート家の後継者たちが捨ててしまったことに対して彼らの感じた恥である。

フリードリヒの性格を把握するのは一筋縄ではいかない。彼はたしかに凡庸きわまる戦略家であったし、未熟な政治家、無能な指導者にちがいなかった。人間的には、彼は柔弱で、妻やアンハルト侯のいいなりになり、自分自身の意志や判断に欠ける人物として描かれる。しかしたとえば、宗教的あるいは知的人格としての彼はどうであろうか。これは誰も問題にしてこなかったように思われる。戦争前にハイデルベルクで彼と会見した人々は、その誠実さに打たれている。また実際彼の誠実さを疑う者はいなかったのである。ところが、彼を柔弱な阿呆者に見せようとする敵のプロパガンダが彼にとりついた。彼はフランスのアンリ三世の場合と、よく似ているといえるかもしれない。アンリ三世も宗教的で知的で、そのうえ芸術や瞑想を好む性格でありながら、敵の諷刺のために歴史の中で歪められてしまったのである。

災難の後にハーグにおいて、ホントルスト[*1]によって描かれたフリードリヒの肖像画（図版28）は、幾分理想化されているかもしれないが、この男の精神的悲劇をよく捉えたものにちがいない。ここには、ハプスブルク家より古いウィテルスバッハ[*2]という古いドイツ帝国の家系の代表者がいる。彼は（たぶんそう想像してよいだろう）帝国の運命の宗教的、神秘的意味を把握し、個人的悲劇以上の、殉教の苦しみを味わった。その顔立ちは、ふつう人がカルヴァン派から思い描く顔立ちとは一味ちがっているが、ファルツにおけるカルヴァン派は、自分たちの宗旨に接近した神秘主義的伝統、すなわちルネサンスのヘルメス＝カバラ的伝統の伝承者となっていた。フリードリヒの精神的相談相手は、一「東洋学者」であった。おそらく彼は、ルドルフ二世と同じように、宗教的状況を解決する秘教的な道を求めていたのである。彼は優しい顔立ちをしていた。人々が、そこに何を読みとろうと、そしてそれが正しかろうと誤っていようと、三〇年戦争のドイツの君主の平均的肖像を一通り眺めた者ならば、フリードリヒが彼らとはおよそ別種の人物であることは、たちどころに見てとっただろう。

戦乱が一〇年間猛威をふるってプロテスタント側に悲惨な結果を招いていたとき、一匹の解放の獅子がついに北方からやってきた。スウェーデン国王グスタフス・アドルフスの勝利は、プロテスタントの大義を救った。戦争はまだ多くの怖るべき年月を経ることになるが、グスタフス・アドルフスはハプスブルク勢力を抑え、プロテスタンティズムがヨーロッパで生き残れることを保証したのである。

フリードリヒはドイツに赴き、荒れ果てた彼のファルツ領をふたたび目にし、ドイツプロテスタント君主の指導者としての彼の立場を承認したグスタフス・アドルフスから丁重に迎えられた[☆1]。挫折した獅子と勝利を収めた獅子とが互いに挨拶を交したのである。彼らがともに一六三二年の一一月という同じ月に不帰の客となっているのはいかにも奇妙な暗合だ。フリードリヒは荒廃した国土に猖獗していた疫病に、グスタフスはリュッツェンの戦いに斃れた。ボヘミア国王とスウェーデン国王とは、ハーグでなされた追悼演説[☆2]で一緒に哀悼されている。単に彼らが双方とも獅子であったというだけでなく、両方の獅子について、新星や預言の成就などの体系がさかんに利用されたことは興味深い。しかし、一方は成功を収め、一方は失敗したのである。イギリスにおけるグスタフス・アドルフス崇拝は、獅子の役割を担った前任者の記憶を生き生きと蘇らせた。その前任者が失敗したのは、ジェームズ一世に見捨てられたせいだと、[☆3]多くの者が考えていたのである。

ボヘミア王妃、フリードリヒの寡婦となると、イギリスの同調者にとってはさらに強く、プロテスタント・ヨーロッパの支援政策を表わしていた。彼らの意見ではこの政策こそ、ジェームズ一世が娘と婿に対して採るべき政策だった。こう考えていた人々にとって、ハーグで貧しい亡命生活を送っているボヘミア王妃の存在は、生きた非難そのものだった。エリザベスは、フリードリヒの没後、ハーグでひとり君臨していた。といっても君臨すべき何物ももたず、オランダの慈悲とイギリスから不定期に届く恩給とにすがって細々と暮していた。領土もなく、彼女を支えるものとしては、ただ自分の王家にふさわしい性格と子供たちとの大家族があるばかりだった。

われわれは、寡婦になりたての彼女に、ハーグでホントルストによって描かれた肖像画（図版29）において、やつれているとはいえ不屈な姿でお目にかかることができる。エリザベスはしばしばその軽薄さや享楽嗜好が槍玉にあげられるが、実際はひじょうにしっかりした性格の持ち主だった。彼女はすべての怖ろしい試練にも決して挫けることがなかった。たぶん自尊心が彼女を支えていたのだろう。もともと彼女は、ハリントン家[*3]の善良な人々によって、国教低教会派[*4]の教えに従って細心にしつけられていた。こうして彼女はホントルストの肖像画において、悲しみをたたえながらも威厳を保ち、向うに河の見える丘の上の庭園に立って（これはハイデルベルクの追憶であろうか）、人々の注意を薔薇へとさしむけている。

父のジェームズ一世の治世の後半からはじまって、弟のチャールズ一世の治世の全期間、さらには市民戦争や共和制時代の全期間、そして甥に当たるチャールズ二世の王政復古にいたるまで、エリザベスは、その誇り高くも貧しい宮廷をハーグで維持しつづけていた。そしてこれらの全期間を通じて彼女の存在は一度たりともイギリスで忘れられたためしがなかった。王家の血統の面からいっても、彼女は忘れることのできない存在だった。かりに彼女の弟チャールズが夭逝していたら――また実際彼は長寿の期待できない病弱な若者だった――彼女が大英国女王の位に就いただろう。またもしチャールズに子供がないか、あっても彼より先に早世していたら、彼女が王位を継承するか、彼女自身この世にいなければ、その長男が継ぐことになっていただろう。

父や弟とは対照的に、ボヘミア王妃は子宝に恵まれていた。ジェームズ一世やチャールズ一世の反議会的、反ピューリタン的、そして教皇派的とすらいえる政策に、飽き足りない思いを味わっていたイギリスの人々(その数は多かった)は、王位継承の可能性をもつハーグのプロテスタント王家に、憧れのまなざしを向けていたのである。実際やがて、プロテスタント継承者が探し求められ見い出されることになるのは、ボヘミアのエリザベスの子孫の中からであった。一六三〇年にハーグで生まれた彼女の第一二子に当たる末娘は、長じてハノーヴァー選帝侯妃、ブラウンシュヴァイク侯妃ソフィアとなる。そしてその子息ジョージ一世こそ、大英国の最初のハノーヴァー家の国王となるのである。

†王妃エリザベスが継承したもの†

ハーグに立ち寄るイギリス人は、ボヘミア王妃を表敬訪問するのを常としていた。一例として、ジョン・イヴリン[*5]の一六四一年六月の日記を引用してみよう。[☆4]

ハーグに着くと、私は真っ先にボヘミア女王陛下の宮廷にうかがい、そこで陛下や、そのお嬢様に当たられる何人かの王女様の御手に接吻する栄誉を賜った……陛下にとって、その日はちょうど夫君の非業の死をいたむ断食日に当たっており、謁見(室)には、その崩御以来ずっと黒ビロードがかけられていた……

エリザベスは、プロテスタント的心情をもつ忠実な王党派だけではなく、議会主義者にも人気があった。ジェームズやチャールズの治世下には、議会はいつも彼女に同情的であり、議会が王政を打倒したときでさえ、議会主義者はなおボヘミアのエリザベスに対する敬愛を失わなかった。実際、かりに彼女が王位を継承していたら革命も起きなかったのではないか、という問題も提起できるだろう。議会主義者やオリヴァー・クロムウェル自身、王政そのものに本当に反対していたわけではなかった。オリヴァーは、エリザベス朝タイプの君主制が最良の政治体制だと考えていた。彼は、議会を無視して統治しようとする統治者、ヨーロッパのプロテスタントの主張を支援しようとしない外交政策を採る統治者に反対していたのである。

エリザベス・スチュアートは、彼女の家族に向けられたこうした異議から免がれていた。実際、彼女とその夫君とは、議会がジェームズとチャールズに採用させることを望んだ外交政策を、現実に代弁しているのだった。したがって革命議会が、議会の財政援助を受けるボヘミア王妃の権利を承認したとしても驚くにはあたらない。彼女は、チャールズ一世から恩給を受けていたが、議会はそれを継続したのである。このように、ハーグの宮廷にあって、エリザベスはどちらの陣営とも完全に接触を失うことなく、イギリスの事態の変遷をたどることのできる立場にいたのである。彼女は、弟チャールズへの同情心を堅持し、その刑死には恐怖していたにもかかわらず、議会主義者やクロムウェルの考え方のある面は、彼女の立場とそれほどかけ離れたものではなかった。

ファルツ家のこの両義性、すなわち一家族のうちに異なった観点を包含しうる特性については、エリザベスの子息のうち、もっとも顕著なふたりの息子の人生がその格好の研究材料となる。生き残った子息の最年長者であったカール・ルドヴィヒ王子は、選帝侯の称号とファルツ領（その一部が、三〇年戦争に終止符をうつミュンスターの講和《一六四八年》で彼の手に戻された）の継承者であった。彼は知的な人物で、教育面や科学の功利的応用面の新思想に敏感であった。そして彼は、議会派の陣営に傾倒していた。新思想が花開き、また彼の領土回復に関心をいだく友人が多いのもこちらの陣営であった。他方ルーパート王子は断固たる王党派であり、国王側の騎兵攻撃で、つとに勇名を馳せていた。しかしこの王子もまた知的関心をもち合わせていた。彼はメゾチント銅版の発明者といわれている。

ハーグでのボヘミア王妃エリザベスの宮廷は、まじめな歴史的研究が待ち望まれている主題である。M・A・グリーンは厖大な記録資料を集め、その著作はいまだに有益なものではある。しかし彼女の目的は、王家の一寡婦の物語を、単にロマンチックな言葉で綴ることでしかない。わたしの知るかぎり、より奥の深い研究方法を示唆した最初の歴史家は、以下の事実を簡単に指摘したH・トレヴァー＝ローパーである[☆5]。その指摘によれば、ハートリブ、デュリー、コメニウスという「三人の外国人」の俗界での第一援助者は、エリザベスであった。彼女はボヘミア王妃であり、国王の妹であり、王家出身の反体制派のシンボルであり、市民戦争を通じて議会の恩給受領者であった。彼女の側近には、フランシス・ベーコンの遺産管理人で、亡命中の王妃の宮廷があったハーグに当時大使として赴任していたウィリアム・ボズウェル卿や、前グスタフス・アドルフス付大使トマス・ロー卿などがいて、彼女の外交面の補佐役となっていた。

ハーグのエリザベスの宮廷に関する新しい歴史的研究がたどるべき道筋を示すには、以上の数語で充分だろう。それは、重要な影響力をもったイギリス人の名を一堂に集めることになるだろう。彼女は、それらの人たちと緊密に連絡をとりあっており、また彼らから見れば、彼女は君主制における「エリザベス朝」の伝統の象徴であった。

エリザベスが、フリードリヒの寡婦として、イギリス同様ヨーロッパにとっても重要な意味をもっていたことも認識しておかなければならない。ハーグのフリードリヒのもとには、ファルツやボヘミアや、ヨーロッパ中の悲惨な地域からの亡命者が身を寄せていたが、その寡婦のもとにも、同じ境遇にいる人々が集参しつづけていた。もちろん彼女は、彼らに財政的には何もしてやれなかった。しかし彼女は、いわばひとつの観念的な絆だったのである。ハートリブ、デュリー、コメニウスという三人の「外国人」の思想が、君主制専制主義を脱却しつつあるイギリスにとけこむことができたのも、この絆のおかげであった。

†イギリスに広まる新たな改革の予感†

サミュエル・ハートリブは、一六二八年にイギリスに来訪している。それは、プロイセン領ポーランドのエルビングが、カトリックによって征服された後のことである。そこで彼はある神秘主義的、博愛的結社の中心人物として活躍していたのである。この結社に関する実質的情報は漠然としたものか、あるいは全然存在していないのだが、どうやらそれはひとつの「アンティリア」であったらしい。ということはアンドレーエのキリスト教同盟のようなもの、すなわち薔薇十字の理想追求は受け継ぐが、その笑劇(ルディブリウム)は捨てた団体という意味である。[☆6] ハートリブの結社の「合言葉」は「アンティリア」であって、「R・C」ではなかった。それでも彼の生涯や著作全体を見わたしてみるなら、ハートリブは、かりに薔薇十字友愛団員が実在して目に見えるとしたらそう呼びうるような存在だった。

ハートリブはイギリスに着くと、ポーランドやボヘミアやファルツからの亡命者を集め、チチェスターに学校を創った。そしてそこからロンドンに一六三〇年に戻ってくる。[☆7] そのとき彼はすでに、生涯をかけた布教活動を展開していた。それはやがて、博愛的、教育的、そして科学的な事業を組織することをめざすひとつのもくろみとなるのだ。そしてそれらの事業は、目に見えない(無宗派という意味で)が熱烈な宗教的熱狂によってひとつにまとめられていたのである。

ジョン・デュリー[☆8]はスコットランド人であるが、外国生活が長いため、ほとんど「外国人」といってよいだろう。彼はエルビングでハートリブと邂逅し、同じようなタイプの理想主義的計画に熱中するようになった。彼は、ボヘミアのエリザベスやその顧問トマス・ロー卿と密接な連絡をとりあい、彼女の子息のカール・ルドヴィヒをファルツに復位させる計画に、ハートリブ同様、ひとかたならぬ関心を寄せていた。[☆9]

三人の中ではもっとも有名で多作家であったコメニウスは、前章でその一端をかいま見たボヘミアでの体験の後、一六二八年に祖国を永遠にあとにしてポーランドに赴き、そこで亡命中のボヘミア同胞団の組織をつくったり、教育関係の著作を公刊したりした。彼はやはりポーランドで、彼の「万有知(パンソフィア)」を説きはじめている。

この三人はいずれも、薔薇十字騒動の昂奮や、その普遍的改革や学問の進歩の噂の中を生き抜いてきた世代に属しており、彼らがわれわれ以上に薔薇十字友愛団やその目に見えない学院の謎の意味を理解していたのも当然であった。彼らは、一六二〇年とその後の災難で祖国を追われ、放浪の民となった人々である。また、イギリスに渡り、そこで普遍的改革や学問の進歩やその他のユートピア的理想を広めようと腐心した人々である。彼らは、亡命と離散の中にあるボヘミアとドイツを表わしており、ここにイギリスでのコメニウスの代理人を勤めていたテオドール・ハーク[☆10]を加えるなら、われわれは、ファルツを代表する人物もそろえたことになる。なぜならハークはファルツからの亡命者だからである。

一六四〇年には長期議会[*6]が開かれたが、議会は国務から長い間締め出されていたことや、君主制によって実施されてきたこれまでの内政に怒りをつのらせていた。そして何よりも、「プロテスタンティズムの大義が国外で倒れかかっているときに、不名誉と手を結ぼうとする」[☆11]その外交に忿懣やる方ない思いを味わっていた。ストラフォード[*7]の処刑によってこの議会が「専制政治」を打倒したように見えたとき、人間社会に新たな時代を画す道が開かれたように思われた。大きな熱狂の雰囲気が生まれ、思想界は、人類の幸福をめざして、教育面、宗教面及び学問の進歩の面で、ある普遍的改革の遠大な計画に着手した。

この議会にむけて、サミュエル・ハートリブは『その名も高きマカリア王国記』というユートピア譚を提出した[☆12]。彼はこの自分の着想を虚構とよび、それをトマス・モアや（マカリアとは、モアの『ユートピア』に登場する空想上の地名である）、フランシス・ベーコンの『ニューアトランティス』の虚構になぞらえている。ハートリブの虚構または笑劇（この用語を彼は使用していないが）は、薔薇十字時代に愛好された理想郷のひとつを描いている。それらの理想郷では、すべてが正しく秩序だち、学問が進歩し、失楽園以前のように平和と幸福とが支配するのである。ただハートリブの取り柄は、それまでのユートピア作者より実際的な特徴をもっているところにある。彼は千年王国ばかりでなく、この議会が実際に達成できそうな改革的立法についても考えを持っていた。彼はこの議会が、「最後の休会に入る前に、世界の幸福のための礎を据えるであろう」[☆13]と確信していた。

当時のイギリスは、万物復興の舞台として、エホバによって選ばれた地であるかのように見え、ここでは空想的な共和国も実際の共和国となり、目に見えない学院も実在の学院となる可能性が見えはじめていた。そうした感動的な時期に、ハートリブはコメニウスに書簡を送り、イギリスに来訪してこの大事業に協力するよううながした。実際に議会がこの招聘を援助したわけではないが、その裏には、そしてまた同様のデュリーの招聘の裏には、議会の暗黙の了解があったのである。一六四〇年に議会で行なわれたある演説で、コメニウスとデュリーは、将来の改革において仰がれるべき哲学者としてその名が挙げられていた。コメニウスは、はるかポーランドの地でこの報せに欣喜雀躍した。彼は議会から、イギリスでベーコンのニューアトランティスを建設するよう委託されたものと信じたのである。

コメニウスはイギリスで、ファルツのハークによって暖く迎えられ、また公式には、リンカーン主教ジョン・ウィリアムズ主催の豪華な祝宴で歓迎された。[☆14] 主教は、この宗教上の亡命者に、友情の手をさしのべたのである。それは一六四一年のことであった。つまりハートリブが『マカリア』を上梓し、デュリーも同じような楽観的な作品を上梓して学問の進歩やプロテスタントの統一を預言し、ボヘミア王妃の長男のファルツ復位を主張した年である。[☆15] こうした歓喜と希望の年に、熱狂的な人々は、新しい全般的改革がイギリスで戦争も流血沙汰もなしに、またドイツがかつて、そして今も耐え忍んでいる受難なしに、今まさに訪れつつあるのだと信じていたのである。この年はまたミルトンが、教育や生活のあらゆる分野の普遍的改革に熱狂した年でもあった。

それはまるで人々が、以前に失われてしまった好機を、今こそ是が非でもつかもうとしているようであった。それは、薔薇十字宣言がかつて布告した全般的改革や進歩にむけての好機であり、フリードリヒ運動の瓦解によってドイツでは失われてしまった好機である。その苦い失望に心を傷つけられた人々が今イギリスに渡り、またその運動が支援されなかったことに痛恨を抱いていたイギリスの人々が彼らを歓迎したのである。そこには薔薇十字的なタイプの陶酔、世界史の新時代が間近に迫っているという感情の新鮮な発露があった。そして注目すべき点は、『光の道』という本の中でコメニウスの言葉が、こうした初期の時代のテーマと熱狂とをいかに密接に伝えているかである。彼はこの本を一六四一年にイギリスで執筆したにもかかわらず、後になるまで陽の目を見ることがなかった。

世界は、——とコメニウスはこの本の冒頭近くで述べる——神の叡知があらゆる国の人々と演じる喜劇のごときものである。その芝居はまだ上演中である。われわれはまだ物語の終わりまでたどり着いておらず、人間の知のより大きな進歩が間近に迫っている。神はまさに終幕において、光の最高段階をわれわれに約束するのだ。[☆16]このようにコメニウスは、彼の最初の師であるアンドレーエの精神にあれほど深く刻みこまれていた演劇的譬喩を、世界が終末の前に普遍的啓蒙期に向かって動いていくというテーマに応用するのである。

規則と実例とがすべて蒐められた暁には、とコメニウスはつづける。われわれは、「技術の中の技術を、科学の中の科学を、叡知の中の叡知を、光の中の光を」、ついに所有できるだろう。[☆17]航海術や印刷術のような前時代の発明は、光の普及の道を切り拓いた。[☆18]われわれは、今さらに大きな進歩のとば口に立っている。「万能の書」（これはコメニウスの編み出した簡単な教科書のことである）は、万人がこの進歩を学習し、そこに参画することを可能にするだろう。万有知（パンソフィア）の書は完成するだろう。ベーコンの提唱する普遍的叡知の学校が創られるだろう。そして万国の普遍的叡知の預言者が互いに交流できるようになるにちがいない。「なるほど世界から交流が完全に途絶えているわけではないが、これまで世界が享受してきた交流方法には普遍性が欠けているのだ」。それゆえ、「全般的な幸福と繁栄の代理人」は数が多ければ多いほどこれにこしたことはないのだ。彼らは何らかの結社によって指導されていなければならない。そうなれば「彼らのそれぞれが、何を、誰のために、いつ、どんな助けを借りて行なうべきか知ることができるだろうし、また自分の仕事を公益にのっとったやり方で着手できるようになるだろう」。[☆19]人類の公共の福祉に捧げられ、何らかの法や規則でひとつにまとまった学院か聖なる協会が存在すべきである。[☆20]光の普及にとってぜひ必要なことは、誰もが理解できるような普遍的言語の存在である。新しい結社の学者たちがこの問題に取り組むことになろう。こうして福音の光が、学問の光と同様、世界中に広まるだろう。

ここにはっきりあらわれている影響は、ベーコンと、彼の光の普及のための学院や組織の計画、つまりニューアトランティスの「光の商人」の影響である。お互い友人同士であったコメニウスとデュリーとハートリブの三人は、いずれもフランシス・ベーコンの作品に傾倒し、彼を学問の進歩の偉大な教師と認めていた。この点で彼らは、一六四〇年以降に勢いよく花開いたイギリスのベーコン主義復興と接触をもっていた。

しかしこのコメニウスの断章には、まちがいなく別の影響も嗅ぎわけられるはずである。ベーコンの「光の商人」はここでは、薔薇十字友愛団と混じり合っているのである。つまり世界が終末時に光に向かうという『名声（ファーマ）』の熱烈な意識や、薔薇十字宣言の熱烈な福音主義的敬虔さと混じり合っているのである。そしてわれわれは、ベーコン自身こうした関連に気づいていたらしいこと、ニューアトランティス神話の一部は実際、目に見えない薔薇十字友愛団やその博愛的目標、そして世界の他の場所には知られていないその偉大な学院などの神話をモデルにしていたことを見てきた。

これを明確にするのはむずかしいが、わたしのいわんとしているのはつぎのようなことである。つまり三人の外国人と、学問の進歩をめざす彼らの外国での運動のイギリス来訪をもって、われわれは、これまでひとつの運動の構成要素と考えられてきたものの合流を見たことになるのではないかということである。それは、イギリスではベーコン主義として、ドイツでは薔薇十字運動として発展してきたのであるが、このふたつの脈絡は互いに関連し合い、接触をもっていたのである。薔薇十字宣言や薔薇十字騒動の一部の文献は、ベーコンに気づいていた可能性がある。そしてベーコンはニューアトランティスを執筆したとき、まちがいなく薔薇十字神話に気づいていた。

一六四一年は偽りの夜明けに終わった。大いなる学問の進歩や千年王国の光の普及は、すぐ間近に迫っているわけではなかった。このような理想が、ドイツの耐えたような試練を経験せずにイギリスで平穏に訪れることはなかった。そして長い無政府状態と流血の惨事が待ち受けていた。一六四二年には、この国が内戦の泥沼にはまりこんでいること、議会は黄金時代に向けての法制定以外にやるべき仕事をもっていたこと、そして普遍的改革はいつまでも延期されねばならないことがはっきりしてきた。

三人の熱狂者もこれに気がついた。コメニウスとデュリーは一六四二年にイギリスを去り、他の場所、つまりコメニウスはスウェーデン、デュリーはハーグで仕事をすることになった。しかしハートリブは残って著述をつづけ、将来のモデルになりうる協会をイギリスで計画し組織しつづけた。

本書の要旨をたどってきた読者は、ここにきて（ちょうどわたしが感じたように）奇妙な既視感（デジャ・ヴュ）に襲われたにちがいない。一六四一年の昂奮は薔薇十字宣言の昂奮を彷彿とさせる。それは学問の進歩が間近に迫り、人間がより大きな領域に踏みこもうとしているという昂奮であった。ちょうど三〇年戦争が薔薇十字の希望をきれいに拭い去ったように、内戦の勃発がそうした気狂いじみた思想に終止符をうった。さらに、よりよい協会の小型の「モデル」を通じて理想を追いつづけるという、その救済手段までそっくりであった。ハートリブはイギリスで、「マカリア」、あるいは彼が様々に名づけたグループを通じて、ちょうどアンドレーエが普遍的な理想から、キリスト教協会というモデルグループの編成へ撤退したのと同じ道を歩んだのである。そうしたモデルグループに対する熱狂は、ハートリブがイギリスに来るまえに「アンティリア」を通じて彼に伝えられていた。

ハートリブは教育改革や博愛的、仁愛的な計画、そして実際的な目的をめざす科学の功利的応用に深い興味を抱いていた[☆21]。彼は応用科学に数学が重要であることを充分認識しており、実際彼の改善した協会の「モデル」は、たぶんニューアトランティスよりはクリスチャーノポリスに似通っていたはずである。われわれも見てきたように、クリスチャーノポリスはアンドレーエによって提案されたモデルであり、また、クリスチャーノポリスはジョン・ディーの思想と同じく、ある数学観に基づいていた。それは、技術上の改善に応用される際には実際的、功利的なものであるが、そうした活動から、より高度な抽象的、大使的領域にまで達していた。

ディーの伝統は、数学教育に対する関心や、科学技術における数学の功利的応用という形で、イギリスに根強く生きていた。ハートリブはイギリスでこの伝統を拾いあげ、キリスト教協会の真のモデルとしてこのクリスチャーノポリスの伝統に接続することができたはずである。後者の伝統は、ハートリブのイギリス来訪以前に、アンドレーエの影響が彼に植えつけていた。そして実際、このタイプの影響がハートリブの学問の進歩をめざす努力にもっとも強く働いていたことは、さまざまな論拠によって裏づけられるように思われる。彼はたしかにディーのユークリッド『原論』の序文を高く評価していた。彼は一六五五年に、それがラテン語に翻訳されるべきだと強く主張していた。[☆22] ハートリブがイギリス人の後援者や同僚として選んだ中のすぐれた人物にジョン・ペル[*8]とウィリアム・ペティ[*9]がいるが、彼らはふたりともディーの伝統に忠実な数学者であり技術者であった。ペルの『数学のイデア』（一六三八年）はディーの序文に明らかに強い影響を受けているし[☆23]、ペティは測量家兼航海術の権威[☆24]として、まちがいなくベーコンよりはディーに多くを負っていた。

したがって仮説ではあるが、ハートリブの「通俗的」ないし功利的ベーコン主義も、あるいはまったくベーコンと無縁のものかもしれないということを指摘しておこう。なるほどハートリブは友人たちと同様、一切の学問の進歩への努力をベーコン的なものと考える傾向にあり、ハートリブのユートピア思想の根底にニューアトランティスの強い影響も関与していたのはたしかだが、それはむしろディーの伝統に由来するものであったかもしれないのである。おそらくベーコンの冷静な気質よりディーの感化を受けたクリスチャーノポリスの熱烈なキリスト教的敬虔さの方が、ハートリブの強烈な福音主義的敬虔さや神秘主義に近いものであっただろう。

英国学士院（ロイヤル・ソサエティ）来歴

われわれはいよいよ本章のめざす目標、すなわち英国学士院（ロイヤル・ソサエティ）[☆25]の来歴というなじみの分野に踏みこんでいく。このパズルのよく知られた断片が、いまではより一貫した図柄に収まるかもしれないのである。

ジョン・ウォリスの説明によれば、市民戦争中の一六四五年にロンドンで、自然哲学、それもとくに新しい実験哲学や、その他人文科学の各分野の研究のために組織された若干の会合が、英国学士院の起源とされている。[☆26] ウォリスは、これらの会合の参加者として、「当時ロンドンにおけるファルツ選帝侯つき司祭であったジョン・ウィルキンズ博士[*10]」（のちにチェスター司教となる）や、「テオドール・ハーク氏[*11]」（ファルツ出身のドイツ人で当時ロンドンに在住し、私見によればこれらの会合を最初に動議し示唆した人物である）や「他の多くの人物」の名を挙げている。英国学士院の起源に関するこの報告の信憑性は、これら一六四五年の会合が、トマス・スプラットの英国学士院の公式的歴史には触れられていないため疑問視されてきた。

しかしいまこの報告から浮かびあがってくる事実は、ファルツからの影響力の濃厚さである。ファルツ出身のドイツ人ハークが、英国学士院の創立に導く会合を開いたといわれている。そして（後に英国学士院で重要このうえない役割を演じる）ジョン・ウィルキンズは、これらの会合が開かれた当時ファルツ選帝侯（ボヘミア国王と王妃の長男）つきの司祭であったことも指摘されている。ファルツ出身のドイツ人によってはじめられた会合という点、しかもその会合の宗教界の代表がファルツ選帝侯つき司祭であった点など、この報告は英国学士院の起源に奇妙なほど「ファルツ的」色彩を与えている。

英国学士院の起源に関するパズルの断片で、その次にくる日付のものは、一六四六年と一六四七年のロバート・ボイルの書簡中に見られる「目に見えない学院」についての言及である。

一六四六年十月、若きボイルは以前の家庭教師に宛てて、今彼は「われらの新しい哲学学院」の教えに従って、自然哲学に専念中である旨を書き、その家庭教師に役に立つような本を送ってくれるよう依頼している。そうすれば、「われらの目に見えない学院は、きっとあなたを大歓迎することでしょう」。

数ヵ月後の一六四七年二月に、ボイルは別の友人に宛てて次のように書いている。☆27

> それについては何よりもすばらしいことがあります。それは**目に見えない学院**、（あるいは彼ら自身の命名によれば）哲学の学院の礎石が、ときおり私を彼らの仲間に加えてくれることなのです……彼らの包容力や探求心の旺盛さは、スコラ哲学など、その知識の中で、もっとも低次元のものでしかないほどです。ところが彼らは、高潔な目的のためなら、たとえそれがどんな謙虚でおとなしい人のものであっても、率先して事にあたろうとする意欲に燃えているのです。そのため自分の意見を弁じるのもおぼつかないようなひどく見劣りのする人の

ために働くのさえ、少しも厭わないのです。彼らは人間と呼びうる全分野に及ぶ広い博愛精神を発揮して、偏狭さを打ち破ろうと骨身を惜しまず働いています。そしてこれを満たすことができるのは、他ならぬ普遍的誠実さだけなのです。実際彼らは、善行の種が尽きるのを恐れるあまり、人類全体の世話を引き受けようとまでしているのです。

そして一六四七年五月、ハートリブに宛てたらしい手紙の中で、ボイルはまたしても「目に見えない学院」とその公共精神溢れた計画について語っている。

この「目に見えない学院」は、英国学士院の前身ではないかと多くの議論を呼んできた。それはどんなものであり、どこで会合がもたれ、誰が所属していたのだろう。それは、自然哲学の研究に携わる何か特別なグループ、たとえばハークによってロンドンで開かれたばかりのグループをさしているのだろうか☆28。あるいはハートリブのグループをさしているのだろうか。その博愛精神に関する描写は、ハートリブの気質に合うように見える。

ところでこの「目に見えない学院」という言葉は、わたしたちにとって耳慣れない言葉ではない。それは、薔薇十字友愛団やその学院にいつも結びつけられてきた、不可視性に関する古い笑劇（ルディブリウム）、古い冗談である。デカルトは、それと関連づけられるのを避けるため、自分の可視性を証明してみせなければならなかった。ベーコンもその冗談を知っていた。ニューアトランティスの情け深い同胞とその偉大な学院は、外部の目からは不可視な存在であった。これは、「アンティリア」や、名はどうあれアンドレーエの系譜を引くすべてのグループの活動にも当てはまるだろう。

ボイルが、自分の知るにいたったグループに「目に見えない学院」という表現を使っている事実は、次のような事を示唆している。つまりボイルやその友人たちは、古い笑劇（ルディブリウム）を利用できたのであるから、たとえ「薔薇十字」の言葉が使われていなくとも、彼らはそれについて何か知っていたということである。われわれはこうして薔薇十字運動から英国学士院の前身へと連なるひとつの連続をもったことになる。

以上が、このパズルのよく知られた断片である。わたしはいよいよ別の断片を考察の対象に供しようと思う。それは、ファルツ選帝侯つき司祭であり、英国学士院を興す運動や、英国学士院そのものの中心人物であったジョン・ウィルキンズが、薔薇十字の『名声（ファーマ）』を引用している事実である。

ウィルキンズはその著『数学の魔術』（一六四八年）の中で、一種の地下用のランプを論じているが、そのとき彼は、そのようなランプが「フランシス・ロジクロス（Francis Rosicrosse）の墓の中に見られたと伝えられている。このことは友愛団の告白にさらに詳細に説明されている通りである」[☆29]と述べている。たしかに彼はクリスチャンと呼ぶべきところをフランシス・ロジクロスと呼んでおり（おそらく宣言におけるFrater《同志、兄弟》の略“Fra”を“Francis”の略と勘違いしたのだろう）、また内部にランプを備えた墓（かの有名な納骨堂）は『告白（コンフェッシオ）』ではなく『名声（ファーマ）』に登場する。しかしこの引用は、ウィルキンズが薔薇十字宣言をたしかに知っていたことを示している。

別のところで[☆30]わたしが指摘したように、ウィルキンズの『数学の魔術』の大部分は、一六一九年にファルツ領オッペンハイムで上梓されたロバート・フラッドの『両宇宙誌』の機械学部門を土台にしている。そしてそのフラッド自身は、一五七〇年のユークリッド『原論』の序文でディーによって提出された、数学的または「ウィトルウィウス的」学科の概要に着想を得ている。ウィルキンズは、彼がディーやフラッドに負っていることを隠しだてせず、しばしばディーの序文もフラッドの著作も承認している。ウィルキンズはこの本の中で、機械的魔術で作動する自動人形やしゃべる彫像などに多大の興味を示している。彼は魔術＝科学によってしゃべるメムノーン像を記述している。ウィルキンズがここで見せている機械学への関心は、まさに災難のふりかかる前にハイデルベルクで流行していた段階のものである。そして彼が『名声（ファーマ）』におけるクリスチャン・ローゼンクロイツの墓の驚異を引用している事実は、私の考えでは彼がそれらを、科学的に産み出された驚異を表わすひとつの笑劇（ルディブリウム）と解釈していたことを示しているのだ。

ウィルキンズはこの本の中で、しばしばヴェルラム卿[*12]（フランス・ベーコン）にも触れているが、このことは彼が、生涯のこの時期には、決してベーコン的科学をディー＝フラッド的伝統と切り離していなかったことをうかがわせている。どちらも「学問の進歩」であった。彼の説明によれば、彼が自著を『数学の魔術』と呼ぶのは、そこであつかわれる種類の機械的発明が、コルネリウス・アグリッパによってそう名づけられたからにほかならないのである。

この本は、一六四八年におけるウィルキンズの見解と関心とを示唆している点で重要である。というのもこの年は、トマス・スプラットの英国学士院の公式的歴史で、学士院の起源とされているオックスフォードの会合がはじまった年であるからだ。[☆31] スプラットは、ウォリスの記述しているそれ以前のロンドンのグループには一言も触れていない。これらのオックスフォードの会合はウォダム・カレッジのウィルキンズの部屋で催され、一六四八年頃から一六五九年頃まで続いた。そしてその頃に、このグループはロンドンに移って一六六〇年に創立される英国学士院の中核を形成することになる。

このオックスフォードグループのメンバーには、ロバート・ボイル、ウィリアム・ペティ、クリストファー・レンらがいた。イヴリンは、一六五四年にウォダムのウィルキンズの部屋で彼の見た「珍奇な品々」を描いている。それによればウィルキンズは、隠れた長い管によって言葉を発する仕掛けの、中が空洞になった彫像を考案し、その他多くの「人工的、数学的、魔術的な品々[☆32]」を所有していたのである。これは彼の「数学の魔術」の雰囲気と関心とをうかがわせる一節である。

†魔術＝科学的伝統の分離†

一六四八年から五九年まで、オックスフォードの会合が開かれていた間に、数多くの本が世に出ているが、その一部については、この前英国学士院時代に事態が推移していった経過と直接関わりがあるので、検討しておく必要がある。

そのうちのひとつは、明らかに薔薇十字主義の歴史に密接に関わりがある。一六五二年にトマス・ヴォーン[*13]が「エウゲニウス・フィラレテス[☆33]」というペンネームで、『名声（ファーマ）』と『告白（コンフェッシオ）』の英訳を出版したのである。これはまさに画期的な出来事だった。たしかに薔薇十字宣言の英訳は、これよりはるか以前に写本の形で出まわっていたし、実をいえばヴォーンの刊行した訳も彼自身のものではなく、はるか以前の写本の訳をもとにしている。[☆34] これらの文書が今、活字になり、しかも英語で出まわることで、薔薇十字宣言はより広い読者層の知るところとなったにちがいない。なぜこの時期にそれらを出版するのが好都合と考えられたのか、わたしにもよくわからない。ヴォーンは、他にも薔薇十字神話に触れた神秘的著作を書いている。彼は詩人のヘンリー・ヴォーン[*14]の弟であり、ケンブリッジのプラトン主義者ヘンリー・モア[*15]と論争を闘わせている。トマス・ヴォーンの後援者は、後に英国学士院の編成に大きな影響力をもったロバート・マリ卿[*16][☆35]だと伝えられている。

『名声(ファーマ)』と『告白(コンフェッシオ)』がこのようにいわば一般の承認を得たことが、ある注目すべき著作を公表する勇気を清教徒神学者ジョン・ウェブスターに与えた可能性がある。彼はその著作の中で、「パラケルス派によって再興されたヘルメスの哲学は、大学で教えられるべきである」[☆36]と力説している。ウェブスターは、薔薇十字宣言に底流する教義を詳しく検討し、宣言と同様、アリストテレス的なスコラ哲学をヘルメス＝パラケルスス的な自然哲学に置き換え、それを通じて学校の言葉よりも自然の言葉を学ぶべきことを強調する。「薔薇十字の高度に霊明化された友愛団」について彼の行なった唯一の言及は、「自然の言語」に関連してなされたものである。彼はそうした言語が、「神の啓示を受けたチュートン人ベーメ」に知られ、薔薇十字友愛団に「ある程度認められた」秘密である、[☆37]と語っている。これは、ベーメと薔薇十字宣言との親近性に関する興味深い（そして疑う余地なく正鵠を射た）洞察である。

ウェブスターは、「ヘルメスの哲学」の中に数学、それもとくにユークリッド『原論』の序文でディーの推奨している数学をふくめている。ウェブスターは、ディーにわれを忘れるほどの賛辞をつらねながらその序文を詳細に引用している。[☆38] 彼はまた「かの深い学識を備えた人物フラッド博士」[☆39]を深く敬愛していた。そして彼は次のような印象を抱いていた。すなわち、もしこうした作者たちの教えが大学で教えられたなら——そして彼の本はパラケルススやアグリッパや同種のルネサンス魔術＝科学的思想の混合であり、その中でも彼のお気に入りはディーとフラッドであった――フランシス・ベーコンの到達した「自然の秘法と驚異」は完璧なものになるだろうと。つまりウェブスターは、ベーコンを「薔薇十字的なタイプ」の思想家とみており、その教えは何よりもディーの数学的序文によって補完される必要があるとみなしていたのである。[40]

清教徒的イギリスの真っただ中で、この議会主義者の司祭は、ディーとフラッドで頂点に達するルネサンスの魔術＝科学的伝統にまさにのっとった作品を産み出していたのである。そして彼はこの伝統こそ、これらの作者なしには不完全だとみなすベーコン主義とともに、大学で教えられるべきだと考えていたのである。ウェブスターは、ベーコンがパラケルスス派のマクロ＝ミクロコスモス哲学に反対であるとわざわざ釘をさしている事実を黙殺し、ベーコンがその哲学と調和しうるとの印象を抱いていた。そして彼は、ベーコンがディーの数学を省いてしまったことを重視しているように思われる。

セス・ウォードは、当時ウィルキンズの指揮の下にオックスフォードで英国学士院の前身となる会合を開いていたオックスフォードグループの一員であるが、そのウォードが『学士院の請求権』（一六五四年）の中で、ウェブスターをきびしく槍玉にあげている。[41]

ウォードは、ウェブスターがベーコンをフラッドと同一視しようとしている点に激怒する。「この世の中で、ヴェルラム卿とフラッド博士の方法ほど相反するふたつの方法もないものだ。一方は実験にもとづいているのに、他方は神秘的理想の前提にもとづいている」。[42]ウォードはウェブスターの「自然の言語に関するもったいぶった説教」にうんざりする。「そこで彼は薔薇十字の高度に霊明化された友愛団に賛意を表わしているのだ」と。[43]ウォードはさらに、ウェブスターが実は托鉢修道僧なのではないかとまで述べ、ディーの序文に関する彼の熱狂的な言葉を、ある「しかつめらしい托鉢修道僧」の言辞になぞらえる。つまり「彼は（ロレートの聖母に詣でるしかつめらしい托鉢修道僧や）、妖精の女王の甥のように祈りを捧げ、序文の中でジョン・ディーによってなされた説教を女王のために行なっている……」。[44]これはオックスフォードグループの発言としては異様な響きをもっている。とりわけそのグループの指導者ウィルキンズが、これをさかのぼることわずか六年前、自分の「数学の魔術」に関する著作に、ディー＝フラッド的伝統を公然と導入していたことを思えばなおさらである。

オックスフォードグループにいったい何がおこったのだろう。わたしは、科学者のグループにとっていまだに危険な魔術の烙印から、できるだけ関係を断とうとする運動が彼らの一部に存在した可能性を指摘しておきたい。これを実行に移すため彼らはベーコンを「実験哲学」の師とする自分たちの解釈を推し進め、それ以外のあらゆる結びつきから彼を切り離し、同時にディーの数学的序文や数学的伝統からは慎重に身を引いたのである。彼らはそうしたディーの序文や伝統を「熱狂」、つまり「もったいぶった清教徒」や「しかつめらしい托鉢修道僧」の熱狂と結びつけていたのである。

こうして魔女恐慌の口火を切る道が準備された。われわれはこれまでの章でこの現象にいやというほどお目にかかってきたが、それが今やある出版物の形をとることになった。その出版物は、ディーの名声を三百年にわたって損ない、思想史上のもっとも重要な一人物を真面目な考察から抹殺して、思想史を混乱に導いてしまったのである。

それは一六五九年における、ディーの『精霊日記』、または彼の天使との仮想的な会話の記録の出版であった。その本には悪魔的魔術のかどでディーを断罪するメリック・カソーボン[*17]の序文[☆45]がついていた。どうやらカソーボンは、その出版について個人的な動機をもっていたらしく、それを通じて自分の正統性を確立しようとしたふしが見られる。また「ご大層な霊感」を僭称する連中をひきずり降ろすのもその目標のひとつであった。要するに、それは「熱狂者たち」に反対するものであった。政府はこの本の刊行に難色を示し、発禁処分にしようと試みたが、「世間注目の一大奇書」としてあっという間に売れてしまったため、それも不可能となってしまったのである。この本の出版に隠された裏の動機が完全に解明されるまでには、まだかなりの時間がかかるだろう。その出版年はなかなか意味深長である。それは、オリヴァー・クロムウェルが没し、その息子の弱体政権が混乱を招き、次に何がおこるか誰にも予想できない——一六五九年のことであった。

次におこったことといえば、もちろん一六六〇年のチャールズ二世の王政復古であった。メリック・カソーボンの出版物がひきずり降ろそうと狙い、将来の影響から締め出そうと狙っていた「熱狂者たち」とは、はたして誰のことであろうか。

ディーの日記の発行は、明らかに当時盛んに煽動されていた、熱狂者や霊明者（イルミナティ）に対する全体的キャンペーンの一翼を担うものであった。☆46 カソーボンは序文の中で、ディーがトリテミウスやパラケルススのように、悪魔に唆されていると述べている。彼はパラケルススに言及することで、薔薇十字運動全体を指弾しているのである。このキャンペーンはディーの名声を失墜させ、その貴重な科学的業績に対する信用を何世紀にもわたって奪うことになった。英国学士院きっての数学者としてディーの業績を聞き及んでいたはずのロバート・フックは後に、『精霊日記』は、当時の出来事に関する「技術と自然の隠された歴史」であると論じて、彼の名声を復権させようと骨折った。☆47

自然哲学者たちは英国学士院の創立をめざして活動している間、石橋を叩いてわたる必要があった。宗教的情熱はあいかわらず高まりを見せていたし、怖るべき魔女恐慌がいつ何時はじまって彼らの努力に水を差すかわからなかった。こうして彼らはディーに背を向け、彼らのベーコン主義をできるだけ無害なものに仕立てたのである。

それでは彼らは、『ニューアトランティス』における薔薇十字友愛団への言及、あるいはその不可視性やその学院については、どう処理したのだろう。彼らもまちがいなくニューアトランティスの物語の背後に、クリスチャン・ローゼンクロイツとその博愛的結社の物語を認めたにちがいない。それに彼らには、この対応を忘れることができない事情もあった。というのも一六五八年から一六六四年にかけて――ちょうど王政復古と英国学士院創立の直前から直後にかけて――、あらゆる先例を破って自分が薔薇十字団員であることを公然と自認する、ジョン・ヘイドンという風変わりな人物が登場したからである。彼は、空想的ユートピア主義へ傾斜しようとする薔薇十字的特徴がかつてない高みにまで達しているような一連の著作を上梓したのである。ヘイドンは、もっとも過激なタイプの占星術師、土占い師、錬金術師であった。そしてヘイドンは、『薔薇十字団の島旅行記』（一六六〇年）や『神聖なる案内人』（一六六二年）などにおいて、ベーコンの『ニューアトランティス』と『友愛団の名声（ファーマ・フラテルニタティス）』との対応を可能なかぎり明確に指摘したのである。この対応によればソロモンの館の賢者たちは、「薔薇十字協会」の賢者たちになるのである。

『ニューアトランティス』におけるベーコンの譬喩的表現と、薔薇十字の『名声（ファーマ）』の物語とのこれらの対応は、疑問の余地なく存在しており、われわれも以前の章で☆48、このことの意味を指摘しておいた。ヘイドンがこれらの対応を、まさにこの時期を選んでとりあげ、強調したことは、まことに興味深い。わたしの考えでは、ヘイドンは、反「霊明者（イルミナティ）」キャンペーンやディーの信用失墜という文脈の中で読まれるべきである。

ヘイドンが事実上ベーコン主義者に対して指摘していることは、次のようなことであっただろう。「あなた方のフランシス・ベーコンは、実は薔薇十字団員だったのだ」と。

†英国学士院（ロイヤル・ソサエティ）創立の隠された背景†

一六六〇年のチャールズ二世の王政復古は、みごとなまでに円滑に行なわれた。議会派の軍隊はおとなしく解散し、人々は過去を忘れ、平和な仕事に転じることに夢中になっていた。このような和解の雰囲気の中で、英国学士院は、チャールズ二世を後楯として創設された。当学士院には、それまで議会派に属していた多数の人々がふくまれていた。科学が彼らを王党派との平和的協力関係へまとめたのである。しかし状況は微妙だった。避けなければならない問題が山積みされていた。ユートピア的改革計画は、革命的過去に属していて、今では忘れた方が身の為であった。学士院は、初期には数多くの敵をもっていた。その宗教的立場は不明瞭に思われた。魔女恐慌はまだ完全に過去の遺物ではなかった。

宗教上の問題は会合で議論されるべきではなく、ただ科学の問題だけを扱うべきだとする規則は、賢明な予防策と見えたにちがいない。そして初期には、実験ならびに科学的データの蒐集や吟味を重視するベーコンの方法が学士院の努力を導いていった。とうとう自然科学の進歩をめざす恒久的な学士院が実現したのである。それは空想的な不可視のものではなく、現実の目に見える協会であった。しかしそれは、以前の運動に比べると目標が著しく限定されたものとなったのである。それは、改革された社会の枠組、つまり全世界の普遍的改革の枠組の中で科学の進歩に取り組んではいなかった。英国学士院の特別会員（フェロー）は、病人を無料で治療することもなかったし、教育改革の計画にも着手しなかった。これらの人々は、自分たちが推し進めている運動の先に何が横たわっているのかはっきりした見通しをもつことができなかった。彼らには、運動の長所より短所の方がはっきりしていたにちがいない。それは、いまだに運動を脅やかしている絶滅の危機であった。彼らは成功を収めていた。彼らは目に見えない学院を、目に見える実在のものに変えていた。そしてその微妙な存在を維持するためには、慎重なうえにも慎重を期す必要があった。

こうしたすべての予防策はいかにも賢明だったと思われるし、実際そうにちがいなかった。そしてベーコン的な実験それ自体は、科学の進歩の絶対確実な本道ではなかったにもかかわらず、かくも立派な、またよく組織された英国学士院は、科学が成功を収めたことの、誰の目にも明らかな声明となったのである。それを妨げうるものは今では何もなかったのだ。

コメニウスの著書『光の道』は、彼がイギリスで希望と光に溢れた時期に執筆したものであるが、執筆されてから二六年も経った一六六八年にアムステルダムで出版の運びとなっている。それはまた、英国学士院が創立されて八年後のことである。彼は熱狂的な序文を書いて、この本を英国学士院に献じている。この年老いたボヘミア同胞団員は、特別会員（フェロー）のことを「霊明者（イルミナティ）」と呼ぶ奇妙な誤りを犯している。☆49

この啓蒙時代の灯火を掲げる者、すなわち真の哲学を今まさに誕生させようとしておられるロンドンの英国学士院会員の皆様へ、御挨拶と御多幸をお祈りして。

傑出された皆様、

『光の道』と題されましたこの本は、傑出された皆様にこそ贈られてしかるべき本であります。自然哲学の光を真実のより深い井戸から汲み取ろうとされる皆様の努力は、ヨーロッパ中に公表され、発表されはじめているのですから。そのうえ本書は貴国で構想されたのですから、この献呈はなおさらふさわしいといえましょう。光と真実の探求のために、貴国でわたしどもに提供されました分野は、今ではちょうどキリストの次の御言葉の通りに皆様方の管理されるところとなりました。(この御言葉はここでは本来の意味で当てはまります)「他の人々が耕し、あなた方がその耕作に参加する」

コメニウスは明らかに、英国学士院が彼自身と友人たちの以前の活動の継承である、との印象をもっていた。彼はそれに何の妬みも感じず、それどころか、再び鳴り響く喇叭の音色に喜んで耳を傾けるのだ。[☆50]

世界中に次のようなニュースが鳴り響くことでしょう。人間の知識と人間精神の物質支配がいつまでも危ういものでも不確かなものでもないことを保証する仕事に、皆様方がいよいよ従事されたと。

コメニウスは、警告の文句も発している。なるほどこれらの新しい自然研究のおかげで土台は敷設されたが、その土台のうえに何を建てるべきかが考えられているだろうか。もし自分自身のために自然科学を養うことしかその目的が考えられていないなら、この偉業も、「天にではなく地にむかって建つ逆立したバビロン」に一変してしまうだろう。[☆51]

コメニウスは、英国学士院の目標が、いかに古臭い万有知的理想(パンソフイア)とかけはなれたものであるかを理解していないと嘲笑されてきた。

しかしわたしには彼がそれを重々理解していたと思われる。しかも、英国学士院と彼自身やその世代の過去の努力との間に彼の見た関連についても、歴史的に的を射ていたと思われるのだ。[☆52]さらに彼の警告もまた的を射たものだったかもしれないのである。

一六六七年に、この大事業の起源と発展に関する公式的報告書、つまりトマス・スプラットの『英国学士院の歴史』が公刊された。この学士院は、自然哲学及び実験哲学に興味をもつ人々からなるグループがオックスフォードで開いた会合から生まれたものであると、そこでは説明されている。それは、一六四八年以後ウォダム・カレッジで会合をもち、英国学士院の中核となったグループのことである。それ以前のロンドンのグループのことや、ファルツ出身のテオドール・ハークが最初にこうした会合を動議したという説などは、スプラットによって黙殺されている。こうした以前のグループは、議会主義時代のあらあらしい革命的思想に、人々を立ち戻らせかねない。そしてスプラットは学士院が、穏当なオックスフォードの会合から出発したという印象を与えておきたかったのである。

にもかかわらず、真実はやはり偉大であり、どんなことをしても結局それは勝利を収めてしまうのだ。本章を終わるにあたって、スプラットの本の人口に膾炙した口絵（図版30）を眺めてみよう。中央には創立者である国王チャールズ二世の胸像が置かれ、その左側にはフランシス・ベーコン、右側には初代院長ウィリアム・ブラウンカーがいる。背景には書棚があって、学士院会員の著書や、彼らが科学的な作業のために用いる道具類がつまっている。

この口絵は、ジョン・イヴリンのデザインをもとに、ウェンセスラウス・ホラー[*18]によって彫られたものである。ホラーは、一六二七年におそらく宗教上の理由でボヘミアを離れ、フランクフルトでマチュー・メリアンの徒弟になったボヘミア人芸術家である[☆53]。この経歴は、われわれに新たな興味に満ちた眼でこの版画を眺めさせる。われわれはそこに、翼をもつ人目をひく天使が、喇叭をひと吹きし、その名も高き学士院の創立者として、チャールズ二世の頭上に名声の花輪を冠らせているのに気づく。ベーコンはその天使の翼の下にいるのである。今われわれとしてはこのことに注目しないではいられないのである。そしてそれが「エホバの翼の下で」への暗示ではないか、また喇叭を吹く天使には、『名声（ファーマ）』や、かくも長い間延期され、今ようやく実現した遠い過去の希望を喚起する意図がこめられているのではないかと問わずにいられないのである。

第14章

Elias Ashmole and The Dee Tradition

薔薇十字的錬金術へのアプローチ

アシュモールとニュートン

†一七世紀イギリスの錬金術復興運動†

初期の英国学士院が、危険な話題を慎重に避け、安全なベーコン主義に専念し、薔薇十字宣言については(間接に口絵でふれられている以外には)きっぱりと口を閉ざし、カソーボンの出版によって悪名を馳せたジョン・ディーについてはもちろん一切触れまいとしていたのに対して、会員の中には、ディーの伝統が脈々と息づいていた学者が少なくともひとりはいたのである。

エリアス・アシュモールにとってディーは、あくまで崇められるべき魔術師(マグス)であり、彼はその著作を蒐集し、その錬金術や魔術の教えを実行に移そうと努めていた。創立メンバーの一員としてアシュモールが英国学士院に存在した事実は、[☆1]「薔薇十字主義」——かりにそれがディーの影響と同じだとすれば——が、たとえ一会員の個人的興味にすぎないにせよ、学士院内部にいまだに席を占めていたことの重要な裏づけとなる。

エリアス・アシュモール(一六一七—九二年)は一徹な王党派であり、市民戦争や共和制時代には、世間との交渉を断って、多岐にわたる自分の関心を追求していた。錬金術師、占星術師、古物研究家、そして過去の記録の熱心な蒐集家であるアシュモールの根底には、新しい科学の発生源となったあの魔術的照応理論に支配されたヘルメス的宇宙観があった。といって必ずしも彼が時代遅れになったわけではない。なぜなら彼の錬金術への興味は、一七世紀のきわめて力強い錬金術復興ないしは再生(ルネサンス)を反映しているからである。それは多くの著名な人々に影響を与えた運動だった。パラケルスス派の錬金術は、新しい医学を推進する主要な力となっていたし、ロバート・ボイルの化学は、この錬金術運動の申し子であった。そしてアイザック・ニュートンの精神のうちにさえ、錬金術の広大な背景が存在していたのである。

歴史的現象としての錬金術再生運動は、これまでほとんど適正な歴史的扱いを受けてこなかった。典型的なヘルメスの術としての錬金術は、まさにヘルメス的伝統に属している。しかし錬金術の復興はイタリア・ルネサンスにおけるヘルメス的伝統の復興においてはめだった役割を演じていなかった。パラケルススの登場によってはじめて、改革再生された形の錬金術が誕生したのである。そしてジョン・ディーが、この伝統にみずからの寄与を加えた。「魔術（マギア）、カバラ、錬金術（アルキミア）」の三要素は、薔薇十字宣言全体に浸透しており、宣言がヘルメス＝カバラ的伝統に錬金術を加味したものであることを典型的に示している。

錬金術運動の著名な伝道者といえば、ミハエル・マイヤーがいる。彼のライフワークは、錬金術文書の蒐集出版や、自著の出版による錬金術的宗教哲学の普及にあった。われわれは、マイヤーがファルツ選帝侯フリードリヒをめぐる運動でもっとも重要な役割を演じたこと、またその運動や運動のボヘミアへのアピールには錬金術が関与していたことを見てきた。[☆2] それでは一七世紀イギリスの錬金術運動は、どの程度ドイツやボヘミアからの亡命者の刺激を受けたものなのだろうか。マイヤーの寓意画で悲しみをまぎらしていたボヘミアの亡命者ダニエル・ストルキウスがイギリスにやってきたことは[☆3]、われわれも見た通りだが、彼のような人々は他にもたくさんいたにちがいない。

一七世紀イギリスにおける錬金術運動の第一人者として、エリアス・アシュモールは、こうしたテーマの調査の出発点とすることができるだろう。アシュモール文書とよばれる膨大な写本のコレクションは、ただ単に古物研究家、つまり過去に生きる男の作業ではなかった（むろんアシュモールのそうした面はひじょうに強いが）。そこには同時に、当時の、ほとんど近代的といってもいいようなイギリスの錬金術運動の証拠が満ちあふれているのだ。

この文書の中に、薔薇十字宣言の研究家は奇妙な現象を見いだしている。というのも、エリアス・アシュモールは『名声（ファーマ）』と『告白（コンフェッシオ）』の英訳をわざわざ自分の手で書き写し、しかもそれらの写しに、やはり自筆で認（したた）められた入念なラテン語の手紙を添えているのである。その手紙は「薔薇十字のもっとも霊明化された同胞たち」へ宛てられ、彼らの友愛団[☆4]に加えてもらえるように嘆願する内容となっている。この請願は、友愛団については熱狂的な調子を帯びるが、漠然としており、大部分が『名声（ファーマ）』と『告白（コンフェッシオ）』の引用からなりたっている。[☆5] アシュモールの写した宣言英訳のオリジナルは、彼の文書の別の場所に現存している。このオリジナルの方は一七世紀初めに——それもチャールズ一世の治世より後でないことはたしかである――誰かの手で書かれている。それは、ヴォーンの手で上梓された英訳とも同じではなく別の版である。

アシュモールのとった手順は一見、自分のもっている宣言の英訳写本を自分の手で書き写し、この写しに、薔薇十字友愛団へ請願する内容の自筆の序文を添え、その中でこれら霊明者たちに深い敬意を表わし、彼らの結社への加入を求めているように見えるかもしれない。しかしわたしはアシュモールが、当時のある実在の「薔薇十字」グループに呼びかけているとは思わない。わたしには、その全作業が敬虔な勤行のようなものだったと思われるのである。アシュモールは、宣言に盛りこまれた目標に賛同する人々の常套手段が、薔薇十字友愛団に呼びかけることであるのを心得ていた。彼は、空想的な友愛団への信心深い請願を認(したた)めることで、自身を宣言と一体化させたのである。宣言とそれに対する自分の祈願とを書きあげること自体が、ひとつの祈願であり、おそらくはまったく個人的な勤行だったのである。

アシュモールの内面生活の一端をかいま見る以上の作業は、彼の名高い著書『英国の化学の劇場(テアトルム・ケミクム・ブリタニクム)』[☆6](一六五二年)の研究への格好の序章となる。この本は錬金術文書の選集であり、当時のイギリスの錬金術運動を盛りあげるのに、きわめて重要な役割を演じた。それは、一七世紀初頭のドイツ錬金術運動において出版された「劇場」、つまり錬金術資料の選集と同じタイプの選集である。このドイツの錬金術運動は、「薔薇十字」運動の一環として、ミハエル・マイヤーによって推進された錬金術研究に一部は(たしかに全部ではないが)由来している(図版26b)。アシュモールの選集にはイギリスの錬金術師しかふくまれていないが、マイヤーはイギリスの錬金術師には特別な関心を寄せており、トマス・ノートン[*1]の『錬金術の式文』[☆7]のラテン語訳を出版しているほどである。これは有名な中世イギリスの錬金術師による英語の詩篇で、そのオリジナル英語版は、アシュモールによって一六五二年の『劇場(テアトルム)』で初めて公刊された。

アシュモールの『劇場(テアトルム)』の注意深い読者にとって、この著作が「薔薇十字」的な心情をもった作品であることやそれが実際、ドイツ薔薇十字運動におけるミハエル・マイヤーのイギリス錬金術復興の一種の継承であることは、明らかであろう。というのもアシュモールは『劇場（テアトルム）』の冒頭において『名声（ファーマ）』を引用し、ドイツにイギリス錬金術を普及させようと骨折ったマイヤーの努力について語っているからである。アシュモールの言葉は以下の通りである。☆8

わがイギリスの哲学者たちは、（預言者と同様）おしなべて祖国では栄誉らしい栄誉を受けてこなかった。また彼らの方もわが国では、いかなる大事業にも着手しなかった。例外は、ひそかに少数の病人を相手に医術を施し治療しているくらいのものである。たとえばI・O（薔薇十字友愛団の最初の四人の団員（フェロー）の中のひとり）は、若きノーフォーク伯のレプラをこのようにして癒したのである……ところが海外に目を転じると、これらイギリスの哲学者ももっと高い評判を得ているし、世間も彼らの著作を手に入れようと目の色を変えているのである。いやそれどころか世間の人々は（イギリスの風景を知ろうと望むことよりも）、まことにお粗末きわまる翻訳であっても、それを通じて彼らを知ることの方に満足をおぼえるありさまなのである。マイエルス（マイヤー）らが……行なってきたことを見られるがよい。この最初に名を挙げた人物はドイツからやってきてわざわざイギリスに移り住んだのであるが、それもノートンの式文をラテン語の詩に訳せるだけの英語力を養いたい一念からのことであった。そして彼はその翻訳をまことに公正かつ学問的になしとげたのである。しかるに（語るも恥かしいことながら）これだけの功績のある学者に報いるのに、わが邦の待遇たるやお話にならないほど冷たいものであった。

レプラに罹った若い伯爵をイギリスで治療した伝説的薔薇十字友愛団員の物語は、『名声（ファーマ）』から採り入れられている。☆9 そしてアシュモールはこの物語につづけてすぐ、イギリス錬金術の知識を海外に広めようとしたマイヤーの熱意を紹介し、彼がノートンの翻訳ができるよう英語を学びに渡英したにもかかわらず、その努力が充分な支援を得られなかった経緯を報告している。

「語るも恥かしいことながら」、マイヤーは、その学術的努力に対して冷たい扱いしか受けられなかった。ドイツ薔薇十字運動に関する現時点でのわれわれの知識に照らしてアシュモールの指摘の行間を読みとるなら、イギリスとファルツとボヘミアとの同盟☆10を確立しようとする運動（すなわちジェームズ一世が奨励しようとしなかった運動）の一環として、錬金術運動をもりたてるのに、マイヤーがイギリスとドイツの橋わたし役を果していたことに、アシュモールがどうやら気がついていたという印象がえられる。実際マイヤーは、イギリスとの同盟に誤った信頼を寄せた結果、きわめて冷たいあしらいを受けるはめになった。その間の事情はつまびらかではないが、彼は三〇年戦争勃発後ほどなくして帰らぬ人となったのである。

われわれは今ようやく、いかにアシュモールの『英国の化学の劇場（テアトルム・ケミクム・ブリタニクム）』が、ボヘミア国王と王妃の大義の瓦解によって惨めに中断された運動を回復または継承しようとする努力のひとつであったかを理解しはじめているのだ。

†アシュモールのジョン・ディー弁護‡

『英国の化学の劇場（テアトルム・ケミクム・ブリタニクム）』は、ノートンの式文ではじまり、他の多くのイギリス錬金術師の文書を収めている。その中には、マイヤーのサークル☆11でも崇拝されていたジョージ・リプリー＊2のものもふくまれている。さらにアシュモールは、エドワード・ケリー☆12の作と伝えられている錬金術的詩篇や、ジョン・ディーの「遺言」☆13と記された数篇の詩を収録して、イギリス錬金術師の選集を、近代までつづけている。

ケリーの作とされる著作の注においてアシュモールはディーの物語☆14を綴り、彼の数学研究の堪能ぶりやその科学的業績にみられる才気、さらに彼に対する偏見やその蔵書への攻撃、ケリーとの大陸旅行や、ボヘミアのトジェボン滞在とその地でケリーの行なったとされる金属変成が大変な昂奮をまきおこした経緯、そしてケリーとの口論やディーの英国帰国の顚末を委曲をつくして綴っている。

アシュモールは、エリザベス女王が、ディーをその帰国後も贔屓しつづけたことは記しているが、帰国後の彼に新たに浴びせられた降霊術の嫌疑や、ジェームズ一世が彼に一顧だに与えなかった点は黙殺している。アシュモールは、あらゆる噂をしりぞけ、ディーが「あらゆる学識ある才能豊かな学者の称讃にあたいし、その注目すべき手腕によって記憶にとどめられるべきである」、と断固主張するのである。ディーはとりわけ数学研究に秀でており、「その全分野において彼は絶対にして完璧なる師であった[☆15]」。

『英国の化学の劇場(テアトルム・ケミクム・ブリタニクム)』の中でディー博士の「遺言」と呼ばれている短い詩は、あの「単子(モナス)」を、不明瞭な言葉で説明したものである。

私の信じるところ、アシュモールは『劇場(テアトルム)』においてディーとマイヤーとをほのめかすことで、ディーとドイツ薔薇十字運動との関連を指摘しているのである。しかも彼は、こうした運動が直面した危険にも気づいていた。[☆16]

> 一部の人が真の魔術師を、降霊術師や占い師や魔法使いと同列に扱ってはばからないのは、奇妙なばかりか不合理ですらある。……後者は、あたかも美しい優雅な庭園に豚が闖入するように、無礼にも魔術の庭に侵入し、(悪魔と結託して)その仕事に悪魔の力を借り、本来彼らとは天使と悪魔ほどもかけ離れた存在である魔術師(マギ)の立派な叡知を騙ってそれを汚そうとする連中である。

アシュモールは、ディーを善良な魔術師(マグス)として弁護し、しかもその生涯についてほぼ完全な知識をもったうえで弁護している。

アシュモールはもちろんまだ英国学士院の会員ではない。この本が上梓された一六五二年には、学士院はまだ創設されていなかった。しかしこの本は広く世に知られていたが、そのために彼が一六六〇年に、創立会員のひとりとして英国学士院に招聘されなくなるようなことはなかった。

アシュモールがあれほど熱中していた錬金術は、「薔薇十字」的錬金術であったかもしれない。わたしがここでいわんとしているのは、ジョン・ディーによって改良、改革された錬金術、彼の『聖刻文字の単子（モナス・ヒエログリフィカ）』がその神秘的要約であるような錬金術という意味である。この錬金術は、古い錬金術的伝統の熱烈な復興という要素もふくんでいるが、基本的な錬金術の概念に何らかの形でカバラに由来する概念と実践とを加味したものであった。そしてそれら全体が数学的公式をもかねそなえているのだ。それらの公式を修得した錬金術師（アデプトゥス）は、創造の階段を、地上の物質界から天を通って、天使や神の領域にいたるまで昇り降りすることができるようになるのだ。

このもっとも古い概念が、カバラ的かつ数学的方法と合体することによって、新しいやり方でいかされることになったのである。しかしアシュモールには、すぐれた数学的素養がそなわっていなかった。ディーのような天才にとって、「単子（モナス）」を何よりも統一の表明、全創造の背後にいる一なる神のヴィジョンとしていたのは、こうしたすぐれた数学的素養にほかならなかった。

錬金術師としてのアシュモールには、古物研究家、すなわち歴史資料の蒐集家、過去の遺物の熱心な保存家としてのアシュモールが重なり合っていた。この二重の役割は、彼の英雄ジョン・ディーの特徴でもあった。ディーの古物研究[☆17]、とくにブリテンの遺物の研究は、彼にとってその科学的関心とほとんど同じ重要性をもっていた。

アシュモールの古物研究に対する熱狂は、英国（ブリティッシュ）の騎士団つまりガーター勲爵士団[☆18]の歴史という形で、英国史に対しても向けられていた。彼がこの主題に関する本の資料集めをはじめたのは一六五五年のことである。

最終的にそれは、チャールズ二世への献辞をともなって一六七二年に上梓の運びとなった。そしてそのうちの一冊はジョン・ウィルキンズによって英国学士院に正式に贈与されている[☆19]。この本は古物研究における画期的作品であり、この主題に関する主要な権威書として、いまだに凌駕されていないほどである。アシュモールはその序文の中で、市民戦争という「近年の不幸な時代」に、ガーター勲章の栄誉が踏みにじられてゆくのを見たつらさを語っている。彼の意図は、王政復古への一歩として、この勲章のイメージを回復することにあった。彼の大著が公刊されたとき、その本は、外国の君主たちのもとに、まるで大使のように派遣されたのである。

アシュモールは、「外国の国王や君主のもとに礼服姿で派遣された大使の壮麗さ[☆20]」を語る際に、セリヤー[*3]の報告を引用している。それは一六〇三年、ヴュルテンベルク公フリードリヒにガーター勲章を授けるために派遣された大使に関する報告である。この出来事は、ヨハン・ヴァレンティン・アンドレーエの想像力をいたく刺激し、「クリスチャン・ローゼンクロイツ」神話の形成やアンドレーエの『化学の結婚』の誕生に寄与した可能性があった。[☆21]
ガーター勲章や、それがファルツ選帝侯に授与された事実は、フリードリヒ運動を推進するのに重要な一要素となっていた。そしてフリードリヒの失墜は、その恥辱の一部としてガーター勲章をまきこんだ。[☆22] それはイギリスとの同盟を表わしており、フリードリヒに襲いかかった敵の諷刺において、不名誉を一身に浴びることになった。したがってガーター勲章の名誉の回復は、彼が別の著書『英国の化学の劇場（テアトルム・ケミクム・ブリタニクム）』で行なったイギリス錬金術伝統の回復と、彼の心の中ではつながっていたかもしれないのである。

不運なボヘミアの国王と王妃の孫に当たり、当時のファルツ選帝侯であった若き君主のカールがアシュモールに紹介され、「彼とガーター勲章について大いに議論の花を咲かせた」[☆23]とき、あの痛ましい過去の思い出が蘇ったことはまずまちがいないだろう。この会見が行なわれたのは一六九〇年のことである。このとき若き選帝侯は、ファルツで父（ハートリブの後援者カール・ルドヴィヒ）の跡を継いだばかりで、イギリスを旅行中であった。アシュモールは若き君主に、自著を一冊贈呈した。それに対して君主はアシュモールに、父のガーター勲章のメダルを贈った。それは勲章の首章とジョージ像を帯したカール・ルドヴィヒを描いた黄金のメダルであった。選帝侯の帰国後ハイデルベルクでは、アシュモールの本が宮廷内でまわし読みされ、一同はそこに書かれている「話題」に何時間も話の花を咲かせたのである。[☆24]

このようにアシュモールは、錬金術師としても古物研究家としても、挫折した運動をふりかえり、その思い出を現在に蘇らせようとしていたふしが見られるのだ。そしてアシュモールは、錬金術師という点でもブリテンの遺物への関心という点でも、ディーの伝統を踏襲していたのである。

†錬金術に関心をよせたニュートン†

英国学士院はやがて「ベーコン的実験」をはるか背後におきざりにし、第二世代の特別会員（フェロー）は、もっとも偉大な天才数学者のひとりアイザック・ニュートンという途轍もない人物に支配されていった。周知のようにニュートンは、その公表された驚くべき諸発見に加えて、他にも関心を寄せている事柄があった。彼は存命中、それらについてどちらかといえば秘密に保っていたが、それについての証拠は、未公刊の膨大な草稿類の中に見つかるのである。そうした公表されざる関心のひとつに錬金術があった。そして近年、ニュートンのこの側面に対する好奇心が高まりを見せている。この合理科学の偉大な英雄がひそかに錬金術師であったというのは本当だろうか。それとも彼の錬金術への関心は単なる物好きにすぎないか、あるいは別の解釈を許すものなのであろうか。

この問題に関するわたしの主張は、きわめてひかえめなものである。わたしはニュートンの未公開書類に目を通していないのだ。ただ、この問題を本書のかかわってきた一連の歴史的研究の文脈の中におくことによって、ニュートンの錬金術にとりくむためのひとつの歴史的視点が示唆できるかもしれない。

ニュートンはたしかに薔薇十字宣言を知っていた。彼は、一六五二年にトマス・ヴォーンの手で出版された宣言の英訳『薔薇十字友愛団の名声と告白』を一冊所有していたのである。イェール大学図書館に収められているその本には、ニュートンの署名入りの自筆の注釈がふくまれている。☆25 ニュートンはこの注の中で、クリスチャン・ローゼンクロイツの遺体発見の描写を『名声（ファーマ）』から引用し、またより多くの情報を得るためにマイヤーのふたつの作品を参照している。そのひとつは『薔薇十字友愛団の規則』であるが、これは『黄金のテミス（テミス・アウレア）』のことである。マイヤーは、この中で『名声（ファーマ）』に語られていることをもとに、そうした規則を列挙している。いまひとつは『黄金の祭壇の一二の象徴』で、マイヤーはそこで宣言に関して、またそれが公刊された日づけに関して前とは別の言及を行なっている。

ニュートンは、宣言とマイヤーの両研究にもとづく彼の歴史的な注釈を、次のような指摘で締めくくっている。「これがあのぺてんの物語である」と。しかし、これはかならずしも軽蔑を意味しているとはかぎらない。単にニュートンがローゼンクロイツ物語が神話や「笑劇(ルディブリウム)」であったことを知っていたというだけのことかもしれない。

フランク・E・マニュエルは、そのニュートンに関する本の中で、ニュートンの草稿の研究にもとづく、ニュートンと錬金術に関する一章を設けている。[26] ここから浮かびあがってくるのは、ニュートンが錬金術書から数多くの写しをとり、難解な錬金術詩すら写しとっている事実である。彼が利用した錬金術選集の中で注目すべきは、彼が「選別に選別を重ねた」アシュモールの『英国の化学の劇場(テアトルム・ケミクム・ブリタニクム)』である。[27] この選集の慎重な選別過程でニュートンは次の点に気づいたにちがいない。すなわちアシュモールがこの本を『名声(ファーマ)』の引用ではじめていること、そして彼がイギリスの錬金術師の作品を蒐集する際にマイヤーの仕事にふれ、マイヤーがいかに「語るも恥かしいことながら」冷たいあしらいしか受けなかったかを語っていることに。

さらに彼は、アシュモールの選集が、事実上マイヤーの賛美するイギリス錬金術師を表わしていること、その中にはその名も高きディーとケリーもふくまれていることに気づいたにちがいない。また彼は、ケリーの作品に対するアシュモールの注の中で、ジョン・ディーの物語の一部始終を読んだであろうし、ディーがその卓越した数学的、科学的業績ゆえに尊敬されるべきであるとする論旨も読んだにちがいない。そしてその本に収められたディーの「遺言」において、彼は、「単子(モナス)」の神秘に関する韻文形式の短い解説に、さまざまな思案をめぐらすことができたはずである。

ニュートンは、ミハエル・マイヤーにはとくに興味をもっていたらしく、彼の作品[28]の抜粋を書き写したり、ときにはマイヤーの錬金術的寓意画を自分の言葉で表現することまでしている。たとえば「二頭のライオンに跨った服を着たふたりの婦人。それぞれが心臓を手にもっている」[29]といった具合である。ニュートンは、マイヤーの錬金術復興の世界にわけ入り、その復興運動が一堂に集めた錬金術の原典を研究し、錬金術的寓意画という形をとったその思想の奇妙な表現に思いを凝らしていたのである。

マイヤーの寓意画にはほぼまちがいなくディーの影響が関与していた。[☆30] さらにこのディーの影響は錬金術復興、それもとくにイギリス錬金術復興をめざすマイヤーの努力の全般に及んでいたことはすでに見てきた。こうして歴史的な研究が示唆するのは、ニュートンの錬金術にとりくむには、ドイツ薔薇十字運動や、その運動に影響を及ぼしたディー的ないし、薔薇十字的錬金術という方向から進むのが有効であることである。

ディーと同様きわめて宗教的な人間としてニュートンも、一なる者、一なる神、そして自然の中に啓示された神聖な統一の探求に深く心を奪われていた。物理学上ならびに数学上のニュートンの驚嘆すべき自然探求も、彼を完全に満足させることはなかった。たぶん彼は、「薔薇十字」的錬金術の自然探求が彼をいっそう高みへ導いてくれるものと希望をつないでいた、あるいはなかばつないでいたのである。

いずれにせよいえることは、ニュートンに影響を与えた錬金術復興運動が、アシュモールの『英国の化学の劇場』に多くを負っていたことである。しかもこの作品はジョン・ディーとマイヤーの錬金術運動に感化されたものであった。したがって、将来の研究の土台となるひとつの仮説として、次のような可能性を脳裏に刻んでおくことは、決して歴史的に根拠のないことではないのである。つまり、むろん何らかの改訂と変更を受けた形ではあるが、「薔薇十字」的な要素が、ニュートンの錬金術に対する興味にふくまれていたという可能性である。

†大英博物館の薔薇十字写本†

本章の注として、大英博物館のハーレー写本に保存されている「薔薇十字」文献のコレクションについて一言ふれておこう。これらのハーレー写本を執筆した人物は、今まで論じてきた偉大な人々に比べれば、はるかに小粒の感はまぬがれないが、ドイツ薔薇十字運動に属する記録文書を書き写している点では、彼らと共通するものをもっていた。

ハーレー写本（コーデックス）6485と6486とは、どちらも同じ者の手で、おそらく同じ時に書かれている。ひとつには一七一四年の年号が入っている。「ラッド博士」なる者の名がこれらの写本にしばしば登場するので、執筆者はトマス・ラッドと何かつながりがあるのかもしれない。この人物は、一六五一年に、ユークリッド『原論』に付したディーの数学的序文を出版している。☆31 執筆者はまちがいなくディーの熱烈な賛美者である。

ハーレー6485の最初の収録作品は、『薔薇十字の秘密』と題された論文である。その作者はこの写本を根拠に、ふつうディーとされている。実を言えば執筆者は、ディーがこの作品の著者だとはいっていない。彼がいっているのは、彼がそれを、ディーによって書かれたと彼の信じている「小冊子」から書き写していることである。☆32 内容を読めば『薔薇十字の秘密』がディーによるものでないことは明らかである。同じ写本（コーデックス）には、やはり「ディー博士の小冊子」から書き写されたと述べられているふたつの作品が収録されている。ひとつは『薔薇十字団の規則と神秘』と題されている。その大部分は、アシュモールへの献辞をつけて一六五六年に刊行された、ミハエル・マイヤーの『黄金のテミス（テミス・アウレア）』の英訳から書き写されたものである。☆33

このハーレー写本（コーデックス）の編纂者は、次のような錬金術的伝統に従っているのだ。それは、*4 著者や出典をいつもぼかし、名の通った人物を他人の作品の著者に仕立てる伝統である（たとえば、ラモン・ルルの名で通っている膨大な錬金術文献は、実際のラモン・ルルの死後に書かれたものである）。

ここで興味深い事実、そしてハーレー6485を検討にあたいするものとしている事実は、それが提供する次のような証拠である。つまり一八世紀初めにまだ生き残っていた錬金術の伝統においては、ドイツ薔薇十字運動の文献の作者がディーに擬せられていたという証拠である。かりに誰かが『名声（ファーマ）』で挙げられ、マイヤーの『黄金のテミス（テミス・アウレア）』で敷えんされた薔薇十字結社の規則を学びたくなったとしよう。その時彼が実際にはマイヤーの本の訳から書き写していても、「ディー博士の小冊子」なるものから写していることにしてもさしつかえがなかったのである。ハーレー・コレクションは、ドイツ薔薇十字運動の背後にディーの影響が横たわっていた事実を、まぎらわしいやり方で裏づけているのだ。

ハーレー6485のすぐ後にハーレー6486が置かれている。それは、『三倍も偉大なヘルメスの名高い婚姻……薔薇十字結社のドイツ人C・Rによって書かれ……一七一四年の今日、ピーター・スマートによってラテン語写本から忠実に英訳された作品』という（略）題の作品からなりたっている。次のページでさらに以下のような説明がなされている。「欄外には故ラッド博士の簡単な注が施されている」と。

この写本は、一六九〇年に出版されたエゼキエル・フォックスクロフトによる、アンドレーエの『化学の結婚』の英訳の、ほぼ逐語的な写しである。[☆34] したがって「ピーター・スマート」は、これが彼独自の翻訳であると断っている点で嘘をついているように見える。わたしの知るかぎり、ドイツ語でのみ出版されたこの作品に「ラテン語原本」など存在しない。そればかりか写本の欄外註もすべてフォックスクロフトの訳から写しとられたものばかりで、「故ラッド博士」によるものではありえない。

しかし「ピーター・スマート」も、彼が曖昧と混同とをこととする錬金術的伝統の典型的な一例と考えれば、少しは大目に見てよいかもしれない。このようなタイプは厳密に正確さの観点から判断すべきではないのである。というのも、ハーレー6486の中でもっとも注目すべき点は、フォックスクロフトの訳から書き写されたディーの『聖刻文字の単子（モナス・ヒエログリフィカ）』の大きな図面であるからだ（フォックスクロフトの訳本では、それは実際ドイツ語版のものより「単子（モナス）」によく似ている）。それが「ディー博士の小冊子から」書きとられたと実際に言明されているわけではないが、ハーレー写本（コーデックス）の編纂者にとって『化学の結婚』でもっとも重要な点は、この作品がディーの影響に満たされていると彼が信じていたことであるのは一目瞭然である。

このようにハーレー写本（コーデックス）の編纂者は、アシュモールと同じといってもいい視点から「薔薇十字主義」を眺めていたのであり、ドイツの薔薇十字主義を基本的にはディーの影響の成果と見ていたのだ。学者肌のアシュモールなら、ハーレー写本のごとき幼稚な錬金術的方法で出典や作者を混同することはなかったにちがいない。しかしアシュモールもまた薔薇十字宣言、そしてマイヤーとその錬金術学派、そしてまたディーを、ひとつの歴史的連鎖としてとらえていたのである。そしておそらく彼は、この連鎖の背後を流れている歴史に気づいていただろう。それはファルツ選帝侯フリードリヒと結びついた「薔薇十字」運動であり、またボヘミアとの同盟によって達成しようとした普遍的改革への夢想であった。しかしそれは失敗に終わり、フリードリヒの失墜の一部としてガーター勲章をまきこむはめにもなったのである。

本章は、あるテーマの徹底した解明というより、むしろ断片的な仮説といった方がいいのである。その仮説によれば、数学や物理学の分野におけるニュートンの偉業に代表される偉大な顕教的運動の背後には、ある秘教的運動も底流していたことになるのだ。そしてこの秘教的運動は、数を重要視する点で顕教的運動とつながっているのだが、それを別の自然へのアプローチすなわち錬金術によるアプローチによって発展させたのである。ニュートンの偉業が顕教的アプローチを代表しているとすれば、アシュモールは錬金術的アプローチを活性化させたといえるだろう。そしてふたりとも英国学士院のメンバーであった。

このふたつのアプローチは、「薔薇十字的」錬金術を通じて、ということは、ドイツの薔薇十字派において発展したディー的な錬金術の伝統を通じて、出会うことができたのである。あるいはニュートンは、こうした見解を通じて、彼の全研究をつなぐ掛橋を発見したのかもしれない。最近のニュートン研究は、ニュートンの科学的努力に隠されたルネサンス的な考え方や、神話に匿された古代叡知の伝統に対する彼の信仰や、神話の背後に真の哲学を発見したという彼の確信などを強調するようになってきた。

J・E・マックガイヤとP・M・ラタンシは、『ニュートンと牧神の笛』という論文の中で、ニュートンが、七本の弦をもつアポロンの竪琴に暗示される宇宙体系を発見したと信じていたことを示した。[☆35] こうした音楽と宇宙との類比は、ディーの「単子(モナス)」や、音楽的表現様式と錬金術的なそれとを結び合わせたマイヤーの寓意画にも底流していた。「薔薇十字」の錬金術は、音楽的かつ数学的かつ錬金術的で、なおかつきわめて宗教的であるが(それは、ヘブライ、カバラ的なタイプの敬虔さをそなえている)、そうした特徴は、クンラートの『円型劇場』の中で、エホバに深い祈りを捧げている敬虔な錬金術師の版画(図版12)に目に見える形で表現されている。そしてこの錬金術師の、祈りとは別の、自然を通じて神にいたる方法は、楽器や建築的な数学や錬金術の竈に象徴されている。時代の違いによる若干の変更さえ加えれば、この版画はアイザック・ニュートンの内面生活や、様々な道を通じて神を求めようとする彼の強い熱意を表わすものとなったであろう。

この章の、そして実際上この本全体の目標は、ただ歴史的な断片を集めることでしかなかった。これらの断片を通過したからこそ、こうした思想は歴史的経路を発展することができたのである。わたしの信じるところ、こうした思想は、ディーの感化を受けたドイツ薔薇十字運動の背後にひかえていたし、ファルツ選帝侯フリードリヒの支援に失敗したことを嘆いていた人々によってイギリスではいまだに堅持されていたのである。ニュートンの歴史的立場や彼の黙示録的預言に対する根強い関心は、フリードリヒの失墜のためにプロテスタンティズムがヨーロッパで近い将来消滅するだろうという黙示録的解釈を彼に強く意識させたにちがいない。薔薇十字的錬金術を通じてニュートンに迫ろうとする研究方法は、ただ単に彼の物理学研究と錬金術研究を一体化するばかりでなく、さらに、それに彼の歴史研究の裏を流れるヘブライ的信仰心をも合体させることになるかもしれない。

第15章

Rosicrucianism and Freemasonry

薔薇十字主義とフリーメーソン

秘教的ルネサンスの遺産

†薔薇十字友愛団は実在したか？†

薔薇十字宣言やその影響についてはこれまであまりまじめな歴史的研究が行なわれてこなかった。その主な原因は、この問題全体が秘密結社の熱烈な愛好家たちによってかき乱されたからにほかならない。クリスチャン・ローゼンクロイツによって創設され、近代になるまで連綿と続いてきた秘密結社の実在を仮定する膨大な量の薔薇十字主義に関する文献が存在している。いわゆる「オカルト」的な曖昧で不正確な文壇の中で、この仮定は、ある種の文学を産み出してきたが、それは当然のごとくまじめな歴史家の注意をひくことなく埋没していった。そしていったん「薔薇十字団」やその歴史に関する怪し気げな議論が（実際そうなる場合がしばしばであるが）、フリーメーソン神話とからまるや、研究者は底なし沼に救いようもなく沈んでいくのを感じてしまうのだ。

しかし、これらの問題は、薔薇十字主義の調査にとりくむ誰もが直面しなければならない問題であり、本書もこれまでは、薔薇十字宣言の背景の歴史的な解明とそれらの影響をたどることに専念し、秘密結社の問題を敬遠してきた。しかし、いよいよこの問題の側面にも何らかの試みがなされなければならない時がやってきた。

確実な成果はとても期待できそうにないが、少なくともわれわれは薔薇十字宣言が誕生した歴史的状況についてよりたしかな知識をもっているのであるから、その有利な立場に立ってこれらの霧を透かし見てゆくことにしよう。

薔薇十字団員は実在するのか。君はその一員なのか。ノーである。君は今までその団員に会ったことがあるか。ノーである。われわれは薔薇十字文献の山をかきわけながら、幾度この質疑とその否定的答えを耳にしてきただろう。質疑はいまだに続けられている。

あるフリーメーソン研究家は、薔薇十字の論者を三種類に分類した。まず『名声（ファーマ）』で語られているクリスチャン・ローゼンクロイツの物語や薔薇十字友愛団の創立方法が実際に真実であると信じている者。次に結社もその創立者もまったく神話だと見なす者。そして、ローゼンクロイツ物語の歴史的真実は受けいれないが、秘密結社としての「薔薇十字団」の実在を信じる者。[☆1]今ではまじめな人なら、ローゼンクロイツ物語の文字通りの真実を信じる人はいない。また薔薇十字団という現実の秘密結社が存在し、それがいわば神話のヴェールに包まれていたとする見方は、ポール・アルノルドによって、一九五五年に彼の出した本[☆2]の中で疑問視された。

この問題に対するわたしの調査は徹底したものではない。薔薇十字騒動の印刷文献すべてに目を通したわけでもないし、写本類や古文書類に隠されている証拠を探し求めたわけでもない。わたしにいえるのは次のことくらいである。すなわち、わたし自身の調査の及ぶかぎりでは、宣言が公刊された時期ならびに騒動の吹き荒れていた時期に、「薔薇十字団」を名のり、組織立ったグループとして実在していた秘密結社の証拠を発見することができなかったことである。薔薇十字団の熱狂的捜索の証拠なら枚挙にいとまがないが、それが見つかったという証拠はどこにもない。そのうえ、薔薇十字宣言は世間に挑発的に放たれた、まったく公然たる声明であった。秘密結社の第一目標がみずからを秘密に保つことである以上、これほど劇的に振る舞い、みずからを公表するのは、実在の薔薇十字的秘密結社としては奇妙な行動といわなければならないだろう。

宣言はむしろ、ある世界に関する、ユートピア的神話の形をとった啓蒙運動の布告と見るべきであろう。その世界では、ほとんど精霊にも比すべき啓蒙化された存在が、善行を施し、病いを癒し、自然科学や技術の分野の知識を広め、失寵以前の楽園の状態に人類を復帰させようと務めているのだ。したがって、これらの文書の裏に実在の秘密結社を仮定するのは、単なる通俗的誤解にすぎなかったのである。そして宣言の起草者は、この誤解に手を焼いていたふしがうかがえる。ヨハン・ヴァレンティン・アンドレーエは、クリスチャン・ローゼンクロイツとその友愛団が虚構であることをはっきりさせるために、多大の努力をはらわなければならなかった。[☆3]

にもかかわらず、宣言の布告から、現実的な何かが浮かびあがってきたのをわれわれは見てきた。薔薇十字友愛団はなるほど虚構であったが、彼らはある実体、すなわちキリスト教同盟やさまざまな協会を創設しようと試みた人々のグループを暗示していた。[☆4]

この問題の正しい見方は、「実在の」薔薇十字団の捜索を諦め、そのかわりに薔薇十字運動が秘密結社の形成を示唆したかどうかを調べることであろう。学者は自分の発見をたがいに伝え合い、会合を開いて協力すべきであるという『名声（ファーマ）』の著者の勧告の中には、後に英国学士院に具体化されるような学問の進歩をめざす協会の構想がこめられていたことはすでに見た通りである。それでは宣言には、かつて実在し、今も存在している国際的秘密結社、すなわちフリーメーソンの構想または青写真もこめられていたのだろうか。

薔薇十字主義とフリーメーソンの問題に関する歴史的研究は、一八世紀にドイツではじめられた。そしてドイツ語の研究、とりわけJ・G・ブーレの一八〇四年に刊行された著作で詳述された研究の主要成果は、一八二四年に上梓されたトマス・デクィンシーの随筆[5]の中で英語で説明されている。大量の証拠を破壊した三〇年戦争という深淵で過去と断絶していたにもかかわらず、ブーレの時代のドイツの研究家は、われわれよりはその過去に近い立場にいたのである。デクィンシーによって伝えられた彼らの理論は、問題の解決をめざす初期の試みを表わすものとして、一考の価値はあるだろう。ブーレの本の議論は、デクィンシーによって以下のように要約されている。[6]

一七世紀の初めに、あふれるばかりの才能に恵まれたある若者によって、ひとつの悪戯が演じられた。しかし、その悪戯には、たいていの悪戯よりも気高い意図がこめられていた。読者は、それから二世紀以上経った今日、あらゆる文明社会に存在しているフリーメーソン団に関する謎のすべてが、ここで（つまりブーレの本で）その悪戯にまでさかのぼって明確に調査されていることに気づかれたことと思う。琥珀が藁や昆虫を秘蔵するように、どんな些細な気まぐれさえ書きとめずにおかない哲学的博愛精神の大いなる願望の力たるや、かくのごときものなのである。

あふれるばかりの才能に恵まれた若者とは、ブーレによって全薔薇十字宣言の作者と推定されているアンドレーエのことである。「悪戯」とは、ブーレによってフリーメーソン団の起源と推定されている薔薇十字友愛団をさしている。デクインシーは最後の文でブーレの文体を茶化している。

ドイツ語の出典から学んだ推論に潤色や補足をくわえているデクインシーは次のように断言する、「歴史的記録からは、薔薇十字友愛団のいかなる学院も支部（ロッジ）もドイツに確立されたとは証明できない」。ところが彼は、薔薇十字主義がイギリスに移植されたとき、それがフリーメーソン団になったと確信しているのだ。彼は、「フリーメーソンとは、イギリスにそれを移植した人々によって修正が加えられた薔薇十字主義に他ならない」と、自分の確信を厳かに断定している。そしてそれがイギリスからさらにヨーロッパの他の諸国へ再輸出されたというのである。

薔薇十字主義をイギリスに移植し、それに新たな名前をつけた第一責任者は、デクインシーによればロバート・フラッドである。エルサレムの神殿建設の神秘的解釈にまつわるフリーメーソンの信仰や儀式は、デクインシーの考えによれば、薔薇十字文書の中にすでに認められるのである。ところが薔薇十字主義がイギリスに移植されたとき、それらはフリーメーソンによって石工の同業組合の伝統に結びつけられた。こうして彼は、自信満々に次のような結論を下すのである。[☆7]

最初のフリーメーソン団は、薔薇十字熱から生じた一結社であった。それは一六三三年から一六四六年までの一三年間に誕生したことは確実で、それもおそらく一六三三年と一六四〇年の間のことだろう。

この説が一から十まで正しいはずはないが、イギリスとドイツの間に運動や交流を推定し、それを通じて何事かが一方から他方の国へ移植されたと見るその見方は、一七世紀初期のイギリスからドイツ、そしてその逆の思想の流れに関するわれわれの知識に照らしてみると興味深い。

†もうひとつの秘密結社の存在†

フリーメーソンの起源は、歴史研究の全分野の中でも、もっとも議論され、またもっとも議論の余地のある問題のひとつに数えられる。☆8 フリーメーソンの伝説的な歴史と、それが組織化された制度として実際に活動しはじめた時期の問題とは区別されなければならない。メーソン伝説によれば、フリーメーソンは建築そのものと同じくらい古く、ソロモンの神殿建設や、大聖堂を建てた中世の石工の同業組合にまでさかのぼるとされている。職人的石工組合または実際の建築同業組合が、ある時点で思弁的な組合、あるいは建築の精神的、神秘的解釈、つまり秘教的儀式と教義をともなう秘密結社に変貌したのである。これが実際にいつおこったことなのか、またいつフリーメーソンの構造と組織が生まれたのか、たしかなことはわかっていない。

これまで知られているごくわずかな初期の事実の中に、エリアス・アシュモールがフリーメーソン支部へ入会が許された日付がある。アシュモールは日記の中で、彼が一六四六年十月十六日に、ランカシャー州ウォリントンで、あるフリーメーソン支部への入会が認められたと記録している。☆9 その支部はすでに存在しており、アシュモールによって創設されたものではなかった。彼は、その時同時に入会が許可された他の数人の名前を挙げている。そのひとりに円頂党員*1であった彼の従兄弟ヘンリー・マナリングがいる。当然アシュモールは王党派であったから、市民戦争の対立党員が、フリーメーソンに集うことができたわけである。

フリーメーソンの入会儀式に関するアシュモールの記録は、「イングランドの支部における思弁的メーソンについて、現に知られているもっとも早い記録」☆10とされている。このフリーメーソンの初期の記録が、前章で薔薇十字主義に関する知識を論じた人物と関連して登場しているのは重要である。前章でわれわれは、アシュモールが薔薇十字宣言を自分の手で書き写したことを見てきた。そして彼はそれに、彼らの目標を賛美し仲間に入れてもらえるよう求めた型通りの自筆の手紙を添えていた。☆11

これは、宣言に対する薔薇十字的伝統を模した型通りの勤行であって、別に薔薇十字団を名のる実在の団体に関連づけているわけではなかった。そこで出てくる疑問は、アシュモールがフリーメーソン会員だった事実が、はたして彼の薔薇十字的勤行と関係があったのかどうかという問題である。薔薇十字宣言を引用したり称讃したりすることが、薔薇十字団員を意味するのではなく（それが実在しないならば）、別の秘密組織に入っていたことを意味する、ということがこの問題へのひとつの答えとして可能だろうか。

一六四六年十月に行なわれたアシュモールのフリーメーソン入会儀式は、ふつうもっとも初期の記録とされているが、実はそれ以前のきわめて信頼できる記録が存在しているのだ。それは、一六四一年五月二十日に行なわれた、エディンバラのフリーメーソン支部(ロッジ)へのロバート・マリの入会記録[☆12]である。マリは、おそらく他の誰にもまして英国学士院の創設に尽力し、チャールズ二世を説いてそれを彼の後楯の下におくよう働きかけた人物である。彼は錬金術と化学に深い関心を寄せていた。こうして、フリーメーソン支部(ロッジ)の会員であったことが確実な最初期の証拠を握っているふたり——マリとアシュモール——は、ともに、英国学士院の創立メンバーだったのである。

このようにフリーメーソン組織は、英国学士院の創立（一六六〇年）より少なくとも一〇年前には確実に存在していた。それ以前のこととなると、実証的資料はきわめて入手困難になる。

民衆の心の中で、薔薇十字主義の観念とフリーメーソンの観念とが結びついていたことを示す、一六三八年までさかのぼる暗示的な文章が存在する。「メーソンの合言葉(メーソン・ワード)[*2]」に関して現在知られているもっとも早い言及は、一六三八年エディンバラで出版された詩篇中に登場する。その詩篇は、パースと近隣とを紹介する韻文型式の詩であり、その言及は以下の通りである。[☆13]

われらが預言の戯言(たわごと)たるためしなし
われら、薔薇十字の同胞なるがゆえに。
われらのそなえしメーソンの合言葉ならびに千里眼もて

われら、来たるべき事態をしかと予告せざるためしなし。

おそらく、「薔薇十字の同胞」とは、ここでは妖精のような存在、千里眼をそなえた存在をさしているのだろうが、この薔薇十字の同胞に対するおそらくは純粋に詩的、文学的言及が、フリーメーソンの「合言葉」にふれた最初の印刷物に登場している事実はいかにも興味深い。「名誉メーソン会員」(アクセプテッド・メーソン)*3に言及した最初の印刷物は、以下に掲載する一六七六年のフリーメーソン的パンフレットである。☆14

近代緑色リボン会(カバル)は、古代薔薇十字友愛団、ならびにヘルメス学会(アデプティ)、ならびにフリーメーソン名誉会員の一団とともに、来たる一一月三一日、一堂に会して正餐会を催す旨、皆様方にお知らせする……

ついで滑稽なメニューが描かれ、参加希望者には、眼鏡の着用が忠告される、「しからずんば、上記結社の者ども、その姿を(これまで通り)不可視とする怖れなしとしないから」である。これが興味深いのは、メンバーはむろん異なっていながら、ともに正餐をとっておかしくないほどの共通点をもった秘教的諸結社の一団――そのうちのふたつがフリーメーソンと薔薇十字団である――が示唆されている点である。「不可視性」に関する古い冗談は、この文を古い薔薇十字的伝統に結びつける。

さらに後になると、(実は一七五〇年まで下るのだが)、次のような報告が、ある手紙の中でなされている。「イギリスのフリーメーソン団員は、薔薇十字団員から若干の儀式をまね、彼ら自身、当団員に由来し、実は同一であると語っている」。☆15 われわれは今や、一八世紀もほぼなかばまで来てしまったが、ちょうどこの頃フランスではどうやら、フリーメーソン内部に、新しい「位階制度」(グレード)*4または一連の儀式がはじまった模様である。これは薔薇十字の位階☆16と呼ばれた。その秘儀は完全にキリスト教的なものだったらしい(他の位階の理神論的秘儀よりはるかにキリスト教的傾向を帯びていた)。そしてさらにそれは、騎士道の神秘主義の影響も受けていたらしい。このことはフリーメーソンの伝統それ自身の中で(といってもかなり後期のことであるが)、薔薇十字主義とフリーメーソンとの関連が承認されたことの裏づけのように思われる。

これら後期の指摘や伝承は、どれほど興味深くとも、われわれのあつかう時代を解明するのには信頼するに足りない。その時代とは、薔薇十字的思想が宣言を通じて公表されるようになった十七世紀初頭のことである。われわれが問うているのは依然として古い質問である。その時代に薔薇十字団が、あるいは何らかの実在の秘密組織が存在したのだろうか。

本章のはじめの方で、これに対して否定的に答えて以来、その質問はたぶん若干意味を変えてきている。それは今、次のように拡張できるだろう。かりに薔薇十字団などまったく存在しなかったとしても、その背景には、もしかすると初期フリーメーソンないしは前フリーメーソン運動といえるような何かが存在していたのではないかと。

†建築史とフリーメーソン神話†

石工術(メーソンリー)つまり建築の実地技術の伝説的な歴史は、いくつかの中世の詩篇[*5](一四〇〇年頃のもの)に語られている。それらはフリーメーソンにおいて、古い職人的石工術(オペラティヴ・メーソンリー)、つまり職人組合(クラフト)または同業組合(ギルド)の石工術に属する記録として重んじられている。思弁的石工術(スペキュラティヴ・メーソンリー)——つまりフリーメーソン——はそこから発生したと主張しているのである。

「写本版メーソン憲章」[☆17]と呼ばれるこれらの文章の中では、石工術または建造術または建築が、幾何学と一体のものとされている。ある報告によれば、幾何学は大洪水のおこる前に発見されていたとされている。他の報告では、アブラハムがエジプト人に幾何学を教えたと述べられている。古典資料(ディオドルス・シクルス)から引用された別の幾何学発見物語によれば、幾何学は、ナイル河の氾濫に対処するためにエジプト人によって発明されたとされている。その発明者は、ユークリッドと同一人物とされるトート・ヘルメス、別名ヘルメス・トリスメギストスに擬せられている。このように幾何学の起源、あるいは石工術の起源、ということはフリーメーソンの起源は、遠くヘブライまたはエジプトの過去にまでさかのぼるのであり、ある神秘的雰囲気に包まれていた。その神秘的雰囲気は、あらゆる真の叡知の源泉とされる「古代叡知」または太古の神学者(プリスキ・テオロギ)☆18というルネサンス的概念と明らかに関係があった。メーソン神話によれば、真の古代叡知は、ソロモンがテュロス王ヒラム*6の援助を借りて建てた神殿の幾何学の中に秘められていた。この神殿の建築家はヒラム・アビフ*7(国王ヒラムとは別人である)と信じられていたが、この建築家の殉教は、フリーメーソン儀式における象徴的法令のテーマとなっている。

メーソン神話やその神秘的歴史の公式資料は、ジェームズ・アンダーソンが一七二三年に上梓した『フリーメーソン憲章』であろう。そしてそれは、わたしの理解しているところでは、フリーメーソン自身によって、今でもその歴史の権威ある記録としてあつかわれているのである。そこには、新しい同志の加入の際に読みあげられるべき声明が掲載されており、それは以下のようにはじまっている☆19。

宇宙の大いなる建築家たる神の似姿に創られしわれらが最初の父アダムは、おのれの心臓に自由学芸を、わけても幾何学を書き刻みしこと疑いなし。失寵以来われら、その末裔(ちすじ)の心臓に当学芸の原理を見い出せしゆえに……

ついで幾何学の歴史が、聖書の歴史全体にわたって跡づけられ、ソロモンによる神殿建築でそれが頂点に達する。大半のフリーメーソンの歴史書と同様、『憲章』も、聖書における建築や建築家や建物の説明につづけて、非聖書的建築史を提供する。まず、「気高い建築術」がヘブライ人からギリシャ人に伝えられた。ついでローマ人がこの術を習得した結果、ローマは学問と皇帝権力の中心地となり、アウグストゥス帝の時代にその絶頂期をむかえる。「この皇帝の治下に、教会の大いなる建築家である神のメシアが誕生したのである」。アウグストゥスは、「今日にいたるまですべての真の建築家の父である、かの偉大なウィトルウィウス☆20*8」を大いに鼓舞した。アウグストゥスは、ローマのフリーメーソン支部(ロッジ)の支部長(グランド・マスター)*9であり、古典様式(オーガスタン・スタイル)の創始者であった。

ついで物語は、蛮族侵入時代における「ローマの石工術」の消滅について、またゴチック様式の登場についてざっとふれ、そして「無知の時代」には幾何学が降霊術のかどで「断罪」されることがあったと述べる。☆21近代、というよりもう少し時代が下ると、エリザベス女王が建築に好意的でなかったこと、しかしジェームズ国王がイングランド支部(ロッジ)を再興し、ローマ的建築をゴチック的無知から救いだしたことが説明されている。☆22イタリアでは傑れた建築家たちが古典様式(クラシカル・スタイル)を復活させたが、それは誰よりもあの偉大なパラディオ*10によるところが大きい。イギリスで彼に肩を並べるのは「われらの偉大なるマスター・メーソン、イニゴー・ジョーンズ」☆23である。チャールズ一世も、チャールズ二世同様まちがいなくフリーメーソンだとされている「ジョーンズ氏」を贔屓にしていた。セント・ポール寺院の建築家クリストファー・レン卿*11についても、称讃に満ちた言葉でふれられている。

この歴史は、正確な情報が一番必要とされている点を明確にしていない。いつ近代的フリーメーソンが、組織的秘密結社として出発したのだろうか。フリーメーソンに関するたいていの本が、一七二三年のジェームズ・アンダーソンの『憲章』にならって、聖書における建築や伝説的な物語や一般的な建築史をフリーメーソンの歴史と混同してしまっている。しかしいかにもたしからしく思われることは――この指摘はフリーメーソンの歴史家によって一般的になされているが――、「思弁的」な種類の石工術がおこり、これが次第に「職人的」石工術から分離していったのが、ウィトルウィウス復興や古典建築復興への関心とともにはじまったことである。アンダーソンはこの点を明確にしていないが、彼の歴史でイニゴー・ジョーンズはきわめて重要視されている。このことはおそらく、メーソン伝説とは区別される制度としてのフリーメーソンがイギリスではじまったのが、イニゴー・ジョーンズによる「古典様式(オーガスタン・スタイル)」の紹介や普及と軌を一にしていたことを示唆しているのである。

われわれは、フリーメーソンの歴史に奇妙な空白があるのに気づく。なぜ、有名なヘルメス哲学者であり、ユークリッド『原論』の英訳の人口に膾炙した序文の著者であるジョン・ディーに一言もふれられていないのであろうか。彼はその序文で、「偉大なウィトルウィウス」☆24を讃え、ユークリッドや建築や全数学的技術の復興を力説しているのである。ユークリッドの英語版は、ディーの序文とともに一五七〇年に出版されている。それは、幾何学という聖なる技術に捧げられたもっとも記憶すべき記念碑であり、イニゴー・ジョーンズよりはるか前に、イギリスの古典建築復興を告知するものであった。

フリーメーソン団が、ウィトルウィウスからの引用を多数ふくむディーの、ユークリッドへの序文を知らなかったとは信じがたい。そして実際、ジェームズ・アンダーソンがこの序文に気がついていたのはほぼまちがいないのである。なぜなら彼がそこから引用しているとしか思えないような箇所がいくつか見受けられるからである。たとえば、アウグストゥスの治世を、「教会の大いなる建築家である神のメシア」が誕生した時代、と記すアンダーソンの言葉と、アウグストゥスについて、「その統治時代にわれらの聖なる名匠が誕生した」[☆25]と記すディーの言葉とを比較してみるがよい。どうやらディーは、故意にフリーメーソンの公式的歴史から除外されたのである。[☆26]

この遺漏の原因は何だったのだろう。おそらくそれは、何度となく彼の名前を敬遠させてきたのと同じ原因だったのである。すなわち彼の「降霊術」の評判であり、メリック・カソーボンの弾劾を目的とした出版である。ところが皮肉なことに、ディー自身、「序文」の中で、無知な人間が彼に放った降霊術の嫌疑を概嘆しているのである。それはまさにアンダーソンが、『憲章』の中で、「無知の時代」には幾何学が「降霊術」のかどで断罪されることがある、と述べているのと軌を一にしている。

以上はひとつの問題である。この問題は、薔薇十字主義とフリーメーソンに関するわれわれの問題とどうかかわるのだろうか。

わたしは、こうした疑問に対してはっきりした解答をもっているわけではない。この章の冒頭に述べておいたように、本書は本来、秘密結社の問題をめざしているわけではなかった。わたしのなしうることは、本書で描いてきた歴史的運動が、いかに新たな歴史的筋道を提供しうるかを示唆することである。将来の研究家は、新しい証拠を発見する希望を胸に、その筋道をたどっていくことができるだろう。

純粋にひとつの仮説として、つまり将来の研究が進みうるひとつの歴史的な筋道として、次のことを想定してみよう。後にフリーメーソン思想となるような何らかのアイデアが発展したのは、エリザベス朝のイギリスにおいてであったと。しかもそれは、フィリップ・シドニーと関係の深い女王崇拝やディー運動崇拝と結びついていたと。エリザベス朝のイギリスでは、復活した騎士道とルネサンスの秘教的運動によって人心がひとつにまとまり、また危険な敵に対抗しようと精神的にまとまっていたので、この時代に秘密の団体が存在したとしても不思議ではない。

これらの運動が、ファルツ選帝侯とそのスチュアート家出身の花嫁の跡を追って海外にわたったとき、輸出された運動の中にはイギリス騎士道やイギリス錬金術の思想ばかりでなく、一種の前フリーメーソン的アイデアもふくまれていたのではなかろうか。そしてその責任の一端は、他の多くのこうした運動の責任者でもあったジョン・ディーにあったのではなかろうか。薔薇十字グループの作品、とりわけマイヤーとアンドレーエの作品の中に、フリーメーソン的神秘性といえるものを探し求めるべきかもしれない。といっても現代では、それを一般的なルネサンスの神秘性[27]と区別するのはなまやさしいことではない。

この問題が複雑化するのは次の事実による。たしかに時代の圧迫の下にさまざまな秘密結社が発展したのはたしかだとしても、そうした結社がどのくらいの数存在し、どのようにして相互に結びついていたのか――かりにそうした結びつきがあったとしての話だが――、見当もつかないという事実である。

前にも述べたように、一六世紀後期のすべての秘密の運動が、ファルツ選帝侯をめぐる運動にひそかな共感を寄せていた。われわれは「愛の家族」が、まちがいなく現実の存在と組織をもつ秘密結社であり、一六世紀後期のネーデルランドの状況から生まれ出たものであることを知っている。多くの著名人が、この宗派または結社の秘密メンバーだったこともわかっている。この結社のメンバーは、「家族」にひそかに加入したまま、表向きはどんな名称の宗派に属してもかまわなかった。こうした「愛の家族」の立場は、フリーメーソンのそれと一脈通じるものがある。われわれはまた、「家族」の秘密メンバーが印刷業者の間に広まり、たとえばアントワープの大印刷業者プランタンがこの宗派のメンバーであり、その共鳴者の作品を世に出すことでその普及に熱心にとりくんでいたことも知っている。プランタン商会とつながりのあったド・ブリーという印刷業者の一家が、「家族」のメンバーであった可能性も以前に指摘[28]した通りである。そしてこの一家はファルツ領へ事業を移し、その領内のオッペンハイムで「薔薇十字」にかかわりのある人物——マイヤーとフラッドの——作品を公刊したが、そもそもこの移転はファルツの運動に対するひそかな共感のゆえに行なわれた可能性のあることも、以前に指摘しておいた。

さらにわれわれは、「薔薇十字」運動には、ジョルダーノ・ブルーノからの影響も認められると考えてきた。[29]熱烈なヘルメス哲学者であるブルーノは、一六世紀後期に、「エジプト的」宗教と善良な魔術への回帰という形で、世界の全般的改革を求める秘教運動をヨーロッパ中に広め、ドイツのルター派のサークルの中に、「ジョルダニスティ」という秘密結社をつくったらしい。ブルーノはイギリスを訪れ、そこでおそらくシドニーと接し、エリザベス朝の騎士道崇拝の秘教的側面[30]にいたく共鳴した。ここにもまた、他の流れに混じって「薔薇十字主義」に影響を及ぼしたひとつの流れがある。

そこで次のようなことがいえるかもしれない。「愛の家族」の影響はネーデルランドに端を発するひそかな潮流を表わし、またブルーノの運動は、イタリアの秘密運動にアピールしたかもしれない。そしてこうした影響のすべてが、ジョン・ディーの影響を強く受けたイギリスの秘教運動と共存していたかもしれないと。そしてこれらすべてが、ファルツのフリードリヒをボヘミアの王位に登らせて、ヨーロッパの「解放」に大きな弾みをつけようとしていたのである。

以上に述べたことは、もちろんすべてひとつの暗中摸索にすぎず、「かりに」とか「おそらく」といった仮定からなる提言にすぎない。しかし本章の主題のむずかしさを示すためには、こうした暗中摸索を試みる必要もあるのだ。一六世紀末と一七世紀初頭が秘密結社の時代であることはわかっているが、それら相互の関係や、相違についてはわかっていないのである。一六七六年の英語資料は、緑色リボン会が、[31] 薔薇十字友愛団、ヘルメス学会、フリーメーソン名誉会員らと正餐をとり、彼ら全員が不可視性という共通点をもっていたことを記している。もしかするとこの断章は、諸秘密結社間のいわば相互交流に関する初期の伝統を表わしているのかもしれない。といってもこの初期の脅威に満ちた時代には、こうした交流は、きわめて容易ならない危険にあふれたものだっただろう。

ドイツ薔薇十字運動をとりまくこの複雑な秘められた状況の内部に、もしイギリスの秘教的影響が存在していたとするなら（その影響はたぶんディーと関連したメーソン運動に起源をもち、イギリス騎士道の流れと結びついて「薔薇十字」の名前を与えたであろう）、あの神秘的宣言の裏には現実的な何か、前フリーメーソン運動のような何かが秘められていたといえるかもしれない。

†ルネサンスと科学革命を結ぶ運動†

こうした暗中摸索は、仮説としてのみ試みられているにすぎないともう一度釘をさしておきたい。そうした仮説は、将来の研究家を、初期のフリーメーソンの歴史に興味をもつ人々がこれまで足を踏み入れたことのない歴史的道筋に案内することになるかもしれないのである。なぜならこれまで誰も、ドイツ薔薇十字運動に与えたイギリスの影響に気がつかなかったからである。

もしこうした影響が一七世紀初めにイギリスからドイツにわたったのなら（それはボヘミアでのディーの布教活動からも届いていたであろう）、いつそれはイギリスに戻ってきたのだろう。まちがいなく一六一〇年の衝撃の後である。ボヘミア国王と王妃に対する熱烈な忠誠と同情の運動が、ハーグでの長い亡命生活を彼らに強いた怖るべき事件によって生じたにちがいない。

そしてここで、おそらくまったく新たな研究分野を指摘することで、この新しい歴史的アプローチは役立つのである。ハーグには、一六二二年にまでさかのぼる「薔薇十字」運動が存在していた。そして、それについてはある程度の資料が知られているし、[☆32] 今後さらに見つかる可能性もある。失われた大義への忠誠という雰囲気の中で、組織化されたフリーメーソンが、「薔薇十字主義」を脱して、またはそれと結びついて成長するのに格好の土壌を、ハーグに見つけたとしても不思議ではない。そしてその中心にいたのが、元ボヘミア国王の没後、長年にわたってハーグで宮廷を維持していたその寡婦、元ボヘミア王妃だったのである。

スチュアート家の人々は、フリーメーソンに染まりがちであった。それは王位請求者たちをとりまくジェームズ二世派のフリーメーソン[*12]を考えてみるだけでよい。スチュアート家の一員で、その環境がこの観点からはおそらく充分に検討されてこなかった者がいる。元ボヘミア王妃、エリザベス・スチュアートである。彼女はしっかりした性格の持ち主で、大きな影響力を振るっていた。その影響はおそらく一種の王党主義を存続させるために行使されていたであろう。といってもそれは、議会派でも受けいれられ、コメニウスのような亡命ボヘミア人とさえ一脈通じ、チャールズ二世の王政復古を円滑に実現させるような王党主義であっただろう。革命から王党主義への円滑な逆行はつねに驚きの的となってきたが、これにはフリーメーソンが関与していたと考えられてきた。

われわれの歴史的調査は、このようにJ・G・ブーレの説に、彼の提出した通りの形ではないにしても、何がしかの真実がふくまれていたことを暗示する。フリーメーソンというヨーロッパ的現象は、ほぼ確実に薔薇十字運動と関連していたのである。

とはいえ、この暫定的かつ不得要領な説明でさえ問題の解決にはほど遠い。なぜなら、このふたつの運動はなるほど関連していたかもしれないが、同じものではないからだ。フリーメーソンは、宗教に対する秘教的アプローチを、倫理的な教えや人類愛の重視と結び合わせた。そしてこうした点ではそれは、薔薇十字友愛団のパターンを踏襲している。しかしA・E・ウェイトも指摘するように、フリーメーソンは技術や科学の革新、科学研究あるいは錬金術や魔術への関心をもち合わせていない点やその他多くの点でそれと袂をわかつのである。[☆33] 薔薇十字宣言に代表される精神的、知的能力の、かつまた道徳的、革新的ヴィジョンの大貯蔵庫の中から、フリーメーソンはひとつの流れをひきだしたのだ。そして別の流れは、英国学士院や錬金術運動その他多くの方向へ流れこんでいったのでである。

この本でわれわれに関心のあるのは、全体としての薔薇十字啓蒙運動の多様にして多岐にわたる表現であり、そのある側面の秘密結社への流れにあるのではない。秘密結社の追求は、主題の重要性をぼかしかねない。われわれは、たとえばフランシス・ベーコンがある種の初期フリーメーソンだったかどうか、決して知ることができない。そうした事を知るのは必要ではないし、また本当に重要なことでもない。秘密結社の会員名薄をつくりあげることよりよほど重要なのは、薔薇十字主義の構想の影響をたどることである。

とはいえ、本章で検討したテーマ、すなわち秘密主義のテーマは、それがルネサンスを初期科学革命と結びつけているがゆえに重要性をもっているのだ。一七世紀の偉大な数学者や科学者は、その精神の背後に、さまざまなルネサンスの伝統を背負っていたのである。それは秘教的な考え方の伝統であり、ヘブライ的または「エジプト的」叡知の神秘的継承の伝統であり、そしてまたモーゼと「ヘルメス・トリスメギストス」をとりちがえる、ルネサンスを魅了しつづけたあの混同の伝統でもある。これらの伝統は秘密結社、それもとくにフリーメーソンにおいて時代を超えて生きながらえた。それゆえ、英国学士院の初期会員の精神の全容を知るには、彼らの背後に生き残っていたルネサンスの秘教的影響を考慮に入れずには不可能なのである。彼らは自分たちの通常の宗派の下、あるいはその上に、宇宙の偉大な建設者を、すべてを包括する宗教的概念として見ていたにちがいない。そうした概念は、建設者の偉業を探るよう促す科学的な勧告をふくみかつ奨励するものだったのである。そしてこの語られざる、秘密の、秘教的な背景はルネサンスからの遺産であった。つまりイタリアルネサンスにおいて育まれた「ルネサンス・ネオプラトニズム」の基盤をなす、あの魔術(マギア)とカバラ、すなわちヘルメス的かつヘブライ的神秘主義の伝統からの遺産だったのである。

こうして『名声(ファアーマ)』は今や申し分のない宣言と見ることができる。なぜならそれは、新しい啓蒙時代における学問の進歩の宣言を、薔薇十字友愛団の印である「不可視性」へのいわくありげな暗示と結び付けているからである。

第16章
The Rosicrucian Enlightenment

薔薇十字啓蒙運動

歴史から消えた一時代

†歴史的枠組としての薔薇十字†

数年前にアメリカ合衆国で行なった講演で、わたしは次のような指摘をした。[☆1]

わたしは賢明な方々および賢明な歴史家に、「薔薇十字」という用語を使うようお勧めしたいと思っているのです。この言葉には不都合な連想がつきまとっていますが、それは、薔薇十字団を名のる宗派や秘密結社の実在について、オカルティストたちが行なった無批判的な断言のせいなのです。彼らはその結社の歴史を定め、誰が会員かを確立すると主張しているわけです、……しかしこの言葉は、ある一定の思考様式に対して用いることができるのではないでしょうか。それは薔薇十字的な思想家が秘密結社に属していたかどうかにかかわりなく、歴史的にそれと見わけられるものなのです。

わたしが、この最終章で「薔薇十字」とか「薔薇十字主義者」という言葉を、本書で見てきたような思考様式をさす歴史的呼称として用いることを提案するのも、以上のような観点からである。

同じ講演の中でわたしは、薔薇十字的な思想家の歴史的位置を規定しようと試みた。

そしてそれを、ルネサンスと、いわゆる科学革命の第一段階つまり一七世紀的段階との中間に位置づけた。薔薇十字主義者とは、ルネサンスのヘルメス＝カバラ的伝統の流れに全身全霊帰依しているが、その関心のひとつに錬金術が加わることによって運動の初期段階からは区別される人物をさすことは述べておいた。といっても薔薇十字主義者が、コルネリウス・アグリッパによって定められた「オカルト哲学」の体系に根本的に帰依している事情に変わりはない。わたしは、薔薇十字の典型的な思想家として、錬金術とカバラへの関心を組み合せているジョン・ディーの名をあげた。さらにわたしは、薔薇十字的見解の痕跡が、フランシス・ベーコンやアイザック・ニュートンにすら認められることを示唆しておいた。

本書が試みてきたことは、こうした思想の系列に歴史的枠組を提供することにあり、したがってわたしは本書が歴史的著書として判断されることを望みたい。ひとりの歴史家としてわたしは、薔薇十字的な思想の流れがかつては通り抜けてきた、長い間閉ざされたままの扉をこじ開けようと試みた。この問題でさらに何かを得ようとするなら、新たな啓示の布告をともなう不思議な「薔薇十字宣言」ととりくまなければならないことに気づき、わたしは薔薇十字文献の気の滅入るような泥沼に足をつっこんだ。そこで、ドイツの薔薇十字運動を推進させた陰の立役者がジョン・ディーに他ならないことを発見したのである。

この事が何を意味するのか、まだよくはわからない。ジョン・ディーは今では、ヨーロッパの舞台にひときわ高くそびえる人物となっている。彼の生涯と業績はふたつに分けられる。まず初めに、エリザベス朝の魔術師（マグス）、すなわちエリザベス朝の技術的進歩を唱導した数学的魔術師としてのイギリスにおける半生がある。その思想のもっとも秘教的で神秘的な側面は、シドニーとそのサークルを鼓舞し、彼らの指導するエリザベス朝の詩的運動に影響を与えた。ついで一五八三年にディーは海をわたり、中央ヨーロッパで、錬金術＝カバラ運動のリーダーとして第二の生涯を送ることになる。その運動は、世にいうエドワード・ケリーの金属変成の成功によってセンセーショナルに喧伝されている。この運動がある種の宗教運動だったこと、ディーがボヘミア滞在中「燃えたぎった」状態[2]にあったことなどは今では認識されているが、ディーのこの後半生はまだ完全には研究されていない。それがなされるまでは、われわれもまだ、ディーの生涯や作品の全容を理解する立場にないのである。

ドイツの薔薇十字運動は、ディーの活動のこれら両方の面をたどっている。その運動は、　面ではエリザベス朝とその背後にある科学的、神秘的、詩的源泉の輸出であった。こうしたイギリス的色合いに属するものに「薔薇十字」の名称がある。これはわたしの信じるところ、聖ジョージの赤十字とイギリス騎士道の伝統に由来している。「薔薇十字」が錬金術的な意味をもつ言葉で、ros（露）と crux（十字架）に由来するとする古い伝統は、ディーの『聖刻文字の単子（モナス・ヒエログリフィカ）』によって支持される。そのタイトルページには、降る露についての銘文が書かれており、「単（モナ）

子(モナス)」の記号の中には十字架への複合的な暗示がふくまれているのである。こうして「薔薇十字」は、イギリス騎士道の影響と、その背後にいるディーの影響のいずれをも意味する言葉となったにちがいない。いずれにせよ、この運動の名称は、イギリス的側面に属するとわたしは信じている。

もしわたしの考えるように、ディーのボヘミアでの活動が、アンハルト侯によってファルツ選帝侯のボヘミア国王擁立に利用されたのなら、ディーの後半生は、薔薇十字運動との関連でさらに重要になる。

このように、ファルツ選帝侯や彼のボヘミア王位獲得運動の背後を流れる歴史的潮流は、イギリスから直接伝来したディーの影響と、ボヘミアを経由して伝来したディーの影響を結び合せて、薔薇十字の爆発現象を発現することになったのである。しかし、たしかにこの歴史的網目は運動をいわばとらえはするが、決して運動の原因ではないのである。それは、こうした歴史的事件によっては完全におおいつくせないほど大きな広がりをもっている。

それでは、薔薇十字運動は何を表わしていたのだろう。

真正な薔薇十字主義者にとって、運動の宗教的側面こそ、いついかなる場合ももっとも重要であった。薔薇十字主義者は、宗教的体験の深い段階に到達しようと試みた。そしてそれを通じて、彼の個人的宗教体験は、彼自身の帰属する宗派の内部で、再生強化されたのである。ディーやおそらくフラッドも思い描いていたように、この運動はあらゆる宗教的立場を包括すべきであり、かならずしも反カトリック的である必要はなかった。ところがドイツで展開された運動は、反カトリック的傾向、もっとはっきりいえば反イエズス会的傾向を帯びていった。ここでそれは、明白に福音主義的なタイプの熱烈な敬虔さをもちこんだ。そのおかげで、いかなる名称であれドイツのあらゆるプロテスタントに訴えかけることができたのである。

宣言は、運動の主要なテーマとしてカバラと錬金術を強調する。後者は運動に医学の展開をもたらした。薔薇十字友愛団は治療医であった。フラッド、マイヤー、クロルといったパラケルスス派の医者は、運動のこうした思想を表わしている。しかしディーの『単子(モナス)』やマイヤーの錬金術運動の中には、もっと進んだ一面がある。それは、把握しがたいがたぶん、自然へのあるアプローチを表わしているのだ。そのアプローチにあっては、錬金術とカバラの公式が数学と組み合さって、新しい何かをつくりあげているのである。科学革命の歴史上のもっとも傑出した何人かを薔薇十字の周辺で活動させる原因をつくったのは、薔薇十字思想の中にあるこうした何かへの芽生えだったにちがいない。

その一方で、進歩してゆく科学革命は、薔薇十字的世界と対立もし、自らの抜け出てきた蛹の殻を懸命にふり捨てようとしていた。この羽化と放棄の過程のもっとも注目すべき一例は、もちろんヨハネス・ケプラーとロバート・フラッドの論争に見られる。彼自身まだヘルメス的影響にどっぷりつかっていたが、ケプラーは『宇宙の調和(ハルモニア・ムンディ)』（一六一九年）の中で、彼が自分の天文学的作業を、純粋に数学者として論じ、フラッドのようにヘルメス的に(モーレ・ヘルメテイコ)論じてはいないことを主張している。彼はフラッドに対して、数や幾何学の議論を、マクロコスモス＝ミクロコスモスの類比をもとに行なっていることや、真の数学者を、「錬金術師(ケミスト)やヘルメス主義者やパラケルスス派」と混同していると非難する。こうした非難は当然、そのままディーや薔薇十字派全体に対しても当てはまるものだったであろう。またフラッドが数学的図型を「聖刻文字(ヒエログリフ)」として用いることに対してケプラーが感じた不満は、まちがいなくそのままディーの「単子(モナス)」やそれがふくむすべてに対しても当てはまったであろう。

ところがケプラーは、アンドレーエのサークルで活動し、後にはキリスト教同盟にも加わっていたらしい。そしてケプラーは、フラッドと同様、調和理論の大著を大英国王ジェームズ一世に献じている。ケプラーは神聖ローマ皇帝に雇われていたので、政治的には薔薇十字主義者と別の陣営にいたかもしれない（彼は一六二一年の『弁明(アポロギア)』の中で、「薔薇十字の同胞たち」について、謎めかして、また一見侮蔑をこめて語っている）。そのくせケプラーと薔薇十字的世界との関連は、あまりに密接なため、彼を薔薇十字主義の異端者と呼んでもいいくらいである。本書はケプラーに対する新しい歴史的研究の出発点となりうる歴史資料を提供してきたが、その問題は、ここであつかうにはあまりにも大きすぎた。

†薔薇十字の魔術的要素†

薔薇十字の考え方に関する全般的分析に戻ろう。そこでは魔術が重要な要素であった。それは、低次の世界では数学＝機械学として作用し、天体の世界では天体的数学として、そして超天体の世界では天使の口寄せとして作用するものであった。この世界観では、いかにそれが科学革命に向けて進歩しようとも、天使を除外するわけにはいかないのである。宗教的な考え方が、より高次の天使の領域にまで入ることができるという観念と結びついていた。その領域ではあらゆる宗教がひとつとみなされるのだ、そして人間の知的活動の蒙を啓くのは天使たちであると信じられていた。

初期ルネサンスにおいて、魔術師(マギ)たちは元素的領域か天体的領域に作用する魔術しか使わないよう慎重を期していた。そして星からの有益な影響力をひきだすために護符を用いたり、いろいろな儀式を執り行なっていた。ディーのごとき大胆な術者の魔術は、星を超越して、超天体的数学魔術、すなわち天使を呼びだす魔術の実践をめざしていた。ディーは、彼が善良な天使たちと交流をもち、彼らから学問の進歩を学んだと、かたく信じていた。こうした天使または精霊的存在との親密な交流の感覚こそ、薔薇十字主義者の印であった。その数学的技術に対する新しい理解という点で、どれほど実際的で成功に満ち、また、どれほど完全に合理的であろうとも、薔薇十字主義者の科学技術に、この世のものならぬ雰囲気を吹きこんでいるのはまさにこの点なのである。そして彼が天使とではなく悪魔と交流をもっている、と疑わしめたのもまさにこうした点であった。

薔薇十字宣言が出まわりはじめた頃や、それらがまきおこした騒動の時代は、ルネサンスが消滅して、魔女狩りと戦争の激動へと突入し、やがて（これらの恐怖が過去のものとなった時）啓蒙主義として脱皮する時代に当たっていた。わたしの考えでは本書でわれわれがとりくんできた研究は、この恐怖時代の魔女狩り熱が、いついかなる国にも共通の妖術現象を基礎とした人類学的研究によっては完全に説明できないことを示しているのだ。なるほどこの時代の魔女狩り熱も、だいたいは型通りのパターンを踏襲しているように見えるし、たしかにそれが基本的には、ほとんど人類に普遍的な現象と関連しているというのも一理あるだろう。

しかし、すべての時代、すべての国が、一七世紀初頭にヨーロッパが嘗めてきた体験を味わったわけではないのだ。その体験とは次のようなものであった。すなわち、ヨーロッパを歴史上独自なものにする、途方もない科学的進歩が、間近に迫っているというものだった。その進歩は、ほとんど到来していた。薔薇十字主義者が、ディーの「単子(モナス)」という形で、とてつもない可能性や能力をもった何かを手にしていると感じたとき、それは次のような一般的な感情の一部をなすものだったのである。それは、ヨーロッパでひとつの扉が開かれようとしており、大いなる進歩が間近に迫り、ちょうどクリスチャン・ローゼンクロイツの墓の開放によって発見された宝庫のように、知の宝庫がまもなく暴かれるだろうという感情であった。

しかしこれには、危険の感覚がともなった。多くの者には、約束された進歩も、天使のような希望に満ちたものではなく、むしろ悪魔のような危険にあふれたものと見えたかもしれない。約束された夜明けは、魔女ヒステリーの怖るべき暗雲をもたらした。それは運動の壊滅を望む人々によってしばしば作為的に誘発されたのである。デカルトがあれほど用心深く避けて通り、フランシス・ベーコンが慎重に脳裏に刻みこんでいた魔女狩り熱は、発展途上の国々のそれとはいくらか性格を異にしている。それは科学の進歩の裏面だったのである。

宗教的ヴィジョンと科学的ヴィジョンの合一は、薔薇十字運動において、奇妙なまでに熱狂的な錬金術運動という形をとった。そこでは錬金術的表現様式が、宗教体験を表現するのにもっとも適しているように見えるのだ。コイレは、この運動を、アニミズム的かつ生気論的ルネリンス哲学からの自然な発展と見ている。そして彼は錬金術の方が、スコラ＝アリストテレス的な質料と形相の教義より、生きた宗教体験によりふさわしい象徴体系を提供していないだろうか、と問うている。「他の何にもまして精神的生命の再生を求める人々は、生命のイデアを第一に強調し、宇宙の生気論的概念を提唱する教義に、当然のようにひきつけられていった。そして錬金術の象徴体系は、質料と形相のそれと同じくらい、宗教的生命の実体を（象徴的な形式に）翻訳するのに適していた。いやおそらくそれ以上に適していた。なぜなら錬金術の方が使い古されていないし、理知的でないし、まさにその本性からして象徴的だったからである」[☆3]。コイレはベーメについて語っているのだが、これらの言葉はそのまま、精神においてベーメときわめて近い、薔薇十字的な錬金術運動にも当てはめることができるだろう。

わが神にして王よ　どうか教えたまへ
万物のうちに汝を見る術を
我がなすすべてが
汝の為となる術を

望遠鏡を見た者は
それに目を止めるだけですますこともできる
しかしもしお望みならそれを透して見るがよい
すると天がのぞかれるだろう

すべてに汝が染みわたっている
〝汝が為に〟という顔料で磨いても
晴れやかに澄みわたらないほど
汚れた物が存在するはずがない

召使もこの言葉を唱えながら
雑事を神聖な仕事に変える

部屋を掃除する者も、あたかも汝の掟でもあるかのように、
その行為を素晴らしいものとする

これこそが、すべてを黄金に変える
かの名高き石である
なんとなれば、神が触れ、自らがものとした事柄は
それ以外に語ることができないから

このようにジョージ・ハーバートは自分のキリスト教的宗教体験を謳った。そしてドイツの薔薇十字運動が求めていたのは、このような精神的黄金であった。多くの騒動に関する文献の中で、トマス・ア・ケンピスの教えているキリストのまねびこそ、錬金術的啓示の真の「奇蹟（マグナリア）」であると強調されている。

✝科学の進歩を導いた宗教的立場✝

薔薇十字運動は、知の大規模な新しい啓示が間近であり、人間が、すでに達成した域をはるかに越えた別の進歩の段階に到達しようとしていることに気づいていた。新たな知を今か今かと待ち望むこの期待感こそ、薔薇十字的観点のもっとも著しい特徴となっている。大いなる進歩への可能性が自分たちの手に握られていることを知っていた薔薇十字主義者は、その可能性をひとつの宗教哲学に統合することに専心した。それゆえに薔薇十字的錬金術は、新しい発見の世界にわけ入ろうとする科学的観点を表わすと同時に、宗教的期待の立場つまり新しい宗教体験の領域に入ろうとする立場をも表わしているのだ。

どの宗派への帰属が（つまりキリスト教のさまざまな体系のうちどれが一番）、科学の進歩を導いたか。この問いはし

ばしば発せられてきた。それはカトリックの制度の下で、それともプロテスタントの制度の下でもっとも進歩したのだろうか。そしてもしプロテスタントの下でなら、それはルター派であろうかカルヴァン派であろうか。

この質問は別の形に定式化できるだろう。わたしは『ジョルダーノ・ブルーノとヘルメス的伝統』という本の中で、科学的研究の世界へ向かう、新しい方向転換にもっとも大きな影響を与えたのは、ヘルメス＝カバラ的伝統に育くまれた宗教的立場であると論じた。もしそうなら（そして以後のすべてのわたしの研究はますますわたしにこの信念を確信させ、実際それは今では広く思想史家によって認められるようになっている）、当然その伝統をおのれの影響圏内で花開かせた宗教観こそ、科学の進歩にもっとも導きやすいということになるだろう。

ルネサンスの初期においては、ヘルメス的研究やカバラ的研究がローマカトリック教会に水を差される事態はおこらなかった。ただ魔術にかかわる問題では石橋を叩いてわたる必要があったが。初期キリスト教カバリストのもっとも偉大なひとり、ヴィテルボのエギディウスは枢機卿であった。一六世紀の末までには、この伝統がプロテスタンティズムのある形態においてもっとも強力となっていたかもしれない。したがってこの伝統を許容し、魔術を過酷なまでに迫害することのなかったプロテスタント国家こそ、科学がまったく自由に発展しえた国ということになるだろう。エリザベス朝のイギリスはそうした国であった。そしてエリザベス女王は彼女がジョン・ディーに対して、彼の研究を援助し迫害から守ると約束したとき、科学の進歩に向けて一歩を踏み出したのである。

これとボヘミアでおこったことと比較対照してみるとよい。ここには、進歩をめざす伝統、すなわちプラハのカバリストや錬金術師に代表されるヘルメス＝カバラ的伝統が特別に根強い国があった。ボヘミアは、全部がそうではないが主にフス派を奉じるプロテスタント国であった。フス派プロテスタントの宗教的リベラリズムとヘルメス＝カバラ的伝統のきわめて根強い浸透との結びつきは、興味深い独自の結果を生んだにちがいない。そしてエリザベス朝のイギリスで発展していたような伝統が、ジョン・ディーの運動とともに入ってきたとき、その結果は独自の科学的、宗教的立場という点で、驚くべきものだったにちがいない。しかしそこには、独創的な思想家に自由を保証するエリザベス女王のような存在がいなかった。しかもジェームズ一世は女王の役割を演じるのを拒んだ。そ

れなかった。のかわりにもっとも過酷な計画的破壊と弾圧とがあった。かくして新時代へのボヘミアの貢献は間接的にしかなさ

どんなタイプのプロテスタンティズムが科学の進歩にもっとも導きやすいか、この点で本書のわれわれの調査が示唆するのは、プロテスタンティズムのタイプはあまり関係なく、むしろ重要なのはヘルメス＝カバラ的伝統の有無であるという点である。ファルツはカルヴァン派の国であるが、われわれが描こうと試みてきた運動にカルヴァン派神学の教えが与えた影響を示す証拠があるだろうか。ファルツには科学の発展を可能にする雰囲気が備っており、もし戦争が邪魔をしなかったならばその雰囲気はまちがいなく科学を発展させたはずである。そしてそうした雰囲気を形成していたのは教義上の争いを避け、そこから宗教的精神による自然探求へ方向転換しようとする努力だったのである。

ピューリタニズムが科学の進歩を促したという議論がしばしばなされる。この議論に裏づけがあるとすれば、次のような事実のうちに見いだされるかもしれない。すなわち清教徒やカルヴァン派のきわめてヘブライ的、旧約的敬虔さは、容易にカバラつまりユダヤ教の神秘主義的側面と融合しやすかったという事実である。清教徒的エホバ崇拝がカバラ研究に導きやすかったことは見やすい道理である。さらに、議会主義時代やクロムウェル時代のイギリスでは、ローマカトリック以外のあらゆる科学的、宗教的立場への自由と寛容が存在していた。ローマカトリックはまったく不寛容な宗派であったから、その排斥は、清教徒的イギリスでの科学の進歩の自由を害するものではなかった。[☆4]

こうした問題の解決に必要な（そうわたしには思える）種類の研究は、ようやくその途についたばかりである。フランソワ・スクレはキリスト教カバラに関する本の中で[☆5]、キリスト教諸派のカバラに対するさまざまな態度について多くの資料を集めた。彼はどんな結論にも達したわけではなく、その本も、本というより書誌学といった方がいいくらいだが、それでも示唆に富んでいる。トリエントの宗教会議は、ルネサンスにおいて権威をもっていたカバラに関する多くの著作（たとえばロイヒリンのもの）を禁書に指定し、条件つきであるが概してカバラを抑圧する傾

向にあった。プロテスタントの国々ではもちろんトリエントの拘束が及ばなかったので、それはもっと自由に栄えることができた。

†薔薇十字友愛団とイエズス会の共通項†

一六世紀から一七世紀はじめのヨーロッパ思想に、カバラやユダヤ教の神秘主義的伝統が与えた影響にはきわめて重要な要素がある。それは、ユダヤ教のカバラ的伝統自身の内部に新たな展開があったという事実である。ピコ・デラ・ミランドーラやイタリアルネサンスに影響を与えた初期のカバラは、スペインを中心としていた。一四九二年のユダヤ人のスペイン追放後[*1]、パレスチナを中心とする新しいタイプのカバラが発展した。この新しいカバラは、パレスチナのサフェドにグループを形成したイサク・ルリア[☆6*2]（一六世紀）とその弟子たちによって広められた。ルリア的カバラは一六世紀後期から一七世紀にかけてヨーロッパに普及しはじめた。ルリア的カバラは熱心な神秘的瞑想によって、また魔術的な方法や神の名の崇拝によって、そして忘我の境の祈りによって宗教的想像力を養い鍛えるものであった。その黙示録的観点は、終末と同じく始源を、つまり始源の楽園への回帰を、終末の到来に必要な一段階として強調するのだ。

プラハはユダヤ教カバラの一大中心地であり、ひとりのきわめて注目すべき人物、ラビ・レーヴ[☆7*3]が一六世紀後期のプラハで有名であった（彼は一六〇九年にプラハで死亡している）。彼はルドルフ二世と記念すべき会見を行ない、その際皇帝は実際にこのユダヤ人に精神的助言を求めている。

ジョン・ディーに及ぼした影響の中に、ルネサンスの伝統と合体した旧来のスペインカバラばかりでなく、宗教的性格をもった刺激的で注目すべき現象をひきおこすことのできた新しいルリア的カバラもふくまれていたとしても不思議ではない。ボヘミアにおけるディーの奇妙な、そして激情的な宗教的布教活動のことを考えるなら、この種の影響は考慮に入れておくべきかもしれない。「クリスチャン・ローゼンクロイツ」は『名声（ファーマ）』の中で、東方への旅のことを描いているが、彼はそこから新しい種類の「魔術（マギア）とカバラ」を携えて帰り、それらを自分自身のキリスト教的見解に統合させていた。[☆8]

宗教的な錬金術＝カバラ運動のその後の歴史はたしかに得るところがあり、またさかのぼってわれわれのあつかう時代に対しても光を投げかけるにちがいない。[☆9] 偉大な錬金術師兼化学者J・B・ファン・ヘルモントの息子フランシスクス・メルクリウス・ファン・ヘルモントという風変りな人物は、彼が親しくつき合っていた、ファルツ選帝侯の子息カール・ルドヴィヒの世代における薔薇十字的個性のみごとな一例を代表している。医学者兼治療師、それに錬金術師や魔術師でもあったフランシスクス・ファン・ヘルモントは、とうとう人の目にふれる存在となった薔薇十字友愛団員のように見える。そして彼の場合われわれは、シレジアのルター派牧師クリスチャン・クノール・フォン・ローゼンロート[*4]の広めたキリスト教的なルリア的カバラに影響を受けていたことを知っている。この宗教的錬金術とカバラの組み合せは、それ以前のディーの錬金術とカバラに対応する可能性もあり、研究してみるとためになるかもしれない。

カバラの研究の興隆は、トリエントの宗教会議の布告がカトリック国ではそうした研究を抑圧していたにもかかわらず、一六世紀末から一七世紀はじめにかけてヘルメス＝カバラ的伝統の特徴となっているように思われる。パラケルスス派の錬金術もカトリック国では奨励されなかった。したがって薔薇十字宣言に描かれている運動は反カトリック的傾向を帯びていそうに思える。そしてたしかに宣言がきわめて反イエズス会的であるのはわれわれも見てきた通りである。

薔薇十字運動が直面しなければならなかったハプスブルク＝イエズス会同盟は、必ずしもあらゆるカトリック教徒の賛同を得ているわけではなかった。イエズス会とヨーロッパの主導権を握ろうとするハプスブルク家との同盟は、イエズス会によって、宗教改革に対するカトリシズムの普遍的勝利を達成する手段としてはじめられた。その勝利こそ、もっとも過激な反宗教改革派の強い願いであり、またそれは一六二〇年以後、着々と成功を収めていたように思われる。

しかし時の教皇ウルバヌス八世は、決してこの政策に賛同しなかった。[☆10] それは彼が政治的に親フランス、反スペイン派であったということにもよるが、それ以外にも教皇は教会とハプスブルク家との同盟は教会にとって有害であり、それは精神界の勢力とひとつの王朝とのあまりにも密接な関係を表わしていて不都合だという意見を教会の見解として公けにしていた。イエズス会とハプスブルクの結びつきは多くのカトリック、とくにフランスのカトリックに毛嫌いされていた。一六世紀のフランスでは、それはアンリ三世を亡ぼした(それでも何人かのイエズズ会士はスペインの同調者に対抗して彼を支援した)。イタリアでは、それはルネサンスの伝統を押しつぶす勢力となった。そしてそれに対してヴェネチアではサルピが立ちあがったが、それはまた、ジョルダーノ・ブルーノを焚殺することになった。

薔薇十字主義者にとって、ハプスブルクとイエズス会の結びつきは、たんにアンチクリストを意味した。われわれの見てきたように、薔薇十字の空想的結社は、ほとんどイエズス会結社の鏡像として提唱されている。Jesus mihi omnia(イエスはわがすべて)という彼らの標語や、亡ぼすのではなく治すという彼らの使命によって、薔薇十字友愛団は、まやかしのイエスの模倣者に対して真のイエズス会(実際アダム・ハーゼルマイヤーによってそう呼ばれた)として提案されたのである。

にもかかわらず、ローマカトリック教会のあらゆる分派の中で、もっとも薔薇十字団員に似ているのはイエズス会士たちであった。イエズス会の結社創設に及ぼしたルネサンスの秘教的影響は、まだ完全に研究されていない。この結社はプロテスタントや、その布教活動中に出会う他の多くの宗派にアピールするのに、ヘルメス的伝統を盛んに利用した。イエズス会のヘルメス的なオカルト哲学は、アタナシウス・キルヒャーの作品の中で驚くべき体系化を受けた。彼のヘルメス的擬エジプト学に関する大著は一六五二年に上梓されている。[☆11] そして彼は古代エジプトの神官とされていたヘルメス・トリスメギストスをたえず深い敬意をこめて引用する。キルヒャーの作品は伝道活動に盛んに利用された。彼ははっきりとディーの伝統を導入しようと試みていた。というのも彼は自著のある巻で「単子(モナス)」の「エジプト」版[☆12]を挿絵にしているからである。

ヘルメス的伝統への共通の愛着を通じて、イエズス会と「薔薇十字団」とは、一種の近親憎悪の関係にある敵同士となったのである。われわれの見た通りイエズス会は騒動の最中、薔薇十字の象徴体系を借用し、ふたつの結社が同一のものであることを暗示し、同種の象徴をでっちあげようとした。そのために論点が混乱してしまったのである。

そのうえイエズス会は科学や技術をもっとも熱心に奨励していた。教育面での彼らのはば広い努力は、知への渇望を教会内で満足させるべく計画されていた。彼らは提唱者だったのだろうか、それともあいかわらず「時流に乗った」だけ、つまり気に入らないすべてを取り除いたうえで、新しい運動の価値あるすべてを彼らもとり入れられると暗示しているだけなのだろうか。薔薇十字によるヘルメス的伝統の利用の方が、イエズス会によるその利用より科学に導くものだったかどうかを決めるには、その前にロバート・フラッドの作品とアタナシウス・キルヒャーの作品との慎重な比較がなされるべきであろう。たぶんフラッドにおいてはキルヒャー以上にカバラの影響がみられ、このことは重大な意味があるのかもしれない。

いずれにせよ、どう理解し解釈しようと、われわれが薔薇十字運動の中に感じとった薔薇十字団とイエズス会の対立は新時代の印であった。それはヨーロッパが旧世界とその価値観から抜け、その世界から生き残った影響が新形態をとる時代に移行しつつある印であった。われわれはこの対立の中に、はやくもフリーメーソン的立場対イエズス会的立場という対立の出現を見ることができる。この対立こそ、フランス革命にいたるまでもっとも根強く、またもっとも秘められたヨーロッパ的様式を形成することになるのである。

†薔薇十字の覚醒にむけて†

この本で行なった調査に対するひとつの見方は、それがヨーロッパ史の失われた時代を発掘したと見る見方である。われわれは地層を掘りさげる考古学者のように、一七世紀初頭における三〇年戦争勃発直前の表面上の歴史の下に、ひとつの文化全体、ひとつの文明全体を発掘した。それは視界からかき消されていたが、短期間であるからといっていささかも重要性が減ぜられるものではなかったのである。われわれはそれを、薔薇十字的文化と呼ぶことができるだろう。そして多くの観点からそれを検討することができるはずである。

その文化に対するひとつの見方は、その薔薇十字的な側面やディーの衣鉢を継いでいる面で、それが海外で継続されたエリザベス朝だったとする見方である。エリザベス朝は、イギリスルネサンスの栄光に包まれたその婚礼の記憶も生々しいファルツ選帝侯とその花嫁とともに、ドイツとボヘミアへわたったのである。そしてそこでそれは災厄の絶壁をころげ落ちていった。わたしたちは、イギリスの歴史や文学の檜舞台でお馴染みの人物たち——ヘンリー・ウォットンやジョン・ダン——がこの新しい環境へと旅立ち、そこで新しい脈絡において浮かびあがってくるのに注目することができる。またイギリスの俳優やイギリス騎士道の儀式が、想像力豊かなドイツ語の作品、アンドレーエの『化学の結婚』の成立に影響を及ぼしたことを見ることもできる。その作品はさらにゲーテに影響を与え、彼はそれをもとにした錬金術的寓意物語を書くことになる。[*5]

ここにわれわれは、ヨーロッパ的諸伝統の交錯や関連を見ることができる。それらはファルツにおける薔薇十字時代が歴史から消えたために、われわれから見失われていたものである。この時代をあらためて再構成するなら、さらに多くの関連が明らかになるにちがいない。

ミハエル・マイヤーは彼の比喩表現において、イギリスで使われていた象徴的テーマを意図して再構成または継承している。ジョン・ダンの形而上的詩篇は、多くの点でマイヤーの寓意体系の対応物のように思われる。それは密接に類似した哲学的、宗教的見解を、別の表現媒体で表わしているのだ。「レディ・エリザベスとファルツ伯爵」の婚礼のために書かれたダンの祝婚歌は、二羽のフェニックスの婚姻や太陽と月の結婚という譬喩を用いている。それは、後に海の向こうの薔薇十字サークルでこの新婚カップルに対する崇拝熱が盛んになった時、その一大特徴となる錬金術的色合いを早くも帯びている。われわれはダンとその友人ウォットンにとって、一六二〇年という年が何を意味していたかを充分に理解してこなかった。彼らはあの災難を見たが、それについてはジェームズ国王の態度のせいで何もいうことができなかったのである。

あるいは歴史の分野のこの忘れられた断片を、別の角度から論じることもできる。それは、ボヘミアというさらにわれわれに馴染みのうすい角度からである。プラハにおけるルドルフ二世の宮廷の伝統は、マイヤーとその作品を通じてファルツに広まった。ボヘミア側でこの運動にかかわった多くの人が命を落としているが、この時代のボヘミアの歴史と文化の専門家は、英語圏の読者にはまだ接することができない多くの事柄もよく知っている。もっと多くの事がわかってくれば、ボヘミア側の錬金術運動もさらに理解できるであろうし、ダニエル・ストルキウスの生涯と思想についてももっとよくわかるようになるだろう。そして彼らが薔薇十字的錬金術のテーマを、ボヘミア国王と王妃の短かった治世を盛りたてる運動の一環として受けいれた経緯ももっとよく理解できるようになるだろう。この運動はボヘミアでは死に絶えてしまったが、一七世紀イギリスの錬金術運動に余生を保ったのである。そして、それをさらに解き明かしてゆくのは魅力的な作業となるだろう。

あるいは、運動のドイツ的側面を考えてみることもできる。たとえば、いかにそれが、ヤーコブ・ベーメの生涯と作品に表わされているような錬金術的宗教哲学によって、ルター派の精神生活に活気をとり戻す運動と対応していたか。薔薇十字運動や薔薇十字騒動の際に大量に出まわった出版物の調査がもっと進めば、ベーメに関する手がかりが得られることはまちがいない。ドイツにおける騒動の複雑で豊かな主題は、ヨーロッパ史における重要な一段階の表現として今やきわめてまじめに注目されてしかるべきである。

薔薇十字運動のもっとも注目すべき側面は、この本の標題が表現している側面、つまり来たるべき啓蒙運動への強調である。終末に近づいた世界は新しい啓示の光を受けとるはずである。そこでは、先行するルネサンス時代になされた知の進歩が無限に拡張されるであろう。新しい発見が間近に迫り、新しい時代が夜明けをむかえようとしていた。そしてこの啓示の光は外面と同様内面においても照り輝くものであった。それは人間に自分自身の新しい可能性を啓示し、人間にみずからの尊厳と価値、そして神聖な計画の中で演じるべき役割を理解するよう教える内的な精神的啓示なのである。

われわれも見てきたように、薇薔十字の啓蒙運動は実際に一七世紀的進歩に影響を与え、この進歩で名高い多くの人々も、どうやらそのことに気がついていたふしが見られるのである。このことは、次の点を最終的に裏づけるであろう（実はすでに多くの人々によって感づかれている）。すなわちルネサンス科学を背後から動かしていたヘルメス＝カバラ的伝統は、科学革命の到来とともにその力を失ったわけではないこと、そしてこれまでこうした影響力からの完全な脱皮を代表すると受けとられてきた人物の精神の背景に、いぜんとしてそれが存在していたことである。この大いなる進歩の中で薔薇十字的科学、なかでも薔薇十字的数学の演じた役割とは、正確にどんなものだったのだろうか。これらは本書が不問に付してきた問題である。

薔薇十字の啓蒙運動は、社会改革、わけても教育改革が必要であり、また第三の宗教改革が必要であるというヴィジョンをもっていた。そうした改革は人間活動の全領域にわたるものであった。そしてそれを、新しい科学に必然的に付随するものとみなしていた。薔薇十字的思想家はこの新しい科学の危険性、その天使的可能性と同様悪魔的可能性についても感づいていた。そこで彼らは、この新しい科学が到来するには、広い全世界の全般的改革がともなわなければならないとみなしていた。

薔薇十字のメッセージのこの側面はおそらく議会主義体制のイギリスでもっともよく理解されていたのだが、状況がその適用をはばんだのである。王政復古後は、科学が発展することが許されたが、それはユートピアから隔離され[13]、科学の受容のために教育を施された改革社会という計画から切り離されたうえでのことであった。運動の社会的、教育的可能性が比較的軽視されたことは、たしかに将来にとって不幸なことであった。

このように薔薇十字の啓蒙運動はまさにひとつの啓蒙運動だったのである。それは魔術や天使の作用、そして預言や黙示録などの独自の奇妙な枠組の中で、ひとつの運動をおこした。その運動は多くの面で啓蒙的としか記述しえないような運動であった。本来の啓蒙運動 Aufklärung は、これとはおよそ異なった雰囲気をもたらすように見えるが、その合理主義も霊明主義（イリュミニズム）の色調を帯びていた。「コメニウス版名声（ファーマ）」[14]と呼ばれたコメニウスの『光の道（ヴィア・ルキス）』の言葉は、いずれの啓蒙運動についての説明としても役立つであろう。

普遍の叡知の灯りを燃やすことができれば、その光を人間知性の世界全体に広めることも（ちょうど太陽がのぼるたびにその光が東から西まで届くように）できるし、また人々の心の中に歓びを呼び醒し、その望みをかなえてやることもできるだろう。もし人々が、自分たちの運命と世界のそれとがこの至高の光の中で目の前におかれているのを目にしたなら、またまちがいなくそれらをよい結果に導く手段を学ぶなら、どうして実際にそれを使わずにいられるだろうか。

The Rosicrucian Enlightenment

薔薇十字宣言

Fama Fraternitatis
Confessio Fraternitatis

The Rosicrucian Enlightenment

友愛団（ファーマ・フラテルニタティス）の名声

あるいは
薔薇十字のもっとも気高き結社の友愛団の発見

❖唯一にして、賢くも慈み深い神は、近年その慈悲と善行を惜しみなく人類にそそがれてきた。われわれはそれによって神の子イエス・キリストと自然に関する完璧な知識をさらにいっそう獲得できるようになったのである。おかげでわれわれはこの倖せな時代を誇りにすることができるだろう。今や、これまで知られることなく隠されてきた世界の半分がわれわれに明かされたのだ。いやそればかりではない。神はさらに多くの不思議な、これまでは見られたためしのない自然の作用や創造物をわれわれに示されたのである。さらにそのうえ、神はすべての技術を部分的に更新し、完成に導くことができるような（この点でわれらの時代は汚され不完全である）大いなる叡知を授かった人々を奨揚されたのである。人間が、結局は己れの貴さや価値を理解し、彼がなぜミクロコスモスと呼ばれるのか、また彼の知識がどれだけ自然の中に及んでいるか理解できるように。

❖しかるに無礼な世間は、この次第に眉をひそめ、薄笑いと嘲笑を浴びせようとしている。まして学者たちのおごりと強欲さは恐れ入るばかりで、彼らはおたがいに合意に達することを潔しとしないのである。だがもし彼らがひとつにまとまるならば、彼らは、神がわれらの時代に惜しみなく与えたすべての事柄の中から、自然の書（リブルム・ナトゥラエ）を編み出し、すべての技術の完璧な方法を引き出すことができるにちがいないのだ。ところが彼らは次のように反論する。自分たちはいつまでも旧弊を墨守するつもりであり、そこからはずれるのはしのびないと。そして彼らの評価するのは明るい明晰な光と真実であるよりはむしろ、あいかわらず単なる学問の誇示でしかないポルフィリウス[1]、アリストテレス、ガレノスなのである。しかしここに名を挙げた人たちも、今の世に生まれていれば、喜んでその誤った教義を葬り去ったであろう。

❖それに比べて今の人々は、そのような立派な行ないに及ぶには、あまりにも弱点だらけの輩である。神学や医学や数学の分野で真実が異を唱えているのにもかかわらず[2]、旧敵は、狡猾さや悪知恵を働かせて、自分の手先や争い好きの者どもを動員し、あらゆる立派な目標に水を差そうと企んでいるのだ。ところで敬虔なこと、また高度なことこのうえない霊知を授けられたわれらの同胞C・R（Christian Rosencreutz）師は、ドイツ人であり、またわれらが友愛団の指導者で創始者であるが、師はこのような全般的な改革の計画のために、長い間尽力してこられた。師は貧困のために（とはいっても高貴な両親から生まれているが）、五歳にして修道院に入れられ、そこでギリシャ語とラテン語とをともに学ばれたのである。師はまだ成長期にさしかかる年頃ではあったが、（その熱心な願いと要望がかなえられた結果）聖地巡礼を決意していたP・A・Lという同胞と行動を共にすることになったのである。

❖この同胞は、エルサレムの土を踏むことなく、志なかばにキプロスの地で帰らぬ人となってしまったが、わが同胞C・Rは帰路につかず、船上の人となって勇躍ダマスカスに赴き、さらにそこから一路エルサレムをめざす心づもりであった。ところが躰に不調をおぼえた師は、その地にしばし逗留することになったのである。そこで師の示された医学の腕前は、トルコ人から大好評をもって迎えられた。その間にも師は、アラビアのダマスカスの賢者たちとたまたま知遇を得、彼らがいかに大いなる不可思議をなしとげているかをまのあたりに見、どれほど自然が彼らに対して明かされているかを見聞したのである。ここにいたって、かの同胞C・Rの気高くも貴い精神はいたく刺激され、今では師の心の中で、エルサレムはダマスカスほどの重要性をもたなくなったのである。

❖師は矢も楯もたまらなくなって、アラビア人と交渉し、一定額を払ってダマスカスまで運んでもらうことになった。師はその地に着いたとき、弱冠一六歳にすぎなかったが、すでにドイツ人特有のがっしりした体格をそなえていた。その地の賢者たちは（師自身の証言によると）、師を異邦人扱いするどころか、長い間待ち望まれた人として歓迎したのである。彼らは師の名前を知っているばかりか、師の属していた修道院のもろもろの秘密までいい当ててしまった。これには師も、あっけにとられて驚くほかはなかった。師は当地でアラビア語も修め、おかげで師はあくる年に、Mの書をみごとなラテン語に翻訳することができたのである。師はそれを後に持ち帰っている。また師が医学と数学を修めたのも、その地であった。こうした点は、世間にいま少しの愛情があり、いま少し妬みが少なければ、本来人々が歓んでしかるべきことであろう。

❖三年の後、師は皆の了解を得て帰路につくことになり、ふたたび船上の人となってアラビア湾を越えエジプトに赴いた。しかしそこには長逗留せず、ただその地の動植物に関して、より広い知識を得るだけで満足した。師はさらに地中海に出て、アラビア人たちがぜひ行くよう勧めるフェスへ航路を定めた。さてここに、われわれが大いに恥じ入らねばならない事がある。それは、アラビアとアフリカの賢者たちが、たがいに遠く離れ離れになっていながら、たったひとつの意見にまとまって、どんな論争にも目もくれない点である。いやそればかりか、彼らは秘密厳守を守りさえすれば、他の人々にも自分たちの秘密を喜んでうち明けようと望んでいたのである。

❖毎年アラビアとアフリカの人々は、たがいに人員を派遣し、たがいの技術に関する意見の交換をしたり、あるいはさいわい何かこれまでにないすばらしい事実が見つかったり、実験によってこれまでの前提を覆すような事態がおこっていないかを、調査し合うのである。例年、何がしかの光がそこで得られるのであり、そのおかげで数学や医学や魔術（フェスの人々はこの分野にもっとも長けているのだ）が改良されていくのである。さてひるがえって今日のドイツを見るならば、そこには決して、魔術師やカバリストや医者や哲学者などの学者に不足しているわけではないのである。したがって彼らの間にあとわずかばかりの愛情と親切心があればと、あるいはまた彼らの大半が、秘密を自分だけのために隠しだてするようなさもしい根性を捨ててほしいものと、切に願わずにいられないのだ。フェスで師は、一般に「基本の住民」と呼ばれている人たちと知り合いになり、彼らからたくさんの秘密を伝授されたのである。われわれドイツ人にしても、これと同じような統一と、われわれの間に隠されている秘密を探し出そうという意欲さえあれば、同じように多くの事柄を共有できるにちがいないのである。

❖これらフェスの人たちについて師はしばしば、彼らの魔術（マギア）がまったく純粋なものとはいえないことや、彼らのカバラがその宗教によって穢されていることを認めている。しかし師は、同じものを善用するやり方を心得ていたし、それによって信仰に対するよりよい根拠を発見していたのである。それは、全世界の調和と完全に合致し、どんな時代にもみごとに刻印されていた。そしてそこから次のような美しい調和が生まれたのである。つまり各種子の中に、一本の木や一個の果実全体がふくまれているように、人間の小さな躰の中には、大いなる世界全体がふくまれており、人間の宗教、政治、健康、四肢、自然、言語、言葉そして活動は、神と天と地に一致し、共鳴し、同じ諧調と調べをもっているのである。これらとくいちがう意見は、すべて誤りであり、嘘であり、世の中の争いや無知や闇の最初にして最後の原因である悪魔に属する事柄なのである。またもし誰かが地上のすべての人を調べてみるなら、彼は、善良で正しい事柄は、つねに己れと調和していることを見いだすだろう。そしてそれ以外のものはすべて、たくさんの誤った意見に毒されているのである。

❖それから二年後、同胞C・Rはフェスの都をあとにして、おびただしい数の貴重な品々を携えて、スペインへ出航した。師は旅の間、かくも充実した有益な時を過ごしたので、ヨーロッパの学者は師を喜んで迎え、彼らのすべての研究を、確かな基礎にしたがって導き、整理することに着手するだろうと期待していたのである。そこで師はスペインの学者たちと協議し、われわれの技術の誤りを彼らに指摘し、それをどう矯正すべきか、また来たるべき時代の真の啓示（インディキア）をどこに求めるべきか、過去の事柄と合致しなければならないのはどんな点か、そしていかにして教会や道徳哲学（フィロソフィア・モラーリス）全体が改善されるべきかを示したのである。師は彼らに、古い哲学と合わないような、新しい植物や果実や動物を紹介し、それによって万物がすっかり元の状態に戻るような新しい原理（アクシオマータ）を教示したのである。しかるに彼らにはこれが笑うべきものと映った。それが彼らには目新しいものであったために、今さら事新しく学びなおし、積年の誤りを認めなければならないのでは、自分たちの得ている高い名声が損われる、と彼らは危惧していたのである。彼らはそうした誤りに慣れており、それによって充分名声をかちえていた。改革などは、不安を愛する者にまかせておけ、というわけだった。

❖同様の唄声が他の国民からも師に向かって唄われた。この次第は、師の期待を大きく裏切るものであったために、師の感じた落胆もいっそう大きかった。師としては、学者たちがあらゆる能力と科学と技術、それに全自然から、真のゆるぎない原理をひきだして、それを書きとめる気にさえなれば、彼らに師のもっているすべての技術の秘密を、惜しみなくわけ与えるつもりだったのである。そうなればその原理は彼らを、ちょうど円や球のように、唯一の中心点へ導くはずであった。しかも（アラビア人の間ではふつうの事であるが）それだけが、賢者や学者にとって規則の役を果たすはずであった。

❖それにはヨーロッパで、ひとつの協会がなければならなかった。その協会は、金銀宝石類を所有していて、それらを国王たちに必要な用途が認められ、合法的な目的をもっている場合にかぎり、授けるのである。さらにその協会は、君主となるべき人々を育て、神が人間に許したすべての知識を学び、異教徒が偶像にすがるように、助言を求める人々に、必要なときはいつ何時でも、適切な助言が与えられるような協会でなければならない。われわれは、世界が当時すでに、大いなる動乱をはらみ、陣痛の苦しみを味わっていたことを、率直に認めなければならない。そして世界は、暗闇と未開の状態を全力でうち破る、勤勉な価値ある人々を誕生させた。その跡を継ぐわれわれは、ただ彼らに従うだけである、たしかに彼らは火の三角形の頂点にいるのであり、その炎は今や次第に明るくなっており、いずれまちがいなく世界に最後の火事をひきおこすことになるだろう。

❖テオフラストゥス（パラケルスス）も、その召命と天分において、そうしたひとりであった。なるほど彼は、われわれの友愛団の一員ではなかったが、Mの書を熱心に読んでいた。そのおかげで彼の鋭い才能は、燃えあがったのである。ところがこの人物は、多くの学者や知ったかぶりに行く手を阻まれたため、自然に関する彼の知識や理解について、落ちついて他の人々と話し合うこともできなかったのである。そのため彼は、自分の著作の中で、こうしたさしでがましい連中をあざ笑うことにかまけて、自分の全貌を表わすことがなかった。それにもかかわらず、前述した調和（ハルモニア）は、彼によってしっかりした根拠を見いだしたのである。もし彼が学者たちのことを、陰険な侮辱にあたいするなどと考えずに、より偉大な技術や科学を教えるのにあたいすると考えたなら、きっと彼らにその調和（ハルモニア）を授けたであろう。ところが彼は、奔放で軽率な人生を送って時間を無駄にし、世間にばかげた快楽を残してしまったのである。

❖さて、われらが師父である同胞C・Rを忘れてはなるまい。師は多くの困難な旅の末、そしてその真の教育が実を結ぶことなく終わった後、ドイツの土をふたたび踏むべく帰国したのである。この故国こそ師が（間近に迫った変革と、奇妙にして危険な論争ゆえに）心から愛する国であった。その地で師は、自分の術、とりわけ金属変成の術を吹聴してまわることもできたのであるが、師には虚飾や虚栄などよりも、天とその住民である人間の方が、よほど価値あるものと思われたのである。

❖それでも師は、住み心地のよい瀟洒な住いを建て、そこに籠って自分の行なった旅や哲学について黙想し、それらを真の覚書の中にまとめあげた。また師はこの家で、数学に多くの時を費し、ex omnibus hujus artis partibus（その技術のあらゆる分野を駆使して）、多数のみごとな楽器（器具）をつくった。残念ながらわれわれには、その一部しか伝えられていないが、その点は後に読者もおわかりになるだろう。

❖五年が経過したとき、師の心の中に、かつて望んだあの改革への思いが、ふたたびきざしてきたのである。師自身は勤勉かつ活発で、疲れを知らないたちであったが、他人の援助はおぼつかないと見て、彼に協力するわずかばかりの人たちと共に、師は計画に着手することにした。師はこのために、師の最初の修道院（師はここにひとかたならぬ愛着を感じていた）から、同胞G・V、同胞J・A、同胞J・Oの三人の同胞を募った。彼らの諸技術に対する造詣は、当時の平均以上に深いものがあったのである。師は三人に対して、忠義を重んじること、勤勉であること、秘密を守ること、以上の三点を師自身に誓約させた。さらにもうひとつ誓約させたことは、師が彼らに指導し、教示したことをすべて、注意深く書きとめておくようにということであった。それは、特別な啓示を受けて将来この友愛団に加盟する者が、どんなわずかなシラブルや単語にも、誤解することのないようにするためであった。

❖こうして薔薇十字の友愛団が幕を開けたのである。当初はたった四人しかいなかったが、彼らによって魔術的な言語と文字が大部の辞書とともにつくられた。われわれは、今でも毎日、それを神の讃美と栄光のために使っており、その中に大いなる叡知を見いだしているのだ。彼らはまた、Mの書の第一部を編纂した。しかしこうした作業があまりにも重労働を課し、またいいつくせないほどの病人の群れにわずらわされたため、師の新たな建物（聖霊の館（サンクティ・スピリトゥス）と呼ばれた）が完成されたのを機に、彼らは、さらに何人かの団員を、友愛団に勧誘し加入させることに決めた。こうして選び出されたのは、同胞R・C（Rosencreutz）の亡くなった父の兄の息子である同胞B、巧みな画家G、彼らの書記官P・D、以上はすべてドイツ人であり、その例外はもうひとりのJ・Aであった。こうして彼らは全員で八名となったが、皆独身であり、童貞生活を誓っていた。彼らによって、人間が望み、求め、願いうるすべてを集めた本、あるいは書物が編まれたのである。

❖たしかに、世界がこの百年の間に大きく改善されたことは、われわれも誰にはばかることなく認めているが、しかしわれわれの確信はさらに次の点にあるのだ。われらの原理（アクシオマータ）は、世界の終末が来るまで、確固として動かないだろう。そしてさらに世界は、そのもっとも気高い最終の時代を迎えたあかつきには、それ以外のものを見ることがないであろうと。なぜなら、われらの輪（ロータ）は、神が「あれかし（フィアット）」と叫んだ日にまわりはじめ、「去れかし（ペレアット）」と叫んだ日に終わるはずだからである。といっても、神の時計はすべての分を刻むのに対して、われわれの時計は完璧な時刻をほとんど刻むことができないが。われわれはさらに断固として信じている。かりにわれらの同胞や師父らが、現在の明るい光の中に生きていたなら、きっと彼らは、教皇やマホメットや法学者や芸術家や詭弁家連中に向かって、ただためいきまじりに彼らの終焉や死を願うだけではおさまらずに、もっと手荒にあしらって、自分たちこそより希望にあふれた者であることを、身をもって示したにちがいない、と。

❖こうして八人の同胞は、すべての物事を整理し処理したのであるが、そのやり方は、もうどんな大事業も必要としないほどの手際のよさであった。それにそれぞれの同胞は、充分に教育され、秘密の哲学も顕教的哲学も完璧に講ずることができるようになっていたため、これ以上共に過ごすのはやめにして、創立時に合意された通りにいくつかの国に別れることに決めたのである。それは、ただ単に彼らの原理（アクシオマータ）が、学者たちによって、ひそかにもっと奥深くまで検討されるように、という理由からばかりでなく、もし彼らがどこかの国で、何かを観察したり、誤りを見つけたりしたときには、それについて彼らがおたがいに情報を交換し合えるように、との理由からでもあった。

❖彼らの規約とは以下の通りである。

一、彼らのうち何人（なんぴと）も、病人をしかも無料（グラーティス）で治す以外の仕事に従事してはならない。

二、何人も、一定の決められた衣服の着用を義務づけられるべきでなく、滞在国の風習に従うべきこと。

三、彼らは毎年、Cの日に聖霊（S・スピリトゥス）の館に一堂に会すべきこと、また欠席の場合はその理由を銘記すること。

四、各同胞は、その死に際して、跡を継ぐことのできるような適当な人物を捜すべきこと。

五、C・Rという言葉は、彼らの印であり記章であり記号であるべきこと。

六、当友愛団は、百年間秘密に保たれるべきこと。

❖以上の六項目を守るべく、彼らはたがいに確約し、五人の同胞が出発して行った。そして同胞BとDだけが、丸一年の間、師父である同胞（フラ）R・Cのもとに残った。その一年が経つと彼らも同様に出発した。しかしその時、師は従弟と同胞J・Oを呼び寄せていたので、師は生涯を通じて、つねにふたりの同胞をそばに置いていたことになる。そしてなるほど教会の浄化はいまだしの感があったが、彼らがその点をよく考えていたことや、彼らが何を強く求めていたかは、われわれがよく知っている。

❖毎年彼らは喜んで集い（つど）をもち、彼らが果たしてきたことを、隅から隅まで分析した。神が、世界中のあちこちで披露された不可思議の一部始終が、包み隠されることなく、また何の作り話も混じえずに、報告され伝えられるのを耳にするのは、たしかに大きな歓びであったにちがいない。そしてここに、誰もが確実なこととみなしてよいことがある。それは、彼らが、神や天から遣わされて一堂に会した人々であり、賢者の中の賢者から選び抜かれた人々であり、長い年月を生き抜いてきた人々であることである。そしてまた、そんな人々である彼らが、他の誰にもまして、もっとも気高い統一と、もっとも偉大な秘密と、相互の間のもっとも大きな親切の中で、共に暮していたことである。

❖彼らはこのように、まことに称讃にあたいする生活を送っていたのである。しかし、病気という病気、苦しみという苦しみから免がれているとはいえ、神の定めた時を越えてまで生き延びることは、さすがの彼らにもできない相談だった。この友愛団の中で、最初にあの世に召されたのは、J・Oであり、その召された場所はイギリスであった。このことは、同胞Cがそれよりはるか前に、彼に預言していた通りであった。彼は、Hの書と呼ばれる彼の著書が証明しているごとく、カバラの大家であり、それに対する造詣はきわめて深いものがあった。イギリスで彼は、かなり話題を呼んでいたが、それは主に、彼が若きノーフォーク伯のレプラを癒したためであった。彼らは、可能な限り自分たちの埋葬場所を秘密にしておくことに決めていた。そのため今日では、その一部がどこであるのか、われわれにもわかっていないのである。しかしどの場所でも、適当な後継者が、亡くなった者の跡をひき継いできた。

❖いずれにせよわれわれも、次の点は神の栄光のために、はっきりと告白しておこう。すなわち、われわれがMの書からどんな秘密を学ぼうと（そしてまた、われわれが全世界の像と様式とを目の前に見ているにもかかわらず）、われわれの不幸や死期については、その本の中で何の言及もされておらず、神御自身しか知らないことである。神はそうされることによって、われわれが、いついかなる時にも、死出の旅の仕度をおろそかにしないよう、配慮されたのにちがいない。しかしそれに関するより詳細な記載は、われらの『告白』の中に記されている。われわれはそこで、なぜ今われわれが友愛団を、広く世に知らしめる気になったのか、またなぜかくのごとき崇高な神秘を、何気がねすることなく、報酬など一切期待せずに発表する気になったのか、その二七の理由を記録している。われわれはそこでさらに、ふたりのインディオがスペイン国王にもたらした以上の黄金を約束している。なぜなら今日ヨーロッパは、偉大な子供を孕んでおり、やがて強健な子供を生むことになっているが、その子は、偉大な教父から金を贈られるにちがいないからである。

❖J・Oの没後も、同胞R・Cは片時も休まなかった。いやそれどころか、できるだけはやく、残された者たちを召集し、そして（これはわれわれの推定であるが）この時に師の埋葬所がつくられたのである。今のところわれわれ（もっとも若い世代に属しているが）は、われらの愛すべき師父R・Cが、いつ冥界に入られたのかを知らないし、創始者たちの名前と、われわれまでの全後継者の名前しか知らないのであるが、ただわれわれの記憶にはひとつの秘密が刻みこまれているのだ。その秘密は、D（彼は第二世代に属し、われわれの多くの者とともに暮していたこともある）の後継者である同胞Aが、第三世代のわれわれに、百年に関するわかりにくい秘められた談話の中で伝えたものである。それを別にすれば、われわれのうち誰も、前記Aの逝去後、同胞R・Cやその最初の同志たちについて、われらの哲学的書庫（ビブリオテカ）に現存しているもの以外、まったく何も知らないのである。（その書庫（ビブリオテカ）の中では、われらの『原理（アクシオマータ）』がもっとも重要なものとされており、『世界の輪（ロータ・ムンディ）』はもっとも技巧に富み、『プロテウス』はもっとも実用的なものとされていた）。同様にわれわれは、第二世代の者が、第一世代と同じ叡知をそなえていたかどうか、そして、すべてにあずかることが許されていたかどうか、よく知らないのである。

❖さて寛大な読者にお知らせしておくが、われわれが同胞Cの埋葬所について聞き知っていることや、それについてこれから公けに発表することは、いずれも神の深慮と認可と掟によるものであり、われわれはその神にきわめて忠実に従っている。ゆえにもし周到にそしてキリスト教徒にふさわしいやり方で応じてさえいただけるなら、われわれは、自分たちの名前や姓や会合について、あるいはわれわれのことで要求されるどんなことについても、公けに印刷して発表するのを辞さないつもりである。

❖それではいよいよ神によって崇高な霊知を授けられた同胞（フラ）C・R・C（Christian Rosencreutz）の発見に関する、真実にして根本的な物語をはじめよう。それは以下の通りである。Aがガリア地方のナルボンヌ（ガリア・ナルボネンシス）で帰らぬ人となったとき、その地位をひき継いだのはわれらが愛すべき同胞N・Nであった。彼はわれわれに対して、忠誠と秘密保持の厳かな誓約を行なったのち、われわれに心を割って（ボナ・フイデ）、次のような話をうち明けてくれた。それによるとAは彼に、こういって励ましたというのである、この友愛団は、いつまでも隠れたままでいるべきではなく、いずれドイツの全国民に役立ち、必要とされ、推奨されるようになるべきだ、と。彼はこれを聴いても、その立場上、何ら恥じるところがなかった。

☘翌年、学業もすべて修め、充分な貯えもできたことであり、そろそろ旅に出ようと心に決めたとき、彼の脳裏に、自分の家を改造し、住み心地のよいものにしようとの思いがよぎったのである（彼はすぐれた建築家であった）。そうした改築にとりくんでいるうちに、彼はたまたま、すべての同胞の名前と他の若干の事柄を刻んだ、真鍮製の記念碑を見つけたのである。彼はこれを、どこか別のもっと適当な納骨堂に移そうと思った。というのも、同胞R・Cがどこでいつ身罷ったのか、どの国で埋葬されたのかは、前任者によって隠されたため、われわれには知らされていなかったからである。この銘板にはかなり頑丈な釘が打ちつけられていたため、彼がそれを力まかせに引き抜いたとき、彼は釘といっしょに、かなり大きな石を薄壁または漆喰から剝がしてしまったのである。するとそれは、隠された、したがって予想もしない扉の一部であり、その扉の覆いが取り払われたのだった。こうなるとわれわれも、喜び勇んで壁の残りを払い除け、扉を磨いてみると、そこには大きな文字で、

POST 120 ANNOS PATEBO（余は一二〇年後に顕現するであろう）

と書かれ、その下に西暦の年号が記されていた。そこでわれわれは、神に感謝を捧げ、とりあえずわれらの輪（ロータ）を調べてみたかったので、その夜は仕事の手を休めることにした。

☘しかしここでふたたび、『告白』を参照していただくことにする。というのも、われわれがここで公表している内容は、それにあたいする人々には役に立つが、それにあたいしない人々には（神のお望み通り）あまり役に立ちそうもないからである。まさにわれらの扉が、かくも長い年月の後に、不思議な形で発見されたように、ヨーロッパにもひとつの扉が（壁が取り払われたときに）開放されるであろう。その扉はすでにその姿を見せはじめて

おり、また多くの人々によって心から待ち望まれているのだ。

❖翌朝、われわれが扉を開けてみると、七つの側面と角とをもった、ひとつの納骨堂が現われてきた。各側面は、幅が五フィート、高さが八フィートであった。太陽の光は決してこの納骨堂内を照らさなかったが、別の太陽が堂内を照らしていた。この別の太陽は、その照明方法を太陽から学び取り、天井の中央上部にとりつけられていた。中央には墓石のかわりに、真鍮板で覆われた丸い祭壇が安置され、そこに次のような言葉が彫られていた。

A. C. R. C. Hoc universi compendium unius mihi sepulchrum feci（余A・C・R・Cは、この宇宙の要約を、余の墓所とすることを生存中に決心せり）

最初の円、または縁のまわりには

Jesus mihi omnia（イエスはわがすべて）

と記されていた。

❖中央には円で囲まれた四つの像が置かれ、その輪郭に次のような銘文が刻まれていた。

1. Nequaquam vacuum（無はどこにも存在せず）
2. Legis Jugum（法の軛）
3. Libertas Evangelii（福音書の自由）

4. Dei gloria intacta（神の無垢なる栄光）

❖その銘文はどれもみな明るく澄んでおり、七つの側面とふたつの七角型（ヘプタゴニ）も同様であった。ここでわれわれは全員跪き、人間の全知が及ぶ以上のことをわれわれに教えられた、賢くも力強く、永遠なる唯一の神に感謝を捧げた（神の名に栄あれ）。この納骨堂は、上部または天井と、壁または側面と、地面または床の、三つの部分にわかれていた。

❖上部について今のところ読者は、それが、七つの側面にそって三角型にわけられていて、明るい中央に位置していること以外、あまりおわかりにならないだろう。しかし中に含まれているものについては、（もし神がお望みなら）読者御自身の眼でご覧になれるだろう。各側面または壁面は、十の図型にわけられ、それぞれがいくつかの図型と格言をそなえている。それらは、われらの『精選（コンケントラートウム）』☆3の書に真実をもって示され、説明されている。

❖底部もやはり三角型にわけられているが、そこには低次の支配者の力と統治が描かれているので、邪悪で神を怖れぬ世界によって乱用されることがないよう、公表することはさしひかえたい。しかし神聖な解毒剤を授かり貯えている者なら、怖れることも危害が加えられる心配もせずに、古い邪悪な蛇の頭を踏みつけ、叩きつぶすことができるだろう。またそれを実行するには、現代はまことに都合のよい時代なのである。各側面または壁面には扉または棚がそなえつけられていて、その中に様々な品々、とりわけわれわれも別の場所にもっていた書籍一式がすべてそなわっていた。ほかにも Theoph. Par. Ho☆4の『語彙集（ヴォカブラール）』や、われわれが毎日、忠実にわかちあっている本などがあった。その中には彼の『旅行記（イティネラーリウム）』や『伝記（ヴィタム）』も見つかったが、本書の記事の大半はそれらを下敷きにしているのである。別の棚の中には、いろいろの特徴をもった鏡があり、さらに別の場所には小さな鈴や、燃える灯火、それにとくに不思議な人工的な唄声などが納まっていた。それらがつくられた目的は、たとえ何百年か後に、この結社や友愛団が消えることになっても、この納骨堂さえあれば、それが再建できるようにしておくためであった。

❖さてここまでのところ、われわれはまだ、われわれの用心深く賢明な師父の遺体を拝んでいなかった。そこでわれわれは、祭壇を脇に動かし、真鍮製の頑丈な板をもちあげてみた。そしてそこに、美しいみごとな遺骸を見つけたのである。それはまるで当人が、装飾品と服装のすべてを身につけたまま、ここに生き生きと写しとられたとでもいうように、無傷なままの完全な姿を保っていた。その手には、一冊の半皮紙の書物が握られていた。それはIの書とよばれ、われわれにとっては聖書の次に大切な宝物であったが、世間の非難にさらされかねない書物でもあった。その本の終わりには、次のような墓碑銘（エロギウム）が書き残されていた。

イエスの胸に播かれし一粒の種子

C. Ros. C（クリスチャン・ローゼンクロイツ）は、R・Cなる高貴にして栄光に包まれたドイツの家系をひいていた。彼は世紀を代表する人物であり、神聖なる啓示を受け、このうえなく洗練された想像力をもち合せ、あくなき労働意欲に燃えていた。そして彼は、天界と人間界の神秘と秘法にあずかることが許された。（アラビアとアフリカを旅行中に）彼は、国王や皇帝らよりも大量の宝物を集めたが、彼の世紀は、それを受けるにふさわしい時代ではなかったため、その発見を後世にゆだねることとした。そしてさらに自分の技術と名前の信頼のおける忠実な後継者を選び、そのあらゆる活動において大世界と対応するような、ひとつの小世界を築いた。そして最後に彼は、過去、現在、未来の事物の要約を作成した。さて彼も百歳を越え、別に病いのためではないが（彼の肉体は決して病いに冒されず、また他人がそれに冒されるのも防いだ）、聖霊が召されたので、彼は（同胞たちの最後の抱擁と接吻を受けながら）、己れの霊知を授けられた魂を、創造主たる神の御下にお返ししたのである。彼はまことに愛すべき師父にして、優しき同胞、まことに忠実な師にして、真正なる友として、一二〇年間ここに弟子によって隠される。

❖その下に彼らの署名が入っていた

1. Fra. I. A., Fra. C. H. electione Fraternitatis caput.（同胞C・Hによって選ばれた友愛団のリーダー、同胞I・A）
2. Fr. G. V. M. P. C.
3. Fra. R. C. Junior haeres S. Spiritus（聖霊の若き後継者）
4. Fra. B. M., P. A. Pictor & Architectus（画家で建築家）
5. Fr. G. G. M. P. I. Cabalista（カバリスト）

第二世代（セクンディキルクリ）

1. Fra. P. A. Successor, Fr. I. O. Mathematicts（同胞P・A数学者で同胞I・Oの後継者）
2. Fra. A. Successor, Fra P. D（同胞A、同胞P・Dの後継者）
3. Fra. R. Successor patris C. R. C. cum Christo triumphant（同胞R、キリストの勝利によって師父C・R・Cの後継者）

❖そして末尾には次の文字が記されていた。

Ex Deo nascimur, in Jesu morimur, per spiritum sanctum reviviscimus（余らは神から生まれ、イエスのうちに死に、聖霊により復活する。）

❖この時には同胞I・Oと同胞Dは、すでにあの世に召されていたが、彼らの埋葬所はどこにあるのだろう。おそらくわれらの年老いた同胞もまた、己れの遺体を、何か特別の品々と一緒に埋葬し、そしておそらくは同じように隠させたのにちがいない。そこで、われわれのなした発見例が、彼らの名前の調査や（われわれはその目的で名前を公表したのである）、その埋葬場所の捜索に対して、他の人々の刺激になればよいと思っているのである。というのも彼らのほとんどが、その仕事や医術のおかげで、高齢の人々の間では今でもよく知られ、称讃されているからである。こうしてわれらの宝はさらに大きなものに、あるいは少なくともより明らかにできるだろう。

❖小宇宙（ミヌトゥム・ムンドゥム）に関しては、われわれはそれが、別の小さな祭壇の中にしまわれていたのを見つけた。それは、どんな分別のある人でも、想像できないほど美しいものであった。しかしそれについては、このまじめな『名声（ファーマ）』に対して、真の応答がなされるまでは、描写しないでおこう。さてこうしてわれわれは、それにふたたび銘板を覆い、その上に祭壇を載せてから扉を閉め、さらにわれわれ全員の封印を押して、それが閉っていることを確認した。さらに、われらの輪（ロータ）の指示と指導によって数冊の書物が見つかった。その中にはMの書も混じっていた（その本は、あの称えられるべきM・Pによって、家事の時間も惜しんで編まれたものである）。そして最後にわれわれはたがいにわかれわかれに去ってゆき、われわれの宝物を血のつながった相続人の手にゆだねた。こうしてわれわれは、学者あるいは無学者の返答と判断とを待ち望んでいるのだ。

❖いずれ近いうちに、われらの望みと他の者の期待通りに、神に関する事も人間に関する事をもふくむ、全般的な改革がやって来るにちがいない。それというのも、太陽がのぼる前に、空に曙光（オーロラ）または明るさ、または神聖な光が現われ、きざすのは道理にかなったことだからである。そしてその間にも、名のりを挙げた少数の者たちが一堂に集まり、それによってわれらの友愛団の数と威光を高めることができるだろう。さらに彼らは、われらの同胞R・Cが指示した、われらの哲学的正典のめでたい幕開けを導き、われらの宝物（それは決して尽きることも、減ることもありえないのだ）を、謙遜と愛の心でわれらと共有することもできるだろう。そしてさらに、この世の労苦を緩和させることもできるし、神の驚異に関する知識の点で、それほど右往左往せずにもすむだろう。

❖しかし、われわれがどんな宗教と信仰を奉じているのかを、どんなキリスト教徒でも知ることができるように告知しておこう。われわれは、キリストに関する知識をもっていることを（その知識は今日では、とくにドイツにおいて、もっとも明瞭かつ純粋に奉じられている。そしてそれはあらゆる邪（よこしま）な人々、異端者、偽預言者から洗い浄められているのだ)。そしてその知識は、いくつかの名高い国々で維持され、擁護され、普及されている。さらにわれわれは、最初の改革派教会によって制定されたふたつの聖礼典(サクラメント)と、その教会のすべての形式と儀式を用いている。政治(ポリティカ)の分野では、ローマ帝国と第四の王朝(クワルタム・モナルキアム)を、われわれキリスト教徒の指導者として承認している。とはいえ、われわれは、いかなる変化が間近に迫っているか知っているので、それを他の敬虔な学者たちに、心から授けたいと思っているのである。ところが、われわれが今手にしている写本は、誰も(神のみを除いては)これを共有できる者はいないし、それにあたいしない者がそれをわれわれから奪うことも不可能なのである。

▲それでもわれわれは、これほどまでに立派なこの大義に、神がわれわれに許されるにせよ、禁じられるにせよ、その御意の通りにひそかな援助の手を差し延べるつもりなのである。なぜなら、われらの神は、異教の運命の女神のように盲目ではなく、教会の誇りであり、聖堂の栄光であるからである。われらの哲学にしても、決して新しい発明というわけではなく、それは、アダムが失墜の後に受けとり、モーゼやソロモンが利用していたものと同じなのである。その哲学は、疑惑に満ちた眼で見られたり、異説によって否認されたり、別の意味に解されたりすべきではない。真実は、ただひとつであり簡潔であり、つねに己れに重なり合ったものであり、そして何よりもイエスにあらゆる部分(イエズス・イン・オムニ・パルテ)とあらゆる器官において合致するものなのである。まさにイエスが、父なる神の真の似姿であるように、真実はイエスの似姿なのである。したがって、これこれの事は哲学によれば真実であるが、神学によれば虚偽である、などという事はありえないのである。プラトン、アリストテレス、ピタゴラスその他が確立した事、エノク、アブラハム、モーゼ、ソロモンが確認したこと、またとりわけ大いなる驚異の書である聖書が同意した事、それらのすべてがひとつにまとまり、ひとつの球または天球を形づくっているのである。そうした球では、あらゆる部分が中心から等距離にある。しかし、この点については、キリスト教精神にのっとって行なわれる調査対照で、もっと詳細かつ平易に語られることになろう。

▲さてここで、とくに現代における神をも怖れぬ呪われた、贋金づくりについて一言ふれておこう。この連中は、今世にはびこり、とりわけ多数の絞首刑にあたいする牢破りや追従者たちを、とんでもたい悪事にかりた

て、自分たちに与えられた信用を欺き乱用するのである。そのため今では、分別のある人々まで、金属変成の術を、哲学の最高峰とか頂点（ファスティギウム）と崇めているしまつなのである。そして彼らはそれに全身全霊を捧げるべきであり、それはとくに神の御意にかなうことでもあり、大量の金塊をつくりだすことができるというのである。そして彼らは、思慮に欠けた祈りをもって、全知全能にしてすべての心の探求者である神から、その術に到達しようと望んでいるのである。そこでわれわれははっきりと、真の哲学者はまったく別の意見をもっており、黄金作りなどはそれほど重視していないし、たんなる副業（パレルゴン）としか見ていないことを立証しよう。それというのも彼らには、そのほかに、まだたくさんのすばらしい仕事をもっていたからである。

❖そしてわれわれは、愛すべき師父C・R・Cとともに、こういおう、「なんだ黄金か、たかが黄金か（フィー・アウルム・ニシ・クワントゥム・アウルム）」と。なぜなら全自然が解き明かされている者にとっては、黄金がつくりだせること、そしてキリストもいうごとく、悪魔が自分に従順であることなどは少しも喜ばしいことではないからである。彼にはむしろ、天が開かれ、神の天使たちがそこを昇ったり降りたりし、また自分の名前が生命の書に書きこまれるのを目にすることの方が、何層倍も喜ばしいのである。さらにわれわれは、化学の名の下に、多くの本や絵が『神の栄光への侮辱（コントゥメリアム・グロリアエ・ディ）』に説明されていることも、立証しておこう。われわれは、しかるべき時がきたら、それらの名を挙げ、澄んだ心の持ち主にはそれらのカタログか目録を進呈するつもりである。そしてわれわれはあらゆる学者に、こうした種類の本に注意を向けるようお願いしておきたい。敵は少しも休むことなく、もっと強い者が現われて根こそぎにしてしまうまでは、雑草を植える手を休めようしないのだから。ここで同胞（フラ）C・R・Cの意志と意図に従って、われら師の同胞は、この（五ヶ国語で綴られた）われらの『名声（ファーマ）』と『告白（コンフェッシオネム）』を読まれた、ヨーロッパの全学者たちにもう一度お願いしておきたい。なにとぞ、このわれらの申し出に対して、慎重な吟味をされたうえで熟考し、自らの技術を綿密なうえにも綿密に、苛烈なうえにも苛烈に検討を加え、そのうえで己れの意見を共同の討議（コムニカテイオ・コンシリオ）で、あるいは個別（シングラティム）に印刷にして、公表していただけまいかと。

❖なるほど現時点では、名前や会合について、われわれは一切の言及を避けているが、たとえそれがどんな言葉で書かれていようとも、各人の意見はまちがいなくわれわれの手元に届くであろう。また名のりを挙げたのに、われわれのうちの誰かと語り合うのに失敗する者は、ひとりもいないであろう。そのわれらとの通信は口頭である場合もあるし、もしさしつかえがあれば、文書による場合もあるであろう。また次の点は、真実のためにいっておこう。すなわち、われわれに対してまじめに、心から好意を寄せる者は、誰でもその財産と肉体と魂の面で利益を得るであろうと。また逆に信義に悖（もと）る者や、富に目がくらんだ者は、どうあがいたところで、われわれに損害を与えることができず、決定的な破滅と滅亡へ、自分自身を追いやることしかできないだろう。同様にわれわれの建物も（十万人もの人が、すぐ間近にそれを見たり眺めたりしたにもかかわらず）永遠に手もふれられず、毀されることもなく、邪悪な世界からは隠されたままでいるだろう。

エホバよ、汝の翼の蔭の下で（スブ・ウンブラ・アラールム・トゥアールム・イエホヴァ）

友愛団（コンフェッシオ・フラテルニタティス）の告白

あるいは
ヨーロッパの全学者に宛てて書かれた、薔薇十字のもっとも立派な結社の称えられるべき友愛団の告白

◉

❖前に述べた『名声（ファーマ）』によって、われわれの友愛団について、世間の人々に公表され、知らされたことが何であれ、どうかどなたも、その事を軽く考えないでいただきたい。あるいはそれを根拠のない作り話とみなしたり、いわんや、さもわれわれの奇想のごとく受けとられることがないようにお願いしたい。自然の運行を転換したのは主、エホバである（主は、主の安息日がすぐ間近に迫っているのを御覧になり、時代と運行が一順し終わったところで、そもそものはじまりに戻るべく、その歩みを早められた）。そしてこれまでは多くの苦しみと日々の労苦によって探し求められてきたものが、今ではそんなことを意に介さず、それについてほとんど一度も思案をめぐらしたことのない者に明示されるようになったのである。エホバはそれを望む者にはそれを寛大にも恵み、反抗者には強制的にそれを受け入れさせるのである。そして敬虔な者の生活が骨折りや労苦から解放され、移り気な運命の嵐にこれ以上服従しないですむようにし、不敬の者の不義が、当然の、それ相応の罰が加えられるように望まれているのだ。

❖われわれにはいかなる異端や不正の徴候、あるいは俗界の支配に対するもくろみなどの嫌疑もかけることができないが、われわれは、主イエス・キリストの冒瀆者である東と西（教皇とマホメットの意味である）を断罪するつもりである。そしてローマ帝国の首長に対しては、われらの祈りと秘密、それに大いなる黄金の宝を喜んで進

呈するつもりである。

❖しかし、もし『名声（ファーマ）』において、あまりにも深遠にすぎ、またあまりにも隠され、闇を通して書かれているものがあるとすれば、あるいはまた何らかの理由で、まったく省かれたり、忘れられているものがあるとすれば、それに対して、何がしかの補足を加え、より適切な説明を与えることが、学者にとって好都合でもあり適切でもある、とわれわれは考えたのである。そうすることによって、学者たちがいっそうわれわれに対して熱狂的になり、われらの目的にさらにいっそう賛同し、身を捧げてくれるものと、われわれは希望しているのである。

❖哲学の改良と修正については、それがまったく衰え、誤りに満ちていることを、充分に表明してきたつもりである（今でもまだ必要であるが）。大半の者が誤って、哲学は（どのようにしてだか見当もつかないが）健全で強固であると断言しているにもかかわらず、実は哲学は、息もたえだえで、臨終に近づいているのが実情である。

❖一般に、新しく経験したことのないような病気が勃発した際には、その勃発したまさに同じ場所や国で、自然がそれに対する薬を発見するものであるが、同じように、哲学の種々の疾患に対しても、正しい処方がここに現われて、われらの祖国に充分に与えられたのである。こうして哲学はふたたび健康をとり戻し、今では更新されて、すっかり新しくなることができるのである。

❖われわれは、首長であり要約であるような哲学以外の、いかなる哲学ももっていない。その哲学は、あらゆる能力、学問、技術の基礎と内容であり、（もしわれわれが、今の時代をよく眺めるならば）神学と医学については多くをふくむが、法律の知恵はほとんどふくまず、天と地の双方を熱心に調査研究する哲学なのである。また要約していうなら、その哲学は、人間を充分に表明、宣言する哲学である。そのおかげで、われわれに対して名のりを挙げ、われらの友愛団に加盟しようとするすべての学者が、これまで彼らの到達し認識し、また信じ表明しえた以上にすばらしい秘密を、われわれから見つけることができるのである。

❖そこで、われわれの意図を簡潔に述べるために、以下の点を慎重に説明しておかねばなるまい。すなわち、われらの招待や勧告の中に驚異があるばかりではないのだ。なるほど、われわれも、そうした神秘や秘密を見下したり、軽視したりしているわけではないが、そうした神秘や秘密に関する知識が、多くの人々に明らかにされ、啓示されてしかるべきだとも、われわれは考えているのだ。

❖こうした望外の喜ばしいわれらの提案は、人々の間に、さまざまな思いを抱かせるにちがいない。そうした人々というのは、時代の六番目の奇蹟（ミランダ・セクスタ・アエターティス）を今まで知らずにいる連中であったり、世の中の動きのために将来のことを現在のことと勘ちがいし、現代のあらゆる種類の不都合のために惑わされてしまい、この世の中で、無知蒙昧な盲い（めしい）としてしか生きられないような輩である。彼らは、明るい太陽の下にいても、触覚による以外、なにも見わけることも認識することもできない連中なのである。

❖さて第一部に関して、われわれは次のようなことを主張しておきたい。われらの愛すべきキリスト教徒の師父の瞑想と知識と発明には、世界の開闢以来人間の叡知が、あるいは神の啓示を通じて、あるいは天使や精霊の奉仕を通じて、あるいは理解力の鋭さや深さを通じて、あるいは長い間に培われた観察や習慣や体験を通じて発見し、発明し、解明し、修正し、そして今に到るまで普及され、伝えられてきた事すべてがふくまれていた。そうした師の瞑想と知識と発明とは、あまりにも優秀かつ立派、そしてまた偉大であるため、たとえ書物という書物が消えてなくなり、加えて神の全能の黙認によって、文書という文書や学問という学問が失われたとしても、後世は、ただそれだけで、新たな土台を据え、真実をふたたび明るみに出すことが可能なほどなのである。しかもそれを実行に移すのも、それほど難事業ではないかもしれないのである。それはたとえてみれば、人が古くなった廃屋をとり毀し、前庭を広げた後に、屋内に光を入れ、扉や階段やその他の調度品を、好みに合せてとりかえるようなものであろう。

❖それにしても一体、誰にとって受け入れがたい提案だというのだろうか。将来の決められた時期のために特別の装飾として、保存し出し惜しむよりも、ありとあらゆる人々に今公開しようという提案が。

❖なぜわれわれは、真実（人々はそれを、どれほど誤った歪んだ道から探し求めたことだろう）のみのうちに、心から安らい、とどまっていてはならないのだろう、もし六番目の燭台（カンデラブリウム）をわれわれに照らすことが、神のお気に召すことでさえあるならば。何の心配もなくなり、飢えも貧困も病気も寿命も怖れる必要がないのは、すばらしいことではないだろうか。

❖もし諸君がつねづね、あたかもこの世のはじまりから生きてきたかのように生活でき、さらにそのうえ、その終末まで生きつづけるかのように生活できるとすれば、それはかけがえのない事ではないだろうか。また諸君があるひとつの場所に住んでいるとして、インドのガンジス河の向こうの住民が諸君から何も隠し立てができず、またペルーの住民が、その意図を諸君から秘密に保っておくことができないとしたら、それはすばらしい事ではないだろうか。

❖諸君が、たった一冊の本を読んだだけで、(これまでに、また現在、そして今後に出版される)他のすべての本の中で過去、現在、未来にわたって学習され、見いだされてきたすべてを、理解し憶えられるとしたら、それはかけがえのない事ではないだろうか。

❖諸君が歌を歌って、岩石のかわりに真珠や宝石を、野獣のかわりに精霊をひきつけ、冥界の王プルートーのかわりに、世界の権勢並ぶ者なき君主たちを動かすことができるとしたら、なんと楽しいことではないだろうか。

❖おお諸君、神の御勧告は、まったく別のところに存したのだ。神は今こそ、われらの友愛団を増員、拡張することを決意されたのだ。われわれは、以前われわれにはとてもあたいしないのみならず、われわれが望んだことも想像したこともないような、莫大な宝物を授かった時に劣らない歓びをもってその決意をひき受け、またあの時に劣らない忠誠心をもって、それを実行に移す所存である。われらの決意の堅さは、たとえわれわれ自身の子供(友愛団の一部は子持ちである)への同情や憐みでさえ、われわれをその計画からひき離すことができないほどなのである。というのも、こうした望外の富というものは、相続することも、偶然によって獲得することもできないものであることを、われわれが百も承知だからである。

❖中には、われわれの分別が気に入らず、われわれが宝物を、すべての人にこだわりなく、またわけへだてなく提供してしまい、敬虔な者、学問のある者、賢明な者、あるいは王侯君主などに対して、一般民衆以上の配慮と敬意を払っていない点に、ご不満の向きもあろうかと思う。われわれとしても、それが取るに足らない問題でも、下らない問題でもないことは心得ているつもりであり、そうした者たちに反対するつもりはない。いやそれどころかわれわれは口を酸っぱくして表明したいのである。われらの秘法(アルカナ)または秘密は、決して共有されることも、一般に知れわたることもないであろうと。なるほど『名声(ファーマ)』は五ヶ国語で記述され、万人に公表されたが、無知蒙昧の心の持ち主は、その教えを享受することも見ることもできないのである。

❖同じように、われらの友愛団に加入する人の適性も、人間の注意力によってではなく、われらの啓示と顕示の規則によって、判断され、われわれの知るところとなるのである。したがって、適性に欠ける者が、たとえ千回叫び呼びかけたとしても、またたとえ彼らが千回、われわれの前に姿を現わし、見せたとしても、神は、そうした者には一切耳を貸すことがないよう、われわれに命じられるのだ。そのうえ神は、われわれの周囲に厚い雲をめぐらされたため、神の僕たるわれわれに対して、どんな乱暴や暴力も振るうことができないのである。こうしてわれわれは、鷲のごとき鋭い眼をもっているのでないかぎり、誰にも見られることも、知られることもないのである。

❖『名声(ファーマ)』は、すべての人の母国語で綴られる必要があった。なぜなら、神がこの友愛団の至福にあずかることから除外しなかった人々(たとえそれが無学な者であっても)に対して、その知識が行きわたらないことがあってはならなかったからである。われらの友愛団は、いずれいくつかの段階にわけられ、区分されることになっている。この間の事情は、アラビアのダムカール市[☆5]の住民と同じである。彼らは、他のアラビア人とは、まったく異なる政治体制をもっていた。というのも、そこでは賢者や分別のある人々だけが町を治め、その人々が王の許しを得て、特別の法律をつくっていたからである。この例にならって、ヨーロッパにも同じような政府が制定されるであろう(それについては、われらのキリスト教徒の師父によって書きとめられた描写をわれわれはもっている)。

❖しかしそれは、まずそれに先行すべきことが行なわれ、実現されてからのことである。そしてその時から、われらの喇叭は、大きな音色と高い響きを、高らかに響かせるだろう。いいかえればそのときに、(現時点ではまだ、少数の者によって、しかもひそかに、将来の事として図や絵で示されている）事柄が、自由に公然と公表され、全世界がその話題でもちきりとなるだろう。これまでのやり方においてさえ、多くの信心深い人々はひそかに、そしてまったく絶望的に、教皇の圧制をうち破ろうとしてきたのである。おかげで、教皇は後にドイツで、偉大にして真面目な、かつまた特別な熱意をもって、その座からひきずり降ろされ、踏みにじられたが、その最終的な失墜は先送りとなり、現代の課題として残されたのである。今こそ教皇は鉤爪でずたずたにかきむしられる時であり、新たな声によって☆6、そのろばのような鳴き声は終わりを見るだろう。以上われわれの承知している事柄は、すでに多くのドイツの学者に、道理にかなったやり方で明らかにされ、知らされており、それは、彼らの書いたものや、そのひそかな祝辞が充分に裏づけている通りである。

❖ここでわれわれは、西暦一三七八年（この年にわれらのキリスト教徒の師父が誕生したのである）から現在までの全期間に、一体どんなことがおこったのかを報告し、公表することもできた。そしてそこで、彼が一〇六年間のその生涯に、この世でどんな変化を目にして、それをその逝去後、われらやわれらの同胞に吟味すべく残していったかを、ことこまかに語ることもできた。しかし、われわれがこれまで守ってきた簡潔さは、もう少し適当な時期がくるまでは、そうした話をすることを許さないのである。したがって、そうした話には軽くふれたに過ぎないが、今のところは、そんなわれらの布告を、侮らない者にとっては、われらとの交際や友情の道を準備することで充分であろう。

❖主である神は、政府がしばしば改められ変更されるたびに、天や地の建物に、大いなる文字や記号を記され、刻まれてこられたが、そうした文字や記号を見ることができ、また自分の教訓に利用することのできる者は、（たとえ彼自身自覚していなくとも）すでにわれらの一員である。そして、そうした者が、われらの招きや呼びかけを侮らないであろうことは、われわれがよく承知している。同様に、秘密厳守の約束でわれらに姿を現わし、われらの友愛団を望む者なら、その高潔さや希望が彼を裏切ることはないとわれわれは約束し、公言しているのだから、彼が何か欺瞞を恐れるはずはないのである。

❖逆に、まやかしの偽善者や、叡知のほかを求めている連中に対しては、われわれは本書できっぱりと告げ、また証明しておこう。われわれは、彼らに知られることも、売りわたされることもありえないと。まして彼らが、神の御意志によらずに、何らかのやり方でわれわれを傷つけることなど、千にひとつもありえないのである。むしろ彼らは、われらの『名声（ファーマ）』で語られたすべての罰をわけ合うことになるだろう。そして彼らの邪悪な意図は、かえって彼ら自身の身の上にふりかかり、われらの宝物は、獅子が登場して自らの用途のためにそれを求め、己れの王国の強化確立に用立てるまでは、手つかずのままであり、かき乱されることはないのである。

❖そこでわれわれは、ここですべての者に対して、以下の事を指摘し、知らせなければならないのだ。すなわち神は、今すぐにもやって来る世界の終末のまえに、あの真実と光と生命、そして栄光とを、世界に贈り授けられる決意を、しっかりと自信をもって固められたことを。それらのものは、最初の人アダムがかつて持っていたのに、楽園で喪失してしまったものであり、以後その子孫は、彼とともに悲惨のどん底へ投げ出され、追いやられてしまったのである。こうして、すべての隷属や虚偽やいつわり、そして闇が終わるであろう。それらは、世界の大いなる回転につれて、人間のありとあらゆる技術や活動や政府の中に、少しずつ忍び入り、それらの大半を暗くしてきたのである。そうした中から、ありとあらゆる種類の誤謬や邪説が、数え切れないほど生まれてきたのであり、そのため、誰よりも賢明であるはずの人々でさえ、誰の教えに従い、誰の意見を奉じたらよいのか、ほとんどわからなくなってしまったのである。そして彼らが賢者であることも、充分にまた容易に見わけることができなくなったのである。というのも彼らは、一方では真の実験というものがありながら、他方では哲学者や学者の威光などというもののために、その判断が鈍り、邪魔され、誤りに導かれてしまったからである。こうした事態がひとたび排除、一掃され、かわりに、正しい真実の規則が定められたなら、これまでそのために艱難辛苦を重ねてきた人々への感謝が残るであろう。しかしその事業の遂行自体は、われらの時代の幸運に帰すことになるだろう。

❖さて、われわれも喜んで告白しておきたいが、多くの重要人物がその著書を通じて、やがて来るこの改革に、大きな助力となってくれるだろう。また同様にわれわれとしては、この栄誉をわれらのものに独占しようなどとはいささかも望んでいないのである。この仕事は、ただわれわれの上に命ぜられ、課せられた、というだけのものなのである。むしろわれわれは、主イエス・キリストとともに、次のようにはっきりと告げ知らせておきたいのである。すなわち、神の御意志の実践者や遂行者に事欠く事態が来るよりもはやく、ただの石ころまでが起ちあがり、己れの役目を果たすだろうと。まさに主の神は、すでに御意志を証すような、若干の使者を派遣されている。それは蛇座（セルペンタリオ）と白鳥座（キグノ）の空に出現したのが見られたいくつかの新星のことであり、それらがきわめて重大な事態の力強い徴候（シグナトウーラ）であることを、万人に告げ知らせたのである。☆7

❖そこで、人々によって発見されるこうしたすべての事に対しては、秘密の、隠された文字と記号がぜひとも必要になってくる。なるほど自然の大いなる書は、万人に公開されているが、それを読みかつ理解できる者は、わずかしかいないのである。人間には、聴くための器官がふたつ備わり、同じように見るためにふたつ、匂いを嗅ぐためにふたつ備わっているのに、話すためにはひとつの器官しかなく、また耳から談話を期待したり、眼から聴きとりを期待しても無駄な話である。それと同じく、これまで見る時代または時期があり、聴く時代、嗅ぐ時代、味わう時代もあった。近い将来、今度は舌に栄誉が与えられる時代が到来することになり、その舌によって、従来、見、聴き、嗅がれてきた事が、ようやく語られ、喋られるようになるだろう。そしてそのあかつきには、世界が、その重い睡たげなまどろみから目醒め、うち解けた心と、むきだしの頭と素足でもって、新たにのぼる太陽に、陽気に愉しげに対面することになるだろう。

❖神は、それらの記号や文字を、聖なる経典、すなわち聖書のあちらこちらにくみ入れられたが、さらに神はそれらを、天と地のすばらしい創造物と、あらゆる動物のうちにも刻みこまれたのである。数学者や天文学者は、将来の蝕について、それがおこるはるか前に、予見し予知することができるが、同じようにわれわれも教会の暗黒化の闇を、あらかじめ予見、予知し、それがどのくらい続くかをいい当てることができるのだ。この記号や文字から、われわれは自分たちの魔術的な記述を編み出し、また自分たちの間で通用する新たな言語を見つけ、作成したのである。そしてその言語を用いて、万物の性質が説明され、公表されたのである。したがって、われわれが、他の言語において、それほど雄弁でないのも、何ら不思議はないのである。なぜならそうした他の言語というのは、われらの祖先であるアダムやエノクの言語とは似ても似つかないものであり、それらはバビロンの混乱のためにすっかり覆い隠されてしまっていることを、われわれは百も承知しているからである。

❖しかるに、われわれとしては読者諸兄に、どうか理解していただかなければならないのだが、実は未だに、若干の鷲の羽毛がわれらの行く手に立ちはだかり、われらの目標に水を差そうとしているのである。そこでわれわれとしては、すべての人に、どうか聖書を熱心に倦むことなく読んでいただきたいと忠告する次第なのである。なぜなら、聖書のうちに己れの歓びのすべてを見いだした者こそ、われらの友愛団に近づくみごとな道を準備した者であるからだ。われわれの規則の内容は要約すると以下の通りである。この世界に存在するすべての文字や記号が、充分に学ばれ眺められるべきである。同様に、聖書をして、己が生活の規則とし、己が全研究の目標や目的とする者は、われらの同類であり、われらのきわめて親しい同盟者である。そしてさらに聖書を、全世界の要約にして内容ととられ、ただ単に聖書の文句をたえず口にしているだけではなく、聖書の真の理解を、いかにして世界のあらゆる時と時代に適用し、ふりむけるべきかを心得ている者こそ、われらの同類なのである。

❖もちろん、聖なる経典を悪用したり、俗化させるのもわれわれの習わしにはないことである。なるほど聖書の注解者はごまんといる。ある者は、それを自説に都合のよいよう曲解し強弁するかと思えば、別の者はそれを中傷し、もっとも邪悪な輩にいたっては、それを、聖職者にも哲学者にも、医者にも数学者にも自分を偉く見せるのにひとしく役立つ、蠟でできたつけ鼻にたとえているくらいだ。こうした連中に対しては、はっきり告げ、思い知らせておこう、この世の開闢以来、聖書ほど、価値のあるすぐれた、称讃すべき有益な書物が、人間に与えられたためしはかつてないことを。聖書を手にする者に幸いあれ。しかしそれを熱心に読み耽る者に、さらに幸いあれ。いや、それを真に理解する者にこそ、誰よりも幸いあれ。なぜなら彼こそは、神にもっとも似た者であり、神の御下(みもと)にもっとも近づいた者であるからだ。

❖ところで金属変成の詐欺師や[☆8]、俗世間でもっとも高度な医術とされているものに関して、『名声』(ファーマ)でどんな事が語られようと、それは次のように理解すべきである。すなわち、神のまことに偉大なこの贈物を、われわれは決してないがしろにしたり、侮ったりするつもりはないと。しかしそうした術は、必ずしも自然の知識をもたらすとはかぎらないのである。また必ずしも医術を明らかにし、われわれにおびただしい秘密や驚異を明示し、開示するとはかぎらないのである。だからこそ、われわれは哲学の理解と知識に到達することに、まじめにとりくまなければならないのである。さらにそのうえ、優れた才能の持主でも、自然の知識に充分に通暁しないうちは、金属変成などに誘惑されるべきではないのである。さもなければ、必ずや彼は、飽くことを知らない貪欲漢に成り果て、貧困や病いを目にしても心を傷めることなく、どんな人間より驕り高ぶり、他の人々を苦しめ、悩ませ、悲しませる事柄にも動じなくなり、そのくせ、金銀を無尽蔵に貯えているのをいいことに、家を建てたり、戦争をしかけたり、ありとあらゆる虚栄を張ったりするような、無益な事に没頭する増長慢になるのが関の山なのである。

❖神は、これとはまったく別のところに満足を見いだされるのだ。なぜなら神は謙遜する者をたたえ、高慢な者を軽蔑されるからである。寡黙な者たちのもとには、話ができるように、聖なる天使を派遣されたが、薄汚れた駄弁家どもには、荒野の、人っ子ひとりいないような場所へ、彼らを追いやる仕打ちを加えられた。こうした仕打ちこそ、キリストに対する冒瀆を吐き散らし、この明るく輝く光の中にあっても、未だに嘘をやめない、ローマの誘惑者共に対する当然の報いなのだ。ドイツでは、彼らの醜行や忌うべき悪ふざけが、ことごとく暴きたてられた結果、神も罪の測定を充分に果たし、その処罰[☆9]も終わりに近づきつつあるほどである。こうして、いつの日か、これらの腹黒い輩の口が塞がれ、その三重の角も無駄に終わることであろう。この点は、われらの会合で、より率直かつ詳細に論じられるはずである。

❖われらの「告白」の結語として、われわれは、贋の錬金術師どもによって書かれたすべて、とはいわないまでも、大部分の書物を、どうか棄ててしまわれるよう、衷心から諸君にご忠告申しあげねばなるまい。この連中は、錬金術を、単なる戯れか暇つぶしのように考えており、そうした暇にまかせて聖三位一体を誤用したり、それを無駄なことに応用したり、奇妙奇天烈な図型や、謎めいた文章や会話で人々を欺し、無知な者から金銭をまきあげようと企んでいるのだ。たしかに今日、この種の書物は、うんざりするほど世にはびこっており、人間の富に対する敵が、毎日のように、そしておそらくは終末に到るまで、それらを善良な種子の中にまぎれこませ、それによって、真実というものを、ますます信じがたいものにしてしまうのである。本来、真実は、単純かつ平易、かつまた飾りけのないものなのである。それに対して虚偽は、高慢かつ尊大であり、神と人間の叡知をそなえているかのごとく見せる、一種の光沢に彩られているのである。

❖どうか賢明なる諸兄は、そんな書物に背を向け、われわれの方を振り向いていただきたい。われわれは、決してあなた方の金銭を求めず、むしろあなた方に喜んでわれらの大いなる宝物を提供しようと思っているのだ。われわれは決して、でっち上げられた偽りの錬金術で、あなた方の財産を狙ったりせず、むしろわれわれの財産の共有者になっていただきたいのである。なるほどわれわれは、諸兄方に、たとえ噺で語りかけるが、それでも喜んで諸兄らを、あらゆる秘密についての、正しくて単純、平易にして独創的な説明や理解や宣言や知識へ、導こうと念じているのだ。われわれは、諸君から迎えられようと思っているわけではないのだ。むしろ諸君を、王侯貴族の館や宮殿以上の所へ、御招待申しあげたいのだ。しかも、まさにそれは、われわれ自身の意向でそうするのではなく、(あなた方もよく御存知のように)、神の聖霊の示唆と神の勧告、そしてこの現代の好機によって、強制されたからこそ、このように振る舞うのである。

❖われわれは、真実と真心をこめてキリストを奉じ、教皇を断罪し、真の哲学に没頭し、キリスト教的生活を営み、神の光をわれわれと同じように浴びている人たちを、ひとりでも多くわれらの友愛団に加入するよう、毎日のように呼びかけ、懇願し、招待しているのである。そこで愛すべき方々よ、以上の点をあなた方が理解され、認識された今、あなた方はどのように考え、どんなお気持を抱かれたでしょうか。あなた方は、あなた方自身のうちに存在する才能や、あなた方が神の御言葉のうちに得た体験について思案をめぐらされたことと思う。しかもただそればかりでなく、あらゆる技術の不完全な点や他の多くの不都合な点をも、慎重に考察されたことと思う。そして、そうした思案や考察によって、不都合な点の改善をめざし、神の宥和を求め、現に生活している時代に自分を適合させるために、あなた方は、われわれと共に活動をはじめようという考えにはならないでしょうか。もしあなた方がこれを実行に移すなら、さらに次のような利益もあるのである。つまり自然が世界の至る所に驚くべきやり方でちりばめた恵みのすべてが、いちどきにそっくりあなた方に与えられ、たとえば無益な離心円や周転円のように、人間の理解力をくもらせ、その活動を邪魔してきたものすべてから、あなた方を解放するにちがいないのだ。

❖ところが、黄金の輝きに目が眩んだ者や、(より正確にいうなら)、現在は正直でも、巨万の富がいつでも手に入るという考えに、たちまち堕落し、怠惰をむさぼり、放埒で高慢な生活を送るようになる者、こうした輩にわれわれが望む事は、どうかその無益で空しいわめき声で、われわれを悩ますことがないように願いたい、ということである。この連中に、ぜひとも脳裏に刻んでもらいたいことは、たとえどんな病気でも完治させる薬があったとしても、神がその運命を病気で苦しむよう定め、懲罰の苦にさらすよう定めた者たちには、決してこうした万能薬が手に入らないということである。

❖さらに、たとえわれわれには、全世界を豊かにし、人々に学問を授け、数え切れない悲惨さから解放することができるとしても、神の格別の意向なしには、われわれは、いかなる人の目にもさらされることがないし、いかなる人にも知られることはないだろう。また神の御意志なしに、あるいはそれに反して、われらの富や知識の利益にあずかろうとしたり、その共有者になろうと考える者は、たとえ誰であろうと、われわれからはあまりに遠く隔っているため、われわれを見つけだし、薔薇十字友愛団の望んでいた幸福に到達するよりも先に、われらの探索や捜索の途上で命を失ってしまうにちがいないのだ。

書誌学的な注

補遺　薔薇十字宣言

◉ 早い時期の宣言の諸版に関する書誌学は錯綜としており、満足できる近代的研究はまったく見当たらない。書誌学的資料は以下のものの中に見られる。

F. Leigh, Gardner, *A Catalogue Raisonné of Works on the Occult Sciences*, vol. i : *Rosicrucian Books* 私家版、1923, item 23–29.

'Eugenius Philalethes' (Thomas Vaughan), *The Fame and Confession of the Fraternity of the R. C. 1652*, ファクシミリ・リプリント。ed. F. N. Pryce, 私家版、1923.

Pryce は序文の中で (pp. 12. ff.) 宣言の諸版のリストを列挙し、内容の分析も行なっている。

De Manifesten der Rosenkruisers, ed. Adolf Santing, Amersfoort, 1913.

これは、一六一七年に上梓された『名声(ファーマ)』と『告白(コンフエッシオ)』のオランダ語訳の再版であるが、その他に以下の文書を再録している。一六一四年版『名声(ファーマ)』の序文。一六一五年版の『名声(ファーマ)』のドイツ語本文。一六一五年のラテン語初版の『告白(コンフエッシオ)』と、一六一五年版のそのドイツ語訳。Santing の序論 (pp, 13 ff.) には、宣言の諸版のリストが列挙されている。

Chymische Hochzeit Christiani Rosencreutz, ed. F. Maack, Berlin, 1913.

これは『化学の結婚』のドイツ語本文の再版であり、他に両宣言のドイツ語本文を再録している。序論と注は、あまり信頼できない。

本注の狙いはただ、専門用語を使わないで早い時期の諸版を、簡単に概説してみようというに過ぎない。したがってリストも完璧からほど遠いことは、ほぼ確実である。

(i)宣言の書誌で最初にくるべき項目は、一六一二年に Adam Haselmeyer によって出版された『名声(ファーマ)』への「返答」であるにちがいない。一六一二年のこの印刷された「返答」の存在は、W. Begemann によって *Monatshefte der Comeniusgesellschaft*, Band VIII (1899) に報告されている。この「返答」は『名声(ファーマ)』の初版に再録されている。Pryce による「返答」の英訳は、Pryce 版の *Fame and Confession*, pp. 57–64 の中に収録されている。また Haselmeyer は、一六一〇年に『名声(ファーマ)』の写本を見たと述べている。

(ii)『名声(ファーマ)』の初版

Allgemeine und General Reformation, der gantzen weiten Welt. Beneben der Fama Fraternitatis, dess Löblichen Ordens des Rosenkreutzes, an alle gelehrte und Häupter Europae geschrieben: Auch einer kurtzen Responsion von des Herrn Haselmeyer gestellet, welcher desswegen von den Jesuitern ist gefänglich eingezogen, und auff eine Galleren geschmiedet; Itzo öffentlich in Druck verfetiget, und allen trewen Hertzen communicieret worden Gedruckt zu Cassel, durch Wilhem Wessell, Anno MDCXIV.

この本は以下の文書を収めている。」

読者への書簡。

全般的改革(これは Traiano Boccalini の *Ragguagli di Parnaso* からの抜粋のドイツ語訳である。——これについては本文一九三ページ以下を見よ)。

『名声(ファーマ)』

Haselmeyer の「返答」

同じ一六一四年のこれよりは後に、Wilhelm Wessel によって Cassel で、その第二版が上梓されている。これは薔薇十字友愛団へのもうひとつ別の「返答」を加えている以外は、初版と同一のものである。

(iii) 『告白』の初版

Secretioris Philosophiae Consideratio brevis a Philipp à Gabella, Philosophiae St (Studioso?) conscripta, et nunc primum una cum Confessione Fraternitatis R. C. in lucem edita Cassellis, Excudebat Guilhelmus Wessellius Ill^{mi}. Princ. Typographus. Anno post natum Christum MDVXV.

タイトルページの裏には——Gen. 27. *De rore Caeli et Pinguedine Terrae det tibi Deus* と書かれている。

この本は以下のものを収めている。

Bruno Carolus Uffel に献じられた Philip à Gabella の *Consideratio brevis*。これは九章に分けられ、祈禱の文句が後ろについている。作品そのものは John Dee の *Monas hieroglyphica* を下敷きにしている（本文七六—七七ページを参照せよ）。

『告白』の序文

一四章に区分けされた *Confessio Fraternitatis R. C., Ad Eruditos Europae*

(iv) 宣言の後期の版（ここでわたしは、ドイツ語の長たらしい標題をくりかえさない。それらは、内容に応じて多少の異同はあるが、ほぼ『名声』の初版の標題と同じである）。

一六一五年に Wilhelm Wessel によって Cassel で出された版は、両宣言のそれぞれの初版に付属していたすべての資料を省いており、両宣言とそれぞれの序文だけを印刷している。『名声』はここでもドイツ語である。『告白』の方は、オリジナルのラテン語で印刷されているが、ドイツ語訳もつけられている（しかもオリジナルと同じ章分けが施されている）。

一六一五年に Johann Bringer によって Frankfurt で上梓された版には、以下のものが収められている。『名声』、『告白』（これは前のとは別のドイツ語訳であり、章分けも施されていない）、『名声』に対してなされた Haselmeyer の「返答」と他のいくつかの匿名の返答、そして全般的改革（すなわち Boccalini の抜粋）。

一六一六年に Wilhelm Wessel によって Cassel で刊行された版は、一六一五年の Frankfurt の版を再録し、若干の返答と他の資料をつけ加えている。

一六一七年の Bringer による Frankfurt の版は、『名声(ファーマ)』とドイツ語版の『告白(コンフェッシオ)』ではじまっている。全般的改革は省かれているが、そのかわりこの本は、いくつかの新資料を収録している。その中に "Julianus de Campis" による結社擁護論がある。一六一七年以降になると、わたしの知るかぎり、一七世紀のドイツでは、これ以上宣言の別版は出版されていない。

(v) 宣言の英訳

『名声(ファーマ)』の中でも、『告白(コンフェッシオ)』の中でも、『名声(ファーマ)』が「五ヶ国語で綴られている」、と述べられている(付録のxx、xxvi ページを参照せよ)。しかし、おそらく一六一七年に、Amsterdam で印刷されたと思われるオランダ語訳(これは後に Santing が再版を出している)以外には、初期に印刷された翻訳の形跡は見つかっていない。他の言語への初期の翻訳は、たぶん写本の形で出まわっていたのだろう。

英訳はたしかに、一六五二年の Vaughan の出版よりはるか以前から、写本の形で出まわっていたに相違ない。Vaughan はその序文の中で、彼が「未知の人の手」で行なわれた翻訳を下敷きにしていることを述べている。Pryce は、*'The Fame and Confession'* の序論 (pp. 3—8) の中で、Vaughan によって印刷された翻訳は、次のものに実によく符合している事実を指摘した。それは、Earl of Crawford and Balcarres 文書の中に保存され、一六三三年という年号の入っている、スコットランド方言へ翻訳された写本である。Pryce は、Crawford 写本と Vaughan によって書き写された写本とが、いずれも同一のオリジナルから由来し、そのオリジナルは、当然一六三三年以前のものでなければならない、と考えている。

アシュモールが自分で所有し、そこから写しをとった、写本の形の英訳(本文二七三—二七四ページを参照せよ)は、おそらく、さらにこれ以前のものである。

学問の発展のためには、『名声(ファーマ)』と『告白(コンフェッシオ)』のそれぞれの初版を収めた本の全収録作品のリプリントと、その全作品の英訳とが存在することが望ましい。そうなれば、研究者は宣言がどういう文脈で現われたかを、詳細に研究することができるだろう。付録では、『名声（ファーマ）』と『告白（コンフェッシオ）』だけを、若干の綴りや句読点の近代化と、いくらかの注をつけたほかは、一六五二年に Thomas Vaughan によって出版された英訳の通りに再録してある。翻訳[*1]は、完璧からはほど遠いが（とくに『告白』の訳）、そのちょっとした不正確さや曖昧さは、全体的な流れや意味を曇らせるほどのものではない。

FRO
BEN.

§原注

第1章　王家の婚礼

☆1　わたしの論文 'Queen Elizabeth as Astraea', *Journal of the Warburg and Courtauld Institutes*, X (1947), pp. 27-82 参照。

☆2　フリードリヒとエリザベスの婚約ならびに結婚に関する行事、儀式、祭典の詳細な報告としては、John Nichols, *The Progresses of James I, II*, 1826. 参照。

☆3　Nichols p. 474 n.

☆4　E. K. Chambers, *Elizabethan Stage*, II, p. 248.

☆5　E. K. Chambers, *William Shakespeare*, II, p. 343.

☆6　『あらし』は、一六一一年に初演されている。一部の学者は、劇中の婚礼仮面劇が、フリードリヒとエリザベスの前で上演するために、オリジナル版につけ加えられたという説を支持している。*The Tempest*, ed. F. Kermode, Arden Shakespeare, 1954, pp. xxi-xxii 参照。

☆7　Nichols, p. 512.

☆8　M. A. Everett Green, *Elizabeth Electress Palatine and Queen of Bohemia*, 改訂版 London, 1909, p 47.

☆9　以下のものを参照せよ。Yates, 'Elizabethan Chivalry: The Romance of the Accession Day Tilts', *Journal of the Warburg and Courtauld Institutes*, XX (1957), pp. 4-24; R. C. Strong, 'Queen Elizabeth and the Order of the Garter', *Archaeological Journal*, CXLX (1964), pp. 245-69.

☆10　Nichols, pp. 527-35, 536-41.

☆11　'A description of the several fireworks invented and wrought by His Majesties Gunners', British Museum, Kings MSS., 17, c. xxxv.

☆12　Nichols, p 587.

☆13　同書、pp. 542-3.

☆14　同書、p. 547.

☆15　ファルツの縁組に対するアボットの熱の入れようについては、Paul A. Welsby, *George Abbot the Unwanted Archbishop*, London, 1962, pp. 51-3.参照。Lancelot Andrews も熱狂的な支持者であった。

☆16　Nichols, p. 548.

☆17　Thomas Campion, *The Lords' Masque*, この脚本は Nichols の本 (pp. 554-65) に再録されている。

☆18　Nichols, p. 558.

☆19　同書、pp. 558-9.

☆20　同書、p. 563.

☆21　Francis Beaumont, 'Masque of the Middle Temple and Lincoln's Inn', この脚本は Nichols pp. 566-90 に再録されている。

☆22　同書、p. 591

☆23　同書、p. 600

☆24　P. O. Kristeller は *Iter Italicum*, II, p. 399, の中で、the Vatican manuscript, Pal. lat. 1738, が、ケンブリッジを訪問したファルツ選帝侯に宛てて書かれたラテン語の詩篇を収めており、その中に、George Herbert の詩も一篇ふ

くまれている事実を指摘している。この出典を、わたしはクリステラー教授に負っている。この写本 (manuscript) は、ハイデルベルク陥落後に、ビブリオテカ・パラティナとともにローマに移管された資料のひとつであろう。この点は本書五二ページを参照。

☆25 本書二〇〇ページを参照。

☆26 Nichols, pp. 601–2.

☆27 同書、p. 603.

☆28 同書、p. 611.

☆29 アンジュー公フランソワをネーデルランドに擁立しようとする、失敗に終わった試みについては、Yates, *The Valois Tapestries*, Warburg Institute 1959. 参照。

☆30 R. C. Strong and A. Van Dorsten, *Leicester's Triumph*, Leiden and Oxford, 1964 を参照。

☆31 ネーデルランドでの歓迎や、エリザベスのハイデルベルク旅行のその他の行事については、当時の挿絵入りの報告に描かれている。*Beschreibung der Reiss…des Herrn Frederick des V mit der Hochgebornen Fürstin und Königlichen Princessin Elizabethen, Jacob des Ersten Königs in Gross Britannien Einigen Tochter*, Heidelberg, 1613.

☆32 John Summerson, *Inigo Jones*, London(Penguin), 1966, p. 35 参照。他方、英国人名辞典 (D. N. B.) のアルンデルの項目によれば、伯爵はハイデルベルク訪問後、いったんイギリスに帰国し、同じ年のうちに再度イタリアに旅立っていることになっている。この場合、イニゴーが、先に行なわれたハイデルベルク旅行にも、伯爵に随行したとは、きわめて考えにくくなる。

☆33 *Beschreibung der Reiss*. この報告書は、オッペンハイムにおける歓迎の模様を一部始終伝えている。

☆34 本書一一四ページ以下を参照。

☆35 サロモン・ド・コオの出版された作品に Les raisons des forces mouvantes, Frankfurt, 1615 がある。ウィトルウィウスに鼓舞されたこの本には、機械学や水力学に関してきわめて重要な仕事が収められている。侯女エリザベスへの献辞は、彼女の兄がこうした主題に興味を抱いていた事実を彼女に想い出させようとする。この本は、一六二四年にパリで再版が出されたが、そのときには次の題の第二巻がつけ加えられていた。*Livre Second ou sont desseignees plusieurs Grotes & Fontaines*. そこで述べられているところによれば、この第二巻で図解されている洞窟、噴水、機械仕掛けの彫像などのいくつかは、ハイデルベルクにおけるファルツ選帝侯の庭園用にデザインされたものである (図版6bと25aを参照)。

☆36 「ウィトルウィウス的主題」については、Yates, *Theatre of the World*, London, 1969, pp. 20–59. (邦訳『世界劇場』晶文社刊) を参照。

☆37 同書、pp. 80–91 参照。

☆38 Lili Fehrle-Burger, 'Der Hortus Palatinus als "achtes Weltwunder"', in *Ruperto-Carola, Mitteilungen der Vereinigung der Freunde der Studentenschaft der Universität Heidelberg*, XIV (3), 1962 参照。この出典に関しては R. Strong に負っている。

☆39 Salomon de Caus, *Institution harmonique*, Frankfurt, 1615. 参照。

☆40 *Theatre of the World*, pp. 78–9. (邦訳『世界劇場』晶文社刊) 参照。

☆41 E. K. Chambers, *Elizabethan Stage*, II, pp. 288–9. この劇団を率いていたのはジョン・スペンサーというドイツのプロテスタント圏とカトリック圏のいずれへもはば広く巡業していたひとりの俳優である。

☆42 Green, *Elizabeth of Bohemia*, p 360 n. 参照。

☆43 本書一七〇ページ参照。

第2章　ボヘミアの悲劇

☆1　シドニーのファルツ訪問のようすは、彼に随行したフルク・グレヴィルによって語られている。F. Greville, *The Life of the Renowned Sir Philip Sidney*, ed. N. Smith, Oxford, 1907, pp. 41 ff. Cf. R. Howell, *Sir Philip Sidney The Shepherd Knight*, London, 1968, pp. 34-5; J. O. Osborn, *Young Philip Sidney*, Yale Univ. Press, 1972, pp. 450 ff. 参照。

☆2　Claus-Peter, Clasen, *The Palatinate in European History*, Oxford, 1963. 参照。

☆3　アンハルト侯については、いまあげたクラゼンの本を参照せよ。その他 Julius Krebs, *Christian von Anhalt und die Kurpfalsische Politik am beginn des Dreissigjährigen Krieges*, Leipzig, 1872; *Cambridge Modern History*, IV, Cambridge, 1906, pp. 3 ff.; David Ogg, *Europe in the Seventeenth Century*, ed. of London, 1943, pp. 126 ff. を参照。

☆4　今のところまだ、ルドルフ二世に関するよい本はない。

☆5　ボヘミアの出来事に関する明快な説明としては、C. V. Wedgwood, *The Thirty Years War*, paperback edition, 1968, pp. 69 ff. を見よ。

☆6　*Cambridge Modern History*, IV, p. 17.

☆7　一六一九年六月、ジェームズ一世に宛てられたドンカスター卿の書簡。これは次のものに収録されている。S. R. Gardiner, *Letters and other Documents Illustrating Relations between England and Germany at the Commencement of the Thirty Years War*, Camden Society, 1865, I, p. 118.

☆8　ジョン・ダンからダドリー・カールトン卿に宛てられた、一六一九年八月の書簡。Gardiner, II, p. 6. 参照。

☆9　Green, *Elizabeth Electress Palatine*, p. 185.

☆10　Wedgwood, *Thirty Years War*, p. 98.

☆11　John Harrison, *A Short relation of the departure*, London, 1619; これは Green, p 133 に引用されている。

☆12　Harrison; Green 前記引用箇所。

☆13　E. A. Beller, *Caricatures of the 'Winter King' of Bohemia*, Oxford, 1928, plate I, に英訳されて引用。

☆14　Beller, *Caricatures*, 前記引用箇所。

☆15　「イギリスの国王は、その婿の即位を祝うのに、ヨーロッパの全君主に対して、彼がこの計画を奨励するどころか、そもそもそれを知っていたことさえ、公式に否定することをもってしたのである」。Wedgwood, p. 108.

☆16　一六一六年以後のジェームズの肉体的、ならびに精神的衰弱についての報告は、D. H. Wilson, *King James VI and I*, London, 1956, pp. 378 ff. に収録されているので、それを参照のこと。

☆17　Chambers, *Elizabethan Stage*, II, p. 285. ブラウンは、イギリス人俳優の海外公演で指導的役割を果たした興行主であり、たえずドイツを訪問していた。当時彼もそろそろ老境に達する頃で、一六二〇年は、どうやら彼が最後の舞台を踏んだ年らしい。ブラウンとその一座は、一六二〇年にプラハに滞在しているが、この事に関する充分な記録はない。

☆18　本書八九ページ参照。

☆19　Wedgwood, p. 130.

☆20　「ガーター紛失」の主題に関する他の諷刺文書については、Beller, *Caricatures* 参照。

☆21　ベンブルックからカールトンへ宛てられた一六一九年九月の

書簡。イギリスで、ボヘミア国王の援助に好意的な感情があったことを示す、多数の直接的証拠が、Gardiner, *Letters* に引用されている。

☆22 H. Trevor-Roper, *Religion, the Reformation and Social Change*, London, 1967, pp. 204 ff.

☆23 わたしの論文 'Paolo Sarpi's *History of the Council of Trent*', *Journal of the Warburg and Courtauld Institutes*, VII (1944), pp. 123–43. を参照。

☆24 Paolo Sarpi, *Lettere ai Protestanti*, ed. Busnelli 1931.

☆25 グルーテルについては、Leonard Forster, *Janus Gruter's English Years*, Sir T. Browne Institute, Leiden, 1967. を参照せよ。

☆26 本書五八ページ以下を見よ。

☆27 Peter Wok of Rožmberk；本書六三―六四ページを見よ。

☆28 Forster, *Gruter*, pp. 96–100.

☆29 H. Trevor-Roper, *The Plunder of the Arts in the Seventeenth Century*, London, 1970, pp. 22–7.

第3章　薔薇十字運動の潮流

☆1 完全な標題については、本書補遺の xxxv ページ以下を参照されたい。

☆2 Johann Valentin Andreae, *Vita ab ipso conscripta*, ed. F. H. Rheinwald, Berlin, 1849. この作品の写本が最初に出版されたのは、一七九九年にウィンテルトゥールで出された版である。

☆3 Andreae, *Vita*, p. 10. イギリスの俳優をまねて戯曲を執筆したと述べているアンドレーエの説明は、E. K. Chambers, *Elizabethan Stage*, I, p. 344n. の中で指摘されている。

☆4 ヴュルテンベルクのフリードリヒとイギリスについては、W. B. Rye, *England as seen by Foreigners*, London, 1865, pp. 1 ff., Victor von Klarwill, *Queen Elizabeth and Some Foreigners*, London, 1928, pp. 347 ff. を参照。

☆5 *The Merry Wives of Windsor*, Arden edition, 1904, の H. C. Hart による序論 pp. xli–xlvi を参照。

☆6 Erhardus Cellius, *Eques auratus Anglo-Wirtembergicus*, Tübingen, 1606；Elias Ashmole, *The Institution, Laws and Ceremonies of the most noble Order of the Garter*, London, 1672.

☆7 Ashmole, *Garter*, p. 412.

☆8 Cellius, *Eques auratus*, p. 119. この指摘は、アシュモールのツェリウスからの簡略訳にはふくまれていない。

☆9 Ashmole, *Garter*, p. 415.

☆10 Cellius, *Eques auratus*, pp. 229–30. ガーター大使に随行した俳優たちについては、E. K. Chambers, *Elizabethan Stage*, II, pp. 270–1. を参照せよ。

☆11 *Würtemberg Landesbibliothek*, Stuttgart; Cod. theol. 4° 23, 34. ワールブルク研究所には現在、この写本のマイクロフィルムがある。

☆12 「福音軍事同盟」を形成するため、一五八六年にリューネブルクで開かれた会合に関する記述は、『ナオメトリア』の写本の冒頭に置かれた、ヴュルテンベルク公への献辞の第三五葉(フォリオ)になされている。この記述は、献辞の第一二二葉(フォリオ)でもほぼ同じ言葉でくり返されている。こちらでは、ヴュルテンベルク公が、「同盟者の中で」かなり重要な立場に立っていたことが付記されている。A. E. Waite, *Brotherhood of the Rosy Cross*, London, 1924, pp. 629 ff.
ジョン・ディーが、このリューネブルクの会合に参加していた可能性も、考えられないことではない。彼は一五八六年五月には、ライプチヒにいたのである。French, *John Dee* p. 121. を参照。

☆13 シモン・シュトゥディオンの『ナオメトリア』が、薔薇十字運動に重要な関連をもっていた点は、J. G. Buhle, *Ueber den Ursprung.....der Orden der Rosencreuzer und Freyman*, Göttingen, 1804, p. 119. で指摘されている。それ以前の同じ趣旨の論述は、次のものに収められたアンドレーエの報告にみられる、*Württembergisches Repertorium der Literatur*, ed. J. W. Petersen, 1782-3, III. デ・クインシーは、'Rosicrucians and Freemasons' 1824, という論文の中で、『ナオメトリア』に関するブーレの説明をくりかえしている (T. De Quincey, *Collected Writings*, ed. D. Masson, Edinburgh, 1890, XIII pp. 399-400) また A. E. Waite, *Brotherhood of the Rosy Cross*, pp. 36 ff. 639 ff.; Will-Erich Peuckert, *Die Rosenkreutzen*, Jena, 1928, pp. 38-9. も参照のこと。

☆14 Waite, *Brotherhood*, p. 641.

☆15 Johann Valentin Andreae, *Turris Babel sive Judiciorum de Fraternitate Rosaceae Crucis Chaos*, Strasburg, 1619, pp. 14-15.

☆16 一六二二年のハイデルベルク占領後に、押収された書類は、アンハルト侯の活動の危険な性格を示す目的で出版された。これらのいわゆる「アンハルト公文館」文書の出版には、ドイツのプロテスタントをフリードリヒから遠ざける意図がこめられていた。*Cambridge Modern History* III, pp. 802-9; David Ogg, *Europe in the Seventeenth Century*, London, 1943 ed. pp. 126 ff.

☆17 「一六〇六年以来（アンハルトは）、たえずロジェムベルク伯ペテル・ヴォッフと接触を保っていた」。Claus-Peter Clasen, *The Palatinate in European History*, p. 23. クラゼンは、ボヘミア人に、ボヘミア国王としてフリードリヒを示唆したのはアンハルト侯かもしれない、と考えている。

☆18 Peter French, *John Dee*, pp. 121 ff.

☆19 ロジェムベルク家やそのディーとのつながりに関する貴重な新資料は、ルドルフ二世の宮廷に関するロバート・エヴァンズの近々刊行される本の中で、見ることができるはずである。

☆20 Elias Ashmole, *Theatrum Chemicum Britannicum*, London, 1652 (ファクシミリ復刻版、ed. Allen Debus, Johnson Reprint Corporation, 1967). pp. 482-3.

☆21 同書 p. 483.

☆22 同書。

☆23 H. Khunrath, *Amphitheatrum Sapientiae Aeternae*, Hanover, 1609. これは初版ではない。

☆24 *Amphitheatrum*, p. 6.

☆25 ラテン語の標題は、補遺 xxxvi ページを見よ。

☆26 本書七五—七七ページを見よ。

☆27 本書九七ページを見よ。

第4章 ふたつの薔薇十字宣言

☆1 本書所収「薔薇十字宣言」および補遺を見よ。

☆2 本書第10章を見よ。

☆3 補遺 xxxiv—xxxviii ページを見よ。

☆4 補遺 xxxv ページを見よ。

☆5 ドイツ語の標題は、補遺 xxxv ページを見よ。

☆6 本書所収「薔薇十字宣言」iii ページを見よ。

☆7 本書所収「薔薇十字宣言」vi ページを見よ。

☆8 本書所収「薔薇十字宣言」vi–viii ページを見よ。

☆9 本書所収「薔薇十字宣言」viii ページを見よ。

☆10 本書所収「薔薇十字宣言」viii ページ以下を見よ。

☆11 本書所収「薔薇十字宣言」xviii ページを見よ。

☆12 本書所収「薔薇十字宣言」xx ページを見よ。

☆13 本書所収「薔薇十字宣言」および補遺を見よ。

☆14 ラテン語標題は、補遺 xxxvi ページを見よ。

☆15 C. H. Josten, 'A Translation of John Dee's "Monas Hieroglyphica"', *Ambix*, XII (1964), pp. 155–65 を参照。

☆16 「薔薇十字」が露（ロス）と十字架（クロス）に由来するという説については、James Crossley, *Diary and Correspondence of Dr. John Worthington*, Chetham Society, 1847, I, pp. 239–40n. の注を見よ。この説は、R. F. Gould, *History of Freemasonry*, ed. H. Poole, 1951, II, p. 67. では承認されていない。

☆17 トマス・ヴォーンの翻訳に引用されている。*Fame and Confession*, ed. Pryce, p. 33 を見よ。

☆18 本書所収「薔薇十字宣言」xxii ページを見よ。

☆19 一六〇四年に出現した蛇座と白鳥座の「新星」は、ヨハネス・ケプラーによって論じられている。彼は、これらの星によって、宗教的、政治的変化が予告されていると考えた。ケプラーの *De Stella nova in pede Serpentarii; De Stelle incognita Cygni* は一六〇六年プラハで印刷された（これは Kepler, *Gesammelte Werke*, ed. M. Casper, 1938, I, pp. 146 ff. に再録されている）。ジョン・ダンもこれらの新星に、強い関心を抱いていた。C. M. Coffin, *John Donne and the New Philosophy*, Columbia University Press, 1937, pp. 123 ff. を参照。

☆20 本書一三八ページ以下を見よ。

☆21 Paolo Rossi, *Francis Bacon, From Magic to Science*, London, 1968, pp. 128 ff.（邦訳『魔術から科学へ』サイマル出版会刊）参照。

☆22 Paul Arnold, *Histoire des Rose-Croix*, Paris, 1935, p. 50.

☆23 Charles Webster, 'Macaria: Samuel Hartlib and the Great Reformation', *Acta Comeniana*, 26 (1970), p. 149.

☆24 本書二〇四ページ以下を見よ。

☆25 J. R. Partington, *History of Chemistry*, London, 1961, II, pp. 244 ff. を参照。リバヴィウスは、錬金術そのものは否定していない。John Read, *Prelude to Chemistry*, London, 1936, pp. 213–21. を参照。

☆26 A. Libavius, *Wohlmeinendes Bedenken der Fama und Confession der Bruderschaft des Rosencreutzes*, Frankfurt, 1616.「薔薇十字宣言」に対する反対論を展開している。他のリバヴィウスのラテン語の著作は、*Appendix necessaria syntagmatis arcanorum chymicorum*, Frankfurt, 1615. 及び標題に若干の変更を加えたその一六一六年の再版に印刷されている。Ian Macphail, *Alchemy and the Occult, A Catalogue of Books and Manuscripts from the Collection of Paul and Mary Mellon*, Yale, 1968, I, p. 71.

☆27 A. Libavius, *Tractatus duo de physici*, Frankfurt, 1954, pp. 46, 71; cf. F. Secret, *Les Kabbalistes Chrétiens de la Renaissance*, Paris, 1964, p. 138.

☆28 Oswald Croll *De signaturis internis rerum*, Prague, 1608.

☆29 本書五二ページを見よ。

☆30 本書所収「薔薇十字宣言」xix ページを見よ。

☆31 Libavius, *Wohlmeinendes Bedencken*, pp. 194–5, 205. リバヴィウスは、「パラケルスス派の獅子」をトルコに結びつける。「クリスチャン・ローゼンクロイツ」が、ダマスカスでとりいれた、と彼が考える回教徒の教えを根拠にして、彼はそう結論するのである。トルコとの同盟という告発は、フリードリヒとアンハルトに対しても放たれた。彼らの同盟者のひとりに、改宗した回教徒、ベトレン・ガボールがいた。

☆32 これらの戯曲を収録した出版物は、E. A. Beller, *Propaganda in Germany during the Thirty Years War*, Princeton, 1940, *Cricatures of the 'Winter King' of Bohemia*, Oxford, 1928; H. Wascher, *Das deutsche illustrierte Flugblatt*, Dresden, 1955; Mirjam Bohatcova, *Irrgarten der Schicksale: Emblematdrucke vom Anfang des Dreissigjährigen Krieges*, Prague, 1966.

☆33 本書所収「薔薇十字宣言」xxi ページを見よ。

☆34 本書所収「薔薇十字宣言」xxx ページを見よ。

☆35 Beller, *Caricatures*, p. 62.

☆36 同書。

第5章 第三の薔薇十字文書

☆1 『ユリウス・グリエルムス・ツィンクグレフ作、倫理=政治的寓意画百葉。マチュー・メリアンによる彫版』。一六一九年にヨハン・テオドール・ド・ブリーによって出版。(*Emblematum Ethico-Politicorum Centuria Iulii Gulielmi Zincgrefi, Caelo Matth. Meriani, MDCXIX, Apud Iohann Theodor de Bry*)。この寓意書については、本書一一一ページを見よ。

☆2 *Chymische Hochzeit Christiani Rosencreutz. Anno 1459*, Strasburg, 1616 (Lazarus Zetzner)。「クリスチャン・ローゼンクロイツ」本人のもの、とされているこの本の作者名は、どこにも書かれていない。ドイツ語版は、F・マークの編集で一九一三年にベルリンで再版されている。エゼキエル・フォックスクロフトの英訳は、次の題で一六九〇年に出版されている。*The Hermetic Romance, or The Chymical Wedding written in High Dutch by C. R.*, translated E. Foxcroft, London, 1690. フォックスクロフトの英訳は、次のものに再録されている。A. E. Waite, *The Real History of the Rosicrucians*, London, 1887, pp. 99 ff; 及び *A Christian Rosenkreutz Anthology*, ed. Paul M. Allen, Rudolf Steiner Publications, New York, 1968, pp. 67 ff.

☆3 Cesare Ripa, *Iconologia*, ed. Rome, 1603, pp. 142 ff. を参照。

☆4 C. H. Josten, 'A Translation of John Dee's "Monas Hieroglyphica" with an introduction', *Ambix*, XII (1964), p. 98. フォックスクロフトの『結婚』英訳では、ディーの記号は、詩の脇の欄外に示されている）(図版19 b)。

☆5 本書一二四ページ以下を見よ。

☆6 これらの説のすべてに関しては、Waite, *Real History of the Rosicrucians*, pp. 7 ff. を参照。

☆7 金羊毛の騎士は、容易に黄金の石（つまり哲学者の石）の騎士に変わることができたはずである。イアソンの金羊毛の伝説は、通例、哲学者の石を表わす錬金術的な意味をもつものと解釈されている。Natalis Comes, *Mythologiae*, VI, 8. 金羊毛の錬金術的解釈は、Michael Maier, *Arcana arcanissima*, 1614, pp. 61 ff. の中で極度に推し進められている。

☆8 Paul Arnold, *Histoire des Rose-Croix*, Paris, 1955, pp. 184 ff.

第6章　薔薇十字哲学の代弁者たち

☆1　ド・ブリーに関しては、'William Fitzer, the publisher of Harvey's *De motu cordis*, 1628', *Transactions of the Bibliographical Society*, New Series, XXIV (1944), p. 143. を参照せよ。血液循環に関するハーヴェーの本の出版者、フィッツァーは、ヨハン・テオドール・ド・ブリーの娘婿であった。

☆2　Green, *Elizabeth of Bohemia*, p. 296.

☆3　たとえば、蜘蛛の巣を慎重な君主の象徴としているものや、蜜蜂の巣を慈悲深い象徴としているツィンクグレフの寓意画（寓意画二五番と二七番）を、蜘蛛（スピノーラ）に打ち負かされている獅子としてのフリードリヒや、蜜蜂の巣の中にいるフリードリヒを示す戯画（Beller, *Caricatures of the 'Winter King'*, の図版三と四）と比較してみよ。

☆4　H. De la Fontaine Vervey, 'Trois heresiarques dans les Pays-Bas du XVIe siècle', *Bibliothèque d'humanisme et Renaissance*, XVI (1954), pp. 312–30; B. Reckers, *Benito Arias Montano*, 1960, J. A. Van Dorsten, *The Radical Arts*, Leiden, 1970, pp. 26 ff.

☆5　Howell, *Sir Philip Sidney*, p. 142.

☆6　Yates, *Giordano Bruno and the Hermetic Tradition*, pp. 318, 320, 325.

☆7　Josten, 'Translation of Dee's "Monas"', *Ambix*, XII (1964), p. 96.

☆8　わたしは『ジョルダーノ・ブルーノ』の中で、フラッドの図解を図示しながら、彼の哲学をルネサンスの魔術（マギア）とカバラに結びつけて、若干説明しておいた。

☆9　数学的または「ウィトルウィウス的」主題に関するディーとフラッドについては、拙著 *Theatre of the World*, 1969, pp. 20–59.（邦訳『世界劇場』晶文社刊）、またフラッドとパラケルススについては、Allen Debus, *The English Paracelsians*, London, 1955. *passim*, 及び多数の論文を参照せよ。

☆10　ミハエル・マイヤーの生涯については、J. B. Craven, *Count Michael Maier*, Kirkwall, 1910. を参照のこと。

☆11　ルーカ・イエニスの母親は、ヨハン・テオドールの弟、イスラエル・ド・ブリーを二度目の夫としている。W. K. Zülch, *Frankfurter Künstler*, Frankfurt, 1935, 'Jennis' Luca' を参照せよ。

☆12　R. De Fluctibus (i. e. Robert Fludd), *Apologia Compendiaria Fraternitatem de Rosea Cruce suspicionis & infamia maculis aspersam, veritatis quasi Fluctibus abluens & abstergens*, Leiden (Godfrey Basson), 1616.

☆13　R. de Fluctibus, *Tractatus Apologeticus Integritatem Societatis de Rosea Cruce*, Leiden (Godfrey Basson), 1617.

☆14　J. A. Van Dorsten, *Thomas Basson*, Leiden, 1961. を参照。

☆15　Yates, *The Art of Memory*, p. 385. を参照。

☆16　*Apologia*, pp. 1 ff.

☆17　同書 p. 6.

☆18　同書 p. 7.

☆19　同書 p. 22.『論考（トラクタートゥス）』の思想に関する有益な論議については、Allen Debus, 'Mathematics and Nature in the Chemical Texts of the Renaissance', *Ambix*, XV (1968). を参照せよ。

☆20 *Tractatus*, p. 24.

☆21 拙著 *Giordano Bruno*, pp. 147-9; *Theatre of the World*, p. 30.（邦訳『世界劇場』晶文社刊）を参照のこと。

☆22 *Tractatus*, pp. 102 ff.

☆23 *Theatre of the World*, pp. 42 ff.（邦訳『世界劇場』晶文社刊）

☆24 *Tractatus*, p. 146.

☆25 C. H. Josten, 'Robert Fludd's *Philosophical Key* and his Alchemical Experiment on Wheat', *Ambix*, XII (1963), p. 12; cf. *Theatre of the World*, p. 68.（邦訳『世界劇場』晶文社刊）を見よ。

☆26 'A Philosophical Key' *Theatre of the World*, p. 67.（邦訳『世界劇場』晶文社刊）に引用。

☆27 French, *John Dee*, p. 10.

☆28 拙著 *Art of Memory*, pp. 323-4; *Theatre of the World*, pp. 65-72.（邦訳『世界劇場』晶文社刊）

☆29 *Dr. Fludd's Answer unto M. Foster*, 1631, p. 11; cf. *The Art of Memory*, p. 324.

☆30 Robert Fludd, *Utriusque Cosmi Historia, Tomus Primus, De Macrocosmi Historia*, Oppenheim (Johann Theodore De Bry), 1617, 1618; *Tomus Secundus, De Microcosmi Historia*, Oppenheim (Johann Theodore De Bry), 1619.

☆31 『逃げるアタランタ』の音楽については、John Read, *Prelude to Chemistry*, London, 1936, pp. 213-54, 281-89. を見よ。

☆32 G. Bruno, *Articuli adversus mathematicos*, Prague, 1588, preface; cf. *Giordano Bruno and the Hermetic Tradition*, pp. 314-15.

☆33 H. M. E. De Jong, '*Atalanta Fugiens*': *Sources of an Alchemical Book of Emblems*, Leiden, 1969. を見よ。

☆34 「単子」記号は、『聖刻文字の単子（モナス・ヒエログリフィカ）』のタイトルページで、卵の輪郭の中に包まれていた（図版10ａ）。そして宇宙を表わす卵型の図も本文に示されている。ナイフによる単子の「切断」は、エリアス・アシュモールの『英国の化学の劇場』に収められた「ジョン・ディーの遺言」(p. 334.) に、神秘的に描かれている。本書二七六ページを見よ。

☆35 *Giordano Bruno and the Hermetic Tradition*, pp. 398-403. を見よ。

☆36 Debus, *The English Paracelsians*, pp. 142-5. を見よ。

☆37 *Giordano Bruno and the Hermetic Tradition*, pp. 312-13. を見よ。

☆38 *Silentium post clamores*, pp. 11 ff.; Waite, *Brotherhood of the Rosy Cross*, p. 321.

☆39 *Themis aurea, hoc est de legibus Fraternitatis R. C.*, Frankfurt, 1618, p. 143; cf. Waite, 同書 p. 328.

☆40 *Themis aurea*, p. 159.

☆41 *Verum inventum*, 献辞。

☆42 *Septimana philosophica*, pp. 118-21. これらの指摘は、わざわざ秘密めかしているふしがうかがえる。

☆43 Craven, *Michael Maier*, p. 146 を見よ。

☆44 John Read, *Prelude to Chemistry*, pp 254-77. を見よ。マイヤーとミュリウスの作品から、ストルキウスが図版を使用していることは、リードによって分析されている。

☆45 ドイツ語版は、やはり一六二四年にイェニスによって上梓されている。この版は再版が出ていて入手可能である。Stolzius von Stoltzenberg, *Chymisches Lustgärtlein*, ed. F. Weinhandl, Darmstadt, 1964.

☆46 Read, *Prelude*, p. 257 に引用されている。

☆47 Johann Daniel Mylius, *Philosophia Reformata*, Frankfurt (Luca Jennis), 1622, Preface, リード p. 260. に引用されている。

☆48 これは、Maier's *Tripus Aureus*, Frankfurt (Luca Jennis), 1618, p. 27. に初めて収められたものである。

第7章 ドイツの薔薇十字騒動

☆1 Maier, *Jocus Severus*, の献辞の手紙。

☆2 J・A・ファブリキウスは、ヨアキム・ユンギウスが『名声（ファーマ）』の作者であると述べている。そしてその事を、「ハイデルベルクの書記官」から耳にしたとしている。*Acta eruditorum*, 1698, p. 172; cf. Arnold, *Histoire des Rose-Croix*, p. 85. パーティングトンは、*Acta eruditorum* の該当箇所を引用し、たしかにユンギウスはアンドレーエのサークルに属していたとしながらも、その説明には何ら真実はふくまれていない、と述べている (*History of Chemistry*, II, p. 415.)

☆3 今のところ、薔薇十字の書誌学を目ざした唯一の著作は、F. Leigh Gardner, *A Catalogue Raisonné of works on the Occult Sciences: Rosicrucian Books*, privately printed, 1923. だけである。この著作は、資料を捜すのには役立つが、きわめて不充分である。J. Ferguson, *Bibliotheca Chemica*, Glasgow, 1906. を丹念に読むと、若干の情報が得られる。
わたしが「薔薇十字騒動」と呼んでいるものに関して、手に入る最良の論述は以下の本に見つかる。A. E. Waite, *The Real History of the Rosicrucians*, London, 1887, pp. 246 ff.; A. E. Waite, *The Brotherhood of the Rosy Cross*, London, 1923, pp. 213 ff; Paul Arnold, *Histoire des Rose-Croix*, Paris, 1955, pp. 137 ff.; Will-Erich Peuckert, *Die Rosenkreutzer*, Jena, 1928, pp. 116 ff. ポイケルトの本は、とくにドイツの背景を知るのに有益である。

☆4 この名の署名者は、はじめ運動に協調するが、後に攻撃に転じている。Arnold, pp. 114–15 を見よ。「メナピウス」は、一六一九年に、薔薇十字友愛団を茶化している。彼は、ウェイトによって、「イレナエウス・アグノストゥス」と同一人物と考えられている (*Real History*, p. 258)。

☆5 Waite, *Brotherhood of the Rosy Cross*, p. 259; Arnold, p. 113.

☆6 Schweighardt, *Speculum*, p. 12.

☆7 大英博物館・版画室、外国史、一六一八年、ナンバー、1871. 12. 9. 4766. この版画を描写しているベン・ジョンソン（本書二〇七ページを見よ）は、明らかにそれをシュヴァイクハルトの『鏡』の本で見たのである。

☆8 本書所収「薔薇十字宣言」xxix ページ及び本書七九ページを見よ。

☆9 補遺 xxxvi ページを見よ。

☆10 Joseph Stellatus, *Pegasus Firmamenti sive Introductio brevis in veterum sapientiam, quae olim ab Aegyptiis & Persis Magia, hodie vero a Venerabili Fraternitate Roseae Crusis Pansophia recte vocatur*, 1618.

☆11 *Bibliotheca Chemica*, II, pp. 391–2; cf. Waite, *Real History*, p. 253; Arnold, p. 133.

☆12 *Iudicia Clarissimorum aliquot ac doctissimorum virorum…de Statu & Religione Fraternitatis celebratissimae de Rosea Cruce*, Frankfurt (J. Bringeren), 1616.

☆13 Florentinus de Valentia, *Rosa Florescens contra F. G. Menapius*, 1617, 1618. *Bibliotheca Chemica*, I, p. 281–2. を参照せよ。

☆14 *Rosa Florescens*, の各所。

☆15 この指摘は Gottfried Arnold, *Unpartheyische Kirchen- und Ketzer-Historien*, 1699, p. 624. でなされた。*Biblio-*

theca Chemica, 上記引用箇所参照。

☆16　擁護者たちは、彼らの魔術が善良で敬虔なものだと主張している。

☆17　ソッツィーニ派の影響という指摘については、Henricus Neuhusius, ***Pia et utilissima admonitio de Fratribus Rosae Crucis***, Dantzig, 1618. ネウフシウスは、薔薇十字団がソッツィーニ派であると主張している。たしかにソッツィーニ派は運動の自由主義に惹かれたかもしれないが、宣言やそのまきおこした騒動の、特徴となる宗教理念は、主として福音主義的、神秘主義的なキリスト教であるように思われる。

☆18　この印象は、『名声（ファーマ）』と併録された「アダム・ハーゼルマイヤー」の資料によって裏付けられるように思われる（本書七〇ページ以下、及び補遺 xxxv ページを見よ）。ハーゼルマイヤーは、イエズス会に迫害されたと述べている。しかし彼はどうやら、「薔薇十字の結社」が、そのイエスへの献身によって、もちろん目標において著しく異なるが、一種のイエズス会であるとの印象を受けているようにも見えるのだ。薔薇十字団の敵対者である何人かのイエズス会士も、ふたつの結社が同一であるとの印象を与えたがっている。本書一四九ページを見よ。

☆19　ベーメは『黎明』(*Die Morgenroete im Aufgang*) を一六一二年に執筆しているが、すぐには出版されなかった。A. Koyré, *La philosophie de Jacob Boehme*, Paris, 1929, p. 34. を参照せよ。コイレは（同書 p. 42 注）、普遍的改革に対するベーメの希望を、薔薇十字の『名声（ファーマ）』の見解と比べている。

　またベーメのもっとも親しい友バルタザール・ワルターが、アンハルト侯と接触をもつ医者であった事実は興味深い（コイレ、p. 48 注）。ベーメを研究する新たな道が、薔薇十字運動を研究する新しい歴史的方法を通じて、開かれることになるかもしれない。

☆20　Koyré, *Boehme*, p. 51.

☆21　J. S. Semler, *Unparteiische Sammung zur Historie der Rosenkreuzer*, Leipzig, 1786–88；これは Arnold, p. 190 に引用されている。

☆22　Arnold, p. 101.

☆23　Waite, *Brotherhood of the Rosy Cross*, p. 353.

☆24　Philip Geiger, *Warnung für die Rosenkreutzen Ungezeifer*, Heidelberg, 1621; cf. Waite, *Brotherhood of the Rosy Cross*, p. 342.

☆25　Fredericus Fornerus, *Palma Triumphalis Miraculorum Ecclesiae Catholicae*, Ingolstadt, 1621, これは皇帝フェルディナント二世に献じられている。Waite, *Brotherhood*, p. 353. を参照。

☆26　J. P. D. a. S., *Rosa Jesuitica, oder Jesuitische Rotgesellen. Das ist eine Frag ob die zween Orden der gennanten Ritter von der Heerscheren Jesu und die Rosen Creutzer ein einziger Orden sey*, Brussels, 1618; Prague, 1620.

☆27　Robert Fludd, *Clavis philosophiae et alchymiae*, 1633, p. 50; cf. Arnold, p. 193.

第8章　フランスを襲った薔薇十字恐慌

☆1　Gabriel Naudé, *Instruction à la France sur la vérité de l'histoire des Frères de la Rose-Croix*, Paris, 1623, p. 27.

☆2　*Effroyables pactions faites entre le Diable et les préte-*

ndus *Invisibles*, Paris, 1623; これは Arnold, *Histoire des Rose-Croix*, pp. 7-8. に引用されている。

☆3 François Garasse, *La doctrine curieuse des beaux esprits de ce temps*, Paris, 1623. 薔薇十字団についてはその pp. 83 ff.

☆4 H. R. Trever-Roper, *Religion, the Reformation and Social Change*, London, 1967, p. 156.

☆5 Naudé, *Instruction*, p. 38.

☆6 同書 pp. 22 ff.

☆7 同書 p. 24. ベーコンの『新オルガヌム』は一六二〇年に刊行され、彼の学問の進歩観は、ラテン語で入手できるようになった。そして『学問の進歩』のラテン語訳は、一六二三年に刊行されている。

☆8 同書 pp. 15-16.

☆9 François de Foix de Candale, *Le Pimandre de Mercure Trismegiste*, Bordeaux, 1579; Cf. D. P. Walker, 'The Prisca Theologia in France', *Journal of the Warburg and Courtauld Institutes*, XVII (1954), p. 209; Yates, *Giordano Bruno and the Hermetic Tradition*, p. 173.

☆10 Francesco Giorgi, *De harmonia mundi*, Venice, 1525.

☆11 トリテミウスの『秘文字（ステガノグラフィア）』（初版は一六〇六年であるが、それ以前に写本の形で長い間知られていた）は、実践的カバラまたは天使の召喚に関する、ルネサンスにおける主要な手引書であった。*Giordano Bruno and the Hermetic Tradition*, p. 145. を参照。ディーが、その本を自分の天使魔術のために利用していたことは French, *John Dee*, pp. 111 ff. を参照。

☆12 G. Bruno, *De umbris idearum*, Paris, 1582; *Giordano Bruno and the Hermetic Tradition*, pp. 192 ff; *The Art of Memory*, pp. 200 ff. を参照。

☆13 これは、ティヤールのどの哲学的対話にも当てはまる。それらはすべて、宇宙的な和音（ハーモニー）の前提に基づいている。しかし、より特定するなら、*Solitaire Second, ou Discours de la Musique*, Lyons, 1555 を示している。拙著 *The French Academies of the Sixteenth Century*, Warburg Institute, 1947, reprinted Kraus, 1968, pp. 77 ff. を参照せよ。

☆14 Naudé, *Instruction*, p. 16.

☆15 ジョン・ヘンティスベリーとリチャード・スウィンズヘッドのこと。Thorndike, III, pp. 370-85; R. T. Gunther, *Early Science at Oxford*, 1923, II, pp. 42 ff. を参照せよ。

☆16 Naudé, *Instruction*, p. 90.

☆17 Gabriel Naudé, *Apologie pour les grands hommes soupçonnés de Magie*, Paris, 1625; 参照ページは一七一二年のアムステルダム版のものである。

☆18 *Apologie*, pp. 49 ff.

☆19 *Giordano Bruno and the Hermetic Tradition*, p. 149; *Theatre of the World*, pp. 30-1（邦訳『世界劇場』晶文社刊）; French, *John Dee*, p.8.

☆20 John Dee, *Propaideumata aphoristica*, London, 1558, 1568; ディーのロジャー・ベーコン論の本の標題は、序文で *Speculum unitatis; sive Apologia pro Fratre Rogerio Bacchone Anglo.*（『統一の鏡。またはイギリス人の同胞、ロジャー・ベーコンのための弁論』）と公表されている。ディーは、『聖刻文字の単子（モナス・ヒエログリフィカ）』のマキシミリアン二世への献辞の中でも、この本に触れており、そこでは一五五七年にそれが書かれたと述べられている。

☆21 *Apologie*, p. 350. ノーデは、ロジャー・ベーコンが制作したと伝えられる喋る頭像は、イギリス民衆の創作であると述べている。彼は、その物語がイギリスの劇作家たちによって利用されていたことを、漠然と耳にしていた。

　またサロモン・ド・コオの『動力の原因について』は、一六二四年にパリで再版が刊行されている。そこには、ハイデルベルク庭園のために，ド・コオの設計した驚異の図版がつけ足されている。

☆22　*Apologia*, p. 22.

☆23　*Giordano Bruno and the Hermetic Tradition*, pp. 432–40.

☆24　Marin Mersenne, *Correspondence*, ed. Waard and Pintard, Paris, 1932, I, pp. 37–9, 154–4, 455 etc ; II, pp. 137, 149（ガッサンディと薔薇十字団）, 181 ff., 496（J・B・ファン・ヘルモントと薔薇十字団）, *La vérité des sciences*, Paris, 1625, pp. 566–7. cf. *Giordano Bruno and the Hermetic Tradition*, p. 408 etc.

☆25　*The French Academies of the Sixteenth Century*, pp. 23 ff.

☆26　R. Lenoble, *Mersenne ou la naissance du méchanisme*, Paris, 1948. を見よ。

☆27　Adrien Baillet, *La Vie de Monsieur Descartes*, Paris, 1691.

☆28　同書 pp. 58–9.

☆29　同書 pp. 81–6.

☆30　同書 pp. 87–92.

☆31　同書 p. 68 Johann Faulhaber, *Mysterium Arithmeticum sive Cabalistica et Philosophica Inventio…illuminatissimis laudatissimisque Fratribus R. C. … dicata*, Ulm, 1615. それ以前の著作（*Himlische…Magia oder Newe Cabalistische Kunst*, Ulm, 1613）の中でファウルハーバーは，機械術や，数学の道具や遠近法などを，神聖魔術と新しいカバラの術に関する自分の論述にふくめている。

☆32　同書 p. 75.

☆33　同書 pp. 91–2.

☆34　*Vie de Monsieur Descartes*, Paris, 1693 pp. 51–3. の短縮版から翻訳されている。完全版については 1691 edition, pp. 106–8 を見よ。

☆35　*Vie de Monsieur Descartes*, 1691, pp. 388–9.

第9章　イギリスでの薔薇十字展開

☆1　一六二六年にロンドンで掲げられた掲示板が，R. F. Gould, *Concise History of Freemasonry*, London, 1920, p. 76. に挙げられているが，わたしは，これに関してそれ以上たどることができなかった。

☆2　Bacon, *Advancement of Learning*, II, dedication to James I, p. 13.

☆3　Paolo Rossi, *Francis Bacon: From Magic to Science*, London, 1968.（邦訳『魔術から科学へ』サイマル出版会刊）

☆4　こうした目標に関する特徴的な言辞については，*Instauratio Magna*（Bacon *Works*, ed. Spedding et al., 1857, edition, I, p. 132）の序文を見よ。Cf. Rossi, *Bacon*, pp. 127 ff.（邦訳『魔術から科学へ』サイマル出版会刊）；拙論 'The Hermetic Tradition in Renaissance Science' in *Art Science and History in the Rennaissance*, ed. Charles S. Singleton, John Hopkins Press. Baltimore, 1968, pp. 266–7.

☆5　*De Occulta philosophia*, III, 40 ; C. G. Nauert, *Agrippa and the Crisis of Renaissance Thought*, Urbana, 1965, pp. 48, 284.

☆6　*Advancement*, II, 8, v.

☆7　*Advancement*, II, 10, ii.

☆8　Rossi, *Bacon*, pp. 34 ff.（邦訳『魔術から科学へ』サイマル

出版会刊)

☆9 Carola Oman, *Elizabeth of Bohemia*, London, 1964, p. 178.

☆10 本書三四ページを見よ。

☆11 本書二五ページを見よ。

☆12 アシュモールによれば、マイヤーは、有名なイギリスの錬金術師の作品を、ラテン語の詩に翻訳できるよう、英語を学習しに、イギリスを訪問しているのだ（Ashmole, *Theatrum Chemicum Britannicum*, ed. Debus, Prolegomena.）本書二七五ページを参照。

☆13 本書一二四ページを見よ。

☆14 Rossi, *Bacon*, pp. 73 ff.（邦訳『魔術から科学へ』サイマル出版会刊）

☆15 'The Hermetic Tradition in Renaissance Science', pp. 268 ff.

☆16 *Giordano Bruno and the Hermetic Tradition*, pp. 236 ff. etc.

☆17 D. H. Wilson, *King James VI and I*, Cape paperback, 1966, pp. 298-9.

☆18 同書 pp. 103-6, 308-12.

☆19 French, *John Dee*, p. 10.

☆20 ハリオットとディーは、当時の人々によって、どちらも深遠な数学者として、しばしば並べて語られている。D. B. Quinn and J. B. Shirley, 'A Contemporary List of Harriot References', *Renaissance Quarterly*, pp. 15, 20.

☆21 French, *John Dee*, pp. 38-9.

☆22 Francis Bacon, *New Atlantis*, in *Works*, ed. Spedding, Ellis and Heath, London, 1857, III, p. 130.

☆23 本書八七ページ、及び図版を見よ。

☆24 *New Atlantis*, ed. cit., p. 132.

☆25 同書 p. 135.

☆26 同書 p. 140.

☆27 同書 p. 147.

☆28 John Heydon, *The Holy Guide*, London, 1662, sig. b. 6 *recto*. これを *New Atlantis*, ed. cit., p. 135.「私はこの異人館の館長の公職にありますが、天職はキリスト教の僧侶なのです。そういうわけで、あなた方のお世話をしにやって来ました」、と比較してみよ。

☆29 「たまたま船のひとつに、薔薇十字協会の賢者のひとりが乗り合わせていました。その学館または学院は、本王国のまさに目玉なのです」。Heydon, *Holy Guide*, sig. b 8 *verso*. これを *New Atlantis*, *ed. cit.*, p. 137.「たまたま一艘の船に、ソロモンの館の協会に属する、われらの賢者のひとりが乗り合わせていました。その学館または学院は、そうです皆さん、本王国のまさに目玉なのです……」、と比較せよ。

☆30 「彼らの王はひとつの結社、または協会を建設しました。わたしどもは、それを薔薇十字の神殿と呼んでおります。（わたしどもの考えでは）それは、地上に打ち樹てられたもっとも気高い制度であり、本王国の灯火といえましょう。それは、神の御業と被造物の研究に捧げられるのです……」、（*Holy Guide*, sig. c 7 *recto*）。これを *New Atlantis*, *ed. cit.*, p. 148.「みなさんもおわかりいただけると思いますが、その王様のすぐれた行ないの中でも、きわたって傑出しているものがひとつございます。それはわたしどもがソロモンの館と呼ぶ、ひとつの結社あるいは協会の設立であります。わたしどもの考えでは、それはこれまで地上に打ち樹てられた、もっとも気高い制度で、本王国の灯火といえましょう。それは神の御業と被造物の研究に捧げられています……」と比べてみよ。

☆31 「といいますのも、わたしどもは、みなさんのもとでは失われたその方の（ソロモンの）著作の一部をもっているからです。それは薔薇十字のMのことですが、その方は、過去、現在、将来のすべての事柄について、そこに書かれました」(*Holy Guide*, sig. c *7 recto*)。これを *New Atlantis*, *ed. cit.*, p. 148.「……それといいますのも、わたしどもは、皆さんのもとでは失われた、その方の（ソロモンの）著作の一部をもっているからです。それは、すべての植物についてその方の書かれた博物誌です……」と比較せよ。

☆32 『ニューアトランティス』に『名声』の影響が見られる事実は、ひとりの変人によって見い出された。彼の本はその点を除けば、まったくばかげている (F. W. C. Wigston, *Bacon, Shakespeare, and the Rosicrucians*, London, 1888)。A・E・ウェイトは (*Real History of the Rosicrucians*, p. 333)、『神聖なる案内人』を、『名声』の一種の歪曲版とみなしているが、それと関連して『ニューアトランティス』を挙げていない。

第10章　イタリアの自由主義者と薔薇十字宣言

☆1 拙論、'Paolo. Sarpi's *History of the Council of Trent*', *Journal of the Warburg and Courtauld Institutes*, VII (1944), pp. 113-43. を参照。

☆2 たとえばそれらは、W. J. Bouwsma, *Venice and the Defence of Republican Liberty*, University of California Press, 1968. でも触れられていない。しかしその本で引用されている当時の記録の一部は、フリードリヒのボヘミアの冒険や、ジェームズ一世がその支援を怠ったこと、そしてその冒険の崩壊などとの関連を考えずには、理解することができないのだ。ジェームズが一六一九年に行動を怠ったことに、サルピの友人ミカンツィオが感じた義憤は、Bouwsma, p. 526-7, で議論されているが、それは、完全にそうした状況に帰せられるべきである。一六二一年初めの、同じテーマに関するミカンツィオのつぎのような怒りの言葉も同様である。「自分にその権利があるかどうか疑わしいとして、ただ手をこまねいて見ているだけで、今のままでも充分に強大な者を、よりいっそう強大にし、すべての自由な国々を蹂躙できるほどにしてしまうだけとは……、もしイギリスから、何らかの有益な決断が、それも実行をともなって、やって来ないとしたら、……スペイン人がドイツの征服者となり、イタリアも彼らの思うがままにされるだろう」(Bouwsma, p. *527* に引用)。

☆3 Zorzi Giustiniani to the Doge, November, 1619, in Gardiner, *Letters and other Documents illustrating relations between England and Germany*, Camden Society, 1868, II, p. 82.

☆4 ヴェネチア市民が事件を注視した際に感じた不安や、フリードリヒの失敗に感じた彼らの絶望は、*Calendar of State Papers Venetian*, XVI, 1619–21 に収められた至急便に、まざまざと伝えられている。

☆5 「全般的改革」（つまりボッカリーニの抜粋）は、一六一四年、カッセルの『名声』の初版だけでなく、一六一五年、フランクフルト版や、一六一六年のカッセル版にも収められている。本書補遺 xxxv ページ以下を見よ。

☆6 Traiano Boccalini, *Ragguagli di Parnaso*, Venice, 1612-1613；一七世紀の英訳版が存在する。*Advertisements from Parnassus*, by Henry, Earl of Monmouth, London, 1669. わたしは、ボッカリーニの抜粋が『名声』とともに出版された意味を、簡単に次の本で議論した。*Giordano Bruno and the Hermetic Tradition*, pp. 357–8, 408–12.

☆7 Gaetano Cozzi, 'Traiano Boccalini, Il Cardinal Borghese e la Spagna', *Rivista storica italiana*, LXVIII (1961)

☆8 Boccalini, *Ragguagli di Parnaso*, II, 3.

☆9 同書 II, 16

☆10 同書 I, 65

☆11 トマス・モアに関する一節は、*Pietra del Paragone politico* に現われる。これは一六一五年に上梓され、*Ragguagli* の後の版では、その第三部として付け加えられている。*Ragguagli*, I, 3.

☆12 同書 I, 77.

☆13 モンマスの英訳に引用されている。

☆14 *Giordano Bruno and the Hermetic Tradition*, pp. 411 ff.

☆15 同書 pp. 340 ff.

☆16 本書三八―三九、及び六三ページを見よ。

☆17 *Giordano Bruno*, pp. 312-13.

☆18 本書一一四―一一六ページを見よ。

☆19 Michael, Maier *Themis aurea, hoc est de legibus Fraternitatis R. C.*, Frankfurt, 1618, p. 186.

☆20 Johann Valentin Andreae, *Mythologiae Christianae… Libri tres*, Strasburg (Zetzner), 1618, p. 237.

☆21 アンドレーエとその友人たちへのカンパネラの影響については、*Giordano Bruno*, pp. 413 ff.; Arnold, *Histoire des Rose-Croix*, pp. 61 ff. を参照せよ。

☆22 この作品で成されている薔薇十字団への言及 (Arnord, p. 144 に引用されている) は、補遺の中に見い出される。おそらくカンパネラによって書かれたものではない。

☆23 拙論 'Paolo Sarpi's *History of the Council of Trent*', pp. 137-8. を参照せよ。

☆24

第11章 アンドレーエの薔薇十字解釈

☆1 E. R. Curtius, *European Literature in the Latin Middle Ages*, 1953, pp. 138 ff.; Yates, *Theatre of the World*, pp. 165 ff. (邦訳『世界劇場』晶文社刊)

☆2 本書五七ページ参照。

☆3 J. V. Andreae, *Menippus, sive Dialogorum Satyricorum Centuria*, 1618, pp. 181-3; cf. Arnold, *Rose-Croix*, p. 194.

☆4 Andreae, *Peregrini in Patria errores*, 1618, p. 65.

☆5 同書 p. 118.

☆6 Andreae, *Mythologiae Christianae… Libri tres*, Strasburg (Zetzner), 1618, II, 46 (p. 67).

☆7 同書 IV, 35 (p. 188).

☆8 同書 V, 8 (p. 251).

☆9 同書 VI, 26 (p. 301).

☆10 同書 VI, 23 (p. 299).

☆11 同書 VI, 13 (p. 290).

☆12 Ben Jonson, *Works*, ed. Herford and Simpson, Oxford, 1923-47, VII, pp. 710-22. ジョンソンは、テオフィルス・シュヴァイクハルトの『薔薇十字の鏡』(図版〇及び本書一四〇ページ以下を見よ) に登場する車輪のついた、翼付きの建物の図版を、正確に描写している。そして「目に見えない」薔薇十字結社に対する奇妙な暗示を行なっている。彼はそれを、俳優と結びつけているようである。その語り口は皮肉であり、おそらくこの暗示は、ジョンソンの政治―宗教的立場と関係があるにちがいない。ジョンソンによる薔薇十字団への，他の皮肉な暗示については，*Theatre of the World*, pp. 89–90（邦訳『世界劇場』晶文社刊）を見よ。

☆13 A. E. Waite, *Brotherhood of the Rosy Cross*, p. 205.

☆14 Arnold, *Rose-Croix*, p. 194.

☆15 Andreae, *Mythologiae Christiana Libri tres*, p. 329; cf. Waite, *Brotherhood of the Rosy Cross*, p. 205.

☆16 F. E. Held, *Christianopolis, An Ideal State of the Seventeenth Century*, Oxford, 1916.

☆17 *Christianopolis*, trans. Held. pp. 133 ff.

☆18 同書 pp. 137–8.

☆19 同書 pp. 138–9.

☆20 同書 p. 141.

☆21 本書一〇〇ページを見よ。

☆22 *Christianopolis*, trans. Held, p. 157.

☆23 同書 pp. 221 ff.

☆24 同書 p. 218.

☆25 同書 pp. 221–2.

☆26 同書 p. 231.

☆27 同書 p. 226.

☆28 これについては，*Giordano Bruno and the Hermetic Tradition*, pp. 367 ff.

☆29 これら絵画を介しての教育方法と，記憶術との関係については，*The Art of Memory*, pp. 297–8, 377–8.

☆30 本書一一九—一二一ページを参照。

☆31 *Theatre of the World*, pp. 42 ff.（邦訳『世界劇場』晶文社刊）

☆32 同書，18, 40, 82–3 etc.; French, *John Dee*, pp. 160 ff.

☆33 *Theatre of the World*, pp. 5 ff.（邦訳『世界劇場』晶文社刊）; French, *John Dee*, pp. 110 ff.

☆34 本書九七ページを見よ。

☆35 本書七五—七七ページを見よ。

☆36 *Christianopolis*, p. 145.

☆37 G. H. Turnbull, *Hartlib, Dury and Comenius*, Liverpool, 1947, pp. 74 ff. これらふたつの作品のラテン語テキストは，Hall による英訳とともに，G. H. Turnbull's article, 'Johann Valentin Andreae's Societas Christiana', *Zeitschrift für Deutsche Philologie*, 73 (1954), pp. 407–32, 74 (1955), pp. 151–85. に収録されている。

アンドレーエの『協会（ソキエタス）』と，そのハートリブその他への影響は，ターンブルの本や上記論文，そして以下のものの中で論議されている。H. Trevor-Roper, *Religion, the Reformation and Social Change*, London, 1967, pp. 237 ff. この本の「三外国人」（ハートリブ，デュリー，コメニウス）を扱った章は，このグループの幅広い歴史的重要性を知るのに基本的なものである。Margery Purver, *The Royal Society: Concept and Creation*, London, 1967, pp. 206 ff.; Charles Webster, 'Macaria: Samuel Hartlib and the Great Reformation', *Acta Comeniana*, 26 (1970), pp. 147–64; そしてハートリブの作品集，*Samuel Hartlib and the Advancement of Learning*, Cambridge, 1970. に付したウェブスターの序論。

☆38 Turnbull, *article cited*, *Zeitschrift*, 74, p. 151.

☆39 同論文 p. 154.

☆40 Purver, 前掲書 pp. 222–3. これは *Jana Amosa komenského: Korrespondence*, ed. Jan Kvačala, Prague, 1902, II, pp. 75–6. に公刊された手紙から引用している。Peuckert, *Die Rosenkreutzer*, pp. 179–80. も参照せよ。

☆41 Turnbull 前掲論文，*Zeitschrift*, 74, pp. 152–3.

☆42 同論文 p. 154.

☆43 本書所収「薔薇十字宣言」viii ページを見よ。

☆44 Turnbull, 前掲論文 74, p. 158.

☆45 同論文 p. 165.

☆46 ケプラーがアンドレーエのグループと関わっていたという情報の源は、一六四二年になされた、ヴィルヘルム・ウェンゼを悼むアンドレーエの追悼演説である。R. Pust, 'Ueber Valentin Andreae's Anteil an der Sozietatsbewegung des 17 Jahrunderts', *Monatshefte der Comenius Gesellschaft*, XIX (1905), pp. 241–3. を参照せよ。

☆47 L. Couturat, *La logique de Leibniz*, Hildesheim, 1961, p. 131. n. 3. を見よ。

☆48 Leibniz, *Otium Hanoverанum*, Leibzig, 1718, p. 222 ;cf. Gould, *History of Freemasonry* (ed. Poole 1951), II, p. 72; Arnold, *Histoire, des Rose-Croix*, p. 145.

☆49 Yates, *Art of Memory*, pp. 387–8, n. 5. を見よ。ライプニッツは、宇宙に関する拡張された知識へ導く科学的進歩が、その創造主である神についてのより広い知識へも、つまり慈悲の拡張へも導くものであると信じていた。

☆50 ハートリブは「アンティリア」とは、ボヘミアとドイツの戦争によって中断し、滅ぼされたある協会の「札」であったと述べている。「札」とは、神秘的な協会のメンバーによって用いられた、記章のようなものであったかもしれない。

第12章　コメニウスとボヘミア薔薇十字騒動

☆1 Wilhelmus Rood, *Comenius and the Low Countries*, Amsterdam, Prague, New York, 1970, p. 22.

☆2 同書 p. 23.

☆3 彼の著書 Irenicum, 1614. の記述から。

David Ogg, *Europe in Seventeenth Century*, p. 107. を見よ。

☆4 Rood, p. 23.

☆5 同書 p. 24.

☆6 コメニウスの『世界の迷宮』の翻訳に付したリュッツォフ伯爵の序論。*Labyrinth of the World*, London, 1901, pp. 33–6.

☆7 Rood, p. 28. n. 4.

☆8 『闇の中の光』の初版は一六五七年に出た（ここで用いたのは一六六五年版）。そこには、クリストファー・コッター、ニコラス・ドラビク、そしてクリスティーナ・ポニアトーヴァの預言がふくまれ、コメニウスによる序文（'Historia revelationum'）が付けられている。コメニウスが『闇の中の光』に与えていた大きな重要性については、Turnbull, *Hartlib, Dury and Comenius*, pp. 377 ff. を参照。

☆9 'Historia revelationum' in *Lux in tenebris*, 前記版 p. 22. Cf. Rood, pp. 29–30

☆10 *Lux in tenebris*, 前記の版 pp. 42–3.

☆11 同書 pp. 33, 59.

☆12 本書七九ページを参照。

☆13 本書一三一—一三四ページを参照。

☆14 本書八八—九一ページを参照。

☆15 一六二三年に執筆された『世界の迷宮と心の楽園』は、一六三一年にチェコ語で初版が上梓された。ここでなされた引用は、リュッツォフ伯爵の英訳（ロンドン、一九〇一年）から取られたものである。

☆16 本書補遺 xxxv ページを見よ。彼は、一六一二年に出版されたハーゼルマイヤーの「返答」のことをいっているのかもしれない。あるいはまた、失われてしまった何らかの、一六一二年版の印刷された『名声』をさしているのかもしれない。さらに、一六一二年に彼が見たと述べている、ボヘミアで出回っていた『名声』の写本のことかもしれない。わたしの知るかぎり、『名声』は一度もラテン語で印刷されていない。しかしそのラテン語のコピーは、ドイツ語版とともに、写本として出回っていたのかもしれない。

☆17 すなわち、自由学科のことである。

☆18 薔薇十字的な偽名である。本書二三八ページを見よ。

☆19 *Labyrinth of the World*, trans. Lützow, pp. 150–56.

☆20 'Rhodophilus Staurophorus', *Fortalitium Scientiae*, 1617. Cf. Waite, *Brotherhood of the Rosy Cross*, p. 264.

☆21 'Irenaeus Agnostus', *Liber T…oder Portus Tranquillitatus*, 1620, Cf. Waite, p. 251.

☆22 *Labyrinth of the World*, trans. Lützow, p. 196.

☆23 同書 p. 274.

☆24 同書 pp. 276–7.

☆25 パトリッツィの本のひとつ *Nova de universis philosophia* (1592) は、「パンソフィア」と呼ばれている。パトリッツィは、ヘルメス＝プラトン哲学の教えの方が、人々を教会に立ち返らせるのに、「聖職者の非難」や「武力」よりも、よい方法であるとして、その教えを推奨している。*Giordano Bruno and the Hermetic Tradition*, p. 345. を見よ。

☆26 本書一一八ページを見よ。

☆27 *Labyrinth of the World*, trans. Lützow, pp. 321–2.

第13章　目に見えない学院から英国学士院へ

☆1 フリードリヒとグスタフスとの会見については、Green, *Elizabeth of Bohemia*, p. 288. を見よ。

☆2 それは、一六三三年に英訳されて、出版された。Ethel Seaton, *Literary Relations of England and Scandinavia in the Seventeenth Century*, London, 1935, p. 75. を見よ。

☆3 Seaton, p. 83. に言及されている、グスタフス・アドルフスへの賛辞を見よ。

☆4 John Evelyn, *Diary*, ed. E. C. de Beer, Oxford, 1955, II, pp. 33–4.

☆5 H. R. Trever-Roper, *Religion, the Reformation, and the Social Change*, London, 1967, p. 256.

☆6 本書二〇一ページ以下を見よ。

☆7 Trever-Roper, pp. 249 ff.; C. Webster *Samuel Hartlib and the Advancement of Learning*, pp. 1 ff.

☆8 Turnbull, *Hartlib, Dury and Comenius*, pp. 127 ff.; Trever-Roper, pp. 251 ff.

☆9 デュリーの手紙には、カール・ルドヴィヒや、彼のファルツ復位の必要性に、たえず言及されている（ターンブルの本の索引、カール・ルドヴィヒ《Charles Louis》、及びファルツ選帝侯《Elector Palatine》の項参照）、ハートリブは、一六三七年にカール・ルドヴィヒからある特典を授かる。つまりカール・ルドヴィヒは彼を、「ファルツからの亡命に対する彼の貢献や、偉大な人々の間での彼の名声にかんがみ、ファルツ選帝侯の大使」(Turnbull, pp. 2, 111–12) のひとりに加えたのである。

☆10 Trevor-Roper, p. 289; Webster, p. 32. ハートリブと同様ハークも、ファルツ選帝侯から、なかば公式の外交的任命を受けていた。

☆11 Trevor-Roper, p. 237.

☆12 『マカリア』は、ウェブスターによって、*Samuel Hartlib*, pp. 79 ff. に再録されている。

☆13 *Macaria*, ed. Webster, p. 79.

☆14 Trevor-Roper, p. 267.

☆15 同書 pp. 269–70.

☆16 John Amos Comenius, *The Way of Light*, trans. E. T. Campagnac, Liverpool, 1938, pp. 32–3. 『光の道』の初版は、一六六八年にアムステルダムで出されている。

☆17 同書 p. 38.

☆18 同書 pp. 108 ff.

☆19 同書 pp. 170–2.

☆20 同書 p. 173. ボイケルトは（Die Rosenkreutzer, p. 206.）『光の道』をいみじくも、「コメニウス版『名声』」と呼んだ。

☆21 Trevor-Roper, pp. 249 ff.; Webster, pp. 2 ff.

☆22 Peter French, *John Dee*, p. 175.

☆23 これまで誰かこの明白な事実を指摘したかどうか、わたしは知らない。

☆24 航海の専門家としてのディーについては、D. W. Waters, *The Art of Navigation in Elizabethan and Early Stuart Times*, London, 1958.

☆25 この主題に関する文献はきわめて豊富である。たとえば以下のものを参照せよ。Christopher Hill, *Intellectual Origins of the English Revolution*, Oxford, 1965; Henry Lyons, *The Royal Society*, Cambridge, 1944; *The Royal Society, its Origins and Founders*, ed. Harold Hartley, Londnn, 1960. さまざまな理論は、次のもののなかに、まとめられている。Margaret Purver, *The Royal Society: Concept and Creation*, London, 1967. 重要な論文として次のものがある。P. M. Rattansi, 'The Intellectual Origins of the Royal Society', *Notes and Records of the Royal Society*, 23 (1968).

☆26 ウォリスは、これらの会合に関して、若干異なるふたつの報告を書いている。ひとつは一六七八年、もうひとつは一六九七年のものである。該当する文章の完全な引用については、Purver, pp. 161 ff. を見よ。

☆27 Robert Boyle, *Works*, ed. Thomas Birch, 1744, I, p. 20. Cf. Purver, pp. 193 ff.

☆28 この事を示唆しているのは、R. H. Syfret, 'The Origins of the Royal Society', *Notes and Records of the Royal Society*, 5 (1948).

☆29 John Wilkins, *Mathematicall Magick, or, The Wonders that may be Performed by Mechanicall Geometry*, London, 1648, pp. 256–7.

☆30 *Theatre of the World*, p. 51, n. 1[illegible]. (邦訳『世界劇場』晶文社刊)

☆31 Thomas Sprat, *History of the Royal Society*, London, 1667, pp. 53 ff.

☆32 Evelyn, *Diary*, ed. De Beer, III, p. 110.

☆33 'Eugenius Philalethes' (Thomas Vaughan), *The Fame and Confession of the Fraternity of R. C. Commonly of the Rosie Cross*, London, 1652. Reprinted in facsimile with a preface by F. N. Pryce, Margate, 1923 (printed for the 'Societas Rosicruciana in Anglia'). 補遺 xxxiv ページを参照。

☆34 F. N. Pryce, preface, pp. 3–8. プライスは、ヴォーンの下敷きにした翻訳写本が、一六三三年よりかなり前のものであること、おそらく一六三〇年よりも前であると結論づけている。本書補遺 xxxvii ページを参照せよ。

☆35 Pryce, preface, p. 2.

☆36 John Webster, *Academiarum Examen, or the Examination of Academies*, London. 1654. ウェブスターについては、P. M. Rattansi, 'Paracelsus and the Puritan Revolution', *Ambix*, XI (1963).

☆37 Webster, *Examen*, p. 26.

☆38 同書、pp. 19–20, 52. ウェブスターは、数学的科学の概観を略述している。その概観は、「ユークリッド『原論』の前に付けられた序文で、あの専門家で学者のジョン・ディー博士によって、なされたものである」。そしてウェブスターは、それらがもたらす「すぐれた、注目すべき、有益な実験」に感嘆の叫びをあげる。それらのうちのもっとももとるに足りないものでさえ、大学で教える学問よりも、人間生活に有用性と恩恵と利益をもたらすのである。

☆39 同書 p. 105.

☆40 同書、読者への手紙。Sig. B 2.

☆41 Seth Ward, *Vindiciae Academiarum*, Oxford, 1654. この本の序文として印刷された、ウォードを称える手紙は、一般にウィルキンズのものとされている。しかし彼の名が挙げられているわけではなく、手紙には「N・S」と署名されている。

☆42 Vindiciae, p. 46.

☆43 同書 p. 5.

☆44 同書 p. 15.

☆45 John Dee, *A True & Faithful Relation of what passed for many years Between Dr. John Dee…and Some Spirits*, ed. Meric Casaubon, London, 1659. この本と、それがディーの名声に及ぼした結果については、French, *John Dee*, pp. 11–13. を参照。ジョン・ウェブスターは、ディーの擁護論を公刊し、その中で、カソーボンの出版の動機を暴いている (John Webster, *The Displaying of Supposed Witchcraft*, London, 1677)

☆46 Rattansi, 'Paracelsus and the Puritan Revolution,' p. 31.

☆47 R. Hook, *Posthumous Works*, London, 1705, pp. 204 ff. フックは、ボヘミアにおけるディーの布教活動について、何かを知っていたのかもしれない。

☆48 本書一八六ページを見よ。

☆49 *The Way of Light*, trans. Campagnac, p. 3.

☆50 同書 p. 11.

☆51 同書 p. 51.

☆52 もちろん英国学士院は、もっと近代的な、それもとくにフランスにおける学問的な運動にも影響を受けている（わたしは、*French Academies of the Sixteenth Century*, pp. 275 ff. で、一七世紀初めのフランスの諸学院について論議した）。しかし英国学士院が、薔薇十字宣言に輪郭の描かれている種類の「学院」と、有機的に関連していたことは確かである。われわれは今、ベーコンが『ニューアトランティス』の中で、「薔薇十字宣言」を暗示していたことを知っている。この事実は先の関連を立証する。なぜなら、ベーコンの作品は、英国学士院の初期会員に、きわめて大きな影響を及ぼしていたからである。

☆53 Hollar, Wenzel, in *Allgemeines Lexicon der Bildenden Künstler* を見よ。

第14章 薔薇十字的錬金術へのアプローチ

☆1 アシュモールの名前は、英国学士院の最初の集会のときに、会員にふさわしい人物のひとりとして挙げられている。正式には一六六一年一月に、彼は特別会員に選ばれ、こうして一一四名の創立メンバーのひとりとなっている。C. H. Josten, *Elias Ashmole*, Oxford, 1966, I, 135 を参照。

☆2 本書一二三ページ以下を見よ。

☆3 本書一三二―一三四ページを見よ。

☆4 Bodleian Library, Ashmole MMS., 1459; ff. 280–2. (次のような見出しのラテン語のよびかけ、'Fratribus Rosae Crucis illuminatissimis' ではじまる)、ff. 284–31 (『名声(ファーマ)』と『告白(コンフェッシオ)』の英訳)。W. H. Black, Catalogue of the Ashmolean Manuscripts, 1845, no. 1459 を参照。

☆5 Ashmole MSS., 1478, ff. 125–9. ブラックは『カタログ』で、これらの『名声(ファーマ)』と『告白(コンフェッシオ)』の翻訳は、アシュモールによって写本一四五九に転写されたようだ、と注記している。

☆6 Elias Ashmole, *Theatrum Chemicum Britannicum*, reprinted in facsimile with introduction by Allen G. Debus, Johnson Reprint Corporation, New York and London, 1967.

☆7 マイヤーによるノートンの翻訳は、彼の次のものの中に収められている。*Tripus aureus*, Frankfurt (Luca Jennis), 1618; 次のものを参照せよ。Read, *Prelude to Chemistry*, pp. 169 ff.

☆8 *Theatrum*, Prolegomena, sig A 2 *recto* and *verso*.

☆9 本書所収「薔薇十字宣言」xi ページを見よ。

☆10 本書一二三ページ以下を見よ。

☆11 『一二の国の黄金の象徴(シンボラ・アウレア・ドゥオデキム・ナティオヌム)』(フランクフルト、ルーカ・イエニス、一六一七年)という題でマイヤーが編んだ選集の中で、イギリス錬金術の代表者は、ロジャー・ベーコン、リプリー、ノートン、そしてエドワード・ケリーらである。

☆12 *Theatrum*, pp. 324 ff.

☆13 同書 p. 334.

☆14 同書 pp. 480–4.

☆15 同書 p. 480.

☆16 同書 p. 443.

☆17 French, *John Dee*, pp. 188 ff. を見よ。

☆18 Elias Ashmole, *The Institution, Laws & Ceremonies of the most Noble Order of the Garter*, London, 1672.

☆19 Josten, *Ashmole*, I, p. 182.

☆20 Ashmole, *Garter* pp. 411–16.

☆21 本書五七―六〇ページ及び一〇三ページを見よ。

☆22 本書四八ページを見よ。

☆23 Josten, *Ashmole*, I, pp. 237–8.

☆24 同書 pp. 238, 240–1. ハイデルベルクで彼らが目に留めたにちがいない「珍らしい品」がひとつある。それは、「ラインのファルツ公フリードリヒが、ボヘミア国王の冠を授けられた年に」、発行されたメダルの挿絵である (*Garter*, p. 207.)。そのメダルは片面にガーターを示し、もう片面には、ファルツとボヘミアの獅子を示している。

☆25 ニュートンが自分の『名声と告白(フェイム・アンド・コンフェッション)』に記した注の、完全なテキストについては、次のものを参照せよ。Ian Macphail, *Alchemy and the Occult, Catalogue of Books from the Collection of Paul and Mary Mellon given to Yale University Library*, Yale, 1968 II, 102.

☆26 Frank E. Manuel, *A Portrait of Isaac Newton*, Cambridge, Mass., 1968, pp. 160–90.

☆27 Manuel, Newton, p. 163.

☆28 彼は、『黄金の祭壇の一二の象徴』から抜粋している (Manuel, *Newton*)。これは、彼が薔薇十字宣言に関する証拠を求めて参照した、マイヤーの作品のひとつである (前記原注25を見よ)。

☆29 Manuel, *Newton*, p. 171.

☆30 本書一一五ページを見よ。

☆31 Euclid, *Elements of Geometry*, ed. Thomas Rudd. これにはディーの序文のリプリントがふくまれる。French, *John Dee*, pp. 174, 217 を参照せよ。

☆32 この写本(コーデックス)は、三つの項目を収めている。(1) 'The Rosicrucian Secrets', これはパラケルスス派の錬金術論文で、ルル的な図型を用いている。(2) *Clavis Chymicus*, これは錬金術の用語、とりわけパラケルスス派の用語に関する語彙集である。(3) 'The Laws and Mysteries of the Rosicrucians', これはミハエル・マイヤーの『黄金のテミス』の英訳を下敷きにしたもの。これらの項目のすべてが、「ディー博士の小冊子から書き写されたもの」、と述べられている。しかしいずれも、ディーによるものではない。

☆33 *Themis Aurea, The Laws of the Fraternity of the Rosie Crosse, Written in Latin by Count Michael Maierus*, London, 1656. アシュモールへの献辞は、N. L., T. S., H. S. と署名されている。

☆34 *The Hermetick Romance: or the Chymical Wedding, Written in high Dutch by Christian Rosencreutz*, translated by E. Foxcroft, late Fellow of King's College in Cambridge, London, 1690. フォックスクロフトの翻訳は、次のものの中に再録されている。A. E. Waite, *Real History of the Rosicrucians*, pp. 65 ff. 及び *A Christian Rosencreutz Anthology*, ed. Paul M. Allen, New York, 1968, pp. 67 ff. 本書第5章原注を見よ。

エゼキエル・フォックスクロフトは、ヘンリー・モアのコンウェイ夫人宛ての手紙の中でしばしば触れられている。Marjorie Nicolson, *Conway Letters*, London, 1930, index. を参照せよ。モアは彼を、フランシス・メルクリウス・ファン・ヘルモントに紹介し、「彼らはともに、化学の素質をもっている」、と書いている (*Conway Letters*, p. 323)。

☆35 J. E. McGuire and P. M. Rattansi, 'Newton and the Pipes of Pan', *Notes and Records of the Royal Society*, 21 (1966) pp. 108-41. この論文の著者たちは、ニュートンのマイヤーの作品に対する関心に、注意をうながしている。「ニュートンによって熱心にその著作が研究されたミハエル・マイヤーは、ギリシャ神話全体の概観を企て、それらが錬金術の秘密を表現していることを証明しようとした。『天球の調和』に関するニュートンの解釈は、それを『物理学上の秘密』の象徴的表現と解している点で、類似のものである」(p. 136.)。

第15章　薔薇十字主義とフリーメーソン

☆1 A. F. Waite, *The Real History of the Rosicrucians*, London, 1887, pp. 217-18.

☆2 Paul Arnold, *Histoire des Rose-Croix*, Paris, 1955. 及び Peuckert, *Die Rosenkreutzer*, はこの問題に関して結論に達していない。

☆3 本書二〇五ページ以下を参照。

☆4 本書二一七ページ以下を参照。

☆5 Thomas De Quincey, 'Historico-Critical Inquiry into the Origins of the Rosicrucians and the Freemasons', originally published in *London Magazine*, 1824; reprinted in *Collected Writings*, ed. David Masson, Edinburgh, 1890, XIII, pp. 384-448.

☆6 同書 p. 386.

☆7 同書 p. 426.

☆8 フリーメーソンの歴史に関する古い文献は、神話と事実をごたまぜにして、解きほぐせない混乱に投げ込んでいる。この主題に対するより近代的で批判的な研究については、Douglas Knoop and G. P. Jones, *The Growth of Freemasonry*, Manchester University Press, 1947, メーソン神話に及ぼしたルネサンスのヘルメス的伝統の影響は、拙著、

Giordano Bruno and the Hermetic Tradition, pp. 274, 414-16, 423. 及び *The Art of Memory*, pp. 303-5. に指摘されている。わたしは、ひとつの影響として、ルネサンスのオカルト的記憶術がある可能性を示唆しておいた。

☆9 Josten, *Ashmole*, I, pp. 33-5.

☆10 同書 p. 34.

☆11 本書二七三ページを見よ。

☆12 D. C. Martin, 'Sir Robert Moray', in *The Royal Society*, ed. H. Hartley, p. 246.

☆13 Knoop, Jones and Hamer, *Early Masonic Pamphlets*, Manchester, 1945, p. 30.

☆14 同書 p. 31.

☆15 同書 p. 235.

☆16 R. F. Gould, *History of Freemasonry*, London, 1886, V, pp. 159-61; revised R. Poole, London, 1951, III, pp. 267-77.

☆17 これら『写本版メーソン憲章』または『古訓令集』の中で、もっとも重要なのは、レギウス写本とクック写本に収められているもので、いずれも一四〇〇年頃のものである。本文でそれらから引用された部分は、次のものから取られている。Knoop and Jones, *Genesis of Freemasonry*, pp. 62-86.

☆18 D. P. Walker, 'Prisca Theologia in France', *Journal of the Warburg and Courtauld Institutes*, XVII (1954), pp. 204-59; D. P. Walker, *The Ancient Theology*, London, 1972; Yates, *Giordano Bruno and the Hermetic Tradition*, pp. 14, 17-18 and *passim*.

☆19 James Anderson, *The Constitutions of Freemasons*, 1723; reproduced in facsimile with introduction by L. Vibert, London, 1923, p. 1.

☆20 同書 pp. 24-5.

☆21 同書 p. 36.

☆22 同書 pp. 38 ff.

☆23 同書 p. 39.

☆24 ディーのユークリッド『原論』の序文に登場するウィトルウィウスに関する一節は拙著 *Theatre of the World*, pp. 190-7.（邦訳『世界劇場』晶文社刊）に引用されている。

☆25 同書 p. 192. に引用。

☆26 アンダーソンの『憲章』に、ディーが省かれている点は、French, *John Dee*, p. 161. n. 3 で奇妙な事実として注記されている。

☆27 たとえば、ソロモンの神殿の寸法に関する神秘主義は、初期のイタリア・ルネサンス建築理論に底流するものであり（R. Wittkower, *Architectural Principles in the Age of Humanism*, pp. 91, 106 136 を参照せよ）、マイヤーやアンドレーエがこの主題に興味を抱いていたことも、別にフリーメーソンと関係があるとは限らない。

☆28 本書一一一―一一三ページを参照。

☆29 本書一二四―一二五ページ、及び一二八ページを見よ。

☆30 *Giordano Bruno and the Hermetic Tradition*, pp. 275 ff.

☆31 これは、一七世紀のホイッグ党の一クラブのことである。G. M. Trevelyan, *England under the Stuarts*, pp. 378 ff. を参照。

☆32 Peter Mormius, *Arcana totius naturae secretissimus*, Leyden, 1630. は一七世紀初めのハーグにおける、薔薇十字主義の代表的な作品であるらしい（わたし自身は目を通していない）。この作品の序文には、薔薇十字結社の真の創立者は、クリスチャン・ローゼンクロイツではなく、「フレデリック（フリードリヒの英語形―訳者注）・ローズ」である、と述べられている（Arnold, *Histoire des Rose-Croix*, pp. 256-7. を参照）。もうひとつ、当時のオランダの薔薇十字主義に関連した興味深いエピソードがある。それは、ひとりの画家が、薔薇十字団員として拷問、投獄されたすえ、イギリスのチャールズ一世の介入で釈放されたというものである。Rudolf and Margot Wittkower, *Born under Saturn*, London, 1963, p. 31. を参照せよ。

☆33 A. E. Waite, *Real History of the Rosicrucians*, pp. 402 ff. ウェイトはプーレ説に反対している。R・F・グールドも同様である（Gould's *History of Freemasonry*, revised Poole, II, pp. 49–101. を参照せよ）。

第16章　薔薇十字啓蒙運動

☆1 'The Hermetic Tradition in Renaissance Science', *Art, Science, and History in the Renaissance*, ed. Charles S. Singleton, John Hopkins Press, Baltimore, 1968, p. 263.

☆2 French, *John Dee*, p. 123.

☆3 A. Koyré, *La philosophie de Jacob Boehme*, Paris, 1929, p. 45.

☆4 ディーの影響は、清教徒によってかなり強く取り上げられたふしがうかがえる。本書二六二—二六五ページを見よ。その影響は、錬金術師でディーの弟子だったジョン・ウィンスロップを通じて、新世界のピューリタニズムに普及した。ウィンスロップは「単子」を、自分の個人的な記章として用いていた。R. S. Wilkinson, 'The Alchemical Library of John Winthrop', *Ambix*, XIII (1965), pp. 139–86. を見よ。

☆5 F. Secret, *Les Kabbalistes Chrétiens de la Renaissance*, Paris, 1964.

☆6 G. Scholem, *Major Trends in Jewish Mysticism*, London, 1955, pp. 244 ff.

☆7 Frederic Thieberger, *The Great Rabbi Loew of Prague*, London, 1954. を参照。

☆8 本書所収「薔薇十字宣言」iv—viiページを見よ。

☆9 Marjorie Nicolson, *Conway Letters*, London, 1930, pp. 309 ff. を見よ。

☆10 David Ogg, *Europe in the Seventeenth Century*, p. 162; C. V. Wedgwood, *The Thirty Years War*, pp. 191, 336.

☆11 *Giordano Bruno and the Hermetic Tradition*, pp. 416 ff. を見よ。

☆12 同書、図版 15(b) に複製。

☆13 王政復古後におけるユートピアの挫折に関しては、H. Trevor-Roper, *Religion, the Reformation and Social Change*, pp. 291 ff. を見よ。

☆14 Comenius, *The Way of Light*, trans. Campagnac, p. 30.

「薔薇十字宣言」

☆1 「教皇派」の誤り。ドイツ語オリジナルは「教皇」である。

☆2 ドイツ語オリジナルは、「現われる」(doth manifest itself) である。——訳者注、このイエイツの注は誤解ではないだろうか。一九七三年に出たドイツ語オリジナルの再版 (Calwer Verlag) では該当する箇所は、'entgegen gesetzt' となっており、イエイツの注のように「現われる」(doth manifest itself) ではなく、本文（つまりヴォーンの訳）のように「反対する」(doth oppose itself) が正しい。

☆3 星辰のこと。

☆4 テオフラストゥス・パラケルスス・フォン・ホーヘンハイム。

☆5 ダマスカスのこと。——訳者注、しかしこれはダムカールのままでいいようである。宣言仏訳版の編者（Bernard Gorceix）によれば、『名声』の初版（一六一四年）では、「ダマスカス」の箇所（本書では iv ページ）に正誤表がついていて、Damascus をわざわざ Damcar に訂正しているらしい。ダマスカスはもちろん現在のシリアの首都であるが、ダムカールというのはイエメンの町の名で、当時地理学者のメルカトールらによって、ヨーロッパで知られていたという。

☆6 「吼える獅子の新しい声によって」（プライスによれば、この読みは、一六一七年のフランクフルト版に見つかるという）。

☆7 蛇座と白鳥座の「新星」については、Johannes Kepler, *De stella nova in pede Serpentarii: De stella incognita Cygni*, Prague, 1606 (reprinted *Gesammelte Werke*, ed. M. Casper, I, pp. 146 ff.) を参照せよ。これらの新星は一六〇四年に出現しているのだから、ここでそれらに言及されているということは、一六〇四年が意味のある年号であることを、またしても強調しているのである。それは、ローゼンクロイツの墓が発見されたとされている年である。

　ポイケルトはこのくだりを議論している（Die Rosenkreutzer, pp. 53 ff.）。わたしとしては、一六〇四年という年号（新星出現の年号であり、墓の発見の年号でもある）の宗教的意義が、その年の「福音軍事同盟」の形成に関係しているかもしれない点を、指摘しておこう。本書六〇―六三ページを参照。

☆8 つまり、偽錬金術師に対するくだりのこと。『名声』の xix ページ以下の該当するくだりを参照せよ。

☆9 「三重の冠」。

§訳注

序

*1 **この本の題名** 本書の原題名は"THE ROSICRUCIAN ENLIGHTENMENT"であり、そのまま訳せば『薔薇十字の啓蒙（運動）』といった意味になる。

第1章 王家の婚礼

*1 **アストライア** アストライアは、ギリシャ神話で正義の処女神。神話によれば、サトゥルヌスの支配する黄金時代の神々のうち、アストライアは最後まで地上に残って正義を導いていたが、鉄の時代に入って人間の堕落ぶりを目にし、地上を捨てて天上に帰り、乙女座の星々となったといわれている（オヴィディウス『転身物語』その他）。この神話は、ローマ時代に早くも帝国の繁栄による黄金時代の復活という帝国主義的理念と結びついていたが、その後キリスト教のさまざまな宗教理念とも結びつけられ、とくに国家伸張によって帝国黄金期をむかえつつあったエリザベス朝のイギリスでは、処女王エリザベスと正義の処女神アストライアとの同一視が盛んに行なわれていたのである。（イエイツ『星の処女神エリザベス女王』東海大学出版、西澤龍生、正木晃訳参照）

*2 **イニゴー・ジョーンズ** Inigo Jones (1573–1652) イギリスの建築家、舞台装置家。建築家としては、イタリア・ルネサンス建築をはじめてイギリスに導入したといわれる。とくにパラディオの建築理論に傾倒していた。本文二四ページに出てくるホワイトホールの宴会殿が現在も残る彼の代表作。また舞台装置家としては、ジェームズ朝時代にベン・ジョンソンのものを中心にした（宮廷）仮面劇で腕をふるった。

*3 **休戦協定** 一六〇九年四月に結ばれた一二年休戦協定のこと。一五六八年から一六四八年まで断続的につづくネーデルランド＝スペイン戦争は、宗教戦争（スペイン・カトリックと一部のネーデルランドのカトリック対ネーデルランドのプロテスタント）という色彩を帯びると同時に、オランダの独立戦争という意味合いももっていた。一六〇九年の休戦協定で一応オランダ（北部だけ）がスペインから独立するが、一六二一年にはふたたび戦闘がはじまり、最終的には一六四八年ミュンスターの講和が、八〇年戦争ともいわれる長きにわたった戦火に終止符をうち、オランダはスペインから完全に独立する。

*4 **ガーター勲章** ガーター勲章は一三四八年に勲爵士団（騎士団）とともに創設されたイギリス最高の勲章。全記章をまとう正装は、左膝の直下に佩びるビロード製のガーターのほか、マントやサーコート、左の胸につける星章、頭巾に帽子、頸章とそれに付垂される宝石のジョージ（フリードリヒがジェームズから拝領したのはこれである）、そして左肩からたすき掛けにする綬に下げる小型のジョージ（これがエリザベスから贈られたといわれているもの）と、かなりの重装備となり、よほどの公式行事以外には略綬ですます。

*5 **『妖精の女王』** エリザベス朝の詩人、エドマンド・スペンサーの未完の長篇叙事詩。内容は、妖精の女王グロリアーナ（これはエリザベス女王の寓意）に仕える一二人の騎士（それぞれがひとつの美徳を寓意する）の、悪との闘いと勝利を

描く寓意物語である。「赤十字騎士」(もちろん聖ジョージの寓意であり、さらに英国国教会を表わす)が「ユーナ」(「唯一者」「真理」の寓意)を守護して闘うのは、第一巻の主題となっている。

*6 **ガーター紋章官** 一四一七年ヘンリー五世によって設けられた官位。その後、英国紋章院が創設されたとき(一四八四年)、その上級紋章官(三名からなる)の首席事務官となる。紋章の設定、認可、そしてガーター騎士団の事務を統轄する。

*7 **インナーテンプルとグレイズ・イン** いずれも英国法学院の法曹団体。以上のふたつのほかにリンカーンズ・インとミドルテンプルを加えた四つの法曹団体があり、法廷弁護士(バリスター)や裁判官は、かならずいずれかの会員でなければならない。

*8 **ジェームズの母親の処刑者** ジェームズ一世の母親は、スコットランド女王のメアリー・スチュアート。エリザベスの生涯のライヴァルであったメアリーは、エリザベスのもとで一九年間幽閉されたのち、エリザベスの暗殺計画に関与していたとして、一五八七年エリザベスの命により処刑される。

*9 **アンジュー公のネーデルランド統治** アンジュー公フランソワは、フランス国王アンリ二世とカトリーヌ・ド・メディシスの末子。本文にあるように、沈黙公ウィレムらネーデルランドのプロテスタントに招かれて何度かネーデルランドに赴き、一五八二年にはブラバント公そしてフランドル伯に任命される。またその間、イギリス女王エリザベスとの結婚を目的に渡英、女王から指輪までもらうが目的を果たせず帰国している。もともとネーデルランドをスペイン軍の攻撃から守護する役目を期待されて招聘されたアンジュー公であるが、はじめのうちこそパルマ公(スペイン側の将軍)を撃退して期待に応えていたが、一五八三年三月、守るべきアントワープを逆に攻略しようとする暴挙(「フランス兵の狂暴」といわれる事件)に出て失敗、結局フランスに帰国を余儀なくされる。

*10 **首席俗選帝侯** ドイツ皇帝(神聖ローマ皇帝)を選ぶ選帝侯は、一三世紀末には七人となり、一三五六年の金印勅書でこの七人選帝侯制が成文化される。このうち俗選帝侯は、ファルツ伯(宮中伯)、ザクセン公、ブランデンブルク辺境伯にボヘミア国王を加えた四人で、ファルツ伯はその首席の地位が与えられていた。ちなみに聖選帝侯は、マインツ、ケルン、トリールの三人の大司教で、このうちマインツ大司教が首位に立っていた。

*11 **ヨーク家とランカスター家** エリザベスの先祖を五代さかのぼると、チューダー朝の開祖でランカスター家出身のヘンリー七世と、その妃でヨーク家出身のエリザベスに行きつく。また薔薇がヨーク家とランカスター家を表わすというのは、ヨーク家が白薔薇を、ランカスター家が赤薔薇を紋章に用いたからで、一五世紀、ヨーク家とランカスター家が争ったイギリス王室の内乱、「薔薇戦争」の由来ともなっている。

*12 **ベーズ** Théodore de Bèze (1519–1605) フランスのプロテスタント神学者。カルヴァンの死後(一五六四年)は、その後継者として、ジュネーヴでカルヴァン派の指導者となった。

*13 **フランス＝ブルゴーニュ様式** ドイツで行なわれた祝宴がフランス＝ブルゴーニュ様式であったという意味は、祝宴の芸術上の形式というより、金羊毛勲章の由来が、そもそもフランス＝ブルゴーニュ起源であるため(次の訳注参照)、祝宴の内容をさしていったものと思われる。

*14 **金羊毛勲章** ブルゴーニュ(現在はフランス東部の一地方をさすが、当時はその他北フランスからベルギー、オランダにまでその領土は及んでいた)のフィリップ善良公が、ポルトガル王女イザベラとの結婚を記念して、一四二九年ブリュージュに創設した勲爵士団をもつ勲章。その後、ブルゴーニュ公女マリーがオーストリア大公(ハプ

スブルク家）マキシミリアンと結婚したのを機に（オーストリア）ハプスブルク家のものとなり、さらにカール大帝の退位に際して、その息子のスペイン国王フェリペ二世のものとなり、スペイン＝ハプスブルク家の勲章ともなる。現在もオーストリアとスペインの最高の勲章であり、勲爵士団をもつ勲章（いわゆるオーダー）としては、ガーター勲章とともにヨーロッパを代表する勲章となっている。

＊15 **メムノーン像**　メムノーンは、トロイア王子ティトーノスと曙の女神エーオースのあいだにできた子。長じてエチオピア王となり、トロイア戦争ではトロイア側に立って戦うが、アキレウスにたおされる。また古代エジプトのテーベ（ギリシャ語でテーバイ、現在のルクソール）に実在したアメンホテプ三世の一対の巨像（高さ約二〇メートル、現在も修復されて保存されている）の片方の像が、地震で一部破損した結果、毎朝、太陽の光が当たるたびに、その熱で中から音を発するようになっていた。この像がギリシャ人の間に誤ってメムノーンの像として伝えられ、朝日がのぼるたびに発する音は、メムノーンが母親の曙の女神にあいさつしている声と解釈されていた。この話を伝えている古典作家に、大旅行家ストラボンや諷刺作家ルキアーノスらがいる。

＊16 **フランクフルトの大市**　中世にはシャンパーニュの大市とともに国際的な市として知られていたフランクフルトの大市（ドイツ語のメッセ）にはふたつあり、秋の大市は一二四〇年フリードリヒ二世により公認され、復活祭の頃に開かれる春の第二大市は、一三三〇年ルドヴィヒ四世によって公認された。これらは何日にも及ぶ大規模な市で、演劇や見世物興行も盛んだった。

第2章　ボヘミアの悲劇

＊1 **フィリップ・シドニー** Philip Sidney（1554–86）　エリザベス朝のイギリスを代表する詩人、政治家、騎士、軍人。シドニーは、文武両道に秀でた、エリザベス朝ルネサンスの理想的人間像を体現した人物として、その没後も崇拝されていた。文学上の代表作に、連作ソネット集『アストロフェルとステラ』、散文物語『アルカディア』、そして評論『詩の擁護』などがある。

＊2 **プロテスタントの反スペイン積極活動派**　反スペイン積極活動派とは、オランダ独立戦争（訳注第1章3参照）において、スペインと一定の妥協と宥和を計ろうとする、プロテスタントの貴族や富裕な市民階級の動きに飽き足らず、あくまでスペインとの戦争を標榜する下層階級を中心とした過激なカルヴァン派に対して使われる言葉である。エリザベス女王は、どちらかといえば前者に傾いていたが、女王の寵愛を一身に浴びていたレスター伯は、はっきりと後者の立場に立ち、事あるごとに女王に、ネーデルランドに軍事介入するよう進言していた。
一方ネーデルランド側の事情としては、アンジュー公のフランス帰国後（訳注第1章9参照）、プロテスタント側のリーダー、ウィレムが一五八四年七月凶刃に斃れたため、またしても外国の援助を求めることになった。まずアンジュー公の兄、フランス国王アンリ三世との交渉は不調に終わる。ついで一五八五年、イギリス女王エリザベスに君主権を託そうとするが、スペインを刺激することを怖れたエリザベスは拒絶

する。そのかわり女王はレスター伯を派遣する。ところがネーデルランドでレスター伯は、積極活動的カルヴァン派民衆に肩入れしすぎて、富裕階級のプロテスタントと対立してしまい、おまけに最大の保護者であるはずのエリザベスの怒りまで誘発して、一五八七年末、イギリス帰国を余儀なくされる。また彼の甥のフィリップ・シドニーも熱狂的な積極活動派として、伯父を助けてスペイン相手にフランドル地方を転戦していたが、一五八六年九月二二日、ズドフェンの戦いで戦死を遂げる。

＊3 **即位記念日の槍試合**　エリザベスが女王に即位したのは一五五八年一一月一七日であるが、これを記念して、いつの頃からか毎年一一月一七日には、即位記念日の馬上槍試合が行なわれるようになった。そしてフィリップ・シドニーはそこで、ヘンリー・リーらとともに主役を演じ、その若き騎士ぶりを存分に発揮していたらしい。シドニーの代表作『アルカディア』に描かれているイベリアでの馬上槍試合は、これらの即位記念日の槍試合がモデルという説がある。さらにシドニーは、ズドフェンの戦いで三二歳の若さで夭逝してしまうが（前の訳注参照）、シドニーの親しい友フルク・グレヴィルによれば、シドニーはその戦いで、甲冑をなくした同輩の騎士に、自分のものを貸し与え、みずからは防備のないまま敵の剣の前にとびこんで戦い致命傷を負うという、いかにも騎士にふさわしい死に方であったという。こうした騎士道精神にあふれた勇壮な死が、若き騎士としてのシドニー伝説を、その死後もいっそうかきたてることになったのである。

＊4 **プロテスタント同盟とカトリック連合**　プロテスタント君主同盟は、南ドイツのプロテスタント諸侯（おもにルター派）を中心として、ファルツ選帝侯フリードリヒを盟主に一六〇八年に結成。これに対して一六〇九年、バイエルン公マキシミリアンを盟主に、南ドイツの聖職諸侯がカトリック連合を結成する。

＊5 **国王書簡**　ボヘミアでは、マキシミリアン二世時代の一五七五年に、ウトラキストと呼ばれるフス派の主流と、ボヘミア同胞団（次の訳注参照）、それにルター派のプロテスタント三派が「チェコ人の信仰告白」を共同で発表して信仰の自由を宣言した。ところが、若い頃からスペインのイエズス会に育てられていたルドルフが皇帝になると、当初新皇帝はプロテスタントを弾圧する政策をとった。このため抵抗運動がおこり、ルドルフも一六〇九年に「国王書簡」を発行して、一五七五年の信仰告白をあらためて正式に承認する。こうしてボヘミアではほぼ完全な信教の自由が得られたのである。

＊6 **ボヘミア同胞団**（またはチェコ同胞団）　一四五七年にボヘミアのフス派の分派（ターボル派）から生まれた平信徒の友愛団体。一六世紀後期から一七世紀のはじめにかけて全盛期をむかえ、文化面では、『チェコ語文法』や『チェコ語訳聖書』などが、この同胞団のメンバーの活動から生まれており、チェコにおける文芸復興に大きく貢献している。三〇年戦争で徹底的に弾圧されるが、モラヴィア地方を中心にその教えは受け継がれ、一八世紀のモラヴィア同胞団の源流となった。

＊7 **窓外放擲**　一六一八年の事件であるが、実は二世紀前の一四一九年に一度、ターボル山に千年王国的な城塞都市を築いた急進的なフス派の人々が、プラハの市役所の窓から、カトリックの議員を投げ落とす事件があり、「フス戦争」の口火を切ったことがある。それからほぼ二百年、新しいボヘミア国王フェルディナントが、信教の自由を認めた国王書簡を破棄したのを怒ったボヘミアの貴族たちは、二世紀前の故事にならって、ふたりの国王参事官をプラハ宮殿の窓から突き落とし、三〇年戦争の口火を切ったのである。

第3章　薔薇十字運動の潮流

*1

『ウィンザーの陽気な女房たち』　ドイツの公爵の従者による馬の乗り逃げや、ドイツの詐欺師に関する挿話は、『ウィンザーの陽気な女房たち』の第四幕第五場に登場する。"cozen-garmombles"という言葉は、一六〇二年の四折判（クォート）にのみ出てくる台詞で、意味もよくわからない。一六二三年の二折判（フォリオ）以後の該当する箇所は"cozen-Germans"となっている（「ドイツ人を騙る詐欺師」という意味と、「またいとこ」さらに「ドイツの親類」という意味をかけた地口になっている）。この意味のよくわからない"cozen-garmombles"が"Cousin Mumpellgart"（「マンペルガート卿」）というフリードリヒの称号（彼は一五九三年ヴュルテンベルク公にのぼるまでマンペルガート伯爵であった）の地口またはアナグラムであろう、という説が提出された（一九〇四年のアーデン版の序論による）。

またそもそも、『ウィンザーの陽気な女房たち』は、一五九七年のガーター祭のために書かれたという説もある。もしこの説が正しいなら、ドイツの公爵がフリードリヒをさすという説の傍証となる。なぜなら一五九七年のガーター祭は、フリードリヒのたび重なる執拗な催促に、エリザベス女王が根負けして、ついにフリードリヒのガーター叙勲を認可した年のガーター祭だからである（新アーデン版の序論による）。

*2

カトリック同盟　一五八〇年代のフランスは、新教（ユグノー派）、旧教（親スペインの過激なカトリック）両派の争いが危機的な状況にあり、三人のアンリがそれぞれの立場を代弁していたので「三アンリの時代」ともいわれている。図式的にいうなら、穏健なカトリックを代表している国王アンリ三世をはさんで、過激な親スペイン反宗教改革を代表するギーズ公アンリと、ユグノー派を代表するナヴァール公アンリが対立していた。さらに国王アンリ三世には世継ぎがなかったため、次期国王をめぐって複雑なかけひきがあり、過激なカトリック側は、ギーズ公をはじめロレーヌ家を中心にカトリック神聖同盟をつくってアンリ三世に圧力をかけ、ナヴァール公のフランス国王就任を阻止しようとしていた。本文でふれられているカトリック同盟は、この神聖同盟をさしている。当時のフランスの状況がいかに容易ならないものであったかは、「三人のアンリ」のいずれもが反対派に暗殺されている事実からもわかる。

*3

幻視家　ここで名が挙げられている幻視家について、簡単な注を施しておこう。

ヨアキム師（ジョアキーノ・ダ・フィオーレ）Joachino da Fiore（1132-1202）　イタリア・カラブリア地方フィオーレのシトー会修道院長。ヨハネ黙示録の独自の解釈によって、一二六〇年に終末が到来し、その後新たな霊の時代がはじまるとする、千年王国的預言を行なう。

聖ビルギッタ St Birgitta（1303―1373）　スウェーデンの聖女ビルギッタ。中世における偉大な女性神秘家、幻視家で、ビルギッタ修道（女）会の創立者。当時アヴィニョンに居た教皇にローマに帰るよう勧告するなど、同時代の政治、宗教的出来事に対する威嚇的な預言を行なった。娘のひとりも後にスウェーデンの聖女カタリナとなる。

ヨハネス・リヒテンベルガー Johannes Lichtenberger　一五世紀のドイツの幻視家。生年が一四五八年頃ということ以外、その生涯はよく知られていない。占星術に没頭してその結果を『預言の書（プログノスティカティオ）』にまとめた。この本はノストラダムスの預言と同様、後世のさまざまな歴史上の出来事と結びつけて解釈されている。ルターやパラケルススも興味をもち、ふたりともその再版を出している。

パラケルスス Paracelsus (Theophrastus Philippus Aureolus Bombastus von Hohenheim)(1493頃–1541) スイス生れの一六世紀の偉大な医者、神秘思想家。パラケルススに関しては日本でも、すぐれた評伝や著書の翻訳が出版されているのでそれを参照されたい。大橋博司『パラケルススの生涯と思想』(思索社 1976)、種村季弘『パラケルススの世界』(青土社 1976)、パラケルスス『奇蹟の医書』(大槻真一郎訳、工作舎 1980)、『自然の光』(J・ヤコビ編、大橋博司訳、人文書院 1984)、

ギヨーム・ポステル Guillaume Postel (1510―1581) フランスの神秘思想家、東洋学者。苦学して語学を修め、東方に旅をしてさらに磨きをかけ、フランスではギリシャ語、ヘブライ語、アラビア語を教授する。一五四七年ヴェネチアで女預言者と出会って神秘家として目覚めたといわれており、キリスト教世界以外にも目を向け、カトリック、プロテスタントばかりでなく回教をもふくめた宗教的合一を説き、フランス国王を中心とした世界平和を夢想する。しばしば狂人扱いされ、異端者として何度か投獄、晩年はパリの修道院に軟禁されていた。

*4 **隠秘学(オカルト)的記憶術** 記憶術は、ギリシャ、ローマ時代の昔から行なわれていたもので、古典時代には雄弁術と結びつき、演説を記憶するために実践されていた。

実践者はまず、自分のよく知っている実在の建物のさまざまな場所を記憶しておき(たとえば玄関や廊下や階段や広間など)、そのそれぞれの場所に、記憶すべき事柄(あるいは言葉)と結びついた像を頭の中で配置しておく。そして記憶を引き出すときには、頭の中で建物の中を順にめぐり歩きながら、そこに配置された像を喚起することによって、思い出すべき事柄(あるいは言葉)を引き出すのである。このように記憶術は「場所」と「像」という二要素を基本としていた。

記憶術は、中世には宗教、倫理的な意味が加わるが、さらにルネサンス時代に入ると、占星術や魔術などと結びついて、宇宙論的な広がりをもった隠秘学(オカルト)的記憶術ができあがった。そして世界の譬喩としての劇場(または円型劇場)は、記憶術の二本の柱のうち「場所」として利用するのに、もっとも適切な建物として、隠秘学(オカルト)的記憶術で好んでとりあげられている(たとえばジュリオ・カミッロの「記憶劇場」や、イエイツが「グローブ座」の反映を見た、フラッドの記述している劇場など)。フランセス・イエイツ『世界劇場』(藤田実訳、晶文社)参照。

第4章 ふたつの薔薇十字宣言

*1 **聖書英語** いわゆる欽定訳聖書。一六一一年大英国王ジェームズ一世の許可のもとに発行された英訳聖書で、「ジェームズ王の翻訳聖書」とも呼ばれる。ドイツ語のルター訳と双璧をなすといわれる名訳で、その後の新訳、改訳にまさるとの定評がある。そこでここでは口語訳より名訳との誉れ高い文語訳で引用した。

*2 **単子(モナス)の構成** ジョン・ディーの聖刻文字の単子(モナス・ヒエログラフィカ)の単子(モナス)そのものは、本書の図版10aに見ることができるが、その構成部分とその意味がわからないと、この部分は理解しにくいので、この文章の理解に役立つ範囲で、図解とともに単子の構成を簡単に紹介しておこう。

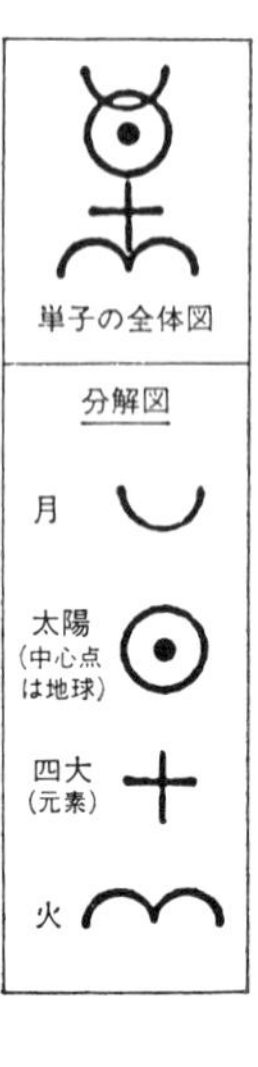

◡が月、○が太陽、中心点が地球を表わす（第三定理）。十は三と四の原理を表わす。すなわち直交する二本の直線によって三の原理を、また中心点から四方に延びる四本の線によって四の原理を表わす（第六定理）。十が四大元素に関係していることは第七定理で述べられている。♈が白羊宮であり火に関係していることは第一〇定理で述べられている。そして単子（モナス）が全惑星の記号をふくむことは、第一二定理（土星、木星、水星の第一記号）と第一三定理（火星、金星、水星）で説明される。惑星の全記号と単子（モナス）の構成部分との関係は以下のように図解される。

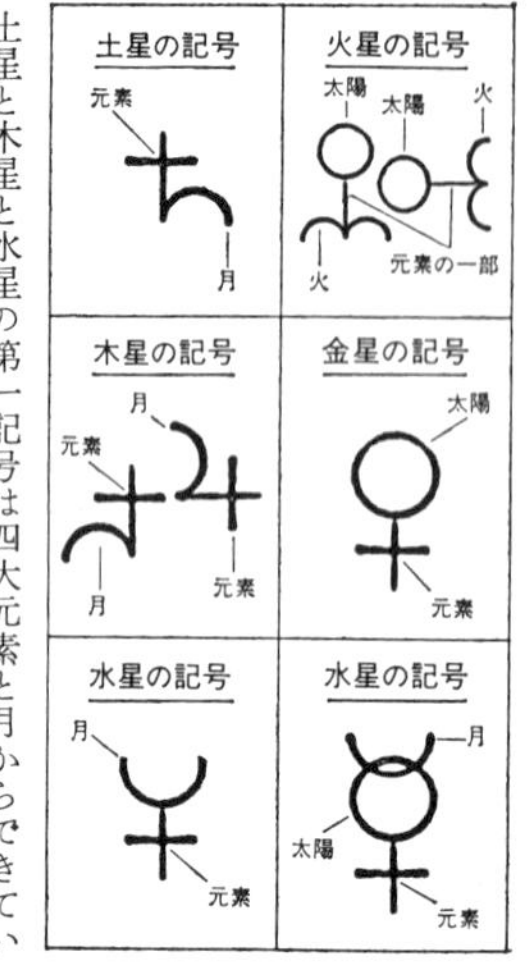

土星と木星と水星の第一記号は四大元素と月からできている（第一二定理）。

火星は太陽と火と四大元素の一部からできている（第一三定理）。

金星は太陽と四大元素（第一三定理）。

水星の第二記号は、月と太陽と四大元素（第一三定理）からできている。

＊3 **ヘルメス・トリスメギストスが書いたとされている文書**　『ヘルメス選集（コルプス・ヘルメティクム）』を中心とするいわゆるヘルメス文書。第6章の訳注3を参照。

＊4 **天体の「徴候（シグナトゥーラ）」理論**　「徴候（シグナトゥーラ）」はパラケルススが好んで使った用語で、その後パラケルスス派の医者がふたたびとりあげ、その理論を発展させている。もともと本草学に用いられた言葉で、「徴候（シグナトゥーラ）」とは、それによって治療法を見つけることのできる、外に表われた目印をさしている。たとえば「シベナガムラサキ」はまむしの鱗（うろこ）に似た模様をしており、そこからこの草は、まむしの毒に効くとされる。そのとき、この表に現われた模様こそ、この草が何に効くかを指示する「徴候（シグナトゥーラ）」である。クロルも、この種の外見の類似（アナロジー）にもとづく薬草の「徴候（シグナトゥーラ）」の例を多数あげているが、パラケルスス派においては、単に薬草にとどまらず、動物や鉱物など自然界全体、さらには星辰や天体と人間の身体との間の「徴候（シグナトゥーラ）」理論にまで発展していた。

＊5 **第四の王朝（クヴァルトゥム・モナルキアム）**　これは、まちがいなく旧約ダニエル書の黙示録に登場する第四の王国（または第四の獣）に関係している。ダニエルの夢の中でこの第四の国は、終末の前に現われて悪政を行なうが、最後の審判で倒される（ダニエル書七章二三以下）。ヨーロッパの終末観において、このダニエル書の第四の国は早くも二世紀後半にはローマ帝国と同一視されていた。もちろん『名声（ファーマ）』の文脈の中では、ローマ帝国や第四の王朝は、神聖ローマ帝国をさしている。

第5章　第三の薔薇十字文書

*1　**イギリス風翼面**　本文三二ページで述べられている、イギリス風の宮殿か邸宅をまねて設計され、窓を多くとりいれたハイデルベルク城の増築部分をさす。翼面とは城や宮殿の本館から脇へ広がる付属建造物を意味するが、図版18ｂの場合、城の中央左寄りに見える窓の多い部分をさすと思われる。

*2　**名声**（ファーマ）　ファーマ（ギリシャ語ではフェーメー）は、ギリシャ・ローマ神話における、名声や噂の擬人化女神。無責任な噂や流言蜚語をなす悪いイメージもあるが、人々の名声を世に知らせる善良な役割もあり、ここでは明らかに後者のイメージが強い。

*3　**ダニエルの四匹の獣とネブカドネザール像**　これらの像は各幕間に登場する。四匹の獣は、黙示録的な旧約ダニエル書第七章で、ダニエルが夢にみる四匹の獣のこと。ネブカドネザールもダニエル書に登場するバビロンの王である。この劇ではダニエルの獣は三幕と四幕の間、ネブカドネザールの像は四幕と五幕の間に展示される。

*4　**結婚のテーマ**　結婚は錬金術で好んでとりあげられるテーマであり、もっとも重要なふたつの元素「硫黄」と「水銀」の結合または化合を象徴する。この場合、「硫黄」が男性原理（象徴としては太陽、王、花婿などが用いられる）、「水銀」が女性原理（象徴としては月、女王、花嫁など）を表わし、この両元素の触媒となる「塩」は、しばしば婚姻の式を執行する司祭の姿で表象される。

*5　**ニグレド**　ニグレド Nigredo はラテン語で黒を意味する。物質は錬金術の作業において、黄金が生成されるまでさまざまな過程を経るが、その際かならず腐敗（コルプテオ）または黒の過程（ニグレド）を経過する。これは実際の作業過程で、金属が黒い色を帯びたことに由来すると思われるが、精神的、または象徴的錬金術では、死と再生のテーマと結びつき、魂が（黄金として）再生する前に体験しなければならない死を象徴するものと考えられていた。『化学の結婚』では、もちろん四日目の斬首と五日目の蘇生とに、このテーマは象徴されている。

*6　**記憶術**　記憶術やその「場所」と「像」については、前章訳注4を参照せよ。

*7　**ジョン・バニヤン** John Bunyan（1628-1688）　イギリスの宗教作家で牧師。妻の影響で熱心な非国教会派となり、各地で説教をするが、イギリスの王政復古（一六六〇年）後、無資格で説教をしたかどで、何度か投獄される。その投獄中に執筆したのが彼の代表作『天路歴程』（第一部一六七八年、第二部一六八四年）である。主人公クリスチャンが重い荷物（罪）を背負い、一冊の本（聖書）をもって、故郷の「滅亡の町」を出てさまざまな苦難の旅の末、「天の都」にたどりつくまでを描いた宗教的な寓意小説。

第6章　薔薇十字哲学の代弁者たち

*1　**契約の櫃**　ユダヤ人にとってもっとも神聖なもので至聖所に安置される。旧約出エジプト記によれば、モーゼは、イスラエル人をひきつれて、エジプトからカナンをめざす旅の途中、シナイ山で神から十戒の書かれた二枚の板をわたされる。こ

れを納めた箱が契約の櫃で、イスラエル人はこれをもってカナンをめざした。

＊2 **古代神学者** Prisci Theologi はマルシリオ・フィチーノの用語で、「往古の神学者たち」という意味であるが、この場合神学者はほとんど賢者と同義と考えてよい。フィチーノは、古代のさまざまな賢者を時代順に並べたひとつの系譜をつくったが、それによるとヘルメス文書の作者ヘルメス・トリスメギストスは、もっとも古い賢者であり、ついでオルフェウス、アグラオフェモス、ピタゴラス、プラトンという順になっており、ヘルメス・トリスメギストスは、すべての賢者の始祖としてもっとも高い権威が与えられていた。このように、フィチーノにはじまるルネサンスのヘルメス主義興隆には、エジプトのヘルメス・トリスメギストスを最古、最高の権威とする、独特の「古代神学者」の系譜がわかちがたく結びついていたのである。

＊3 **ヘルメス選集** ヘルメス文書の中核をなす全一八巻のギリシャ語の文書をさす。フィチーノは、コシモ・ディ・メディチの命を受けてこのうちの一四巻をラテン語に翻訳して、ルネサンスのヘルメス主義運動のきっかけをつくった。ヘルメス・トリスメギストスが弟子との対話を通じて、その教えを開陳する形式となっている。

＊4 **エメラルド板** 錬金術の原理を上のものと下のものとの調和や一者（モナス）の強調などを通じて説明した、きわめて短い銘文。錬金術師の聖典とされるこの銘文は、エメラルドの板に刻まれたと伝えられ、作者はヘルメス・トリスメギストスとされていた。

＊5 **アルキュタスの木製の鳩** アルキュタス Archytas（前430—前365）は、南イタリアのタラスに生まれたギリシャの政治家、軍人で、ピタゴラス学派の数学者、技術者。プラトンの親しい友人であったが、学問的にはプラトンが、感性的、実際的な技術一般を軽蔑していたのに対して、実際的な実験精神に富み、木製の空を飛ぶ鳩を制作したと伝えられている。なおアルベルトゥス・マグヌスについては、ケルンで自動人形をこしらえたが、弟子のトマス・アキナスが悪魔の使いとして、棒でたたきこわしたという有名な逸話が残っている。またロジャー・ベーコンの機械については、第8章原注21を参照せよ。

＊6 **哲学者の石（または賢者の石）** 錬金術の最終過程で生成される赤い物質で、それが得られれば、卑金属を自在に金に変えることができるとされた。しばしば四大（元素）を超えた第五元素や、永遠の生命を約束する万能薬と同一視された。

第7章 ドイツの薔薇十字騒動

＊1 **ヨアキム・ユンギウス** Joachim Jungius（1587–1657）ドイツの数学者、博物学者、伝統的なアリストテレス的スコラ哲学に反対し、実験を重んじた。ライプニッツは彼を、コペルニクス、ガリレオ、ケプラーと並べ、デカルトにつぐ高い評価を与えていた。またユンギウスは、植物の分類にはじめて科学的方法を用い、リンネの先駆となる業績を残した。

＊2 **エリア** 紀元前九世紀のイスラエルの最大の預言者。旧約列王記によれば、火の馬の引く火の車に乗って天に昇ったという。キリスト教においては、エリアは終末の前にメシアに先立って再来すると信じられていた。

＊3 **トマス・ア・ケンピス** Thomas à Kempis（1379–1471）ドイツの神秘主義者。ケルン近郊に生まれ。一五歳でデフェンターに行き、その地で神秘家ロイスブルクらによってつく

られたといわれる「共同生活の兄弟団」に入る。さらに一三九九年兄が院長をしていたアウグスティヌス参事会の修道院に入り、一四一三年司祭になる。「現世を捨て、キリストの生活と行為をまねよ」と説く、キリスト教神秘主義の代表作『キリストのまねび（イミタチオ・クリスティ）』は、一四七五年に出版された。

＊4 **ソッツィーニ** Fausto Sozzini (1539-1604) イタリアの神学者。シエナの名門の生まれで、やはり神学者の叔父レリオ(1525-1562)の影響を受ける。その教えは、三位一体説をしりぞけ、イエス・キリストの父のみを神とし、また教会と国家の結びつきを否定する。ソッツィーニ派は初期の理神論を代表するといわれている。

＊5 **理神論** キリスト教の信仰内容をもっぱら理性的な真理に限定しようとする教義で、三位一体や啓示、奇跡を否定し、聖書を批判的に研究する。理神論は、一七世紀後半のイギリス名誉革命にはじまる市民社会の発展と自然科学の発展にともない、イギリスで発達し、やがて一八世紀の啓蒙主義時代の代表的なキリスト教思想となった。一六世紀のソッツィーニ派は、そのもっとも初期の形とみなされる。

第8章 フランスを襲った薔薇十字恐慌

＊1 **主協会** 本文の英語は“principle College”となっているが、ノーデのフランス語の原文は、College principal”であり、おそらく“principal College”の誤植であろう。

＊2 **ノーデの挙げている著者と著書のリスト**

ジョン・ディー John Dee (1527-1608)『聖刻文字の単子（モナス・ヒエログリフィカ）』は、一五六四年一月二九日、アントワープ、という年号と場所が書かれており、神聖ローマ皇帝(及びボヘミアとハンガリー国王)マキシミリアン二世へ充てられた序文とともに、一五六四年に初版が出版されている。内容については訳注第4章2を参照のこと。

トリテミウス Johannes Trithemius (1462-1516) ドイツの聖職者、哲学者、魔術研究家。『秘文字』については原注第8章11を参照のこと。

フランチェスコ・ジョルジ Francesco Giorgi (1466-1540) ヴェネチアのフランチェスコ会修道士で、哲学者。カバラをピコ・デラ・ミランドーラとロイヒリンに学ぶ。その大著『宇宙の調和』の初版は一五二五年ヴェネチアで出されているが、一五七九年パリでフランス語訳が出版されている。

フランソワ・ド・カンダル François de Foix de Candale フランス、エールの聖職者。一五七四年に、ヘルメス文書のギリシャ語のテキストを出版し、一五七九年にその初めてのフランス語訳を公刊している。

ティヤール Pontus de Tyard (1522-1605) ロンサールやバイフらとともに、「フランス語の擁護と顕揚」を旗印にかかげるフランス・プレイヤード派の詩人で、バイフの創立した「詩と音楽アカデミー」にも深く関わっていた。「音楽」については原注第8章13参照。

ブルーノ Giordano Bruno (1548-1600)『イデアの影』は、ブルーノのラテン語の著作のひとつで、彼の最初のパリ滞在中の一五八二年に上梓され、フランス国王アンリ三世に献じられている。

ラモン・ルル Ramon Lull (1235-1315) 第14章の訳注4を参照のこと。

パラケルスス 訳注第3章3参照。

＊3 **「ヘンティスベルス」と「計算者スイセット」** 一四世紀のオックスフォード大学のマートン学寮（カレッジ）には、イギリスの数学研究の中心地として、多くの優秀な数学者が集まり、マート

ン派として一派をなしていた。ヘンティスベルス（またはジョン・ヘンティスベリー）も計算者スイセット（リチャード・スイセスまたはスウィンズヘッド）もこのグループに属していた。後者のあだ名の由来ともなった『計算集』はとくに有名で何度も版を重ね、ライプニッツも興味をいだいていたらしい。彼らの生涯はあまり知られていないが、ソーンダイクは「計算者」の活動時期を一四世紀の第二、四半期（つまり一三二五—五〇）頃としている。

*4 **カソーボンのヘルメス文書の年代決定**　アイザック・カソーボン Isaac Casaubon（1559–1614）は、ジュネーヴで生まれたカルヴァン派の聖職者で古典学者。フランスで活動していたが、宗教的対立で危険を感じ、イギリスへ渡り帰化する。一六一四年に国王ジェームズに献じた著作の中で、ヘルメス文書のギリシャ語を内容と形式の両面から詳細に検討し、それが太古のヘルメス・トリスメギストスの書いたものではなく、紀元後のものであることを明らかにした。

*5 **バイフの詩と音楽アカデミー**　バイフ Jean-Antoine de Baïf（1532–89）は、ロンサールを中心とした、フランス語の擁護と詩の革新をめざすグループ、プレイヤード派の詩人のひとりで、一五七〇年に、詩と音楽の統一をめざす教育機関として、国王シャルル九世の後楯で「詩と音楽アカデミー」を音楽家クールヴィルとともに創立する。

*6 **マンスフェルト** Mansfeld（Peter Ernst）（1580頃–1626）ドイツの軍人。宗教戦争時代、各地でプロテスタント側の傭兵隊長となって転戦、白山の戦いでもボヘミアまで遠征し、カトリック軍をむかえ撃つが、あえなく敗退する。

第9章　イギリスでの薔薇十字展開

*1 **デンマーク人セウェリヌス** Petrus Severinus（1542–1602）デンマークのパラケルスス派の医者で、主著に『医学哲学論』（一五七一年）がある。これは副題に、「パラケルススとヒポクラテスとガレノスの全教義の基礎をふくむ」と書かれているが、なかでもパラケルススにもっとも力点がおかれている。

*2 **ローリーの『世界史』**　エリザベス朝に重用されていたウォルター・ローリー卿（1552—1618）も、ジェームズ朝にはロンドン塔の獄中で執筆に専念し、一六一四年には『世界史』を上梓して国王ジェームズに献じている。この作品にはヘルメス文書から多くの引用がなされており、ヘルメス・トリスメギストスはモーゼよりも古いと考えられている。

*3 **トマス・ハリオット** Thomas Harriot（1560–1621）　イギリスの数学者、天文学者。はじめウォルター・ローリー卿の数学の個人教授をしていたが、ローリーの紹介でノーサンバーランド伯爵と知りあう。伯爵はその博識をたたえ、彼に年金を払うようになる。そして一六〇六年、ジェームズ国王らを爆殺しようと企てたカトリック過激派の陰謀（火薬陰謀事件）に、ノーサンバーランドが連座してロンドン塔に投獄されたとき、ノーサンバーランドは、獄中の自室に机をおいて、ハリオットとその友人のふたりの数学者、ウォルター・ワーナーとトマス・ヒューズに、そこで研究を行なわせた。このため彼らは、ノーサンバーランドの「三博士」として知

られるようになる。そして、やはりジェームズ国王への陰謀の嫌疑で同じ時期にロンドン塔に投獄されていたローリー卿も、彼らの研究にしばしば加わった。ハリオットは、ガリレオとほぼ同時期に望遠鏡を使って、月や木星の衛星の観察を行ない、またケプラーとも文通を交していた。

第10章　イタリアの自由主義者と薔薇十字宣言

*1　**カンパネラのふたりのドイツ人の弟子**
トビアス・アダミ (Tobias Adami) は、アルテンブルク生まれのドイツの神学者、哲学者。一六一一年から一六一三年までギリシャ、シリア、パレスチナ、イタリアを遍歴し、その間に何度か、カンパネラを獄中に訪問する。そしてカンパネラの熱烈な弟子となって、ドイツにその草稿をもたらし、一六一七年から一六二三年にかけて、それらをフランクフルトの出版社から上梓する。ウェンゼをカンパネラのもとに遣わしたのも彼だといわれている。
ウィルヘルム・ウェンゼ (Wilhelm Wense) は、ザクセンの貴族出身の神学者、哲学者で、ヨハン・アーント（次章訳注2を参照）の弟子。一六一二年にチュービンゲンでアンドレーエと知り合って親しい友人となり、一六一四年には、アンドレーエを介して知り合いになったアダミの勧めで、カンパネラをイタリアの獄中に訪問し、その弟子となる。アンドレーエは、一六四五年のある手紙の中で、ウェンゼが、アンドレーエの計画したキリスト教同盟に、カンパネラの作品の題名を借りて、「太陽の都」と名づけることを提案したという。

第11章　アンドレーエの薔薇十字解釈

*1　**「世界全体がひとつの舞台だ」**　シェークスピアの『お気に召すまま』第二幕第七場で、ジェイクィーズの語るせりふ。

*2　**ヨハン・ゲルハルト** Johann Gerhard (1582–1637)　ドイツのルター派正統主義の神学者。アーントの弟子。
ヨハン・アーント Johann Arndt (1555–1621)　ドイツのプロテスタント神学者、神秘家。ルター派を奉じてはいたが、シュトラスブルクの神秘家タウラーや同時代の神秘家ヴァレンティン・ヴァイゲルの影響を受け、しばしば正統ルター派と衝突した。アンドレーエやウェンゼの師。
マルティン・モラー Martin Moller または Möller または Müller (1547–1604)　プロテスタントの神学者。

*3　**「名前が何、……」**　シェークスピアの『ロミオとジュリエット』の第二幕第二場、有名なバルコニーの場面でジュリエットの語るせりふ。

*4　**メストリン** Michael Maestlin (1550–1631)　ドイツの数学者、天文学者。コペルニクス説の熱烈な信奉者で、チュービンゲン大学で親しくケプラーに教えを施したほか、イタリアへ赴いてコペルニクス説に関する講演を行ない、それを聴いたガリレオは、プトレマイオス説を捨てる決意を固めたといわれている。メストリンは一五八四年からチュービンゲン大学の数学教授となり、ケプラーはその年から講義を受け、アンドレーエはそれから二〇年後に講義を受けている。

*5　**フランシスクス・メルクリウス・ファン・ヘルモント** Franciscus Mercurius van Helmont (1614–1699)　ベルギーの

有名なパラケルスス派の医者、ヤン・バプティスタ・ファン・ヘルモント（1579—1644）の息子で、やはり医者となるが父よりさらに、錬金術的、カバラ的研究を推し進めている。キリスト教カバラの集大成、クノール・フォン・ローゼンロート（訳注第16章4参照）の『暴かれたカバラ』の編纂に協力し、その本の匿名の付属文書『キリスト教カバラの輪郭』は、ファン・ヘルモントの作といわれている。ファン・ヘルモントの活動はライプニッツの称讃を買い、その死に際してライプニッツは見事な墓碑銘を書いている。

*6 **アンティリア**　アンティリア（Antilia）は大西洋上に存在すると信じられていた伝説上の島。大航海時代の地図にも記載されており、フィレンツェ人パオロ・トスカネッリは、コロンブスとポルトガルの宮廷に宛てて、リスボンとジパング（日本）の距離測定の重要な里程標だと報告している。またポルトガルの伝説では、ムーア人のスペイン、ポルトガル征服後、キリスト教徒がアンティリアに移り住み、オポルト大僧正と六人の僧正が、それぞれ都市を建設して治め（そこから別名七つの都市の島ともいう）、ユートピア的生活を送っていたという。

*7 **マカリア**　マカリア（Macaria）はギリシャ語で「幸福」を意味するが、トマス・モアは、その『ユートピア』第一巻の後半で、「ユートピアからさほど遠くないところに住んでいるマカレンス人（Macarenses）」というギリシャ語 *μακαρια* からの造語（ラテン語）をつくり、無駄な蓄財をしない善良な王の治める「幸福な国」を描いている。ハートリブの一六四一年の『マカリア王国記』という作品については、第13章本文二五三ページを見よ。

第12章　コメニウスとボヘミア薔薇十字騒動

*1 **ボヘミア教団** Bohemian Unity　ボヘミア同胞団のこと。

*2 **石を所有する**　もちろん錬金術の用語で「哲学者の石（賢者の石）」をさす。『世界の迷宮』で薔薇十字の物語が語られるのは第一三章であるが、そのすぐ前の第一二章が「錬金術」に関する章になっており、その第二節の小題はまさに「哲学者の石」となっている。そしてそれについて、「卑金属を黄金に変えるこの物質は、他にもすばらしい力をもっています。といいますのも、それは、死がやってくるまで完全な肉体の健康を保証するものだからです。いやそれは死を認めることすらしません………、実際この物質を使うすべを心得れば、不死も不可能ではありません。この石は生命の種子、全世界の本質、エキスに他ならず、動物、植物、鉱物、そして四大（元素）も、おのれの存在をその石に負っているのです」と説明している。

*3 **『静かなる港』** Portus Tranquillitatus　コメニウスの文で最初の箱に書かれていた『叡知の扉』Portae Sapientiae のこと。Portus（男性名詞、港）と Portae（女性名詞、扉）というふたつのラテン語の単語は、意味も性別もまったく異なる別の単語であるが、綴りは似ている。

*4 **フランチェスコ・パトリッツィ** Francesco Patrizzi（1529—1597）　イタリアのネオプラトニスト、ヘルメス哲学者。フェラーラで一四年間、プラトン哲学を講義し、一五九一年には『新普遍哲学』を世に問うて、時の教皇に献じている。この本はきわめてヘルメス主義的色彩の強いものであったが、翌年パトリッツィは、教皇からローマに招待され、ローマの大学の教授のポストを与えられる。

当時ヘルメス主義は教皇庁から、きわめて危険視されていたが、なぜそのヘルメス主義が明らかであるパトリッツィが、教皇の好遇を得たのか、現在もいろいろと論義されている。そして当時ローマからさまざまな異端の罪状を告発されていたブルーノが、イタリア帰国を決心した背景に、自分と似た考えを抱くパトリッツィのローマでの成功をきいて、幾分楽観的になっていたことも、その理由のひとつとしてあげられている。

＊5 **ディオニシオス偽書** 紀元一世紀のアテネの裁判官（アレオパゴス）でキリスト教改宗者、ディオニシオス・アレオパギタの書いたとされている一連の偽書。実際には五、六世紀のものとされる。流出説的なネオプラトン主義をキリスト教と結びつけている点が大きな特徴で、中世にはJ・スコトゥス・エリウゲナに影響を与えた。またルネサンスのキリスト教カバリストは、ディオニシオス偽書の天使の階級を、カバラのセフィロートの階層に結びつけている。

＊6 **流出説哲学** 最高の「一者」から万物が出ることを、泉から水が流れることにたとえた形而上学説。古代ギリシャのエムペドクレスやデモクリトスにも見られるが、後のネオプラトニズムやとりわけグノーシス派やヘルメス文書において発展し、至高の一者から地上の人間まで、さまざまに段階が考え出された。またカバラの「セフィロート」の諸段階も、キリスト教カバラにおいて流出説として解釈されていた。

第13章 目に見えない学院から英国学士院（ロイヤル・ソサエティ）へ

＊1 **ホントルスト** Gerard von Honthorst (1590–1656) ポーランドの画家。ブレーメルトの弟子で、ローマではカラヴァッジオに師事した。

＊2 **ヴィテルスバッハ家** 一〇世紀頃からバイエルンを支配したドイツ貴族の家門。ファルツを支配下に入れるようになったのは一二一四年から。

＊3 **ハリントン家** 熱心な低教会派であったジョン・ハリントンとその妻の手に、エリザベスの教育がまかされたのは、一六〇三年、エリザベスが七歳の時のことで、ハリントンはそのため議員をはじめ、一切の公職をしりぞいて、コヴェントリーのそばのクーム邸で家族ともどもエリザベスとの生活をはじめた。エリザベスの結婚に際しては、ハイデルベルクまで同行し（本文三〇ページ参照）エリザベスの相談相手となっていたが四ヵ月後の一六一三年八月二三日、イギリス帰国途上で急逝する。

＊4 **国教低教会派** 英国国教の中で、福音主義的な見地から、司教、司祭などの聖職位やサクラメントに「低い」価値しか認めない一派をさし、「高教会」に対して使われる。自由主義的、プロテスタント的傾向が強い。

＊5 **ジョン・イヴリン** John Evelyn (1620–1706) イギリスの政治家、文学者。その『日記』（一八一八年刊行）はとくに有名で、当時のイギリスやヨーロッパの事情、そして同時代人に対する鋭い観察など、貴重な資料を提供している。そのほか彫刻、建築、造園、林学などその関心は多岐にわたり、英国学士院の会員でもあった。

＊6 **長期議会** イギリスで一六四〇年から五三年まで開かれた議会。清教徒革命の主要な舞台となった。

＊7 **ストラフォード** Strafford (Earl of). Thomas Wentworth (1593–1641) イギリスの政治家。はじめ国王批判派であったが、一六二八年以降国王支持にまわり、チャールズ一世の側近として無議会時代の中心人物となり専制的政策を行なった。このため議会の反発を買い、四〇年の長期議会で

弾劾され、また民衆蜂起を怖れた国王からも見捨てられ、革命の最初の犠牲者として、一六四一年にロンドン塔で処刑された。

*8 **ジョン・ペル** John Pell (1611-1685) イギリスの数学者。彼の『数学のイデア』(一六三八年)は、ハートリブによって、デカルトとメルセンヌに送られ、一六七九年の『哲学選集』の中に、デカルトとメルセンヌの注釈つきで収録されている。

*9 **ウィリアム・ペティ** William Petty (1623-87) イギリスの数学者、経済学者。近代的な統計学、経済学の創始者または先駆者のひとりとみなされている。青年時代にはパリでデカルトやメルセンヌと知遇を得、また英国学士院の創立にもかかわった。

*10 **ジョン・ウィルキンズ** John Wilkins (1614-1672) イギリスの数学者、天文学者、聖職者。英国学士院の創立に尽力し、当時イギリスに居たフリードリヒの息子、カール・ルドヴィヒのファルツ復権を精力的に説いていた。著書に、月に人間の住める世界がある可能性を論じた本(一六三八年)などがある。

*11 **テオドール・ハーク** Theodore Haak (1605-1690) ドイツ生まれの翻訳家。ハークがイギリスに渡ったのは一六二五年である。一六六三年五月二〇日、英国学士院の会員となる。

*12 **ヴェルラム卿** ヴェルラムは男爵の称号でベーコンは一六一八年にヴェルラム男爵に叙任された。

*13 **トマス・ヴォーン** Thomas Vaughan (1622-1666) イギリスの錬金術師。コルネリウス・アグリッパに傾倒し、ロバート・マリ(後の訳注参照)の下で、オックスフォードついでロンドンで錬金術の実験を行ない、一説によるとその実験中に水銀の蒸気を吸いすぎて死んだと伝えられている。その著作はほとんど、エウゲニウス・フィラレテスのペンネームで書かれている。詩人のヘンリー・ヴォーンは彼の双子の兄に当たる。

*14 **ヘンリー・ヴォーン** Henry Vaughan (1622-1695) イギリスの詩人、医者。詩人としてはジョージ・ハーバートの影響をうけ、神秘主義的傾向が強い。前述のトマス・ヴォーンとは双子の兄弟であるが、ヘンリーは、ヴォーン家がウェールズ出身であるところから「シルリスト(シルリア人)」と名のっていた。シルリアとは、ローマの征服当時、ローマ政権に反抗した、ウェールズ南東の古代ブリトン族。

*15 **ヘンリー・モア** Henry More (1614-1687) イギリスの哲学者、詩人。ケンブリッジ・プラトン学派の中心人物。はじめデカルトに傾倒したがしだいに離れ、ファン・ヘルモント(第11章の訳注5参照)の影響でカバラに関心を寄せ『カバラ釈義』(一六五三年)を書いている。

*16 **ロバート・マリ** Robert Moray (?-1673) イギリスの数学者、天文学者、政治家。英国学士院の創立者のひとりで、死ぬまでその活動に尽力した。政治的にはチャールズ一世の亡命計画を練ったり、英国学士院をチャールズ二世の後楯の下に置くよう働きかけるなど、自身は長老派であったが、ふたりの国王の信任は厚かった。学問上は彗星の観測を行なったほか、地質学などでも業績を残している。

*17 **メリック・カソーボン** Meric Casaubon (1599-1671) ヘルメス文書の年代決定を行なったアイザック・カソーボンの息子。

*18 **ウェンセスラウス・ホラー** Wenceslaus Hollar (1607-1677) プラハで生まれ、一七世紀イギリスで活躍したもっとも重要な挿絵画家、地形図作者。とくに一六六六年の大火以前のロンドンの眺めをかいた連作やセントポール寺院などの図版は、貴重な歴史資料ともなっている。

第14章 薔薇十字的錬金術へのアプローチ

＊1 **トマス・ノートン** Thomas Norton（?-1477） イギリスの錬金術師。二八歳のとき有名な錬金術師リプリー（次の訳注参照）の門をたたき、その下で研究を行なう。リプリーはその才能を見込んで、自分の後継者と定めたという。彼の『式文』は匿名になっているが、詩の中から、あるやり方で文字を拾い出して並べると、作者名が浮かぶような、一種の暗号形式の詩になっている。

＊2 **ジョージ・リプリー** 一五世紀のイギリスの錬金術師。イギリスにおける錬金術復興に大きな影響をふるい、ルルに擬せられている一連の錬金術文書を広めたのは彼だといわれている。一四七一年には英語で『錬金術選集』を編みエドワード六世に献じ、また一四七六年には『錬金術の精髄』をヨーク大司教ジョージ・ネヴィルに献じている。アシュモールの『英国の化学の劇場』には、他に有名な『リプリーの幻視』が収録されている。（これは日本でもイメージの博物誌⑥『錬金術』平凡社刊に、英語原文と邦訳が掲載されている）

＊3 **セリヤー** Cellier これは第3章五九ページで語られているツェリウス Cellius の英語形。

＊4 **ラモン・ルル** Ramon Lull (Raimundus Lullus)（1235-1316） フランチェスコ会に属する哲学者、神秘家。別名霊明博士（ドクトル・イルミナトゥス）。ルルは伝道生活の間に多数の著作を残し、「ルルスの術」を編み出した。それは基本的ないくつかの概念の組み合わせによって神秘に到達しようとするもので、後年、ブルーノやライプニッツに影響を与えた。その著作は二百を超えるといわれているが、真正と認められているものの他、ルルの名の下に伝えられている一四世紀初めの一連の錬金術文献が存在する。

第15章 薔薇十字主義とフリーメーソン

＊1 **円頂党員**（ラウンドヘッド） イギリス清教徒革命時代の議会派の別称。騎士を主体とする王党派が髪を長くしていたのに対して、議会派がいずれも髪を短く刈っていたことから、王党派が軽蔑の意味で使った言葉といわれる。

＊2 **メーソンの合言葉**（メーソン・ワード） フリーメーソンの合言葉。スコットランド起源であるらしく、一六五〇年頃には、もう使われていたという。部外者と会員、または会員同士の階級を区別するためのもので、合言葉のほか握手などのしぐさや合図、符徴などもふくめていう場合もあるらしい。

＊3 **名誉メーソン会員**（アクセプテッド・メーソン） 当初「自由な石工（フリーメーソン）」の組合としてはじまったフリーメーソンは、石工や建築業者の同業組合員だけをメンバーとしていたが、一六世紀末頃から、一般の有力な名士などをも会員に認めるようになった。これが「名誉メーソン会員」で、一七世紀には相当数にのぼった。彼らがさまざまな象徴、儀式、神話や伝説を導入して、思弁的、または近代的フリーメーソンの担い手となった。

＊4 **新しい位階制度** ふつう「薔薇十字騎士」と呼ばれる位階で、古代公認スコッチ儀礼（代表的な位階制度）では第一九位階に当たる。

＊5 **中世の詩篇** 別名「写本版メーソン憲章」または「旧訓全集」とも呼ばれ、約百篇ほど存在している。

*6 **テュロス王ヒラム**　テュロスは、地中海に面したフェニキアの港町。イスラエルの北にある。イスラエルの神殿建設は、ダビデが計画し、その息子ソロモンが実際に手がけることになるが、ソロモンは、父のダビデとも親しかったテュロスの王ヒラムに協力をあおぐ。これに対してテュロス王は木材などを送って応えたという（旧約列王記上第五章）。

*7 **ヒラム・アビフ**　旧約列王記上第七章一三以下に登場する。やはりフェニキア人で、テュロスで金銀細工師と結婚したナフタリ族の女の息子とされている。このヒラムの指導下に、ボアズとヤキンの二本の柱や青銅の海、ソロモンが神殿にそなえる大量の祭祀用具が完成した。
ところでこの建築家ヒラムに関しては、聖書にも載っていない伝説が、フリーメーソンの内部で伝えられている。それによれば、七年がかりの神殿建築も終わりに近づいた頃、三人の職人が給料の不満などから、親方のヒラムを殺害してしまう。三人は死体を埋め、そこにアカシアの小枝を植える。ヒラムのいないのを悲しんだ親方たちは彼を捜すが、アカシアの小枝が目印となって遺体を発見し、やがて立派な墓を建てる。このヒラムの殉教の各エピソードが、フリーメーソンの象徴的な儀式を構成するのである。

*8 **ウィトルウィウス** Marcus Vitruvius Pallio　前一世紀の建築家。その『十書』は現存する唯一の古代建築書で、アルベルティ、パラディオらイタリア・ルネサンスの建築家に影響を及ぼし、彼らによってウィトルウィウス復興運動がなされた。この運動のイギリスにおける代表者がイニゴー・ジョーンズである。

*9 **グランド・マスター**　フリーメーソンの位階で支部長。

*10 **パラディオ** Andrea Palladio (1508–1580)　イタリア・ルネサンスの建築家。ウィトルウィウスの影響を受け、友人の人文学者バルバロとともに、ウィトルウィウス注釈書を作成する。これが一五五六年のバルバロ版ウィトルウィウスで、パラディオは、図版の多くを担当している。その他『建築四書』という著書もある。

*11 **マスター・メーソン**　フリーメーソンの位階制度の第三位階。

*12 **ジェームズ二世派のフリーメーソン**　一六八八年のイギリス名誉革命は、カトリックのジェームズ二世を、プロテスタントのオラニエ公ウィレムが追い払って政権に就いたことによって成就されたが、ウィレム（とその妃メアリー）の統治後も、ジェームズをフランスから呼び戻して王に復位させようとする運動がイギリスに根強く残っていた（この動きはその後もジェームズの息子の老王位請求者や孫の若王位請求者にも受け継がれる）。そしてカトリック的色彩の強い古来からのフリーメーソン・ロッジはこの運動に積極的に関わり、ジェームズ二世をバック・アップしていた。
ところがこの頃、フリーメーソン内部でオラニエ公に忠誠を誓うグループが現われて、「ジェームズ二世派フリーメーソン」と鋭く対立するようになった。この「オラニエ派フリーメーソン」の代表者が、一七二三年の『憲章』を書いたアンダーソンとフランスのプロテスタント牧師デザギュリエである。フリーメーソン内部の「ジェームズ二世派」と「オラニエ派」の対立は深刻であったが、しだいに「オラニエ派」が優勢となり、一七一七年には、「ジェームズ二世派」の抵抗を押し切ってロンドンの四つのロッジを統一して大ロッジを形成し、二三年には『憲章』を発表して、現在まで伝わる、博愛主義的で、理神論的なフリーメーソンの性格を決定づけたのである。

第16章　薔薇十字啓蒙運動

＊1　**一四九二年のユダヤ人追放**　異端審問所の設置やグラナダ征服など、異端撲滅と異教徒のカトリック改宗化に熱心だったスペインのカトリック両王（スペインのイサベラ女王とアラゴンのフェルディナンド王）によって、一四九二年三月三一日、全ユダヤ人の国外追放が決定された。一部はカトリックに改宗して（一四世紀の末以来、弾圧を避けるため表向きカトリックに改宗してひそかにユダヤ教を奉じていた者たちをマラノという）残ったが、その他大量のユダヤ人がスペインを追われて、おもに地中海沿岸から、トルコ、パレスチナ方面に移住した。

＊2　**イサク・ルリア**　Isaac Luria (ben Solomon) (1534–1572)　パレスチナのカバリスト。彼の特徴は、神と被造物の一致を説き、宗教的法悦によって神に到達しようとする神秘主義的な面のほか、実際的な魔術の傾向ももっていた。そのカバラはツィムツィム（収縮）、ティックン（復興）、シュヴィラート・ハ・ケリム（器の破壊）という三つの根本概念からなりたっている。

＊3　**ラビ・レーヴ**　Rabbi Loew (Judah Loew ben Bezalel) (1520–1609)　別名「高貴なラビ・レーヴ」。ユダヤ教のラビでありながら、ユダヤ社会以外にも広く目を向け、同時代の新思潮を積極的にとりいれた。その学識は哲学、神学、文学、数学、天文学の他、錬金術やカバラなどの神秘思想にまで及び、一種のルネサンス的万能人であった。そのためさまざまな伝説が彼に結びつけられている。彼と皇帝ルドルフ二世とのプラハ城で行なわれた記念的会見（一五九二年）は史実で日付までわかっているが、内容は知られていない。伝説では、カバラや錬金術について語り合ったことになっているが、これはあまり根拠がないらしい。また彼がユダヤの古い伝説の泥人形「ゴーレム」をつくったという伝承は、かなり新しくロマン主義以後のものらしい。有名なグスタフ・マイリンクの『ゴーレム』では、ルドルフ皇帝との会見の際、カバラを使ってさまざまな幻術を披露して皇帝を驚かせたことになっている。

＊4　**クリスチャン・クノール・フォン　ローゼンロート**　Christian Knorr von Rosenroth (1636–1689)　ドイツの神学者、カバリスト。シレジア地方の牧師の息子として生まれ、自身もプロテスタント神学者となるが、むしろカバラ研究家として名を残している。はじめヤーコプ・ベーメの著作に影響を受け、オランダではじめてカバラに接する。そしてアムステルダムでラビらとともにカバラを研究し、ルリアの著作の写本などを手に入れ、これらのカバラの原典の解説書を後年、『暴かれたカバラ』（カバラ・デヌダータ）として刊行する。これはヘブライ語以外で書かれたもっとも重要なカバラ解説書で、キリスト教カバラの集大成ともいうべきもの。ライプニッツもこの本に大きな関心を寄せ、一六八七年には、彼を訪問してカバラに関する議論を行なった。ローゼンロートはその他、ファンヘルモントや、ケンブリッジのプラトン学派ヘンリー・モアとも親しかった。

＊5　**ゲーテの作品**　これは一七八四年のゲーテの未完の長詩「秘義」(Die Geheimnisse) をさしていると思われる。この詩は、復活祭に先立つ週間におけるある宗教団体の寓意物語で、「薔薇の十字架」（ローゼンクロイツ）がその団体の重要な象徴として用いられている。

補遺

＊1

翻訳について　付録の宣言の翻訳底本は、英語の原本どおり、一七世紀のトマス・ヴォーンの英語とした。いずれもドイツ語とラテン語のオリジナルからの翻訳が望ましいが、『告白（コンフェッシオ）』のラテン語版は入手困難な状態にあるため、英語からの重訳で御勘弁願いたい。意味のとおりにくい所、明らかに誤まりと思われる箇所など、ドイツ語版（『名声（ファーマ）』ではオリジナル）やフランス語版を参照して直したところもあるが、付録という性格上あまり繁雑な考証や注は施さなかった。
いずれにせよこれは試訳にすぎず、いずれ初版を底本に使った翻訳が、『化学の結婚』とともに出版されることが望ましい。

The Rosicrucian Enlightenment

✣薔薇十字運動参考系図

山下知夫＝編

※本書で言及された人名を中心にとりあげました。

スチュアート家【イギリス(スコットランド)】

メアリー・スチュアート
◆
(生1542-没1587処刑)
1561-1568 スコットランド女王

ダーンリー卿
(ヘンリー・スチュアート)

ジェームズ一世
◆
(生1566-没1625)
1578-1625 スコットランド王
1603-1625 イギリス王

ヘンリー・フレデリック
◆
(生1594-没1612)
イギリス皇太子

エリザベス
◆
(生1596-没1662)

フリードリヒ五世
◆
(生1590-没1632)
1610-1623 選帝侯
1619-1620 ボヘミア王

チャールズ一世
◆
(生1600-没1649処刑)
1625-1649 イギリス、スコットランド王

チャールズ二世
◆
(生1630-没1685)
1649-1651 スコットランド王
1660-1685 イギリス王

ジェームズ二世
◆
(生1633-没1701)
1685-1688 イギリス、スコットランド王

ゾフィー(ソフィア)
◆
(生1630-没1714)

エルンスト・アウグスト
◆
1692-1698 ハノーヴァー選帝侯

ジョージ一世
◆
(生1660-没1727)
1714-1727 イギリス王

ハプスブルク家
【ドイツ・ボヘミア(神聖ローマ帝国)】

マキシミリアン二世
◆
(生1527-没1576)
1564-1576 ドイツ皇帝

カール
◆
1564-1590 シュタイヤーマルク公

ルドルフ二世
◆
(生1552-没1612)
1572-1612 ハンガリー王
1575-1611 ボヘミア王
1576-1612 ドイツ皇帝

マティアス
◆
(生1557-没1619)
1611-1619 ボヘミア王
1612-1619 ドイツ皇帝

フェルディナント二世
◆
(生1578-没1637)
1617-1627 ボヘミア王
1618-1625 ハンガリー王
1619-1637 ドイツ皇帝

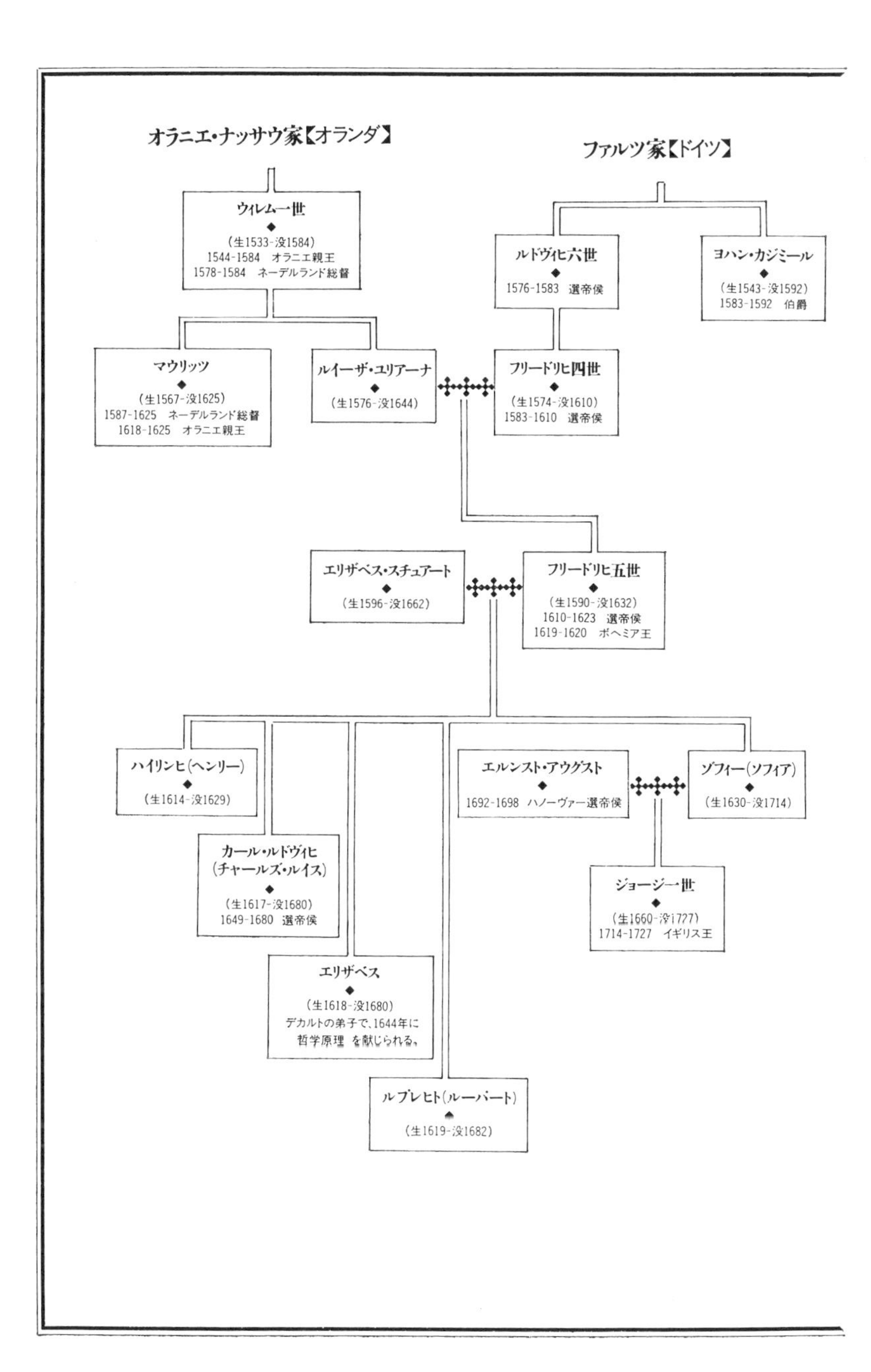

オラニエ・ナッサウ家【オランダ】
ファルツ家【ドイツ】
ウィレム一世
(生1533-没1584)
1544-1584 オラニエ親王
1578-1584 ネーデルランド総督
ルドヴィヒ六世
1576-1583 選帝侯
ヨハン・カジミール
(生1543-没1592)
1583-1592 伯爵
マウリッツ
(生1567-没1625)
1587-1625 ネーデルランド総督
1618-1625 オラニエ親王
ルイーザ・ユリアーナ
(生1576-没1644)
フリードリヒ四世
(生1574-没1610)
1583-1610 選帝侯
エリザベス・スチュアート
(生1596-没1662)
フリードリヒ五世
(生1590-没1632)
1610-1623 選帝侯
1619-1620 ボヘミア王
ハイリンヒ(ヘンリー)
(生1614-没1629)
エルンスト・アウグスト
1692-1698 ハノーヴァー選帝侯
ゾフィー(ソフィア)
(生1630-没1714)
カール・ルドヴィヒ
(チャールズ・ルイス)
(生1617-没1680)
1649-1680 選帝侯
ジョージ一世
(生1660-没1727)
1714-1727 イギリス王
エリザベス
(生1618-没1680)
デカルトの弟子で、1644年に
哲学原理 を献じられる。
ルプレヒト(ルーパート)
(生1619-没1682)

§薔薇十字運動参考年表

山下知夫十編集部編　◉本書で言及された項目を中心にとりあげました。

政治・社会

一五六四　シェークスピア誕生。
一五六六　ミハエル・マイヤー誕生。
一五六八　トマソ・カンパネラ誕生。
一五七〇　バイフとクールヴィル、フランス国王シャルル九世の下に、パリで「詩と音楽アカデミー」を創立。
一五七四　ロバート・フラッド誕生。
一五七五　チェコ人の信仰告白。
一五七七　フィリップ・シドニー、エリザベス女王の特使として、新皇帝ルドルフ二世のもとに派遣される。
一五八一　オランダ独立宣言。ネーデルランド北部七州が連邦共和国を形成。統領にオラニエ公ウィレム一世。
一五八二　アンジュー公のネーデルランド統治はじまる。
一五八三　ジョン・ディーとエドワード・ケリー、プラハに滞在。
一五八四　オランダ統領ウィレム暗殺。
一五八五　スペインがオランダに反撃。イギリスがオランダと同盟、支援。
一五八六　リューネブルクで、イギリス女王、デンマーク王等が集まって「福音軍事同盟」結成。（シモン・シュトゥディオン著『ナオメトリア』の記述から）レスター伯のネーデルランド介入。フィリップ・シドニーの伝説的戦死。
一五八七　ヨハン・ヴァレンティン・アンドレーエ誕生。メアリー・スチュアート処刑。

文化・出版

一五六四　ジョン・ディー著『聖刻文字の単子（モナス・ヒエログリフィカ）』出版。
一五七〇　ジョン・ディーがユークリッド『原論』の英訳に「数学的序文」を寄せる。

一五八八　ジョルダーノ・ブルーノ、プラハ滞在。
一五八九　ジョン・ディー、逗留中のボヘミア地方トジェボンからイギリスに帰国。
フランスで国王アンリ三世暗殺（ヴァロワ朝断絶）され、アンリ四世即位（ブルボン朝のはじまり）。
一五九〇　エドマンド・スペンサー著『妖精の女王』一～三巻出版。
一五九二　ラビ・レーヴ、プラハ城でルドルフ二世と会見。
マンペルガート公（のちのヴュルテンベルク公）、イギリスを歴訪、話題となる。
コメニウス誕生。
一五九三　フランス王アンリ四世がカトリックに改宗。
一五九五　ヘンリクス・クンラート著『永遠の叡知の円型劇場』の初版出版（この初版は、当時から大変な稀覯本で、ふつうクンラートの『円型劇場』といえば、一六〇九年のハノーヴァー版をさすことが多い。またこの本は一五九八年にプラハで、皇帝ルドルフ二世の允許を受けている）。
一五九六　イギリス・フランスがオランダの独立を承認し、三国は対スペイン同盟を結ぶ。
エドマンド・スペンサー著『妖精の女王』四～六巻出版。
一五九七　この年のガーター叙爵祭において、シェークスピアの『ウィンザーの陽気な女房たち』初演される。
ミハエル・マイヤー著『厳粛な冗談』、ド・ブリーによってフランクフルトで出版。
ジェームズ一世（当時はまだスコットランド国王ジェームズ六世）『悪魔論』を出版。
一五九八　フランス、ナントの勅令。新教徒に信仰の自由を認め、ユグノー戦争終わる。
一六〇〇　ジョルダーノ・ブルーノ、ローマで火刑。
トマソ・カンパネラ、南イタリアでスペイン占領軍に対する革命指揮。
ヨハネス・ケプラー、皇帝ルドルフの招きでプラハへ赴き、ティコ・ブラーエの後を受け、ルドルフの天文学者、占星術師として翌年（一六〇一）から一一年間プラハで暮す。

一六〇三　ヴュルテンベルク公フリードリヒ、ジェームズ一世の特使によって、シュトットガルトでガーター勲章授与。イギリス女王エリザベス没（チューダー朝の終わり）。スコットランド国王ジェームズ六世が、ジェームズ一世としてイギリス国王も兼ねる（スチュアート朝のはじまり）。

一六〇四　蛇座と白鳥座の新星出現。（別名ケプラーの新星）。クリスチャン・ローゼンクロイツの墓が発見されたといわれている年。

一六〇六　イギリスでカトリック教徒抑圧令制定。

一六〇八　ジョン・ディー没。ドイツで新教徒同盟結成。

一六〇九　神聖ローマ皇帝ルドルフ二世、国王書簡を発布。ドイツでカトリック教徒同盟結成。スペインとオランダ休戦。オランダの独立が事実上承認される。

一六一〇　フランス・アンリ四世暗殺。

一六一一　トビアス・アダミの東方旅行。この旅行中にカンパネラの獄を訪問する。スウェーデン王グスタフス・アドルフス即位。

一六一二　ジェームズ一世王女エリザベスとファルツ選帝侯フリードリヒ五世婚約。皇帝ルドルフ二世没。イギリス国王ジェームズ一世、ファルツ選帝侯をリーダーとしたプロテスタント君主連合に加盟。

一六〇四　シモン・シュトゥディオン著『ナオメトリア』、ヴュルテンベルク公に献上。フランス国王アンリ、イギリス国王ジェームズ、ヴュルテンベルク公との間の秘密同盟暗示。

一六〇五　フランシス・ベーコン『学問の進歩』発表。エルハルドゥス・ツェリウス著『イギリス＝ヴュルテンベルクの黄金の騎士』、シュトットガルトで出版。

一六〇六　トリテミウス著『秘文字』出版。

一六〇九　ヘンリクス・クンラート著『永遠の叡知の円型劇場』、ハノーヴァーで出版。オスワルド・クロル著『化学の聖堂』、フランクフルトで出版、付録として前年にプラハで執筆された『事物の徴候について』収録。フランシス・ベーコン著『古人の叡知』出版。

一六一一　イギリス国王ジェームズ一世の命による欽定訳聖書完成。シェークスピア『あらし』執筆、初演。

一六一二　トライアーノ・ボッカリーニ著『パルナッソス情報』、ヴェネチアで出版。（一六一三まで）

イギリス皇太子ヘンリー病没。グスタフス・アドルフス、ポーランドに侵入。各地に転戦（一六二九まで）。

ミハエル・マイヤー、イギリス訪問。

一六一三　ジェームズ一世王女エリザベスとファルツ選帝侯フリードリヒ五世の婚礼。

一六一四　ウィルヘルム・ウェンゼ、カンパネラを獄中に訪問。

一六一六　シェークスピア没。

一六一四　ボッカリーニ著『パルナッソス情報』の一章のドイツ語訳が『名声（ファーマ）』に併録出版。薔薇十字宣言『名声（ファーマ）』カッセルで出版。

ミハエル・マイヤーの処女作『秘法の中の秘法』出版。

アイザック・カソーボン、『聖俗両界の事柄に関する一六の冊子』（つまりヘルメス文書のこと）をジェームズ一世に献じ、その中でヘルメス文書の年代決定を行なう。

サロモン・ド・コオ、自著『動力の原因について』をファルツ侯妃に献呈。

一六一五　薔薇十字宣言『告白（コンフェッシオ）』、カッセルで出版。
ユリウス・シュペルバー著『称えるべき薔薇十字結社の、神のごとく高度に啓蒙された友愛団のこだま』、ダンツィヒで出版。

一六一六　ヨハン・ヴァレンティン・アンドレーエ著『クリスチャン・ローゼンクロイツの化学の結婚』、シュトラスブルクで出版。

薔薇十字批判の書、アンドレアス・リバヴィウス著『薔薇十字友愛団の「名声」と「告白」に関する善意あふる観察』、フランクフルトで出版。

ロバート・フラッド著『薔薇十字の友愛団に対する簡単な弁論（アポロギア）』、ゴドフリー・バッソンによってライデンで出版。

クリスチャヌス・フィラデルフス著『かの薔薇十字友愛団の立場と宗教とに関する若干の著名な博士たちの意見』、フランクフルトで出版。

一六一七　シュタイヤーマルク大公フェルディナント、ボヘミア国王就任。

一六一八　アンドレーエ、キリスト教協会結成（一六二〇年まで活動）。

デカルト、フランスを発ち、オランダに向かい、ナッサウのマウリッツ大公軍に加入。

プラハの窓外放擲、ボヘミア新教徒の蜂起。三〇年戦争勃発。


一六一九　ボヘミア国民、ファルツ選帝侯フリードリヒに王位授与決定。

フリードリヒとエリザベス、ボヘミアのプラハに入城、戴冠式実施。

デカルト、ドイツに赴きバイエルン公軍に加入。


一六一七　ミハエル・マイヤー著『真面目な戯れ』、ルーカ・イエニスによってオッペンハイムで出版。

アンドレーエ著『メニップス、あるいは諷刺的対話百篇』出版。

ロバート・フラッド著『両宇宙誌　第一巻――マクロコスモスの歴史』、オッペンハイムでド・ブリーによって出版（一六一八、一九年にも続刊）。

ロバート・フラッド著『薔薇十字の結社のための弁論的論考（トラクタトゥス）』、ゴドフリー・バッソンによってライデンで出版。


一六一八　ミハエル・マイヤー著『黄金の祭壇の一二の象徴』『黄金の象徴』『騒ぎの後の沈黙』、ルーカ・イエニスによってフランクフルトで出版。

フロレンティヌス・デ・ヴァレンティア著『花開く薔薇』出版（一六一八年にも）。

アンドレーエ著『キリスト教神話』出版。

ミハエル・マイヤー著『逃げるアタランタ』『さ迷い人、すなわち七惑星の山について』、オッペンハイムでド・ブリーによって出版。

ミハエル・マイヤー著『黄金のテミス』、ルーカ・イエニスによってフランクフルトで出版。

テオフィルス・シュヴァイクハルト著『薔薇十字の賢明な鏡（スペクルム）』出版。


一六一九　ヨーゼフ・ステラートゥス著『天空のペガサス』出版。

アンドレーエ著『クリスチャーノポリスの理想的またはユートピア的都市の記述』『キリスト教協会の見本』『バベルの塔』『キリスト教神話の三つの書』、シュトラスブルクで出版。

フラッド著『両宇宙誌　第二巻――ミクロコスモスの歴史』、オッペンハイムで出版。

ミハエル・マイヤー著『真の発明』、ルーカ・イエニスに

一六二〇　ファルツ選帝侯フリードリヒ軍、白山の戦いでカトリック軍（デカルト参戦）に敗退。
スペインのスピノーラ軍、オッペンハイムに侵入。

一六二一　イギリス下院がジェームズ一世に大抗議。

一六二二　ミハエル・マイヤー没。

一六二三　デカルト、パリに帰国。
パリで薔薇十字恐慌。

よってフランクフルトで出版。

パオロ・サルピ著『トリエント宗教会議の歴史』イタリア語初版、イギリスで出版。

ユリウス・グリエルムス・ツィンクグレフ著『倫理＝政治的寓意画』、オッペンハイムでド・ブリーによって出版。ファルツ侯への献辞。

J・P・D・a・S著『イエズス会の薔薇、またはイエズス会の赤い仲間』、ブリュッセルで出版。

ケプラー著『宇宙の調和』出版。


一六二〇　カンパネラ著『スペインの王政』出版。

アンドレーエ著『さしだされたキリスト教的愛の右手』出版。

サロモン・ド・コオ著『ファルツの庭園（ホルトゥス・パラティヌス）』、フランクフルトでヨハン・テオドール・ド・ブリーによって出版。

ミハエル・マイヤー著『哲学の七』、ルーカ・イエニスによってフランクフルトで出版。

フランシス・ベーコン著『新オルガヌム（ノヴム）』出版。

一六二一　『薔薇十字の害虫への警告』、ハイデルベルクで出版。
フレデリクス・フォルネルス著『勝利の栄冠』（『カトリック教会の奇蹟』）、インゴルシュタットで出版。

一六二二　ミハエル・マイヤー著『蘇った不死鳥の知的歌声』、ロストックにて出版。
ヨハン・ダニエル・ミュリウス著『改革された哲学』、フランクフルトでルーカ・イエニスによって出版。

一六二三　コメニウス、ブランディースにて『世界の迷宮』執筆。

フランソワ・ガラス著『当代才人達の奇妙な教理』出版。

著者不詳『悪魔と、不可視者を僭称する者たちとの間で取り交わされた恐るべき契約』出版。

ガブリエル・ノーデ著『薔薇十字友愛団の真実に関するフランスへの紹介』出版。

フランシス・ベーコン著『進歩について』出版。

一六二五　ジェームズ一世没。デンマーク王クリスチャン四世が三〇年戦争に参加。ワレンシュタインが皇帝軍総司令官となる（三〇年戦争第二期に入る）。

一六二六　フランシス・ベーコン没。

一六三〇　スウェーデン王グスタフス・アドルフスが三〇年戦争に参加（三〇年戦争第三期に入る）。

一六三二　ファルツ選帝侯フリードリヒ病没。リュッツェンの戦い。スウェーデン軍がワレンシュタインを破る。グスタフス・アドルフス陣没。

一六三三　ガリレオ、異端審問に召喚され、有罪となる。

一六三六　スペイン軍、フランスに侵入。

一六三七　ロバート・フラッド没。

一六三九　トマソ・カンパネラ没。

一六四〇　イギリス長期議会はじまる。

一六四一　コメニウス、イギリスに招待。イギリスでストラフォードの処刑。

一六四二　ロバート・マリ、フリーメーソン・ロッジに入会。イギリスで議会軍と王党軍との内乱。清教徒革命はじまる。

一六四三　フランス王ルイ一四世即位。

一六二四　カンパネラ著『太陽の都』ラテン語訳、フランクフルトで出版。ヘンリー・コンデル、ジョン・ヘミングズとともにシェークスピアの第一二折判（ファースト・フォリオ）を編集出版。

一六二五　ダニエル・ストルキウス編『化学の楽園』、ルーカ・イエニスによってフランクフルトで出版。ガブリエル・ノーデ著『魔術の疑いをかけられた偉大な人々のための弁明』出版。ベン・ジョンソンの仮面劇『幸運な島』上演。

一六二七　フランシス・ベーコン著『ニューアトランティス』出版。

一六二九　ロバート・フラッド、ヨアキム・フリツィウス著『至高善』『真の薔薇十字友愛団の真正な魔術とカバラと錬金術』、フランクフルトで出版。

一六三六　マラン・メルセンヌ著『宇宙の調和』出版。

一六三七　デカルト著『方法叙説』出版。

一六四一　サミュエル・ハートリブ著『マカリア』出版。コメニウス、イギリスで『光の道』執筆。デカルト著『省察』出版。

一六四四　グローブ座破壊。
一六四五　ロンドンで自然哲学研究のための会合開催（ウォリス説による英国学士院の起源）。
一六四六　アシュモール、フリーメーソン・ロッジに入会。
一六四八　オックスフォードのウィルキンズ宅で会合開催（スプラット説による公式の英国学士院の起源）。ウェストファリア条約決議。三〇年戦争に終止符。ドイツは領邦国家に分裂。ファルツ選帝侯子息カール・ルドヴィヒにニーダーファルツの統治権授与。
一六四九　イギリス、チャールズ一世処刑、共和政となる。
一六五四　ヨハン・ヴァレンティン・アンドレーエ没。
一六六〇　ロンドンで英国学士院創立。王政復古。イギリス王にチャールズ二世即位。
一六六二　王政復古後、イギリスに戻っていたフリードリヒ五世妃エリザベス没。
一六六六　ライプニッツ、薔薇十字団に入会との噂。
一六七〇　コメニウス没。
一六八七　ライプニッツ、クノール・フォン・ローゼンロートを訪問。

一六四四　デカルト著『哲学原理（プリンキピア）』出版。デカルト、ファルツ選帝侯女エリザベスに献呈。
一六四八　ジョン・ウィルキンズ著『数学の魔術』出版。
一六五二　エウゲニウス・フィラレテス（トマス・ヴォーン）、薔薇十字宣言『名声（ファーマ）』『告白（コンフェッシオ）』の英訳出版。エリアス・アシュモール著『英国の化学の劇場』出版。アタナシウス・キルヒャー著『エジプトのオイディプス』出版（一六五四年まで）。
一六五四　セス・ウォード著『学士院（アカデミア）の請求権』出版。ジョン・ウェブスター著『学士院の調査』出版。
一六五六　ミハエル・マイヤー著『黄金のテミス』出版。
一六五七　コメニウス著『闇の中の光』出版。
一六五九　ジョン・ディー著『精霊日記』出版。
一六六〇　ジョン・ヘイドン著『薔薇十字の島への旅』出版。
一六六二　ジョン・ヘイドン著『神聖なる案内人』出版。
一六六八　コメニウス著『光の道』、アムステルダムで出版。
一六六七　トマス・スプラット著『英国学士院の歴史』出版。
一六七二　エリアス・アシュモール著『ガーター勲章の歴史』、ロンドンで出版。

一六八八　イギリス王ジェームズ二世の信仰自由宣言。

一六八九　イギリス名誉革命。ジェームズ二世亡命。オラニエ公ウィレム（ウィリアム三世）と后メアリーがイギリス王に即位。権利章典を承認。

一六九〇　アシュモール、ファルツ選帝侯カールと会見。『ガーター勲章の歴史』を贈呈。

一七一七　ロンドンの四つのフリーメーソン・ロッジが集まって大ロッジを設立。

一六九〇　エゼキエル・フォックスクロフト英訳の『化学の結婚』出版。

一七一四　ライプニッツ著『単子論（モナドロジー）』出版。

一七二三　ジェームズ・アンダーソン著『フリーメーソン憲章』出版。

§訳者あとがき

†1

本訳書の底本は、Frances Amelia Yates, "Rosicrucian Enlightenment" 1972, Routledge & Kegan Paul である。そして著者のイエイツ自身一連のものと考えている連作の最初の作品、『ジョルダーノ・ブルーノとヘルメス的伝統』("Giordano Bruno and the Hermetic Tradition", 1964) からかぞえて四冊目にあたる。イエイツの著作は、あるテーマをこれまでとまったく異なった角度から光をあてることによって、通説とは完全にちがう結論が導き出され、しかもそれが、しばしば新説につきものの安直な思いつきや、ただ単に論争をしかけるためだけのものとは異なり、終始一貫した視点から論じられ、充分説得力のある具体的な証拠をともなって論証されている点で定評がある。本書もその評判通り、きわめて刺激的な、画期的論考となっている。

この本の主題はもちろん一七世紀のはじめに出版された一連の薔薇十字文書の中で、忽然と姿を現わした薔薇十字団と、その創始者クリスチャン・ローゼンクロイツの謎についてであるが、これまで秘密結社の研究家やオカルティストによって扱われてきたこの問題が、本書によってはじめて、「歴史」的に、かなり明解に位置づけられることになった。とりわけファルツ選帝侯フリードリヒとイギリス王女エリザベスとの結婚や、ふたりのハイデルベルク時代のファルツ統治や、短いボヘミア統治が、薔薇十字運動の政治、宗教的背景を形成していたこと、これは薔薇十字研究家にとって、これまで知られていなかったまったく新しい知見であるが、イエイツはそれを、彼女の得意とする独特の方法を用いて、きわめて説得力のあるやり方で論じている。

このイエイツ女史の定評ある歴史的方法は、一言でいえば図像学的方法といえるだろう。この方法はイエイツのというよりは、彼女の所属していたワールブルク研究所において、アビ・ワールブルクやパノフスキー以来、発展してきた歴史学の方法であり、イエイツ自身、ナチズムの台頭を期に、ドイツからイギリスに移された同研究所の中で身につけた方法であることをいろいろな場所で述べている。

図像学（イコノロジー）とは、簡単にいえば、ある作品にこめられた神話的、象徴的、寓意的な意味を多角的に探りながら、その精神史的な意義を解明する方法である。本来は造型作品を対象とした美術史の用語であるが、文献学や文学研究にも応用され、とりわけイエイツの場合には、歴史文献や文学作品の譬喩表現の背後に、きわめて現実的で実際的な事件や人物との関連を探るとき、めざましい手腕を発揮して、それらの事件や人物の、神話的、象徴的な意味を新たに浮かび上がらせることに成功している。たとえば一六世紀フランスのタピストリー連作の中に、ヴァロワ王家の人々の肖像画や、現実に催された祝祭の反映を拾い出したり（『ヴァロワ・タピストリー』）、ロバート・フラッドの作品とその図版から、グローブ座のまったく新しい復元図を提出したり（『記憶術』、『世界劇場』）、シェークスピアの戯曲から、これまでと異なる解釈を許す現実の歴史の反映を見たり（『シェイクスピア最後の夢』）、いずれも独創的な発想のものばかりである。

そしてもちろん本書でも、視覚面や文献面での図像学的方法を存分に駆使して、具体的な成果を挙げていることは、本文に見られる通りである。

†2

しかしここで重要なのは、こうした具体的成果の謎解き的興味にあるのではなく（たしかにそれだけでも充分に面白いが）、それらすべてが終始一貫したイエイツのルネサンス史観に支えられていることだろう。イエイツは、今世紀の前半まで少なくとも歴史家によって顧みられることのなかったルネサンスにおける一本の道筋を、何人かの先駆者とともに見い出し、そのさまざまな発展形態と相互の関係を、ひとつひとつ丹念にたどっていった。この意味でイエイツの全作品は、この一本の道筋を探り出すまでの模索を表わす準備的作品群と、その発見以後のゆるぎない着実な歩みを示した作品群から成り立っているといって過言ではない。

この一本の道筋をイエイツはしばしば、「ルネサンスのネオプラトニズム」という言葉で説明している。しかしこの伝統に属する人物の中には、プラトンや本来の意味のネオプラトニズム（つまりプロティノス以来のギリシアにおけるネオプラトニズム）との関連が稀薄な場合もあるため、ほぼ同じ内容をさす言葉として「ルネサンスのヘルメス＝カバラ的伝統」、「（ルネサンスの）オカルト哲学」、そして本書ではしばしば「魔術（マギア）とカバラと錬金術（アルキミア）」などという表現が使われている。

言葉はどうあれイエイツは、フィレンツェのアカデミア・プラトニカ以降のルネサンス精神史の中に、ブルクハルト以来のルネサンス観に根本的な変更を加えるような、ひとつの中心的な要素を見つけだしたのである。本著『薔薇十字の覚醒』も、単に一七世紀に忽然と現われ、また忽然と消えた薔薇十字運動の背後に、はじめて現実的な歴史的背景を指摘しただけではないのだ。それはイエイツの一貫したルネサンス観の一段階を表わすものであり、彼女の他の著作とも有機的に関連しているのである。その事を理解していただくために、ここで簡単にイエイツの他の作品を紹介しておこう。

一九六四年の『ジョルダーノ・ブルーノとヘルメス的伝統』は、フランセス・イエイツの名を一躍有名にした記念的作品である。この本はヘルメス文書が西洋世界に及ぼした影響を、古代、中世、そしてイエイツ本来の研究分野であるルネサンス時代（一七世紀もふくめて）までたどったものである。ルネサンスにおけるヘルメス文書の重要性に気づいたのはイエイツが最初ではない。P・O・クリステラー、E・ガレン、D・P・ウォーカーらが、とくにルネサンス初期のネオプラトン主義者に与えたその影響や、古代神学（プリスカ・テオロギア）の成立と変遷についての研究を発表していた。イエイツの本の特徴は、これら先駆的業績を踏まえつつ、ヘルメス文書の受容過程を、古代から一七世紀まで通史的にわかりやすく跡づけていること、そしてカバラの伝統がどのようにしてそこに融合されていったかを説明していることである。もうひとつこの本の重要な特徴は、このルネサンスのヘルメス＝カバラ的伝統の中で、はじめてジョルダーノ・ブルーノを大きくとりあげた点である。この事は大きな意味をもっている。というのも先に挙げたクリステラーらの研究が、どちらかといえばフィチーノをはじめとする、ルネサンス初期のネオプラトン主義者を対象としているのに対して、カバラや魔術の様相をいっそう深めていったブルーノ以降のその発展は、イエイツによってはじめて体系的に論じられることになるからである。

イエイツの次の著書『記憶術』（"The Art of Memory", 1966）も、彼女がブルーノの研究過程で出逢ったテーマを扱っている。記憶術は、西洋ではギリシャ時代から行なわれてきた実際的な技術であるが、イエイツは前著と同様、ギリシア・ローマ時代におけるその源流から、中世、ルネサンス、そして一七世紀の科学的方法の確立によるその消滅まで、記憶術の変遷をたどっている。そしてもちろん、ルネサンスのヘルメス主義の興隆によって、記憶術がいかにダイナミックな変化を受け、魔術的要素を加えていったかが、後半の大きな焦点となっている。そこで副産物として、ふたつの興味深い劇場の復元作業がなされている。ひとつは、戯曲を上演し、観客の供覧に付す目的をもった本来の意味の劇場ではなく、純粋に記憶術だけのために劇場という形式を借りた構築物で、「ジュリオ・カミッロの記憶劇場」という。もうひとつは、一六世紀から一七世紀にかけて実在した、有名なシェークスピアのグローブ座である。

イエイツが次に発表した『世界劇場』（"Theatre of the World", 1969）から、生前の最後の出版となった『魔術的ルネサンス』（"The Occult Philosophy in the Elizabethan Age", 1979）までは、本訳書もふくめてすべて邦訳がなされているので、詳しくはそちらを読んでいただくとして、ここではイエイツの全体の仕事の中でのそれらの著作の位置づけという点だけに、簡単に触れておこう。

†3

『ジョルダーノ・ブルーノとヘルメス的伝統』や『記憶術』が、千年以上の歴史を跡づけ、地域的にも全ヨーロッパを網羅しているのに対して、『世界劇場』以降の作品はすべて、時代的にはルネサンス後期（一六世紀後半以後）、地域的には北ヨーロッパ（イタリアより北という意味で）にその対象を絞ったものばかりである。個々に見るならば『世界劇場』は、ジョン・ディー、イニゴー・ジョーンズ、ロバート・フラッドというエリザベス朝及びジェームス朝ルネサンスを代表する三人のイギリス人を主題に据えている。本書『薔薇十字の覚醒』は、一七世紀初頭のドイツ、ボヘミア、イギリスを主な舞台としている。『アストライア』（"Astraea", 1975）は、一六世紀ドイツ、エリザベス朝のイギリス、及びフランス・ヴァロワ朝の帝国の理念を論じている。『シェイクスピア最後の夢』（"Shakespeare's Last Plays", 1975）は、ジェームズ朝におけるシェークスピア劇を論じている。そして『魔術的ルネサンス』は原題が示すように、エリザベス朝のオカルト哲学が問題とされる。

ところで先に、イエイツがヘルメス的伝統の歴史を論じるに際して、ジョルダーノ・ブルーノを大きく取り上げたことには重要な意味があると述べた。この点を少し敷えんしてみよう。ヘルメス＝カバラ的基盤をもったイタリアのネオプラトニズムのたかまりは、一六世紀の中頃になると、イエズス会の台頭やトリエントの宗教会議による反宗教改革の力によって、しだいに弾圧にさらされる。そしてそれを逃れるように、ヘルメス＝カバラ的伝統は北方の国々へ伝えられていく。ここで興味深いのは、一六世紀のジョルダーノ・ブルーノのヨーロッパ遍歴の跡が、その伝統の流れていった方向とほぼ一致している点である。ブルーノはヴァロワ朝のフランスを訪れている。そしてエリザベス朝のイギリスを訪問する。さらに新旧教両派の争うドイツに滞在し、ルドルフ朝のプラハにも足を延ばしている。ここで言いたいのはジョルダーノ・ブルーノがイタリアで発展したルネサンスのネオプラトニズムを、北ヨーロッパに伝達する役目を負っていた、ということではなく、ルネサンス史の大きな節目となる思想の流れが、ひとりの熱狂的な思想家のうちに、象徴的に体現されているということである。つまり一六世紀の中頃を境として、それまでイタリアで盛んであった、ネオプラトン主義を核としたヘルメス＝カバラ的伝統は、イタリアでの発展を妨害され、それ以後（すなわちルネサンス後期＝一六世紀半ば以降）は、ヘルメス的、魔術的、錬金術的様相を加えながら北ヨーロッパで発展することになるのである。そして、ジョルダーノ・ブルーノというイタリア生れの思想家の生涯と、その北ヨーロッパ遍歴は、まさにその節目を象徴するものなのである。

こう見てくると、イエイツの『世界劇場』以降の著書の意味も自ら浮かび上ってくるであろう。なぜなら、まことに象徴的なことに、イエイツのそれらの本における研究の足取りは、ジョルダーノ・ブルーノのヨーロッパ遍歴の足跡と軌を一にしているからである。つまりヴァロワ朝のフランスであり(『アストライア』)、エリザベス朝(とジェームズ朝)のイギリスであり(『世界劇場』、『シェイクスピア最後の夢』など)、新旧教両派の争うドイツであり(『薔薇十字の覚醒』)、ルドルフ朝後のプラハである(『薔薇十字の覚醒』)。要するにイエイツは『世界劇場』以後これまで誰も気づかなかった、あるいは少なくとも誰も手をつけなかった、ルネサンス後期のヘルメス=カバラ的伝統、さらには錬金術運動の発展を、はじめて系統的にたどっているのである。そしてやがて晩年になるに従って、この系統的な研究は、次第にエリザベス朝と、その延長としてのジェームズ朝初期のイギリスに収れんしていくことになる。この点を明らかにするために、これまで触れてこなかったイエイツの初期の研究を振り返ってみよう。

†4

これまで訳者は、『ジョルダーノ・ブルーノとヘルメス的伝統』以前のイエイツの著書は、一通り読んではいるものの、それほど重きを置いていなかった。それは、もう一〇年以上も前に、パリに留学中であった訳者が、冬休みにロンドンに滞在した際、たまたまイエイツ女史にお目にかかれるまたとない機会にめぐまれ、そのおり女史本人の口から、「わたしの本格的な仕事は、ウォーバーグ(ワールブルク)研究所に入ってから、それもあえていうなら、『ジョルダーノ・ブルーノ』以後でしょう」、といわれたのをはっきり記憶しているためかもしれない。そのため初期の『ヴァロワ・タピストリー』など、そこらの推理小説など及びもつかない、謎解きの面白さを堪能することはあっても、イエイツの仕事全体の中での位置づけといったことはそれほど考えてこなかった。しかしこれは今から考えるとあまりにもうかつにすぎたというべきである。『ジョルダーノ・ブルーノ』以前の著作は、たしかに準備的な作業を表わすものにせよ、後に展開される著述と有機的に関連しているのである。

イエイツの初期の作品は四冊あって、『ジョン・フローリオ(シェイクスピア時代のあるイタリア人の生涯)』("John Florio: The Life of an Italian in Shakespear's England", 1934)、『恋の骨折り損 研究』("A Study of Love's Labour's Lost",

1936)、『一六世紀フランスのアカデミー』("The French Academies of the Sixteenth Century", 1947)、『ヴァロワ・タピストリー』("The Volois Tapestries", 1959) である。きわめて大ざっぱにいうなら前二著は、エリザベス朝のイギリス（とくにシェイクスピアと関係の深いイタリア人に多大の関心が払われており、イギリス訪問中のブルーノも論じられている）を扱い、後二著はヴァロワ朝のフランスを扱っている。こう見てくるとイエイツはむしろはじめから、エリザベス朝やヴァロワ朝、つまりルネサンス後期に深い関心を抱いていたことがわかるのである。そしてたしかに、これらの研究は、『ジョルダーノ・ブルーノ』や『記憶術』といった画期的な大著の準備段階ともいえるが、逆につぎのようにもいえるのだ。つまりむしろ、イエイツにとってルネサンス後期（それも最終的にはエリザベス朝ルネサンス）の研究の準備のためにこそ、『ジョルダーノ・ブルーノ』や『記憶術』といった労作が必要だったのだと。

こうして今、イエイツの全著作の軌跡を、次のように要約することができるだろう。イエイツははじめ、エリザベス朝ルネサンス、ついでヴァロワ朝ルネサンスの研究に取り組んでいたが、ある壁にぶつかる。それは、それらの文化を支える中心思想を解く鍵が見つからなかったからである。しかしついに、ブルーノ研究を通じて、ルネサンスのネオプラトニズムに底流するヘルメス＝カバラ的伝統こそ、その鍵に他ならないことを発見する。そこでイエイツはいったん、その伝統（及びルネサンス期にそれと合体する、今ではまったく忘れられた記憶術の伝統）を源流までたどり、そこからの発展を着実に一歩一歩跡づけたうえで、その確かな成果をたずさえて、今度は自信に満ちた足取りで、もう一度当初の研究テーマであったヴァロワ朝や、とくにエリザベス朝の研究に立ち向かったのである。そしてイエイツは最終的に、エリザベス朝のイギリスに、ある理想的なヘルメス主義的帝国のつかのまの実現を見い出すのである（いい忘れたが、ここにはイエイツが、ルネサンス研究において拾い上げた「帝国主義」という別の大きなテーマが結びついている。むろんここで資本主義の最終段階という、レーニン以後の帝国主義概念を思いおこす人はいないと思うが、ここでいう帝国主義は、正義の帝王（または女王）の君臨する、改革されたキリスト教的理想社会としての帝国概念である）。正義の処女（アストライア＝エリザベス）を女王に戴き、宗教的には改革された国教を奉じ、政治的には無敵艦隊を破ってスペイン・ハプスブルクの野望を挫いたこのイギリス帝国は、またシェークスピアやスペンサーの活躍の舞台であり、ブルーノが来訪し、騎士詩人シドニーを生み出し、ガーター勲章や騎士道の復興がなされ、ジョン・ディーが自由に数学、魔術の研究にうちこみ、ローリーやノーサンバーランドも科学的、オカルト的実験を行なうなど、たしかにヘルメス主義の黄金時代でもあった。

イエイツが晩年『シェイクスピア最後の夢』を書き、病苦に苦しめられながらも『魔術的ルネサンス（原題・エリザベス朝のオカルト哲学）』を完成させて息を引きとったのはこの意味で象徴的である。先程ちょっと訳者が引き合いに出したいささか恣意的な比較をあえて押し進めるなら、みずから「ノラ人（びと）」（ノラはナポリ近郊のブルーノの生誕地）と名乗って南国イタリアの生れであることを誇りにしていたブルーノが、祖国を追われるように北国を彷徨しながら、結局は南の祖国で、理想を説くために帰国して、そこで生涯の円環を閉じたように、北の辺境のイギリス生れのイエイツは、その仕事をエリザベス朝のイギリスからはじめて、その解明に役立つ一本の流れを見い出してその源流を探るため、いったんはギリシア・ローマ世界（つまり南）へまでさかのぼり、その後の発展をヨーロッパ全土に求めた末に、最終的にはある理想社会の実現をそこに見た、祖国のエリザベス朝の研究をもって、その研究的生涯の円環を閉じたといえるかもしれない。

むろんこれは単純化しすぎたいい方であり、イエイツがエリザベス朝ルネサンスに、ある理想社会を見ているといっても、同時にそこに近代合理主義につながるような反動、すなわち、ルネサンスのヘルメス主義、カバラ、魔術といった一切の要素を、馬鹿げた迷蒙として攻撃する嘲笑や当てこすりの例を、イエイツは的確に摘出している。しかし、イエイツが晩年の著作の中で、エリザベス朝におけるある理念の束の間の実現や、それと時を同じくしておこった早すぎた反動を論じるとき、あるいはジェームズ朝初期におけるその理念の復興運動と、その後のあまりにもあっけない後退と反動を語るとき、その口調には自国の運命を語る者にのみ感じられる、特別な熱気がこめられているような印象をもつのは訳者だけであろうか。

†5

このことは本書においても反映されている。イエイツはドイツで展開された薔薇十字運動の中に、さまざまなイギリス的要素を指摘している。むろんまず、ファルツ選帝侯フリードリヒとイギリス王女エリザベスのロンドンでの結婚を挙げなければなるまい。他にも薔薇十字の騎士団体に及ぼしたガーター勲章の影響。アンドレーエに与えたイギリス演劇の影響。そして薔薇十字思想のそもそもの源が、ジョン・ディーの『聖刻文字の単子（モナス・ヒエログリフィカ）』に他ならないとする具体的論拠を挙げた指摘。ディーの影響という点では、そのボヘミア滞在という側面からも考察されている。さらにフィリップ・シドニーの外交活動も、前薔薇十字運動との関連で論じられている。イエイツはこれらの点を総合して、薔薇十字運動の一面を、「ドイツに輸出されたエリザベス朝文化」と大胆に要約し、薔薇十字時代のハイデルベルクを「ジェームズ朝ルネサンスの前哨基地」とまでいっている。こうしたドイツの薔薇十字運動と、イギリスのエリザベス朝やその継承としてのジェームズ朝初期の伝統との比較は、『シェイクスピア最後の夢』においても、シェイクスピアの後期の劇という枠組の中で、もう一度大きく取り上げられている。

また本書でイエイツは、三〇年戦争によっていったん瓦解する薔薇十字運動の、その後の名残りという点でも、さまざまなイギリス的要素を探り出している。本書の付録に付した薔薇十字運動参考年表を見ていただくと、一六二〇年代の後半から三〇年代に大きな空白があるのに気づかれたことと思う。いうまでもなくこれは大陸での三〇年戦争の影響であるが、直接三〇年戦争と関係のなかったイギリスでも目立った活動が見られないのは、この時期がちょうど、チャールズ一世の「無議会時代」と呼ばれる専制政治の時代にあたっているからである。こうして薔薇十字運動の名残りが、ボヘミアやドイツの亡命者らによって「イギリスに帰ってくる」のは、一六四〇年代以後ということになる。イエイツは本書で、そうしたポスト薔薇十字運動の跡を、長期議会の熱狂や、王政復古後の英国学士院の創立やフリーメーソンの中に掘り出している。このようなポスト薔薇十字運動とイギリスとの関係について、イエイツは『魔術的ルネサンス』の後半で、清教主義という枠組の中でふたたび論じている。

本書では、これらのイギリス的側面に関する多岐にわたる詳しい論述に比べれば、薔薇十字運動のもつドイツ的側面に関する考察は、多少物足りない気がしないでもない。宣言において、薔薇十字団の先行者として、唯一実名が挙げられているパラケルススに関して、あまり具体的には採り上げられていない（とくに著書は一冊も挙げられていない）。ベーメに関しても同じ事がいえるだろう。そして薔薇十字運動への影響という点で注目される他のドイツ神秘主義者（ヴァレンティン・ワイゲルやタウラー）に関しても触れられておらず、なかでも訳者が不思議に思うのは、アンドレーエのもっとも親しい友人であったクリストフ・ベゾルトの名が本書に一度も出てこないことである。ベゾルトは、若い頃のアンドレーエに計り知れない影響を与えたことがわかっているし、とくに、イエイツも重視している『名声（ファアーマ）』の付属文書、ボッカリーニ著『パルナッソス情報』を、『全般的改革』としてドイツ語に抄訳したのは、クリストフ・ベゾルトだといわれているのである。その他にも彼が『告白（コンフェッシオ）』の作者とする研究家もおり、それらの説の当否はともかく、ベゾルトがアンドレーエとともに、宣言の起草者にきわめて近い立場にいたことはまちがいないと思われるのである。

これらの点はポイケルトその他の本を読んで補うべきかもしれない。というより本書は、どんな立場に立つにせよ、薔薇十字運動の研究家にとって無視することの許されない本であり、ドイツ的側面に関しても、本書でなされた新しい歴史的文脈の中で、あらためて詳しい研究が行なわれることが期待されるのである。同様のことはボヘミア的側面に関してもいえるだろう。

いずれにせよ、薔薇十字運動の全貌を知るには今後国際的な協力が必要と思われるが、これまで概して好事家によって論じられることの多かった薔薇十字研究に、本書が一大変革をうながすものであることに変わりはないのである。

また本書では薔薇十字思想と近代との関係、とりわけ近代哲学、近代科学との関係も論じられている。この観点からケプラー、デカルト、ニュートン、ライプニッツらがとりあげられている。つまり近代合理主義を形成するのに大きく関わったとされている、ほとんどすべての人々が、何らかの意味で薔薇十字思想と関係があったといえるのだ。こうした視点からの、科学史、思想史の再検討もイエイツ以後、盛んになってきているようである。その面で訳者がとりわけ関心をもつのは、近年ヘーゲル批判のたかまりとまるで入れ替わるように復活のきざしを見せているスピノーザである。スピノーザもまた薔薇十字との関連を噂されたことがあるが、ライプニッツと同時代のオランダのユダヤ人であったスピノーザに関するこの噂には、ファルツ選帝侯のオランダ亡命宮廷との関係があるのだろうか——。

最後に本訳書にはさまざまな方々の協力があったことを述べておきたい。本書の翻訳を最初に勧めて下さった内田美恵さんには、当初さまざまなアドバイスやはげましをいただいた。また一〇年ほど前から私的な研究会を開いて、ともにイエイツやショーレムの理解に努めてきた畏友の佐山一氏には、参考文献を探す手助けをしていただいた。そして工作舎編集部の石原剛一郎、森下知両氏は、こちらの訳業が遅れるたびに、辛抱強く待っていただき、こころよくスケジュールの変更に応じて下さった。とくに石原氏は本書の内容を良く理解されて、書名、章見出し、小見出しなどに関して貴重な意見を提出され、訳者は、ほぼ全面的にその意見に従ったにすぎないことを、ここにお断りしておこう。また付録の年表の大半も石原氏の作製されたものので、訳者は若干の項目を書き加えたにすぎない。これらの方々に、ここで心からのお礼を申し上げておきたい。

一九八六年六月

山下知夫

ユリアヌス・デ・カンピス Julianus de Campis 142, 143
ユンギウス，ヨアキム Joachim Jungius 138, 139
ヨアキム師 Abbot Joachim 62
預言者ダニエル Daniel, prophet 99

ラ

ライプニッツ Leibniz 138, 221
ラタンシ，P. M. P. M. Rattansi 285
ラッド，トマス Thomas Rudd 283～284
ラブレー，フランソワ François Rabelais 160
リバヴィウス，アンドレアス Andreas Libavius 82～87, 116, 118, 125, 139, 146, 161
リヒテンベルガー，ヨハン Johann Lichtenberger 62
リプリー，ジョージ George Ripley 276
ルイーザ・ユリアーナ Louise Juliane 30
ルドルフ二世 神聖ローマ帝国皇帝 Rudolph II, Emperor 14, 38, 40, 47, 52, 64, 70, 84, 105, 114, 115, 122～124, 247, 316, 321
ルーパート王子 Prince Rupert 48, 250
ルリア，イサク Isaac Luria 316
ルル，ラモン Ramon Lull 159, 161, 283
ルンフィウス，クリスチャン Christian Rumphius 127
レーヴ，ラビ Rabbi Loew 316
レスター伯→ダドリー，ロバート レスター伯 Earl of Leicester→Robert Dudley, Earl of Leicester
レン，クリストファー Christopher Wren 262, 297
ロイヒリン，ヨハン Johann Reuchlin 143～144
ロジェムベルク，ヴィレム Villem Rožmberk 64
ロジェムベルク，ペテル・ヴォッフ Peter Wok of Rožmberk (Rosenberg) 52, 63, 84
ローゼンクロイツ，クリスチャン Christian Rosencreutz 56, 57, 70, 72, 73, 74, 95～107, 138～142, 183, 186, 195, 207, 212, 241, 279, 288, 289, 311
ロッシ，パオロ Paolo Rossi 80, 175
ロー，トマス Thomas Roe 251, 252
ローリー，ワルター Walter Raleigh 178, 181

ヘイドン，ジョン　John Heydon　186, 266 〜267
ベーコン，フランシス　Francis Bacon　20, 25, 26, 34, 80, 118, 129, 145, 174〜187, 220, 251, 255, 256, 261, 264〜268, 270, 280, 303
ベーコン，ロジャー　Roger Bacon　116, 162, 163
ベーズ，テオドール　Théodore de Bèze　29
ペティ，ウィリアム　William Petty　258, 262
ヘミングズ，ジョン　John Heminges　21
ベーメ，ヤーコブ　Jacob Boehme　147, 263, 312, 321
ベラー，E. A.　E. A. Beller　86, 89
ペル，ジョン　John Pell　258
ヘルメス・トリスメギストス　Hermes Trismegistus　83, 116, 119, 126, 127, 143, 295, 303, 318
ヘンティスベリー，ジョン　John Hentisbury　160
ヘンリー　イギリス皇太子（プリンス・オブ・ウェールズ）　Henry, Prince of Wales　21, 31, 33, 44, 63, 191
ポイケルト，ウィル・エリッヒ　Will-Erich Peuckert　15
ボイル，ロバート　Robert Boyle　259〜260, 262, 272
ボズウェル，ウィリアム　William Boswell　251
ポステル，ギュイヨーム　Guillaume Postel　62
ボッカリーニ，トライアーノ　Traiano Boccalini　193〜200
ボーマント，フランシス　Francis Beaumont　23
ホラー，ウェンセスラウス　Wenceslas Hollar　270
ホール，ジョン　John Hall　217
ホントルスト，ゲラルド　Gerard Honthorst　246, 248

マ

マイヤー，ミハエル　Michael Maier　15, 101, 110, 113〜115, 122〜135, 138, 143, 146, 151, 156, 158, 178, 197, 230, 273〜276, 280〜285, 299, 300, 308, 320, 321
マウリッツ　ナッサウ伯　Maurice of Nassau　22, 27, 167
マキシミリアン二世　神聖ローマ帝国皇帝　Maximilian II, Emperor　38, 65
マキシミリアン　バイエルン公　Maximilian, Duke of Bavaria　48, 167, 168
マックガイヤ，J. E　J. E. McGuire　285
マティアス　神聖ローマ帝国皇帝　Matthias, Emperor　40
マナリング，ヘンリー　Henry Manwaring　292
マニュエル，フランク・E　Frank E. Manuel　281
マホメット　Mahomet　62
マリ，ロバート　Robert Moray　263, 293
マン，ジャン・ド　Jean de Meung　102
マンスフェルト，エルンスト・フォン　Ernst von Mansfeldt　168
ミュリウス，ヨハン・ダニエル　Johann Dadniel Mylius　133
ミルトン，ジョン　John Milton　254
メアリー　スコットランド女王　Mary, Queen of Scots　94
メストリン，ミハエル　Michael Maestlin　221
メナピウス　Menapius　139, 144〜145
メランヒトン　Melanchthon　29
メリアン，マチュー　Matthieu Merian　29, 34, 94, 111, 122, 124, 270
メルセンヌ，マラン　Marin Mersenne　163〜166, 169
モア，トマス　Thomas More　194, 209, 253
モア，ヘンリー　Henry More　263
モサヌス，ヤコブ　Jacob Mosanus　127
モーゼ　Moses　143, 303
モラー，マルティン　Martin Moller　210
モーリッツ　ヘッセン方伯　Maurice, Landgrave of Hesse　52, 64, 123, 127, 130, 143

ヤ

ユークリッド　Euclid　13, 162, 193, 295

～85, 114, 121, 131, 138, 140, 143, 147, 159, 161, 176, 263, 264, 266, 272, 273, 308, 317
ハリオット，トマス　Thomas Hariot　181
ハリントン卿夫妻　Lord and Lady Harrington　30
パレウス，ダヴィド　David Paraeus　226
ハワード，トマス　アルンデル伯　Thomas Howard, Earl of Arundel　28, 30, 32
ピコ・デラ・ミランドーラ　Pico della Mirandola　13, 83, 120, 161, 194, 316
ピストリウス，ヨハネス・ニダヌス　Johannes Niddanus Pistorius　40
ピタゴラス　Pythagoras　161
ヒラム・アビフ　Hiram Abif　296
ヒラム　テュロス王　Hiram, King of Tyre　131
ファウルハーバー，ヨハン　Johann Faulhaber　168
ファルツ選帝侯→フリードリヒ五世　Elector Palatine→Frederick V
ファン・ヘルモント，J. B.　J. B Van Helmont 317
ファン・ヘルモント，フランシスクス・メルクリウス　Francis Mercury Van Helmont　221, 317
フィチーノ，マルシリオ　Marsilio Ficino　13, 120, 144
フィッツァー，ウィリアム　William Fitzer　111
ブイヨン公　Duc de Bouillon 39, 43
フィラデルフス，クリスチャヌス　Christianus Philadelphus　144
フィラレテス，エウゲニウス→ヴォーン，トマス　Eugenius Philalethes→Thomas Vaughan
フェリペ二世　スペイン王　Philip II, King of Spain　40
フェルディナント二世　シュタイヤーマルク公，神聖ローマ帝国皇帝　Ferdinand II, of Styria, Emperor　40, 41, 43, 86, 88
フォックスクロフト，エゼキエル　Ezechiel Foxcroft　284
フォルネルス，フレデリクス　Fredericus Fornerus　149
フォン・ドーナ，クリスチャン　Christian Von Dohna　192
フス，ヤン　John Huss　40, 44, 45, 226, 314
フック・ロバート　Robert Hooke　266
ブラウンシュヴァイク公アウグスト　Prince August of Brunswick　218
ブラウンシュヴァイク公クリスチャン　Christian of Brunswick　88
ブラウンシュヴァイク侯妃ソフィア　ハノーヴァー選帝侯妃　Sophia of Brunswick, Electress of Hanover　249
ブラウン，ロバート　Robert Browne　47
フラッド，ロバート　Robert Fludd　29, 110, 113～123, 125, 126, 134, 143, 146, 150, 164～166, 169, 176, 215, 238, 261, 263, 264, 291, 300, 308, 309, 319
プラトン　Plato　97
フランソワ　アンジュー公　Duc d'Anjou François　27
フランソワ・ド・カンダル　François de Candale　160
プランタン，クリストファー　Christopher Plantin　113
フリツィウス，ヨアキム　Joachim Frizius　150
フリードリヒ一世　ヴュルテンベルク公　Frederick I, Duke of Württemberg,　51, 52, 58, 60, 279
フリードリヒ五世　ファルツ選帝侯，ボヘミア王　Frederick V, Elector Palatine, King of Bohemia　14, 20～35, 39, 41, 42, 44, 46～50, 52, 53, 62, 63, 67, 68, 112, 127, 164, 165, 167, 168, 170, 171, 178, 182, 190, 192, 222, 226, 228～231, 239～241, 246～248, 251, 259, 261, 273, 284～286, 299～301, 308
ブルーノ，ジョルダーノ　Giordano Bruno　40, 113, 115, 124, 127, 128, 132, 134, 159, 160, 179, 180, 196～198, 300, 318
ブーレ，J. G.　J. G. Buhle　290～291, 302
フレンチ，ピーター　Peter French　13, 16, 64
プロティヌス　Plotinus　161
フロレンティヌス・デ・ヴァレンティア　Florentinus de Valentia　140, 144

ツェツナー，ラザルス　Lazarus Zetzner 209
ツェリウス，E.　E. Cellius　58, 59
ディアナ　Diana　129, 158
ディクソン，アレキサンダー　Alexander Dicson　115
ティコ・ブラーエ　Tycho Brahe　159, 168
ディー，ジョン　John Dee　13～15, 63～67, 81～84, 91, 97, 101, 106, 113, 117, 118, 120, 121, 125, 128, 135, 138, 142, 145, 147, 159, 160, 162, 163, 179, 180～182, 215, 216, 220, 231, 238, 243, 257, 258, 261, 263～267, 276～279, 281～286, 297～301, 306～311, 314, 316～381
ディドロ　Diderot　12
ティヤール，ポンテュス・ド　Pontus de Tyard　159, 166
デカルト，ルネ　René Descartes　34, 163, 166～171, 260, 311
デ・ドミニス　スパラート大司教　De Dominis, Archbishop of Spalato　191
デモクリトス　Democritus　98
デューラー，アルブレヒト　Albrecht Dürer 145
デュリー，ジョン　John Dury　222, 244, 251～257
デンマーク王　King of Denmark　61
デンマーク人セウェリヌス（ペトルス・セウェリヌス）　Severinus the Dane (Petrus Severinus)　176
デクインシー，トマス　Thomas De Quincey 290～291
ド・コオ，サロモン　Salomon De Caus 31, 32, 33, 53, 94, 104, 121, 122, 130, 135
トート＝ヘルメス→ヘルメス・トリスメギストス　Thoth-Hermes→Hermes Trismegistus
ド・ブリー家　De Bry, family　300
ド・ブリー，テオドール　Theodore De Bry　111, 127
ド・ブリー，ヨハン・テオドール　Johann Theodore De Bry　29, 32, 94, 110～114, 122～124, 127
トマス・ア・ケンピス　Thomas à Kempis 140, 142, 313
トリテミウス　Trithemius　159, 266
トレヴァー＝ローパー，H　H. Trevor-Roper 16, 50, 250

ナ

ニュートン，アイザック　Isaac Newton 272, 280～282, 285～286, 306
ノーデ，ガブリエル　Gabriel Naudé　154, 158～163, 165～166
ノートン，トマス　Thomas Norton　274～276

ハ

バイエ，アドリアン　Adrien Baillet　167, 168, 170
バイフ，ジャン＝アントワーヌ　Jean-Antoine de Baïf　165, 166
バイエルン公→マキシミリアン　Duke of Bavaria→Maximilian
ハーク，テオドール　Theodore Haak　253, 254, 258, 259, 270
パーシー，ヘンリー　ノーサンバーランド伯 Henry Percy, Earl of Northumberland 181
ハーゼルマイヤー，アダム　Adam Haselmayer　70, 71, 85, 318
バッソン，ゴドフリー　Godfrey Basson 115
バッソン，トマス　Thomas Basson　115
パディー，ウィリアム　William Paddy　122
ハートリブ，サミュエル　Samuel Hartlib 217, 222, 227, 244, 251～254, 256～258, 260, 279
ハートリブ，ジョージ　George Hartlib　227
パトリッツィ，フランチェスコ　Francesco Patrizzi　242
バニヤン，ジョン　John Bunyan　106
ハーバート，ウィリアム　ペンブルック伯 William Herbert, Earl of Pembroke　49
ハーバート，ジョージ　George Herbert 26, 313
パラケルスス　Paracelsus　62, 73, 74, 82, 83

ゲーテ　Goethe　207, 320
ケプラー，ヨハネス　Johannes Kepler　40, 309
ケリー，エドワード　Edward Kelley　40, 63, 64, 276, 281, 307
ゲルハルト，ヨハン　John Gerard　210
コイレ，A.　A. Koyré　311～312
コッター，クリストファー　Christopher Kotter　229～231, 240
コペルニクス　Copernicus　144, 179
コメニウス（ヤン・アモス・コメンスキー）　Comenius (Johann Amos Komensky)　222, 226～244, 251～257, 268～269, 302, 322
コメンスキー→コメニウス　Komensky → Comenius
コンデル，ヘンリー　Henry Condell　21

サ

サルピ，パオロ　Paolo Sarpi　51, 190～193, 195, 200, 318
シェークスピア，ウィリアム　William Shakespeare　20, 35, 58, 205, 212
ジェームズ一世　イギリス王　James I, King　14, 20, 27, 39, 45～49, 51, 58, 60, 62, 63, 111, 119, 120, 123, 126, 178～182, 190～192, 227, 247～249, 276～277, 297, 309, 314, 320
シドニー，フィリップ　Philip Sidney　38, 61, 64, 113, 134, 299, 300, 307
シバの女王　Queen of Sheba　131
シュヴァイクハルト・テオフィルス　Theophilus Schweighardt　140, 142
シュトゥディオン，シモン　Simon Studion　60, 61, 62
シュペルバー，ユリウス　Julius Sperber　143, 144
ジョージ一世　イギリス王　George I, King　249
ジョステン，C. H.　C. H. Josten　97
ジョルジ，フランチェスコ　Francesco Giorgi　144, 159
ショーレム，G.　G. Scholem　15
ジョーンズ，イニゴー　Inigo Jones　20, 24～26, 28, 30～33, 297, 298
ジョンソン，ベン　Ben J0nson　2o7
スクルテトス，アブラハム　Abraham Scultetus　47, 226
スクレ，フランソワ　François Secret　315
スコペニウス，バロトロメウス　Bartholomaeus Scopenius　226, 227
ステラートゥス，ヨーゼフ　Joseph Stellatus　143
ストルキウス（ストルク），ダニエル　Daniel Stolcius (Stolck)　132～133, 150, 230, 273, 321
スピノーラ，アンブロジオ　Ambrogio Spinola　48, 112
スプラット，トマス　Thomas Sprat　259, 262, 269～270
スペンサー，エドマンド　Edmund Spenser　23, 59, 103
スペンサー，ロバート　Robert Spenser　59
スマート，ピーター　Peter Smart　284
聖アンドリュース　St Andrew　102
聖ジョージ　St George　22, 23, 30
聖ビルギッタ　St Birgitta　62
ゼムラー，J. S.　J. S. Semler　148
ゼロティン伯カレル　Charles Zerotin, Count　228
ソクラテス　Socrates　161
ソロモン　Solomon　131, 186～187
ソロン　Solon　195

タ

ダイヤー，エドワード　Edward Dyer　64, 65
ダドリー，ロバート　レスター伯　Robert Dudley, Earl of Leicester　27, 38, 61, 115
ダン，ジョン　John Donne　26, 42, 200, 320
ダンテ　Dante　42, 102
チャールズ一世　イギリス王　Charles I, King　27, 248～250, 273, 274, 297
チャールズ二世　イギリス王　Charles II, King　248, 265, 267, 270, 278, 293, 297, 302
ツィンクグレフ，ユリウス・グリエルムス　Julius Gulielmus Zincgreff　94, 111, 112, 150

ウィレム一世　オラニエ親王（沈黙侯）　William of Orange (William the Silent)　20, 27, 43
ウェイト，A. E.　A. E. Waite　15, 61, 148, 149, 208, 302
ウェッジウッド，C. V.　C. V. Wedgwood　43
ヴェッセル，ヴィルヘルム　Wilhelm Wessel　71
ヴェッヒェル，ヨハネス　Johannes Wechel　113
ウェブスター，ジョン　John Webster 263〜264
ウェブスター，チャールズ　Charles Webster　80
ウェンゼ，ウィルヘルム　Wilhelm Wense　199, 214, 221
ウォーカー，D. P.　D. P. Walker　16
ウォットン，ヘンリー　Henry Wotton　190〜192, 200, 320
ウォード，セス　Seth Ward　264
ウォリス，ジョン　John Wallis　258, 262
ウォルシンガム，フランシス　Francis Walsingham　38
ヴォルテール　Voltaire　12
ヴォーン，トマス　Thomas Vaughan　262〜263, 274, 280
ヴォーン，ヘンリー　Henry Vaughan　263
ウリエル　Uriel　212
エヴァンズ，モーリス　Maurice Evans　16
エヴァンズ，ロバート　Robert Evans　14
エリザベス一世　イギリス女王　Elizabeth I, Queen　20, 22, 38, 44, 58, 61, 65, 68, 181, 182, 222, 246, 276, 297, 299, 314
エリザベス・スチュアート　ファルツ選帝侯妃，ボヘミア王妃　Elizabeth Stuart, Electress Palatine, Queen of Bohemia　14, 20〜35, 44, 49, 52, 86, 88, 94, 104, 110, 111, 114, 131, 132, 146, 170, 171, 200, 226, 248〜252, 254, 299, 302
王女エリザベス（ボヘミア王妃の娘）　Princess Elizabeth (daughter of Queen of Bohemia)　34

カ

カジミール，ヨハン　ファルツ伯　John Casimir, Count Palatine　38, 39, 61
カソーボン，アイザック　Isaac Casaubon　126
カソーボン，メリック　Meric Casaubon　164, 265〜266, 272, 298
ガベラ，フィリップ・ア　Philip à Gabella　75, 76
ガラス，フランソワ　François Garasse　156, 157
ガリレオ　Galileo　51, 159, 193, 199
カール　ファルツ選帝侯　Charles, Elector Palatine　279
カール・ルドヴィヒ（チャールズ・ルイス）　ファルツ選帝侯　Karl Ludwig (Charles Louis), Elector Palatine　171, 250, 252, 279, 317
ガレノス　Galen　72, 82, 84
カンパネラ，トマソ　Tommaso Campanella　198〜199, 232
キャンピオン，トマス　Thomas Campion　24
教皇ウルバヌス八世　Urban VIII, Pope　318
ギルバート，ウィリアム　William Gilbert　179
キルヒャー，アタナシウス　Athanasius Kircher　318〜319
グスタフス・アドルフス　スウェーデン王　Gustavus Adolphus, King of Sweden　247
クノール・フォン・ローゼンロート，クリスチャン　Christian Knorr von Rosenroth　317
クリスティーナ　スウェーデン女王　Christina, Queen of Sweden　171
グルーテル，ヤヌス　Janus Gruter　51, 52, 53, 111, 139
クロムウェル，オリヴァー　Oliver Cromwell　249〜250, 265
クロル，オスワルド　Oswald Croll　52, 83, 84, 308
クンラート，ヘンリクス　Heinrich Khunrath　65, 80, 125, 285

§
索引

ア

アウグストゥス帝　Augustus Caesar　296, 298
アグリッパ，ハインリヒ・コルネリウス　Henry Cornelius Agrippa　116, 144, 161, 176, 262, 263, 306
アシュモール，エリアス　Elias Ashmole　58, 59, 64, 65, 272〜279, 281, 282, 284, 285, 292, 293
アストライア　Astraea　20
アダミ，トビアス　Tobias Adami　199, 214, 221
アダム　Adam　79, 89, 145, 175, 176, 187, 296
アボット，ジョージ　カンタベリー大司教　George Abbott, Archbishop of Canterbury　23, 43
アポロ　Apollo　33, 143, 193, 285
アリストテレス　Aristotle　72, 82〜84, 143, 144, 213, 263, 311
アルヴェルダ（アルヴァルダ），フーゴー　Hugo Alverda (Alvarda)　233, 238
アルキュタス　Archytas　116
アルキメデス　Archimedes　144
アルティンギウス，ヨハネス・ヘンリクス　Johannes Henricius Altingius　226, 227
アルノルド，ポール　Paul Arnold　15, 80, 103, 148, 208, 289
アルベルトゥス・マグヌス　Albertus Magnus　116
アルンデル伯　→ハワード，トマス　アルンデル伯　Earl of Arundel→Thomas Howard, Earl of Arundel
アレキサンドリアのヘロン　Hero of Alexandria　31
アンソニー，フランシス　Francis Anthony　122, 127
アンダーソン，ジェームズ　James Anderson　296〜298
アーント，ヨハン　John Arndt　210
アンドレーエ，ヨハン・ヴァレンティン　Johann Valentin Andreae　52, 56〜62, 66, 80, 85, 127, 130, 138, 140, 145, 198, 199, 204〜209, 211, 212, 214〜218, 220〜222, 226, 227, 232, 241, 243, 244, 255, 257, 260, 279, 289, 290, 309, 320
アンハルト侯クリスチャン　Christian of Anhalt　39, 41, 42, 48, 51, 52, 63, 64, 67, 81, 84, 85, 87, 114, 123, 124, 131, 134, 144, 146, 192, 196, 246, 308
アンリ三世　フランス王　Henri III, King of France　196, 246, 318
アンリ四世　フランス王（アンリ・ド・ナヴァール）　Henri IV, King of France (Henry of Navarre)　21, 38, 39, 60, 61, 63, 194, 196
イアソン　Jason　30
イヴリン，ジョン　John Evelyn　249
イエニス，ルーカ　Luca Jennis　126〜128, 130〜133
イレナエウス・アグノストゥス　Irenaeus Agnostus　139, 146
ウィクリフ，ジョン　John Wyclif　45
ヴィテルボのエギディウス　枢機卿　Egidius of Viterbo, Cardinal　314
ウィトルウィウス　Vitruvius　31〜33, 117, 121, 122, 296, 297
ウィリアムズ，ジョン　リンカーン主教　John Williams, Bishop of Lincoln　254
ウィルキンズ，ジョン　チェスター司教　John Wilkins, Bishop of Chester　258, 259, 262, 264, 278
ウィルスン，D. H.　D. H. Wilson　180
ヴィルヘルム　ヘッセン方伯　William, Landgrave of Hesse　38

❖著者略歴

フランセス・A・イエイツ　Frances Amelia Yates

一八九九年、イギリスのポーツマスに生まれる。ロンドン大学で学び、一九四四年からは同大学付属ワールブルク研究所の一員として、イタリア、フランス、イギリスのルネサンス、ならびにジョルダーノ・ブルーノ研究に従事。ルネサンスのネオプラトン主義に底流するヘルメス＝カバラ的伝統に注目し、図像学的方法を駆使して、「魔術（マギア）とカバラと錬金術（アルキミア）」を視座としたルネサンス精神史の新しい展望を拓く。

独自のルネサンス史観は、ルネサンス期魔術の哲学的役割を再検討した『ジョルダーノ・ブルーノとヘルメス教の伝統』*Giordano Bruno and the Hermetic Tradition*, 1964（工作舎）を皮切りに、古来の記憶術の伝統とルネサンス精神史との結合に注目した『記憶術』*The Art of Memory*, 1966（水声社）、ルネサンスの宇宙論からシェークスピアの〈グローブ座〉の構造を解いた『世界劇場』*Theatre of the World*, 1969（晶文社）、そして、薔薇十字運動に潜む魔術的ユートピズムの側面を明らかにした本書 *The Rosicrucian Enlightenment*, 1972 へと展開されている。

一九六七年以降、ワールブルク研究所名誉研究員、英国学士院会員。一九七七年、ルネサンス研究の貢献により、大英帝国二等勲爵士を授与され、「デイム」の称号を得る。一九八一年逝去。

その他の著書に、『ジョン・フローリオ』*John Florio: The Life of an Italian in Shakespeare's England*, 1934（中央公論新社）、『十六世紀フランスのアカデミー』*The French Academies of the Sixteenth Century*, 1947、『ヴァロア・タピスリーの謎』*The Valois Tapestries*, 1959（以上、平凡社）、『星の処女神エリザベス女王』『星の処女神とガリアのヘラクレス』*Astraea: The Imperial Theme in the Sixteenth Century*, 1975（以上、東海大学出版会）、『シェイクスピア最後の夢』*Shakespeare's Last Plays: A New Approach*, 1975、『魔術的ルネサンス』*The Occult Philosophy in the Elizabethan Age*, 1979（以上、晶文社）がある。

❖訳者略歴

山下知夫［やました・ともお］

一九五一年、東京生まれ。一九六九年麻布高校卒業後、三年間にわたりパリ大学に留学、フランス近代文学を専攻する。シュルレアリスム、特にアンドレ・ブルトン研究を通して、オカルト哲学を含むルネサンス思想に傾倒、当時の美術や著作に興味を持つ。訳書にM・メーテルリンク『蜜蜂の生活』（共訳）、C・レイモ『夜の魂』（以上、工作舎）がある。

THE ROSICRUCIAN ENLIGHTENMENT by Frances A. Yates

Translation——Tomoo YAMASHITA
Editing——Goichiro ISHIHARA
Editorial Design——Takashi NISHIYAMA
Cover & Front Page Desgin——Azusa MIYAGI
Printing & Bookbinding——Seikosha Co., Inc.
Publisher——Harue SOGAWA

薔薇十字の覚醒

発行日――一九八六年七月三〇日第一刷　二〇一九年二月二〇日新装版第一刷
著者――フランセス・A・イエイツ
訳者――山下知夫
編集――石原剛一郎
エディトリアル・デザイン――西山孝司
カバー・表紙デザイン――宮城安総
印刷・製本――株式会社精興社
発行者――十川治江
発行――工作舎　editorial corporation for human becoming
〒169-0072　東京都新宿区大久保2-4-12　新宿ラムダックスビル12F
phone：03-5155-8940　fax：03-5155-8941
www.kousakusha.co.jp　saturn@kousakusha.co.jp
ISBN978-4-87502-504-7